Las abejas y lo invisible

Clemens J. Setz

Las abejas y lo invisible

Traducción de José Aníbal Campos

H&O

Título original: *Die Bienen und das Unsichtbare*

Primera edición: septiembre de 2023

Fotografía de la faja: © Rafaela Proell
Fotografía de la contra: Freepik
Diseño de colección: Silvio García Aguirre
Maquetación: Fotocomposición gama, sl
Corrección: María Campos Galindo
Impresión: Arteo

ISBN: 978-84-126262-8-5
Depósito legal: B 14254-2023

I decided not to be silent when the battery dies.

Mustafá Ahmed Jama

Nibuds kömons suvo lü stopöp su lubel – tü minuts degtel.
Nek spidon tope, do nibuds binons mödiks.

['Los autobuses llegan con frecuencia a la parada de la colina, uno cada doce minutos. Nadie quiere llegar demasiado pronto a ese lugar, pero son muchos los autobuses que van hasta allí'].

Volapük in Action, curso de idiomas de Ralph Midgley

INTRO

—Mustafá, naciste en Somalilandia, un país que no existe oficialmente. ¿Qué edad tenías cuando llegaste a Suecia?

—Nací en 1979. Después del parto, estuve muerto durante cinco minutos. Nos trasladamos a Suecia cuando yo tenía tres años, después de varios viajes que emprendieron mis padres, dentro y fuera de Somalia, en busca de ayuda para mí.

—¿Recuerdas todavía tu llegada?

—Sí y no. Conservo un diez por ciento de mis recuerdos de entonces.

—¿Cuándo estuviste en condiciones de comunicarte por primera vez?

—A los cinco. Jugaba con otros niños, y un maestro me dio unas golosinas y me dijo: «Entra en esa aula y apréndete esos símbolos bliss. Hoy le estoy sumamente agradecido a ese maestro, porque en aquel momento yo, por supuesto, intentaba hablar como los demás niños, pero me resultaba casi imposible.

—¿Cómo fue esa primera vez en que pudiste decir cosas?

—No siempre fue como ahora. Hoy domino fluidamente los símbolos. Mis clases empezaron con los símbolos para decir *hombre* y *papá*. Luego vinieron los términos para *hermano*, *hermana*, etcétera.

—¿Cuánto tardaste en dominarlos con fluidez?

—Diez años de ejercicios diarios.

—¿Y ahora, sueñas en bliss?

—Claro.

—¿Cómo empezaste a escribir poesía con los símbolos?

—Lo primero que hice fue leer poemas, más tarde fui cogiéndole cada vez más el gusto a la poesía, que se convirtió en una pasión para mí. En algún momento, yo mismo empecé a escribir poemas. Y si me permite hablar en nombre de todos los somalíes: la poesía desempeña un papel central en nuestra vida. No es casual que el escritor británico Gerald Hanley, autor de libros de viaje, haya escrito: «Somalia es el país de los poetas».

—Eso no lo sabía.

—Un hermano de mi abuelo también era poeta. De niño leía a poetas suecos y escuchaba poesía somalí en casetes. Las dos cosas me marcaron mucho. La poesía somalí tiene tendencia a la metáfora. Un poema podría sonar como si el autor, por ejemplo, hablara de la madre naturaleza, aunque se trate de algo muy distinto, algo que todavía nadie conoce.

—¿Hay alguna diferencia entre pensar en símbolos bliss y pensar en sueco?

—Sí, obviamente. El bliss es mucho más diáfano. Te da el significado mismo, sin rodeos. Solo el significado y nada más. Ves realmente lo que es el mundo en realidad. Por ejemplo, la palabra *hospital*: *edificio* más *persona enferma*.

—Quedé muy impresionado con tu libro de poemas. ¿Habrá algún nuevo libro tuyo en un futuro próximo?

—No sé si quiero publicar algo de nuevo ni cuándo lo haré. Tal vez cuando esté en la tumba.

—Espero que sea antes.

—En realidad, mi propósito es publicar el resto de manera póstuma. Me repugna la idea de que los periodistas comenten mi obra. Solo me causaría dolor. Pero quizá, si hay suerte, la obra se publicará cuando ya sea anciano y peine canas.

—En todo caso, a mí me encantaría leer otras cosas tuyas. Tus poemas se te lanzan directamente al cuello.

—Mejor no me alabes tanto, de lo contrario acabaré bloqueándome como escritor.

—Bueno, en mi libro pretendo alabar un poco tus poemas.

—De acuerdo. Intentaré no tenerlo en cuenta.

EL BAILOTEO

This is not the best we can do.
Noises with your mouth.

JOE ROGAN, JRE Pódcast #1383

I

La historia es vieja. El escritor italiano Tommaso Landolfi (1908-1979) nos habla en su *Diálogo de los máximos sistemas*, libro del año 1937, de una figura arquetípica básica. Un hombre al que solo conocemos por una sigla, Y., aprende el idioma persa de un capitán inglés que visita en ocasiones su *trattoria* y hace alarde de sus conocimientos de las lenguas orientales. Y. revela ser un alumno aventajado. El persa parece hecho a la medida de su cerebro. Capta las nuevas estructuras gramaticales con naturalidad casi sonámbula. En un tiempo muy reducido, domina tan bien la lengua que escribe poesía en persa. Su breve obra poética lo llena de gran orgullo. Le parece la expresión más directa y no distorsionada de su alma.

Pasados varios años, se le ocurre leer a un clásico poeta persa. Tal vez piense en Hafiz, en Firdausi, en Rumi. Se agencia un libro, lo abre y lo que ve son unos bloques de signos totalmente extraños. Bueno, piensa, a lo mejor el capitán le enseñó mal la escritura persa. Pero, al echar un vistazo a la gramática de esa lengua, se ve de nuevo ante cosas incomprensibles. Lo que el capitán le enseñó no era persa.

El pobre hombre repasa todas las fuentes lingüísticas que puede conseguir, habla con eruditos y profesores, envía textos de prueba, pero nadie conoce la lengua en la que escribe. No hace referencia a nada conocido. Aquel caprichoso capitán tuvo que habérsela inventado.

Nuestro hombre, Y., le escribe una carta y recibe de él una respuesta inaudita:

> Estimado señor:
>
> He recibido su carta. A pesar de todos mis conocimientos lingüísticos, una lengua como la que me describe me resulta completamente desconocida, [...]. En lo que atañe a los estrafalarios signos alfabéticos que me adjunta, se asemejan en parte al sistema de escritura arameo, pero, por otro lado, son parecidos al tibetano. Pero tenga la seguridad de que no expresan ni una lengua ni la otra.

Y., desesperado, sale en busca de un crítico para averiguar qué piensa de los poemas que ha escrito en esa lengua tan rara, en cierto modo virgen y fantástica. Ningún ser humano en el mundo puede leerla, pero él, en cambio, ha vertido en ellos toda su alma. Por lo menos desea saber si esa alma se ve contenida en los poemas. «Lo triste del asunto es que ese maldito idioma sin nombre es muy, muy bello, y que lo amo de todo corazón». El crítico le indica que un idioma no tiene necesariamente que ser entendido por los demás para ser portador de poesía. Podría decirse también que el poeta, en este caso, es algo así como un rey con un poder ilimitado en un reino solo administrado y habitado por él mismo, sin que lo afecten la transitoriedad ni los malentendidos de la fama. Vive, en cierto modo, una vida ideal. Al final, el pobre Y. pierde la razón. Así lo interpretan al menos sus coetáneos, después de haberlo observado, una y otra vez, llevando sus papelitos garabateados con esos signos incomprensibles a las redacciones de las revistas literarias.

En la historia, sobre todo en la historia del siglo XX, ha habido muchísimos Y., pero solo muy pocos capitanes. También ha habido críticos. Este libro pretende reunir a algunos de ellos: poetas talentosos, reyes perseverantes en sus reinos solitarios, gente perdida por un tiempo, invisible y perseguida, robots y criminales, héroes y salvadores del mundo.

2

Un ser humano que se dispone a hablar tiene algo de mágico. O eso parece. Pero esa magia se transforma pronto en trágico encantamiento, a veces incluso en una maldición, sobre todo cuando el implicado, en alguna parte, ha de lidiar en solitario con las palabras que se le agolpan en el cerebro, sin perspectivas de hallar a un congénere que lo escuche lleno de comprensión y que hable el mismo idioma.

Werner Herzog nos cuenta que mientras rodaba en Port Augusta, al sur de Australia, el filme *Donde sueñan las verdes hormigas*, conoció a un aborigen que era el último hablante de una lengua completamente aislada de los demás dialectos. El hombre no podía hacerse entender ante nadie. Vivía en una residencia en la que lo conocían por el cariñoso mote de el Mudo. En una entrevista con Paul Cronin, Herzog dice que el anciano pasaba sus tardes echando monedas en una máquina de bebidas vacía y pegando luego el oído para escuchar el tintineo de su recorrido a través del aparato. Cuando se dormía, los enfermeros sacaban las monedas de la tragaperras y se las colocaban de nuevo en el bolsillo, aunque, por lo visto, el mágico retorno del dinero no era el elemento más inquietante en la vida cotidiana de aquel hombre.

El pasaje que más me ha conmovido siempre de la obra de Franz Kafka, desde mi juventud, se encuentra hacia el final del cuento *Un cruce*. Un hombre posee un animal estrafalario, mitad gato y mitad cordero. Es una herencia de su familia. Su doble naturaleza conlleva algunas dificultades. Por lo que parece, no solo quiere ser gato y cordero, sino también, en cierto modo, aspira a convertirse en ser humano. «A veces salta al sillón, apoya las patas delanteras contra mi hombro y me acerca el hocico al oído. Es como si me hablara y, de hecho, vuelve la cabeza y me mira de frente para observar el efecto de sus palabras. Para complacerlo, hago como si lo hubiera entendido y muevo la cabeza. Salta entonces al suelo y empieza a bailotear alrededor».

De ese bailoteo trata mi libro. De nuestra verdadera naturaleza.

Franz Kafka a los cinco años con un compañero.

El caos empieza cuando deja de existir ese bailoteo que implica sentirse entendido. Algo semejante a lo que ocurre en la espantosa historia del último miembro de los yahi —al que, a falta de algo mejor, bautizaron como Ishi ['hombre']—, una tribu de aborígenes americanos cuyo verdadero nombre ya nadie sabía pronunciar, pues lo mencionaban solo en determinadas épocas. Pero la tribu ya no existía, tampoco esas *determinadas épocas*. Lo que había eran más bien unos seres casi extraterrestres agrupados en torno a ese nombre. Aquel hombre pasó los últimos años de su vida como objeto viviente expuesto en el Museo de Antropología de Berkeley, donde un científico, Alfred Kroeber, lo filmaba e interrogaba sobre todo lo imaginable. Kroeber lo trataba con amabilidad, aunque solo dominaba un dialecto vagamente emparentado con el suyo. El hombre murió de tuberculosis en 1916.

Un horror muy potente emana de todas esas historias en las que una mente humana, por naturaleza desbordante de posibilidades para expresarse, se sume de pronto, de la noche a la mañana, en un estado de total ausencia de conectividad y contacto. Esa persona ya nunca volverá a bailotear.

En ocasiones son incluso motivos autoimpuestos los que generan la pérdida de todo un mundo.

Un idioma de los aborígenes australianos, el mati ke, cuenta solo con dos hablantes: Patrick Nudjulu y Agatha Perdjert. Sin embargo, ninguno de los dos lo usa ya para hablar entre sí. Porque, por desgracia, son hermanos carnales. Por desgracia, sí. Un riguroso tabú de los Mati Ke prohíbe que hermanos y hermanas se comuniquen entre ellos una vez rebasada la pubertad. Entrar en contacto con sus hermanos siendo adultos sería para ellos, al menos según lo que nos explica la bibliografía especializada en el caso, algo tan obsceno como para nosotros el incesto. ¡Por otra parte, ellos dos son los únicos miembros vivos de su tribu, de modo que no quedaría nadie en condiciones de castigarlos si rompiesen el tabú! Para ser exactos, ambos gozarían de la misma libertad que los dos últimos seres humanos sobre el planeta Tierra. Pero las cosas no funcionan así. Se acabe o no el mundo, esos hermanos prefieren atenerse al tabú hasta el final de sus vidas, y siguen allí, en su aldea, hablando en inglés y callando en mati ke.[1]

1. Historia contada en *The Trouble with Diversity*, de Walter Benn Michaels, y mencionada también en *Neoliberalism and Cultural Transition in New Zealand Literature*, de Jennifer Lawn, al igual que en *Spoken Here*, de Mark Abley, quien llegó a visitar a Patrick Nudjulu.

El gran autor francés Emmanuel Carrère escribió todo un libro, *Una novela rusa*, inspirado en el caso de un soldado húngaro al que hicieron prisionero en Rusia en 1944, tomaron por un enfermo mental —entre otras cosas porque no hablaba el ruso ni daba muestras de querer aprenderlo— y encerraron en una clínica psiquiátrica en la pequeña ciudad de Kotelnich, donde permaneció cincuenta y tres increíbles años sin hablar ni una palabra de ruso. No fue hasta el 2000 que lo llevaron de regreso a Hungría, con el cuerpo ya casi rígido, capaz solo de murmurar, y pasó allí los últimos años al cuidado de una hermana, llegando incluso a recuperar el habla. El enigma de por qué nunca aprendió ruso jamás se despejó. Carrère viajó hasta Kotelnich y estudió la historia clínica, de las que se infiere que en la década de 1950 este soldado aún garabateaba las paredes, puertas y ventanas del manicomio con frases en húngaro. A partir de entonces, de él solo se dice, de forma monótona: «Solo habla húngaro». En su expediente se consigna, hacia el año 1965, una única interacción en un improvisado lenguaje de signos. Luego, hasta bien entrados los noventa: «Estado del paciente: sin cambios». Hacia el final, le amputan una pierna.

Más raros aún que los casos derivados de ciertas actitudes obsesivas externas o internas de personas aisladas en su capacidad de comunicación son los provocados artificialmente, de manera intencionada y en pleno uso de la razón, algo así como un lujo pasajero, por llamarlo de algún modo. Encontramos, a lo largo de la historia, a toda una variedad de personas imaginables que se inventaron una lengua propia, la aprendieron y se ocuparon intensamente de ella, al precio de acabar sus días en soledad. En la mayoría de los casos, cuando eso ocurrió, esas personas iniciaron una labor misionera a veces de un modo leve y desenfadado, otras veces, de manera apasionada y desesperada, en ocasiones iniciando una cruzada o, incluso, una guerra de fe, pero siempre con el mismo objetivo: la creación de otros hablantes.

Algunos de los idiomas artificiales más conocidos, con una exitosa historia misionera a sus espaldas, son el esperanto, el klingon, el volapuk, los símbolos bliss y el lojban. A todos ellos nos acercaremos a través de su poesía y de sus poetas. En esperanto y en símbolos bliss existen incluso hablantes nativos vivos, los llamados *native speakers*. El esperanto es el que cuenta con mayor número de escritores. En 1887, un oftalmólogo de Varsovia, Ludwik Zamenhof, inventó un lenguaje y formuló en un folleto sus normas y la razón de su existencia. Llamó a su creación «Lingvo Internacia», y a sí mismo «doctor Esperanto», lo que en su nueva lengua significaba 'doctor esperanza'. Pronto el idioma empezó a denominarse como su nombre artístico. El mismo año en que surge, quien más adelante se convertiría en amigo de Zamenhof, Antoni Grabowski, aprende el idioma y comienza a escribir poemas hímnicos en esa lengua. En 1889 empieza a imprimirse en Núremberg la primera revista escrita íntegramente en esperanto. Hacia 1900 se forman en todo el mundo las primeras asociaciones. En el año 1907 le sigue la primera novela de quinientas páginas. Hoy la literatura en esperanto cuenta con un gran número de ejemplos en todas sus variantes, dispone de corrientes literarias propias y épocas históricas y, todo hay que decirlo, la densidad poblacional de sus poetas geniales es muy elevada.

Pero ¿qué hace exactamente un poeta que escribe en una lengua inventada por una sola persona? ¿Es de veras lo mismo que escribir en lenguas que se han desarrollado de forma natural?

¿Un escritor no quiere acaso que lo lea y lo entienda la mayor cantidad de personas? Pues no. O no necesariamente. Y, aun así, este caso sigue siendo, a primera vista, bastante desconcertante. Cuando el esperanto solo contaba aún con unos pocos hablantes, ¿cómo se sentía Grabowski al escribir en esa lengua poemas que más tarde se hicieron tan famosos? ¿Para quién escribía? ¿Para la posteridad? ¿Para sus amigos más cercanos? ¿Para sí mismo?

El pobre Y., el personaje de la historia de Landolfi, creía, mientras escribía su poesía, tener la compañía de otros poetas persas, pero no fue hasta que buscó conectar con ellos que se vio sumido en un infierno. Un poema de su pluma dice así:

Aga magéra difúra naturt gua mesciún
Sánit guggérnis soe-wáli trussán garigúr
Gùnga bandúra kuttávol jerís-ni gillára.
Lávi girréscen suttérer lunabinitúr
Guesc ittanóben katír ma ernáuba gadún
Vára jesckílla sittáranar gund misagúr,
Táher chibíll garanóbeven líxta mahára
Gaj musasciár guen divrés kôes jenabinitúr
Sòe guadrapútmijen lòeb sierrakár masasciúsc
Sámm-jab dovár-jab miguélcia gassúta mihúsc
Sciú munu lússut junáscru gurúlka varúsc.

Observemos la página por unos instantes, con atención, tranquilamente. Buena parte de este libro mostrará ese aspecto. Bloques de texto con palabras incomprensibles. Y las lectoras (y los lectores) se dividirán, supongo, en dos categorías: los que repasen por lo menos un par de líneas de esa desconocida secuencia de letras, tal vez leyéndolas enfáticamente en voz alta, solo para ver si algo inesperado se oculta en ellas, el atisbo de algo familiar o interpretable, mientras que los otros percibirán el texto solo como un bloque homogéneo y extraño, como conjunto, como imagen.

Pero Y. —es decir, Landolfi— tuvo la amabilidad de dejarnos una traducción:

> Hasta la cara cansada lloraba felicidad
> mientras la mujer me contaba su vida
> y me afirmaba su afecto fraternal.
> Y los pinos y los alerces del paseo graciosamente curvados
> sobre el fondo del crepúsculo rosa-cálido.
> Y de un chaletito que enarbolaba la bandera nacional,
> parecían el rostro surcado de una mujer que no se había dado
>   cuenta
> de que tenía la nariz brillante. Y ese brillante serpenteo,
> para mí durante mucho tiempo burlón y punzante,
> oí saltar y contorsionarse como un pececillo payaso
> en el fondo de las tinieblas de mi alma.[2]

El *crítico* considera muy logrados los versos. Pero Y. advierte que la traducción no es capaz de mostrar nada, ni un ápice de la gracia del original. Él se siente y se sentirá solo con esa esencia que una vez resumió en palabras con éxito.

Walter Benjamin escribió: «La esencia lingüística del hombre es, por lo tanto, nombrar las cosas. Pero ¿para qué nombrarlas? ¿A quién se dirige el hombre cuando se comunica? ¿Es esa cuestión, en el caso humano, distinta a la de otras formas de comunicarse (otras lenguas)? ¿A quién se dirigen la lámpara, la montaña, el zorro? En este caso, la respuesta reza: a los hombres. Y eso nada tiene que ver con el antropomorfismo».

2. Traducción tomada de https://www.literatura.us/idiomas/tommaso/dialogo.html (*N. del T.*)

Para terminar, añade: «En el nombre el ser espiritual del hombre se comunica con Dios».

¿Pero a quién —podemos preguntar hoy— se dirige aquel que habla solo para sí mismo una lengua no compartida por sus congéneres? ¿Existe un modo de nombrar el mundo relacionado con Dios que no tenga que dar el rodeo a través de los congéneres a los que es preciso apelar en la comunicación? Eso espero. Sin embargo, no veo hasta ahora en la Tierra signo alguno que sirva de evidencia.

3

Frederic era un chico de mi clase en la escuela pública. Era sordo. Por razones que nunca comprendí, lo habían dejado *sin lenguaje*. Nadie le había enseñado el lenguaje de signos austriaco. Se dio por sentado, de algún modo, que había aprendido por cuenta propia a hacer algo parecido a leer los labios y a entender el lenguaje articulado *normal*. No sé a qué niveles estaba extendida entonces esa forma institucional de maltrato infantil, pero tengo la seguridad de que se implantó como se implantan otras actuales, guiadas por una idea central: la ayuda asistencial.

Un buen día, sin previo aviso, Frederic se arrojó sobre mí e intentó estrangularme. Estuve un rato intentando quitármelo de encima, pero era más fuerte. Pasaron tal vez unos veinte segundos hasta que empecé a verlo todo negro, y una alarma se disparó dentro de mí, el corazón se me hinchó en el pecho y empecé a verlo todo en una mezcla de colores rojo y gris. Alguien me lo quitó de encima de un tirón.

Lo peor no fue que me hiciera daño, sino que más tarde nadie pudo hacerle entender lo que había ocurrido, la maestra lo cogió por el brazo con fuerza y se lo torció un poco, y Frederic empezó a gritar, a dar tirones y a llorar, sin tener idea de por qué lo castigaban. Jamás había sostenido una conversación con otro ser humano. Mientras lo mantenía agarrado, la maestra le gritaba. Aún puedo ver la escena delante de mí: la voz desgañitada, las palabras de reprobación, la *explicación* insistente de lo que había hecho.

Melanie, otra compañera de clase, también tenía problemas de sordera, pero aún disponía de un *resto de audición* (así lo llamaban) y por lo menos entendía un poco de nuestra cultura directriz, una cultura para ella difícilmente comprensible que tenía lugar sobre todo en el ámbito de las ondas sonoras. Melanie tranquilizó al desconcertado Frederic tras el castigo, ya que sobre ella recayó, de manera injusta, la tarea de velar por él. Pero tampoco ella lo *entendía*, por supuesto, no era capaz de *traducir* del modo en que se lo imaginaban los pedagogos, gente confundida en todos los sentidos. Todavía hoy me embarga una rabia asesina cuando imagino las bien apoltronadas autoridades que decidieron privar de lenguaje a aquellos dos niños con problemas de audición. Ojalá que un día sientan el mismo dolor que causaron.

En un fascinante estudio de Susan Schaller, *Un hombre sin palabras*, leemos sobre el caso de un mexicano sordo llamado Ildefonso y residente en Estados Unidos, quien creció sin saber hablar y, solo en su edad adulta, tras seguir las instrucciones de Schaller y después de un proceso muy arduo, aprendió el lenguaje de signos. El capítulo más conmovedor se encuentra al final del libro, cuando Schaller, al cabo de unos años, visita a su antiguo discípulo y recuerda que Ildefonso no es ni con mucho la única persona en la ciudad que sobrevive sin lenguaje. Está también, por ejemplo, el propio hermano de Ildefonso, Mario, así como numerosos amigos suyos. Un día

Schaller los visitó y se vio en «una habitación llena de gente que no habla», que pasaba horas comunicándose entre sí por medio de una pantomima escénica.

Un enunciado como, por ejemplo, «cuando crucé la frontera entre México y Estados Unidos, tuve mucho miedo», necesita, literalmente, varias horas para ser comunicado. Los presentes no emplean estructuras gramaticales comunes ni vocabulario alguno. Cualquier cosa que alguien desee expresar tiene que crearlo de la nada en cada ocasión, mediante la paciente repetición de una pantomima de hechos aislados y escenas. No existe una reserva de signos pactados. Cada expresión es la construcción de una torre.

Para las personas reunidas en aquella habitación no está del todo claro lo que es Estados Unidos ni lo que es México. Sí han comprendido muy bien, en cambio, que aquí donde viven, en Estados Unidos, no son bien recibidos. Aquí deportan a las personas, gente que, por así decirlo, un buen día deja de estar. También ese hecho inquietante se representa a menudo mediante pantomimas. A través de una paciente observación de muchos años, han comprendido «que las tarjetas [los permisos de residencia] servían para rechazar a los hombres verdes», por lo que han empezado a hacer acopio de tarjetas de toda índole. Le muestran a Schaller esos artículos protegidos como *piezas de oro*, y ella comprueba que solo un par representan algo parecido a una identificación. En esa comunidad, todo lo que es preciso aprender o comunicar requiere de un lapso de tiempo enorme. Las mínimas diferencias en las repeticiones de las historias que se van acumulando son decisivas para la índole y la orientación de una información determinada. Ildefonso llama varias veces la atención de Susan Schaller sobre esas mínimas diferencias. A él, sin embargo, no le resultan ya tan obvias como al principio. Ahora necesita concentrarse. Susan Schaller cuenta que el propio Ildefonso, al cabo de un tiempo, se quejó de dificultades para comprender: ya no era capaz de seguir, sin más, aquellas pantomimas. De pronto, a su cerebro el proceso le parecía una lenta tortura, como si le entregaran a uno los fotogramas aislados de una película en unas postalitas.

El grupo de amigos ve en Ildefonso, entretanto, a una especie de genio que ha aprendido a hablar con gente *normal.* A menudo, durante los encuentros, es él quien traduce entre las esferas del lenguaje y de la ausencia del mismo. Esta última frase, por cierto, es bastante extraña. Suena como *nonsense.* Sospecho que yo, poseedor del lenguaje en sentido clásico, no puedo imaginar el mundo interior de los hombres visitados por Schaller, de manera que mi selección de palabras para definir la labor de traducción de Ildefonso es solo una aproximación imprecisa. ¿O acaso nos es todavía cercano y familiar el mundo de la ausencia de lenguaje? ¿De dónde sale entonces el horror que nos asalta ante la idea de una total ausencia del habla?

4

Todavía hoy paso a menudo por delante del edificio que todos llaman el Hirtenkloster, camino del pintoresco y ruinoso puente de Weinzödl, en el norte de Graz. Nos hallamos en el barrio que más me gusta de la ciudad, la mayoría de las calles aquí encierran cosas de mi pasado. El Hirtenkloster es el lugar en el que, a la edad de ocho o nueve años, conocí por primera vez a un grupo de niños con discapacidades más o menos graves. Habíamos pasado varias semanas en la escuela estudiando una especie de revista teatral. Mi papel era el de un anunciante de televisión. Me sentaba sobre el escenario detrás de la caja hueca de un televisor y pronunciaba algunas frases aprendidas de memoria, cuyo contenido exacto ya he olvidado. De algún modo, mi personaje era un descarado timador cuya única intención era sacarles el dinero a los espectadores. Recuerdo aún que aparecían dos palabras cuyo sentido no comprendía del todo: *pfänden* ['empeñar'] y *delogieren* ['desalojar']. Un día, en medio de mi actuación, uno de los niños presentes en la sala empezó a gritar. Emitía una especie de graznido prolongado. Yo nunca había oído nada semejante. Me entró un miedo atroz, pero había memorizado mi texto a la perfección y continué declamándolo sin errores hasta el final. Más tarde, estando ya detrás del escenario, me sentí tan confuso que se me saltaron las lágrimas.

No entendía el motivo por el que aquel niño había empezado a llorar. Me llevaron a la sala a través de un lateral del escenario. Y allí, delante de una ventana inundada de luz, vi a un chico sentado en una silla de ruedas. Creo que ese hecho, por sí solo, me entristeció, pero el niño tenía en la cabeza algo que me fascinó y que consiguió sustituir mi miedo infantil por unos segundos de asombro: una gorra de unicornio, con un puntero en forma de telescopio en la frente. Ver aquello me tranquilizó. Un unicornio, algo cómico y simpático.

Sin embargo, pronto comprendí que el dispositivo en forma de unicornio cumplía la función de puntero. Le habían atado aquel increíble utensilio en la frente como una linterna de minero para que señalara a una pizarra enorme extendida delante de él, una pizarra parecida a la tabla periódica de los elementos (de cuya magnífica simetría me enamoré irremediablemente cuando tenía seis o siete años), aunque esta tenía más casillas y colores.

Acababa de ver en el puntero-unicornio un objeto conciliador, una especie de disfraz, pero en ese momento, cuando me di cuenta de su utilidad, me sobrecogió de nuevo el horror: ¡por lo visto, aquel niño solo podía comunicarse señalando a una pizarra repleta de símbolos! No poseía ningún tipo de lenguaje hablado, tampoco sabía escribir, tal vez ni siquiera susurrar. Cuánto me avergüenza hoy el miedo absurdo que sentí. En mi estúpida imaginación, me hallaba ante un ser humano discapacitado involuntariamente, casi transformado en una especie de máquina de coser, y como en todos mis miedos infantiles había siempre una delusión identificativa y metamórfica, de repente temí perder incluso mi capacidad para comunicarme si seguía acercándome a su esfera de influencia. Recuerdo todavía que habían desplegado delante de él muchas pequeñas casillas con una imagen en cada una. Desde entonces he intentado investigar lo que ocurrió con aquel chico del puntero que vi a finales de los ochenta en el Hirtenkloster de Graz, pero sin éxito hasta ahora. Los signos que tenía delante no eran letras. Tampoco dibujos. Eran símbolos, símbolos como estos:

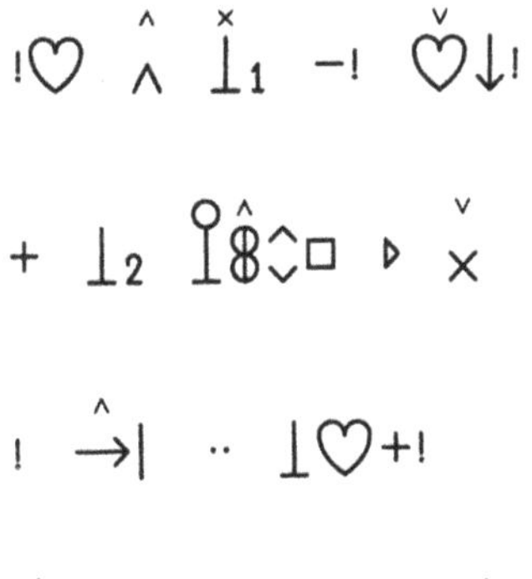

Casi treinta años después me encontré de nuevo con aquella pizarra de signos y con el puntero. A ese lenguaje lo llaman *blissimbolismo*. Lo inventó un hombre llamado Charles Bliss. Su historia —me atrevo a apostarlo— será llevada al cine algún día. Y la película, con sus noventa o cien minutos, será sin duda espantosa. De modo que anticipémonos a ella mientras podamos.

LA VIDA DE MR. BLISS: UNA HISTORIA DIFÍCIL DE LLEVAR AL CINE

En Czernowitz, en el extremo oriental del Imperio austrohúngaro, nació en 1897 Karl Kasiel Blitz. Ese mismo año la ciudad tuvo su primer tranvía. Ya para entonces, en las postrimerías del antepasado siglo, la historia del mundo era un amasijo de inquietud. Cuando Karl cumplió un año, asesinaron a la emperatriz Sissi en el lago de Ginebra. La familia de Karl vivía en condiciones muy humildes. Su padre era electricista. El primer objeto mágico que conoció el pequeño Karl fueron los circuitos y diagramas en los planos de su padre. Estos se manifestaron a su cerebro sin el correspondiente esfuerzo necesario para descifrarlos, incluso sin la necesidad interior de entenderlos, generando allí un sentido. Mientras tanto, a intervalos regulares, las tormentas heladas llegadas de la estepa rusa cubrían la ciudad de nieve por completo. La gente se movía poco, hablaba solo lo imprescindible. En ocasiones, cuando el hielo y la nieve se derretían, se organizaban pogromos. A menudo desfilaban por las calles hordas de niños que, al ver a Karl, le gritaban: «*¡Hep! ¡Hep!*» (las siglas H. E. P. significaban '*Hierosolima est perdita*', 'Jerusalén está perdida'). Pasó un tiempo para que el niño Karl aprendiera a descifrar ese mensaje de odio antisemita adherido a un chasquido de apariencia inofensiva, es probable que ya por entonces afloraran en él las primeras dudas en torno a la supuesta inocencia de todo lenguaje articulado con el aparato vocal de los seres humanos.

El segundo acontecimiento mágico de su vida tuvo lugar pocos años después. En 1908 llegó a la ciudad un espectáculo de linterna mágica con las imágenes del explorador polar austriaco Julius Payer, que entre 1872 y 1874 había encabezado, en compañía de Carl Weyprecht, una expedición a los confines del mundo conocido. El pequeño Karl estaba sentado en la oscura sala y, ante sus ojos, acompañado únicamente por el leve crujido del papel, se desplegó en aquel recinto inundado de un silencio devoto algo inimaginable e insospechado: la noche polar. Primero fue el viaje desde Tromsø en dirección al norte, luego el barco, que quedaría congelado entre el hielo a la deriva y continuaría navegando así hasta arribar al polo. Luego estaban aquellos inviernos infinitos y llenos de vicisitudes, en medio de un frío que trituraba a los seres humanos. ¿Se movería el barco? Probablemente. Pero al cabo de dos años seguía congelado en el mismo sitio, atrapado y sin perspectiva alguna de salir de allí, rodeado de escombros de hielos de varios metros de altura, en medio de un «paisaje de palidez fantasmal» (Payer) y de elementos hostiles a la vida humana. Payer y Weyprecht ordenaron a la tripulación marchar a pie a través del hielo. Arrastrarían los botes desde el acantilado de hielo hasta llegar a Nueva Zembla. La conciencia de Karl se diluyó del todo en el destino heroico de aquellos hombres. Estuvo con ellos en medio de ese mundo lunar de aspecto irreal, aquejados de escorbuto, exhaustos y rodeados de osos polares. Y entonces, la peor imagen de todas. ¡Después de dos meses de haber emprendido la fuga a través del hielo, los hombres volvieron a ver su propio barco! Y no, no era un espejismo. La deriva del hielo, que avanzaba en dirección norte, los había traído de *vuelta a casa*, a las proximidades del *Tegetthoff*. Estaban perdidos. Los hombres deseaban regresar al barco, donde les esperaba una muerte segura. Pero el capitán

Weyprecht no lo permitió. Payer mostró a los espectadores un cuadro suyo titulado *¡Ni un paso atrás!* En él se ve a Weyprecht hablando a sus hombres, que lo escuchan como hechizados. «¡No deben mirar hacia atrás, donde está el barco!», les dice. Él es el único que desobedece esa máxima de resistencia vigente a partir de aquel momento, porque él sí que está frente a sus hombres, por lo que su mirada también está puesta en el barco que les ha seguido los talones como un fantasma. Karl experimentó esa imagen como una revelación. Y yo la tengo ahora delante. El cuadro se exhibe en el Museo de Historia Militar de Viena. Es una mañana tranquila. En la sala, aparte de mí, no hay nadie. Después de la fatídica aventura al polo norte, Payer, por razones harto comprensibles, se convirtió en pintor. Dedicó el resto de su vida a retener y describir lo que había visto.[3]

Karl no se hizo pintor, pero el día en que su padre lo llevó a la conferencia de Payer y, con ella, lo transportó hasta la letal noche polar, el chico comprendió, según él mismo contaba décadas más tarde —todavía oigo su voz, conservada en un viejo casete—, que a él también le depararía un destino muy similar en la Tierra: abandonar su hogar en busca de aventuras, de nuevas regiones y continentes, vencer lo imposible, los límites extremos del ser humano. Tal vez él mismo podría guiar algún día a personas perdidas, sacarlas del aislamiento y el ostracismo y traerlas de vuelta al mundo ya explorado.

En 1920, Karl conoció a una mujer casada quince años mayor que él: Claire Adler. Un primer matrimonio con Rosika

3. La prosa insólitamente brillante del diario de Payer se cita con profusión por Christoph Ransmayr en su primera novela, *Los espantos de los hielos y de las tinieblas* (Debate, 1989).

Kottler, también oriunda de Czernowitz, quedó disuelto poco tiempo después. En 1922 concluyó sus estudios de Ingeniería en la Universidad Tecnológica de Viena. Por un breve periodo trabajó como químico para una empresa y, poco después, entró a trabajar en la Oficina de Patentes. Durante mucho tiempo creí que esa parte de su vida podíamos imaginarla como una etapa relativamente feliz y segura. Pero no fue así. Blitz estuvo a punto de suicidarse, se fue hundiendo en depresiones cada vez más profundas y lo expulsaron de una empresa que fabricaba lámparas eléctricas. Por esa época aprendió a tocar la mandolina con una maestría celebrada por muchos de sus contemporáneos. En una ocasión llegó a tocar con la Orquesta Filarmónica bajo la batuta de Franz Schreker.[4] A partir de 1933, Karl y Claire, cuyo marido había muerto poco antes, empezaron a vivir juntos. Karl compró una cámara y empezó a rodar películas de valor artístico. La primera de ellas se tituló *Añoranza del sur* y se proyectó en 1936 en el cine Urania, en Viena. Otra película planeada para 1938, cuyo título era *La sinfonía inconclusa*, nunca pudo terminarla. Después de la anexión de Austria a la Alemania nazi los hechos se sucedieron de forma muy rápida. El 18 de marzo de 1938, solo seis días después del llamado *Anschluss*, Karl entró en su empresa y encontró las estancias llenas de

4. Todos los detalles biográficos han sido tomados de: Bliss, C. K., *Semantography*; Okrent, Arika, *In the Land of Invented Languages*; del pódcast de Radiolab *Mr. Bliss*, del libro *The book to the film Mr. Symbol Man* y de *Semantography Series 103: Text of the First Lecture on Semantography 1943, Semantography Series 104: Newspaper Articles and Notes 1943–1946 following the First Lectures on Semantography, Semantography Series 205: My First 23 Years, Semantography Series 206: My Life in China and Afterwards* y *Semantography Series 210: In Memory of Claire, Semantography Series 220: From the Cradle to the Concentration Camp.*

hombres de las ss listos para la acción. Uno de los empleados, un tal Slavik, señaló con el dedo a Karl Blitz. Se lo llevaron a la central de la policía en el Rossauer Lände, en el distrito vienés de Alsergrund, o más exactamente al centro de deportaciones de la Hahngasse. Claire, que en ese momento aún no estaba casada con él, se presentó como su casera (la edad en que aventajaba a Karl le otorgó en ese punto cierta credibilidad) y fue a ver a todo tipo de autoridades con el fin de averiguar su paradero. Logró que le entregaran un paquete de ropa. La madre de Karl, en Czernowitz, esperaba mientras tanto las habituales cartas mecanografiadas de su hijo, de modo que convencieron al cuñado de Karl para que escribiera cartas en su estilo e, incluso, falsificara su firma, todo para que la madre no se enterara del peligro que corría.

Durante el arresto, los prisioneros mataban el largo tiempo de espera jugando al ajedrez con fichas hechas de masa de pan o preguntándose la hora exacta. Gracias a un descuido de los guardias, uno de los presos seguía en posesión de un reloj, de modo que recayó en él la tarea de cantar la hora a cada instante, cada vez que los otros prisioneros le preguntaban. Poco a poco, el ritual fue minando el ánimo del hombre, de por sí ya tenso, de manera que Karl, a partir de un trozo de cartón, creó una esfera de reloj sobre la cual el reo podía indicar la hora exacta cada cinco minutos. Karl impartió para sus compañeros de celda clases de geografía, física, química y de teoría de la relatividad einsteniana.

El 15 de junio de 1938 fue un día como otro cualquiera. Los prisioneros judíos eran hacinados en vagones y deportados a Dachau. Esta vez Karl estaba entre ellos. Permaneció hasta septiembre en ese campo de concentración y pasó luego a Buchenwald. Mientras tanto, Claire, a través de un notario, intentaba conseguir un visado para Karl. El notario trabajaba por encargo de una iniciativa llamada «Aktion Gildemeester» (expropiación de ciudadanos judíos a cambio de la posibilidad de salir del país) y se reunió con Karl en Buchenwald. Claire había conseguido (¿cómo?) que a su hombre le entregaran su guitarra y su mandolina en el campo, donde su manera de tocar, como él mismo contó después, impresionó y divirtió mucho a los guardias. Durante las charlas nocturnas que sostenían los presos (con música, teatro y chistes), Karl se ponía camisa y corbata hechas de cartón. Uno de los jefes de galera, particularmente entusiasmado con las artes histriónicas de Karl, le gritaba a menudo: «¡Blitz, toca la mandolina, pero a dos voces!».

Un día en que el notario fue a visitarlo al campo, estaba de guardia justo ese jefe de galera. Karl lo apostó todo a una carta y le pidió que saliera un momento de la celda, ya que tenían que hablar de asuntos privados. Me encantaría saber si dijo esa frase crucial, que podía costarle la vida, en tono jocoso —para no parecer insolente a ojos del guardia— o si empleó uno serio y firme, como correspondía a la ocasión.

En cualquier caso, la frase surtió efecto. El jefe de galera salió del recinto. Entonces fue posible transferir el patrimonio de Karl a cambio de un visado.

Luego tocó esperar.

El tiempo pasaba.

Y de repente todo se concretó, se hizo oficial: la fecha para que Karl saliera en libertad de Buchenwald se fijó para el 2 de febrero de 1939. Pero ese mismo día le impiden ponerse su ropa de paisano, ya que en el campo se ha desatado una epidemia de tifus. Fijan la nueva fecha para el 13 de abril.

Los días pasan.

El 13 de abril le comunican que no lo pondrán en libertad. Karl está desesperado.

Lo liberan al día siguiente. Y de pronto se ve de verdad en la estación y sube al tren. Allí, en un compartimento común y corriente, con el billete normal que le permitieron comprar, viaja de regreso a Viena, donde, por corto tiempo, se reúne con Claire, a la que no le permiten marchar con él al exilio en Inglaterra.

Claire huye de Viena en dirección a Czernowitz y más tarde sigue viaje a Grecia. Mientras tanto, Blitz ha encontrado trabajo en una fábrica. Pero en 1940 empiezan los bombardeos sobre Londres, y su nombre, además, empieza a causarle problemas. La gente se estremecía al escucharlo, ya que *blitz*, en inglés, significa 'bombardeo'. Algo parecido les ocurría a los nazis de Viena unos años antes: se estremecían ante el nombre de Blitz, porque les sonaba a 'judío'. Algo fallaba con el lenguaje. Y no con una lengua específica, como el alemán o el inglés, sino con todas. Todos los idiomas que usaran palabras. Porque de las palabras, sonaran como sonasen, podía abusarse; las palabras podían pervertirse. Era posible invertir su significado y decir justamente lo contrario. Era posible mentir. Era posible incluso matar con palabras a cantidades ingentes de seres humanos, como les recordaba cada mañana a los prisioneros de Buchenwald el sonido metálico de los altavoces. Karl Blitz —que a partir de entonces empezó a llamarse Charles Bliss— pensaba que mientras el lenguaje poseyera una superficie sonora seguiría siendo propenso a corromperse, estaría al servicio de la guerra y de la aniquilación. ¿Acaso el hombre, por el mero hecho de tener boca, estaba condenado a emplear un lenguaje con superficie sonora? ¿No sería posible transmitir de forma *directa* el sentido, sin el rodeo de la vocalización?

Cuando los fascistas italianos invadieron Grecia, Claire se vio obligada a huir de nuevo. En 1940, Charles intentó obtener asilo en Canadá. Sus esfuerzos fracasaron por culpa de la intrincada burocracia. Claire y él emigraron por separado, escogieron rutas de viaje incómodas, pero seguras, a través de todo el globo, pasando por uno de los últimos lugares del planeta que a esas alturas acogía aún a los judíos: Shanghái. Allí vivía, con su marido, una prima de Bliss: Paula. El día de Navidad de 1940, Charles y Claire volvieron a reunirse por fin. Se casaron el 25 de enero de 1941. Pero les duró poco la dicha de ese nuevo comienzo en un exilio a resguardo de la política. Claire contrajo el tifus y permaneció varias semanas en un hospital, debatiéndose entre la vida y la muerte. Cuando le dieron el alta y volvió a estar más o menos sana, se cayó de una riksha y se partió un brazo. Bliss cuidó de su mujer y, mientras tanto, se dedicó con ahínco a aprender chino. Un buen día, su profesor le explicó algo asombroso: dos chinos de diferentes partes del país podían leer un periódico, pero si los ponían a hablar entre ellos, no era seguro que se entendieran, ya que hablaban dialectos diferentes. También a Bliss le pareció más tarde que era capaz de leer los titulares de los periódicos chinos sin conocer la pronunciación, titulares que, en su mente, se transformaban en enunciados en alemán, como había sucedido antes con los circuitos de su padre. Bliss quedó muy impresionado con eso. ¿Podía ser esa la solución? Le pareció un principio aplicable a todo, y fue entonces cuando empezó a trazar los primeros bocetos de una lengua solo compuesta de símbolos.

En diciembre de 1941, Shanghái fue ocupada por los japoneses. Los ocupantes, aliados de los alemanes, ordenaron que todos los judíos fueran trasladados al gueto de Hongkou. El responsable de llevar a cabo esa operación fue un hombre de las SS llamado Josef Meisinger. Como los japoneses no veían en el término *judío* la imagen de un enemigo, Meisinger, en sus intercambios diplomáticos, los rebautizó como *antinazis* y los tildó de espías. La medida, en un principio, desató un frenesí antisemita entre los generales japoneses. Los dirigentes de Japón no temían a nada tanto como al espionaje. Una vez más el lenguaje mostraba su faz demoníaca. Las palabras como munición.

Pero Claire era una alemana de confesión católico-romana, es decir que, para eludir el mísero y peligroso destino de ser internada en la *designated area*, le habría bastado con solicitar el divorcio, como hicieron muchas mujeres en esa época. Sin embargo, a pesar de que el gueto significaría enfermedad y hambre, en 1943 acompañó a su marido en su cautiverio. Una frase que se escribe pronto.

Ahora bien: por cruel que fuera la situación externa para ambos, el mundo interior de Bliss estaba en intensa actividad y rebosante de esperanza. Siguiendo el modelo de Julius Payer, había partido en busca de nuevos continentes, pero ahora, después de meditarlo mucho y de haber estudiado chino, había descubierto mucho más que un territorio nuevo. Había dado con la cura para la humanidad. Pero ¿una cura de qué? Una cura del mal. Es decir, del lenguaje. Del lenguaje articulado. Del pérfido juego de las palabras. Prescindir totalmente del lenguaje era imposible, claro, pero se necesitaba algo nuevo, algo que transmitiera el sentido de forma directa. Signos intercambiados en un mutismo monacal que encerraran un *significado puro*. En un principio, Bliss denominó su concepto New World Writing y, más tarde, *semantography*.

«Podría existir un oído para el que todos los pueblos hablasen una sola lengua», escribió Georg Christoph Lichtenberg. Charles Bliss fue un paso más allá y sustrajo el oído a esa idea. ¡Cuántas cosas se habían destruido, cuánto daño se había hecho por medio de palabras ladradas o susurradas! ¡Acabemos con ello de una vez y por todas! Dad a los oídos la libertad para escuchar tan solo la música y los sonidos de la naturaleza.

Antes de que lo encerraran en el gueto, Bliss había empezado a dar conferencias sobre su nuevo sistema en el Shanghai Jewish Club. También compareció como orador público en el propio gueto, ante la Hongkew Medical Society, por ejemplo, donde encontró aprobación, interés y, en ocasiones, incluso, entusiasmo. Encargó a un periodista vienés llamado Kars la misión de criticar su New World Writing. Vendió cámaras, ofreció servicios para hacer películas, encontró vías para vadear las limitaciones del gueto y desarrolló para los exiliados unas tabletas condimentadas que recordaban a las pastillas Maggi. También empezó a escribir un libro.

Aquí lo tengo, encima del escritorio. Lo compré en una librería de anticuario, carísimo, muy viejo y gastado, con varios centenares de páginas. A cada nueva edición, Charles le añadió varios capítulos y digresiones. Al final, el libro lo contendría todo. Su vida entera, su nuevo sistema lingüístico, su amor por Claire.

En agosto de 1945, las bombas atómicas caen sobre Hiroshima y Nagasaki. La guerra ha terminado, Japón capitula incondicionalmente. Todos los habitantes japoneses y alemanes de Shanghái se ven amenazados por la expropiación violenta de sus pocas posesiones. Antes de que el gobierno chino implemente tal medida, el matrimonio Bliss abandona la ciudad en dirección a Australia.

Charles consigue también un visado para que su madre viaje a Australia, pero la mujer muere el 8 de marzo de 1947. Bajo su almohada encontrarán los visados vigentes.

La diferenciación más importante en la filosofía del lenguaje de Bliss es la establecida entre el uso *lógico* e *ilógico* de una palabra. He aquí un ejemplo ilustrativo de esa diferencia a partir de la palabra *ir*:

«Voy a mi cuarto» – lógico.

«Irse de rositas» – ilógico.

Hoy se hablaría más bien de significado *literal* e *idiomático*. O dicho de un modo más breve: Bliss detestaba todas las expresiones idiomáticas. A su juicio eran la enfermedad mortal de toda lengua. Su *Semantography*, al menos por sus intenciones, no debía contener frases idiomáticas.

Desde el punto de vista histórico y lingüístico, es un sinsentido, algo imposible. Lo que hoy tiene un significado literal puede ser mañana una frase idiomática. Además, las expresiones de Bliss me parecen en parte muy metafóricas, casi barrocas en su estratificada suntuosidad, sobre todo cuando se trata de conceptos abstractos.

En todo caso, algunas de sus diferenciaciones poseen un encanto innegable, como, por ejemplo, el símbolo de *existir*, que se escribe así:

Según el tamaño del símbolo, se refiere a la existencia de un ser vivo o de un objeto inanimado. Cuanto más grande, tanto más animado. «El ser humano existe»: en este caso el símbolo es tan grande en tamaño como *ser humano*. En la frase «El Estado existe», por el contrario, el símbolo es más pequeño. Aunque también se puede usar el símbolo pequeño para designar al ser humano: en situaciones en las que su existencia no es el asunto principal, solo un estado pasajero. «El hombre vive ahora en esa casa, pero normalmente no vive allí», en ese caso se emplea el símbolo pequeño. Pero

¿qué ocurre si usamos el símbolo grande para designar al Estado? El manual de Bliss no nos proporciona ningún consejo en ese caso.

En un documental filmado en 1974 por el National Film Board of Canada y titulado *Mr. Symbol Man*, Charles Bliss presenta, además, su símbolo para el campo semántico de *tener*. Se parece a un signo de más. Si se traza debajo una línea horizontal, tenemos el símbolo de *poseer*:

^

±

«Vean», exclama Charles Bliss, dando unos golpecitos frenéticos sobre el símbolo: «¡Parece una lápida! ¡Y es acertado, porque se trata de todas esas posesiones terrenales que no podrán llevarse al más allá!». Se muestra entonces profundamente conmovido por su propia interpretación.

La visión romántica que tenía Bliss de la escritura china, de sus pictogramas e ideogramas, no es un caso aislado en la historia de las ideas. Pensemos, por ejemplo, en Ernest Fenollosa, que no dominaba el chino y solo conocía algunos rudimentos de japonés, pero que, aun así, partiendo de su *interpretación* de la supuesta poesía de los signos, fue capaz de cocer una sopa muy atractiva que inspiraría a todos los poetas imaginables de principios del siglo XX, sobre todo a ese maniaco que lo entendía todo llamado Ezra Pound, que no conocía ningún idioma asiático ni siquiera en rudimentos, pero pasó años traduciendo aplicadamente, con gran influencia, a Confucio. Sospecho, por cierto, que al señor Pound nos lo tropezaremos a menudo en este libro. Tal vez podamos evitarlo, pero ya veremos.

En cualquier caso, Fenollosa consideraba que la escritura china era un «sistema de notación gráfica basado en la escritura abreviada de procesos naturales».[5] Los signos hacían que el hablante tuviera una percepción «más original» y «no distorsionada» del mundo: «Un mosaico en el que confluyen varios elementos gráficos para formar un único signo». Pound vio en ello de inmediato los fundamentos de la nueva poesía: un vórtice (*vortex*) de significados reunidos en una escueta unidad, un vórtice de «universo en movimiento», de relaciones mutuas eternas y dinámicas.

Hum.

Es cierto que mucho antes de Bliss o de Pound hubo quienes soñaron con crear esas estructuras de sentido directas que, sin inercias ni energías de fricción dentro de un medio, pudieran transferirse entre las mentes de las personas. Es preciso admitir, además, que en determinados ámbitos de la vida humana se generan energías de fricción descomunales dentro de las palabras usadas, energías que hacen casi imposible cualquier trabajo, como ocurre con los nombres de algunas setas. Y si no me creen, fíjense en nombres como *lactario aterciopelado*, *amanita excelsa*, *erizo barbudo*, *barba de cabra*, *nariz de borracho*, *melena de león* o *pie azul*. ¿Qué científico podría ocuparse de esos nombres sin que el monóculo se le caiga constantemente dentro la taza de té?

En el siglo XVII vivió un hombre, el obispo John Wilkins, que intentó resolver precisamente ese problema. Al prelado no le entusiasmaba mucho la idea de que fuera el hombre el encargado de nombrar las cosas y los animales de este mundo.

5. Tomado de *The Chinese Written Character as a Medium for Poetry*, de Fenollosa, en traducción al alemán de Eva Hesse, y de su epílogo a *Die Cantos* (Arche Verlag, 2012).

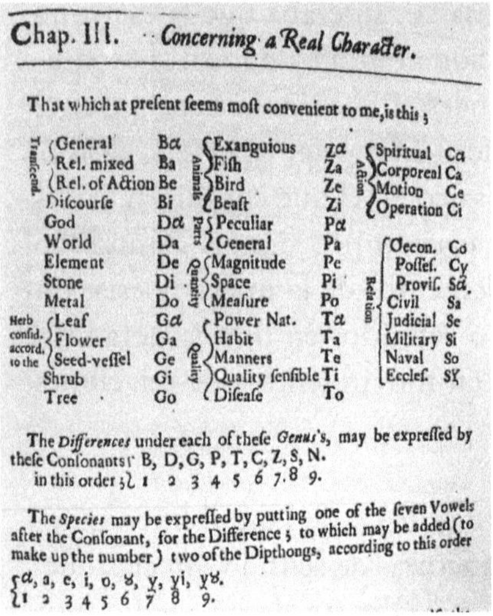

Chap. III. *Concerning a Real Character.*

That which at preſent ſeems moſt convenient to me, is this;

Tranſcend.	General	Bα	Animals	Exanguious	Zα	Action	Spiritual	Cα
	Rel. mixed	Ba		Fiſh	Za		Corporeal	Ca
	Rel. of Action	Be		Bird	Ze		Motion	Ce
	Diſcourſe	Bi		Beaſt	Zi		Operation	Ci
	God	Dα	Parts	Peculiar	Pα			
	World	Da		General	Pa	Relation	Oecon.	Co
	Element	De	Quantity	Magnitude	Pe		Poſſeſ.	Cy
	Stone	Di		Space	Pi		Proviſ.	Sα
	Metal	Do		Meaſure	Po		Civil	Sa
Herb conſid. accord. to the	Leaf	Gα	Quality	Power Nat.	Tα		Judicial	Se
	Flower	Ga		Habit	Ta		Military	Si
	Seed-veſſel	Ge		Manners	Te		Naval	So
	Shrub	Gi		Quality ſenſible	Ti		Eccleſ.	Sy
	Tree	Go		Diſeaſe	To			

The *Differences* under each of theſe *Genus*'s, may be expreſſed by theſe Conſonants B, D, G, P, T, C, Z, S, N. in this order; 1 2 3 4 5 6 7. 8 9.

The *Species* may be expreſſed by putting one of the ſeven Vowels after the Conſonant, for the Difference; to which may be added (to make up the number) two of the Dipthongs, according to this order

α, a, e, i, o, ȣ, y, yi, yȣ.
1 2 3 4 5 6 7 8 9.

Desconfiaba. Nombrar las cosas debía ser tarea de Dios. En ese sentido Wilkins, con su criterio, fue un precursor de Charles Bliss. En *An Essay Towards a Real Character, and a Philosophical Language* creó el boceto de un lenguaje en el que no se designa nada, en el que la forma o la función no nos recuerdan esto o aquello, sino en el que se determina su lugar dentro del gran diagrama arbóreo de la taxonomía y se reproduce luego de un modo sonoro. Cada rama tiene su propia sílaba. Suena terriblemente abstracto. He aquí un ejemplo: la sílaba *de* designa la categoría *elemento*. Su quinta variante, *claridad del aire*, es marcada por una *t* y la primera categoría de esa especie se marca con una α (correspondiente a la sílaba inglesa *aw*). Pero ¿qué es esa primera especie dentro de la categoría *claridad del aire*? La lectora atenta lo ha adivinado enseguida. Un arcoíris, por supuesto. Detα.[6] La tercera especie dentro de *claridad del aire*, *dete*, se adivina también rápidamente: soles paralelos, *parhelia*, *sun dogs*.

Hasta ahí todo es bastante simple. Pero ¿qué ocurre si en lugar de arcoíris o parhelio queremos un buen día designar un concepto algo más insólito como *liebre*? Tendríamos que

6. Ejemplo tomado de *The Mechanic Muse*, de Hugh Kenner.

consultar la tabla de Wilkins (o, según su idea, aprendérnosla de memoria desde la más temprana infancia), y descubriríamos a la liebre ocupando el tercer puesto en la tercera variante de la categoría *animales*. La sílaba de *animal* es *Zi*, su tercera variante se designa con una *g* y su tercera especie con una *e* añadida al final.

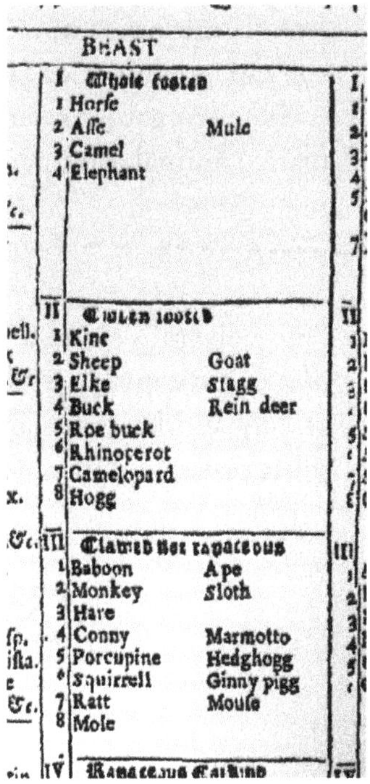
BEAST

I	Whole footed	
1	Horse	
2	Asse	Mule
3	Camel	
4	Elephant	
II	Cloven footed	
1	Kine	
2	Sheep	Goat
3	Elke	Stagg
4	Buck	Rein deer
5	Roe buck	
6	Rhinocerot	
7	Camelopard	
8	Hogg	
III	Clawed not rapacious	
1	Baboon	Ape
2	Monkey	Sloth
3	Hare	
4	Conny	Marmotto
5	Porcupine	Hedghogg
6	Squirrell	Ginny pigg
7	Ratt	Mouse
8	Mole	
IV	Rapacious Cat-kind	

Nos queda: *Zige*.

Madre mía. ¿En serio? ¿Liebre se dice *Zige*?[7]

Venga ya. ¿Cómo se dice entonces *cabra* en el lenguaje de Wilkins? Sé que ya hemos explicado el principio de funcionamiento, pero debo repasarlo otra vez brevemente.

La cabra, por lo tanto, habita aquí, en el segundo recuadro: Es: *Zi-d-a*, pues se encuentra en el mismo nivel que las ovejas. Para este caso de «cosas emparentadas por afinidad» (como lo llamó Wilkins) es preciso, según sus propias reglas, añadir la vocal localizadora al principio de la palabra. Oveja: *Zida*. Cabra: *Izida*.

Y ya que estamos en ello, ¿qué pasaría con nuestro gatocordero del principio? Veamos: en el lenguaje filosófico del obispo Wilkins se dice: *Zipizida*. De acuerdo. Ahora solo falta el verbo *bailotear*. El concepto de *bailar* lo encontramos en el diccionario adjunto bajo la rúbrica de «Motion, V, 5». Se diría

7. En alemán, *Ziege* es cabra. (*N. del T.*)

ceto. Tendríamos que convertir *ceto*, *baile*, en su adjetivo, y con eso tenemos toda la estructura terminada: *C'eto Zipizida*.[8]

Nuestro gato-cordero bailoteando alegremente, el emblemático animal acompañante a través de esta historia.

*

Pero volvamos ahora a Charles Bliss. En su libro *Semantography*, en un capítulo titulado «How the Semantics of Semantography Works», Bliss analiza para nosotros la frase «Alemania sobre todas las cosas».[9] En el sistema bliss, esta se escribe así:

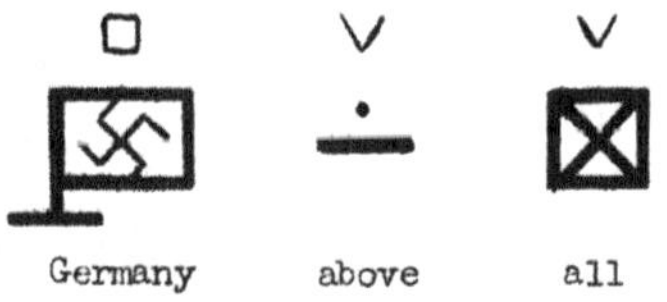

Bliss escribe al respecto:

> Si traducimos los planteamientos de Hitler al lenguaje de la semantografía, se comprenderá por qué no solo creía en ellos una buena

8. La «C» con apóstrofe es algo distinta en Wilkins, en el lugar del apóstrofe, allí aparece una letra alfa griega volcada hacia un lado, y si he entendido bien, se pronuncia como *kw* con una *w* inglesa. Solo que no sabía cómo introducirlo con el teclado habitual.
9. Se refiere a uno de los versos emblemáticos de la *Deutschlandlied*, el himno nacional de Alemania desde 1922: «*Deutschland, Deutschland über alles*», presente en la primera estrofa, la única que se cantaba durante el nazismo. A partir de 1952 empezó a usarse de nuevo como himno en ocasiones oficiales, pero ahora solo la tercera estrofa: «*Einigkeit und Recht und Freiheit für das deutsche Vaterland!*» ['Unidad, Justicia y Libertad para la patria alemana']. (*N. del T.*)

parte de la población alemana, sino también el propio Hitler. Las palabras relevantes pertenecen a una clase que en la semantografía se denomina VALORACIÓN HUMANA.

El lector sabrá disculpar que lo someta a una confrontación directa con símbolos cuyo sentido exacto solo se revelará tras una atenta lectura de todo el libro. Esto es solo un capítulo introductorio.

Pero los símbolos se explican con facilidad: el símbolo de *bandera* situado encima del símbolo de la *Tierra* nos da el símbolo de *Estado*. A eso le añadimos más tarde la imagen de la bandera de cada país específico.

Los símbolos de *arriba* y *abajo* se explican por sí mismos. Pero también hemos de reconocer que su significado es vago y relativo. Todo depende de dónde trace uno la frontera, es decir, la línea. Al trazar esa línea es preciso indicar también con relación a qué existe: *sobre el nivel del mar* o *sobre la casa*. El *mar* y la *casa* son ambas COSAS químicas. Pero cuando usamos palabras pertenecientes a la clase VALORACIÓN HUMANA, como *sobre toda crítica* o, *sobre esto*, el resultado puede significar absolutamente todo.

El símbolo para *todo* es un signo de multiplicación (×) y se escribe en una superficie cerrada, un cuadrado. Puede significar *muchas cosas*, *una variedad*, pero una variedad delimitada. Ese símbolo debería tener un efecto semántico que nos hace recordar la frase de E. T. Bell: «*The wretched monosyllable all has caused mathematicians more trouble than all the rest of the dictionary*» ('El mísero monosílabo *all* (todo) ha causado a los matemáticos más problemas que todo el resto del diccionario'). Pero no necesitamos esa interpretación en absoluto. Simplemente nos preguntamos: ¿las palabras *sobre* y *todo* aluden a una COSA química o a un PROCESO físico especial? La respuesta es no. Por esa razón el símbolo recibe el indicador de VALORACIÓN.

Si Hitler hubiera dicho: «¡Alemania por encima de todo, medido a partir del nivel del mar!», el sinsentido de su frase hubiese sido visible para todos a la primera. Pero un enunciado que contenga palabras de la clase de VALORACIÓN sin que se indique una relación exacta (¿*sobre* qué? ¿qué *todo*?) puede ser interpretado de manera

> diferente por cualquiera. Luego, repetida un millón de veces, se convierte en «verdad» en las mentes de la gente.

Según su inventor, el sentido de la semantografía consiste en hacer visible, ante todo, las clases semánticas de las que provienen las palabras. De forma parecida a lo que ocurre con las palabras de Wilkins, al menos en teoría, evita la multiplicidad de significados y la vaguedad de la que extrae su energía cierta propaganda. Con los símbolos bliss resulta imposible fabricar, sin más, esos eslóganes pegadizos que se vociferan sin pensar. Aunque tampoco es que se vociferen desde el principio, así que digamos mejor: eslóganes pegadizos que uno puede repetir sin pensar con criterio propio.

Ahora bien: ¿qué significa eso para la poesía? ¿Tenemos que renunciar a ella también? Sabemos que Charles Bliss detestaba las metáforas. Las consideraba uno de los mayores desvaríos del lenguaje, de ahí que desarrollara un signo propio para distinguir de manera clara una metáfora y que nadie se convirtiera en víctima de su oscura fuerza mágica.

No obstante, el libro *Semantografía* contiene al final un capítulo expresamente dedicado a la poesía. No resulta tan sorprendente que Bliss cite allí al profesor Fenollosa. Además, concede a los poetas —y hasta donde veo, solo a ellos— una especie de derecho especial en la Tierra:

> Trabajé toda una vida como investigador en el ámbito de la química industrial y desarrollé muchas cosas útiles, pero lo más útil de todo, de eso estoy convencido, es un poema. [...] También estoy convencido de que los poetas son las criaturas más sensibles. En un *flesh of understanding* (*sic!*) han presentido las leyes de la naturaleza miles de años antes que los actuales físicos y matemáticos. La lengua de los poetas es distinta a la lengua del mercado, pero eso se les perdona, ya que ellos intentan explicar

lo inexplicable empleando metáforas, comparaciones y analogías.

Bliss considera que la poesía china es la más bella del mundo. En ella está contenida la verdadera atemporalidad. No es preciso siquiera dominar el lenguaje, solo los signos, y con ello es posible entender el sentido, incluso dos mil quinientos años después de surgido el poema. He aquí una línea destinada a ilustrar esa idea:

Me he tomado la molestia de ir hasta la habitación contigua y pedirle a mi novia, que es sinóloga, que me escriba los caracteres de estas dos líneas poéticas. Quería comprobar si yo, sin conocer el chino, era capaz, *de algún modo*, de entenderlas.

—Pero eso, lo mires por donde lo mires, es un completo absurdo —me ha dicho Sarah—. Para decir *girl* pueden escogerse varios signos. ¿Cuál debería ser, al final, el resultado?

—¡Por favor, escríbeme esos caracteres!

—«Escríbeme esos caracteres». Pues es eso, precisamente, lo que no resulta tan fácil. En chino no se colocan signos al azar unos junto a otros. Es preciso conocer la gramática. El chino clásico tiene también una gramática. Esto aquí no es más que esa estupidez de Fenollosa, *girl cheek soft peach*. Dios santo.

—¿Qué?

—Hombres que contemplan a las mujeres como si fuesen frutas.

Sarah ha sacado entonces de la estantería una edición francesa de poemas de la era Tang.

—Ahí tienes: escoge uno. Luego te escribiré los signos.

—Pero yo lo que quería era refutar el ejemplo de Bliss.

—Ese ejemplo es un sinsentido. Esos recuadros no tienen nada que ver con el chino.

—Pero, por ejemplo, esto aquí: *moon* —he dicho.

—*Moon*... ¿qué?

—La luna —he dicho e, impaciente, he pegado un brinco en la silla—. Para eso hay un caracter.

—Sí. ¿Y qué?

—Luna plateada lago en calma.

En realidad, a esas alturas ni yo mismo sabía adónde quería llegar, de modo que he abierto la antología y he leído un par de versos, pero no entendía todas las expresiones francesas. ¿Qué significa *humecter*?

En ese mismo capítulo, Bliss nos ofrece otro ejemplo de línea poética en símbolos bliss:

La lectora, si lo que busca es el sentido, puede reflexionar por un instante y adivinar lo que pudiera significar. Los términos ingleses ahí garabateados, *mouth* y *musical note,* constituyen pequeños indicios. Yo habría leído del modo correcto el símbolo de la izquierda como SOL. El sol sale. Sí, no es difícil. Pero luego está el segundo. Una X algo arrugada, como el rostro estilizado de un gato con ganas de estornudar, pero que no puede hacerlo. Y, sí, encima está el símbolo de *varios*, lo conocemos gracias a la explicación de la frase *Alemania sobre todas las cosas*. En fin: varios gatos estornudando. El sol sale sobre unos gatos que estornudan y cantan.

Pero el símbolo significa *ave*. Jamás lo habría adivinado. Un pájaro tiene otro aspecto. Aunque, por supuesto, tiene sentido, es como una cosa que aletea. En conclusión: el sol sale y unos pájaros cantan.

Bliss nos proporciona luego varias formas de leer la frase en distintos idiomas. En español sus tres variantes serían las siguientes:

El sol se alza, los pajarillos trinan.
Sale el sol y unos pajarillos cantan.
Entre el canto de las aves sale el sol.

Esa última lectura me deja un poco perplejo. ¿Cómo inferimos ese «entre el canto»? En fin: el propio Bliss ve el peligro de que su sistema se use en el ámbito de la poesía para el paisajismo, el *landscape painting*, y no para expresar ideas más elevadas.

A ello Bliss opone la creación de un nuevo término:

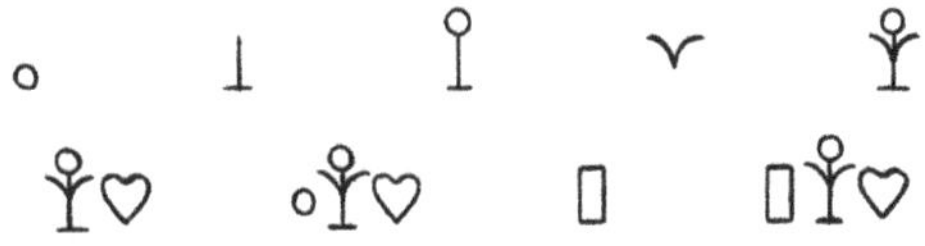

Poesía: lenguaje alado, como un hombrecillo situado entre una hoja de papel y un corazón. Bastante aceptable como definición.

A propósito del *landscape painting*: hace años descubrí en internet el magnífico blog de un creativo entusiasta de los símbolos bliss, alguien cuyo nombre parece el de un oficial del ejército estadounidense: George F. Sutton. Este hombre es fundador y dueño de la web symbols.net y de otras páginas similares. Sin embargo, desde hace años carecemos de todo rastro suyo en la red. Le borraron el blog, y sus trabajos solo se encuentran en los pantallazos automáticos de la Wayback Machine, el archivo de internet. A partir del modo en que él mismo se describe, inferimos que el señor Sutton era piloto y que, a la edad de veinticuatro años, experimentó una suerte de revelación mística, razón por la cual, un año después —no se mencionan los detalles exactos—, lo diagnosticaron como bipolar. Le dieron la jubilación anticipada y, a partir de ese momento, empezó a estudiar todo tipo de escrituras sagradas y de libros científicos. Entre 1993 y 1996 descubrió los símbolos bliss y estos cambiaron su vida. Empezó a traducir la Cábala al sistema bliss, para lo cual empleó por primera vez un método pictórico que él denomina Visual Bliss.[10] En el sistema moderno del blissimbolismo, es decir, el desarrollado *a posteriori* por varios pedagogos, los tipos de palabras (adjetivo, sustantivo, etcétera) no se muestran ya a través de signos

10. Sutton escribe: «Cuando estudio la Cábala, la voy interpretando y traduciendo en Visual Language, mientras el blissimbolismo influye con fuerza en la forma visual. Esto (la Cábala interpretada visualmente) parece estar penetrando con fuerza en un posible entendimiento intuitivo de la física cuántica, lo que indica que las crecientes dificultades actuales de la humanidad con el caos están relacionadas con un incremento de las dinámicas cuánticas que erupcionan en nuestra realidad atómica cotidiana. De ser así, sería muy peligroso, y sería necesario estabilizarlo antes de que sea demasiado tarde. Empiezo a sentir que el propósito de la Cábala es asistir a la conciencia humana en la estabilización adecuada de esas irrupciones cuánticas sin que el resultado sea el fascismo. Si no conseguimos abrir a tiempo el Arca de la Alianza, el fascismo cerrará la mente de los hombres en un intento desesperado por bloquear esas erupciones cuánticas. Pero si esto no puede tener éxito, solo el tesoro del Arca lo tendrá. Ahora las erupciones son microscópicas, pero se intensificarán si no seleccionamos un patrón neutral y lo aceptamos universalmente. Los judíos tienen el secreto, y es por eso que lo dieron a conocer en 1995».

diacríticos, sino de colores. Sutton asume ese procedimiento y representa sobre estos las circunstancias de lugar y tiempo por medio de correspondencias visuales. Aquí uno de sus ejemplos de esta nueva forma de *landscape painting* o de paisajismo lingüístico:

O esta otra frase sobre una mujer en una tumbona:

Sutton afirma que ese lenguaje *no lineal* es (además del lenguaje brasileño *pirahã*)[11] el único que no sigue las reglas establecidas por Noam Chomsky sobre una gramática generativa. No tengo ni idea de si eso es cierto o no. En cualquier caso, con el Visual Bliss es posible representar hechos realmente complejos en forma de cuadros, de modo que, como en la epopeya postmoderna de John Barth, todas las cosas de las que tratan nuestras frases tienen el mismo derecho de ser y, a la vez, existen de forma paralela. Es cierto que existe un nivel

11. Véase Daniel L. Everett, *No duermas, hay serpientes. Vida y lenguaje en la Amazonia*, Turner, 2014.

claramente más bajo de complejidad que en las expresiones lineales, es decir, aquellas que se despliegan ante todo en el tiempo, no en el espacio. El breve relato de Kafka sobre el gato-cordero se vería en Visual Bliss, probablemente, como un objeto oculto en un puzle de signos que friccionan y se encienden entre sí. Las tramas policiacas no podrían funcionar de ningún modo en Visual Bliss, ya que lo no lineal descubriría por anticipado, como un espóiler, todo desarrollo de una trama desde el segundo primero. Es probable, simplemente, que lo no lineal no sea nuestra morada.

La última señal de vida en la red del meritorio señor Sutton data del año 2013. A partir de ahí, ya no encuentro nada.

En 1946, Claire y Charles Bliss, como hemos dicho, obtuvieron el permiso de entrada a Australia. Se mudaron a Coogee, un suburbio de Sídney. El lenguaje de símbolos de Charles, destinado a salvar el mundo, no encontró un suelo nutricio en aquel nuevo país. Ni los intelectuales ni las escuelas ni los políticos quisieron saber nada de la semantografía.

Entre 1949 y 1953 Claire redactó y envió para su marido unas seis mil cartas, de las cuales solo obtuvo respuesta a unas pocas. Y cada vez que llegaba una respuesta, nunca se trataba de una invitación, una bienvenida o una expresión de ánimo. La única excepción parece ser la de un filósofo entonces recientemente galardonado con el Premio Nobel de Literatura, Bertrand Russell, que manifestó su reconocimiento al novedoso lenguaje de símbolos. Bliss citó sus alabanzas en cada nueva edición de sus obras.

El 2 de octubre de 1953, Claire sufrió un infarto cardiaco. Durante los ocho años siguientes su estado fue pésimo, se sentía muy débil y abatida. No podía caminar, dormía mucho. En una ocasión, después de una inyección, despertó de su modorra y empezó a cantar una vieja canción vienesa, con una expresión divertida y juvenil en el rostro: «Algo de vino habrá, / ¡pero yo ya no estaré! / Lindas muchachas habrá, / ¡pero yo no viviré!».[12] La vida de Claire llegó a su fin el 14 de agosto de 1961, a la edad de ochenta años. En cierto modo, con ella también finalizó, al menos por un tiempo, la vida de Charles Bliss. La desesperación por la muerte de su «querida compañera de peregrinación» fue paralizante y absoluta, Bliss pasó meses sin poder hacer nada, salvo cumplir como podía con las obligaciones cotidianas. La expresión empleada por él para describir los últimos días en la vida de Claire, «compañera de peregrinación», le parecía intraducible. De modo que añadió una historieta explicativa en el capítulo correspondiente de su *Semantografía.*

The meaning of "Wanderkamerad", as we understood it, is most difficult to translate. It does not mean "wander comrade." It means much more than "hiking companion".

For us, it meant walking hand in hand through flowering mountain meadows up to the towering mountain peaks.

But it also meant walking hand in hand through the dark abyss of despair, and through the valley of the shadow of death.

Me resisto a contar la historia de Claire únicamente como la de alguien que brinda su apoyo y sirve de inspiración solo porque el personaje central de mi historia es su marido. Sin embargo, a pesar de los esfuerzos por investigar su vida, no sé lo suficiente sobre ella. Ojalá que nadie piense de ella a la ligera, como mera compañera, ni como persona que se sacrifica en su papel de esposa en aras de un propósito supuestamente

12. *Es wird a Wein sein, / doch mir wern nimmer sein! / 's wird schöne Mäderln geben, / doch mir wern nimmer leben!*

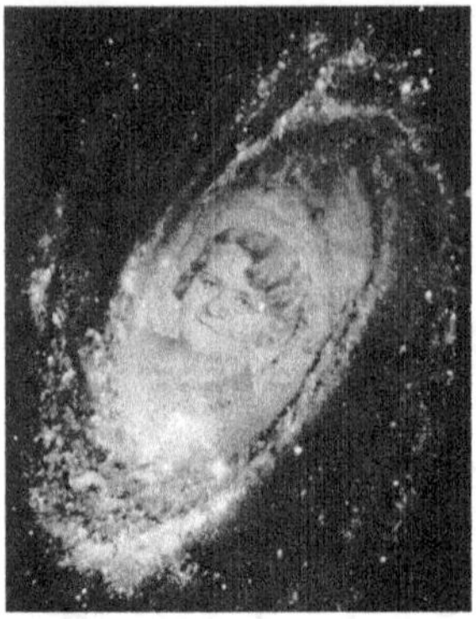

más elevado: la obra de su marido. Y aunque yo no puedo hacer mucho más, sí que puedo por lo menos, teniendo en cuenta todo lo que aún queda de su existencia en este mundo, pedir perdón por haber logrado averiguar tan poco sobre su vida.

Por lo menos tengo aquí su retrato. Por desgracia, apenas tiene nitidez, ya que Charles, el otrora experto en cámaras fotográficas y cineasta aficionado, lo situó en medio de la espiral de una galaxia.

Como escribe al principio de su *Semantografía*, le pareció que los «átomos vivos que conformaban el cuerpo de [su] buena Claire» habían creado, «en una interacción ética, una obra maestra de amor, inteligencia, bondad y belleza». «El 14 de agosto de 1961, ese agente ético abandonó su cuerpo y regresó al océano invisible de energía ética desde donde brillará de nuevo en otras criaturas semejantes a Claire y en otros cuerpos celestes». La siguiente aproximación a la presencia de su esposa, según le pareció a Bliss, eran los árboles de la ciudad, que, como su mujer, estaban por todas partes.

El luto de Charles duró mucho tiempo. Sin embargo, no permaneció improductivo. Ya en el año 1965 publicó la nueva edición ampliada de su *Semantografía*. Ahora, cargado de una mayor autoestima, la llamó por primera vez con su nuevo nombre: *Blisssymbolics*. En esta ocasión llegó a convencer a algunas personas, entre ellas estaba el político australiano Douglas Everingham, que en 1969 llegó incluso a nominar a Bliss para el Premio Nobel de la Paz. Pero nadie asumió activamente la teoría, nadie enseñó el nuevo lenguaje. En ocasiones se alababa a Bliss por sus esfuerzos, alabanzas que él aceptaba de muy buna gana y por las que dio las gracias en cartas entusiastas. Pero, en el fondo, nadie, salvo él, parecía estar interesado en salvar a la humanidad.

Demos un giro hasta el año 1971, en Ontario, Canadá. Si esto fuera una película (gracias a Dios no lo es), ahora podríamos ver ese edificio desde fuera: una arquitectura fría, con aspecto de clínica y unas coníferas en primer plano.

Nos encontramos frente al OCCC, el Ontario Crippled Children's Centre (un nombre que por suerte ya cambiaron). La música de la película —que enseguida nos servirían en bandeja— sería un constante sonsonete, un diapente vacío, tal vez. En todo caso, algo que indique que ahí falta algo importante y no podemos identificarlo aún. Todavía no hemos llegado a nuestra meta. Nos esperan aún esfuerzos infinitos.

Vemos a una joven maestra, Shirley McNaughton, en la sala de una biblioteca. Se halla ante un problema inmenso. Es maestra de niños con parálisis cerebral. Eso quiere decir que sus alumnas y alumnos, en los casos más graves, apenas pueden mover voluntariamente un músculo del cuerpo. Es cierto que se mueven y que están bien despiertos, pero no pueden reaccionar —o solo podrían reaccionar de manera muy limitada— cuando uno pretende comunicarse con ellos.

Se supone que algunos de sus niños apenas han alcanzado un desarrollo cognitivo o que tal vez ni siquiera tengan vida, que sean *vegetales*, como los llaman despectivamente, ya que sus cuerpos son un ovillo de contracciones, de retorcimientos continuos y descoordinados. Pero McNaughton está segura de que todos sus alumnos disponen de una vida interior tan rica y bien instrumentada como la de aquellos que solo padecen una limitación motora parcial.

Cómo comprobó que los niños preservaban una clara conciencia de sí, le pregunta Jad Abumrad, presentador del pódcast *Radiolab*.

—*The twinkle in their eyes* —responde McNaughton, el centelleo de sus ojos.

Recuerdo haber oído hablar ya de ese centelleo una vez en mi infancia. Hablábamos del hermano de un compañero mío de colegio, M. (no es la verdadera inicial). Mi madre, que es médico, se había enterado del destino de aquel niño por su madre. El hermano de M. había nacido con parálisis cerebral y no podía mover ni un solo músculo, por eso permanecía todo el tiempo acostado, me contó un día, y no en casa, con su familia, sino en una residencia. No podía hacer nada, no era posible interactuar con él. Sencillamente, estaba *ahí*. Y, por supuesto, lo que me contaba era un secreto, no podía decirle a nadie que lo sabía. Sentí escalofríos al oír aquella descripción. No era capaz de imaginármelo. Permanecer encerrado en el propio cuerpo, desde el comienzo de los tiempos. Y, por si fuera poco, abandonado por su familia (fue así, al menos, como yo interpreté la situación del niño).

Un buen día, en la clase de religión, en medio de una discusión sobre ética —la cual, como era habitual, nunca llevaba a ninguna parte—, nuestro maestro, en reacción a un argumento de M., le preguntó: «Bueno, solo a modo de ejemplo. ¿Tienes hermanos?». Pero al instante se corrigió: «No, claro que no. Eres hijo único». Y la discusión continuó. Aún veo claramente la breve escena delante de mis ojos. El profesor de religión lo había hecho muy bien. Porque nadie sabía que M. tenía un hermano, salvo, por lo visto, el maestro. Y yo. No sé si habría alguien más iniciado en aquel secreto. Es posible que M. se confiase alguna vez al profesor, que era una persona muy amable y bondadosa, se le consideraba alguien de fiar. (Una vez estuve a un pelo de confiarme a él, pero por otro asunto muy distinto, aunque luego tuve miedo y no lo hice.)

Una vez M. y yo, junto a otros dos chicos de nuestro instituto, fuimos invitados a las olimpiadas de matemáticas en la ciudad checa de Ostrava. Fuimos, pero no tuvimos oportunidad alguna frente a los checos y los rusos. Yo solo resolví la mitad de un problema. Eso fue todo. A lo lejos se veían las torres de enfriamiento de una central nuclear. Estuve alimentándome de chips y de Fanta. El colchón del albergue de estudiantes en el que pasamos las noches estaba poblado de seres vivos. A mí, además, me afectaba mucho el calor del verano y me pasé todo el tiempo quejándome. Más tarde, el autobús en el que viajábamos empezó a arder (*long story*), y tuvimos que caminar una eternidad por una carretera comarcal desarbolada, acompañados de nuestro profesor de matemáticas, bajo el sol atorrante de ese maldito paisaje europeo. Yo empecé a maldecir y a refunfuñar. Entonces M. alzó la voz para reprenderme. Estaba harto, dijo, me conminó a cerrar el pico de una vez y a dejar de quejarme. Yo enmudecí al instante, avergonzado. Pero aún sentía un calor agobiante en mi interior. Sudaba, y el sudor se me colaba en los ojos, de modo que, al cabo de un rato, me di la vuelta hacia él y lo señalé con el dedo, con intenciones de decirle alguna frase fulminante, ya que contaba con aquella munición. Sabía que él guardaba un secreto: el de su hermano. Solo atiné a decir: «Tu...», pero al instante me interrumpí. Agradezco de corazón a cualquiera o a cualquier cosa que me impidiese decir aquel día lo que pretendía decirle.

Una mañana, en el invierno de 2018, llamé a mi madre para averiguar si mis recuerdos sobre aquel oscuro hermano de mi compañero de colegio coincidían con los suyos. «Sí», me confirmó ella. Así lo conservaba ella en su mente. Y había tenido un caso similar en la clínica.

—¿Cómo?

Por esa época, poco antes de jubilarse, mi madre trabajaba en una unidad para pacientes en estado vegetativo. Uno de ellos estaba consciente, dijo ella. Pero nadie se lo creía.

—¿Qué quieres decir con que «nadie se lo cree»?

—No tienen tiempo para eso.

—Pero ¿no hay un modo de medirlo?

—No. No puede mover un solo músculo. ¿Cómo vas a medirlo?

—¿No hay algo así como una imagen por resonancia magnética funcional?

—No. Bueno, podría hacerse, claro. Pero sería engorroso. Y no lo digo yo, lo dicen todos: los médicos jefes, las enfermeras. No tienen tiempo para averiguar si alguien lo percibe todo o no. Rechazan hacer ese tipo de prueba.

—Qué mierda.

—Pasa siempre: la gente nunca encuentra tiempo para muchas cosas.

—Pero ¿qué es lo diferente en ese paciente?

—Que no quiere vivir. Por eso me doy cuenta. Lo expresa o lo da a entender. Sí, de verdad creo que está consciente. Si no lo estuviera, no podría no querer vivir.

—¿Qué?

—No protestaría de ese modo.

—Pero ¿qué te transmite?

—Eso, que no quiere vivir. Algo así se nota. En un principio, quería suicidarse, pero alguien lo pilló.

—Ah, maldita sea.

—Sí. Y ahora sigue atrapado en el universo. Y protesta.

—Pero ¿cómo se manifiesta eso?

—Su cuerpo sufre constantes infecciones. Vomita, intenta salirse de sí mismo... Y, por supuesto, en los ojos.

—¿Se le nota en los ojos?

—Sí, siempre en los ojos. Un brillo como de no querer existir.

—¿Y las enfermeras no lo ven?

Mi madre meditó un momento.

—Suena muy cruel —dijo con cautela—, pero tengo siempre la sensación de que los pacientes en estado vegetativo representan para muchas enfermeras el sucedáneo de un bebé. A menudo se las ve enseñándose mutuamente lo monos que están sus pacientes. En ocasiones los visten y les hacen fotos.

—¿Las enfermeras no tienen hijos propios?

—No, no. La mayoría son chicas muy jovencitas.

Mi madre soltó un suspiro.

No pude sino pensar en aquel hombre cautivo en un cuerpo completamente inmóvil que preservaba plena conciencia de todo y se vomitaba sin cesar en protesta por estar en el cosmos. El edificio en el que se hallaba estaba a menos de diez minutos andando de mi apartamento. Yo mismo había estado varias veces allí. Da igual en qué gran ciudad esté uno, siempre es posible tener rápido acceso a personas con un destino semejante. Las hay por doquier. No son casos extraños.

—Las enfermeras son como una organización paramilitar —continuó mi madre—. Tienen jerarquías muy estrictas. No les gusta oponerse a sus jefes. Muestran lealtad incondicional. Son empáticas solo a espaldas de ellos.

—¿Empáticas?

—Sí. ¿No se dice así? No tengo ni idea. Tú eres el lingüista.

—No, la palabra está bien.

—En fin, que solo se muestran empáticas cuando creen que nadie las observa. Eso es lo espantoso.

—Entonces ¿nadie habla con él? ¿No hay nadie que le lea en voz alta, por ejemplo?

—No. Ellas se limitan a lavarlo. No tienen tiempo para más.

—Qué mal. ¿Por qué nadie le lee algo? Yo podría hacerlo.

—Su mujer no lo permitiría. Lleva un año esperando un equipo de comunicación. Con él al menos podría verse si aún le quedan ganas de comunicarse. Gracias a ese aparato, podría hacerlo, al menos en teoría; es decir, podría entrar en contacto con su mujer cuando ella esté en la habitación.

—¿Un año?

—Sí, pero el aparato no llega. Ni idea.

—¿Qué aparato es? ¿Uno de Símbolos bliss? ¿Un gran campo con recuadros de colores?

—No lo sé. Nunca he visto uno. Esos equipos nunca llegan.

Gente en un infierno total. Así resumió mi madre todo el asunto. Me explicó que en ocasiones, incluso, les cosían los párpados. Para que la córnea no se les seque. Como ya no pueden pestañear, es preciso tomar una decisión: o les ponen un apósito ocular transparente o les cosen los párpados. Casi siempre se opta por la segunda opción. De modo que, según mi madre, quedaban ahí, atrapados en sus cuerpos inmóviles, sin poder ver ni moverse. Y durante todo el día se escuchaba en la unidad de cuidados esa música horrorosa de la radio regional de Estiria. No permitían ninguna otra cosa. «¿Eso por qué?». «Pues no dan motivos. Se trata, simplemente, de una especie de tradición. Cuando la gente no sabe algo, empieza a crear mitos y tradiciones». A ella le habían prohibido acariciar los brazos al paciente, solo se permitían contactos firmes, aquellos que «dibujan claramente el contorno del cuerpo». Se sospecha que esas personas no saben dónde acaban los límites de su cuerpo. «Pero eso es una estupidez, ¿no?», pregunté. «Sí, claro, lo es», respondió mi madre. Una absoluta estupidez, ya que nadie sabía nada sobre sus sensaciones físicas, todo eran mitos, suposiciones codificadas. ¡Estaba, además, la constante presión de permanecer despierto! Los pacientes en estado vegetativo no deberían dormir demasiado, sin embargo el sueño era algo saludable, eso lo sabía cualquier criatura viva con cierto grado de desarrollo, no era preciso demostrarlo de manera científica.

—Una pregunta —le dije—. Ese hombre, ¿alguna vez se ha despertado?

—No he oído decirlo. Pero no llevo décadas en esa unidad, como otros.

—¿Se conocen casos así en la bibliografía especializada?

—Se ha dado el caso de descubrir, al cabo de varios años, que alguien ha estado consciente durante mucho tiempo, incluso desde que tuvo lugar el accidente desencadenante.

—¿Ocurre a menudo?

—Sí, claro, ocurre todo el tiempo. Pero los familiares se equivocan con frecuencia. No pueden entender que no quede nada de nada.

—¿Nada de qué?

—Bueno, de lo que fue esa persona antes. A menudo todo desaparece realmente para siempre. Es posible que ya no quede nada dentro de la persona. En cambio, sí que puede seguir tus pasos con la mirada mientras te mueves por la habitación. Y entonces abre la boca.

—Pero ¿cómo es posible que no quede nada?

—Eso es precisamente lo que nunca se sabe —respondió mi madre—. Nadie sabe nada. Es la zona gris.

Mi madre me habló también de un caso real en el que un hombre, a raíz de un accidente, fue considerado durante doce años un *vegetal*, pero luego, en una imagen por resonancia magnética funcional, una IRMF, se le preguntó por su estado y el hombre pudo dar una respuesta razonable. El ordenador puede aprender a diferenciar categorías de pensamientos distintos. A aquel paciente se le pidió que imaginara dos escenarios: en uno estaba jugando al tenis y en el otro caminaba de una habitación a otra. Pensar en jugar al tenis significaba *no*. Ir de una habitación a otra, *sí*.

Finalmente se le preguntó si sentía dolor.

Sin exhortación a la actividad y sin interacción con el paciente puede ser difícil, me parece, comprobar el estado de la conciencia. Pero luego: ¿qué pasa si la persona ha desistido y no desea ya pensar en jugar al tenis? Se sabe que algunos hombres atrapados entre los hielos a la deriva renunciaron a todo, claudicaron, y luego se salvaron en una locura de gritos, perdiéndose en la noche polar.

El radiomensaje a Scott Routley —que era el nombre del paciente— se emitió en el año 2011. Había tenido un accidente en 1999 y, desde entonces, vivía en la llamada zona gris. Sus padres opinaban que su hijo prefería cierto tipo de música y que, en ocasiones, reaccionaba a cosas agradables alzando el dedo pulgar. Los médicos se mostraban escépticos. Se recluían en la postura socrática: saber que nada se sabe. En todo caso, hasta hacía muy poco no existía ese territorio llamado Grey Zone y mucho menos había gente que lo habitara. Las personas morían después de un infarto del tronco cerebral o después de algún traumatismo extremo en el cráneo. Pero hoy, gracias al arte infinitamente sofisticado de la reanimación, muchas personas se encuentran en esa zona, y solo Dios, que conoce a todas las criaturas, sabe la cifra exacta.

Y ahora está la cuestión del dolor. El neurólogo Adrian Owen escribe en un artículo para *The Guardian* que es precisamente esa cuestión la que ha hecho visible el inmenso abismo con el que tenemos que lidiar al tratar este asunto. Porque, ¿qué ocurre si la respuesta es sí? ¿O si Scott realmente no se imaginó jugando al tenis? A continuación, el alivio: la respuesta fue no. Scott se imaginó jugando al tenis. Todos pudieron respirar tranquilos. Siento el mayor respeto por Scott Routley por el hecho de que respondiera de esa manera —pues tenía todos los motivos para contestar con un sí, aun cuando no sintiera dolores físicos inmediatos—. Tal vez ese *no*, ese pensamiento en jugar al tenis, sea el acto más valiente con el que yo me haya topado. En cualquier caso: todos sintieron alivio, menos la madre. Porque ella ya lo sabía. «Si él hubiese sentido dolor, me lo habría dicho».

En los meses siguientes, Scott respondió a preguntas sobre su día a día, sobre sus cuidadores, sobre su familia. Lo recordaba todo: el año que era, sabía que había estado en un hospital, recordaba el nombre de su actual asistente. Dos años después de aquella primera charla entre los tubos de la resonancia magnética, murió.

Según Adrian Owen, en un quince o un veinte por ciento de los casos diagnosticados originalmente como personas en estado *vegetativo* se puso de manifiesto, después de exámenes parecidos, que preservaban plena conciencia de sí.

Durante el tiempo que pasé en el Instituto Odilie, en Graz, cuando yo, a pesar de mi innegable incompetencia, tenía a mi cargo la responsabilidad de cuidar durante dos horas cada tarde, completamente solo, a uno o dos niños con graves problemas de discapacidad, noté en varias ocasiones cómo daba por sentado, de forma automática, que dentro de aquellas criaturas cuyo cuidado me habían fiado no pasaba nada o pasaba muy poco. ¿De dónde habría sacado esa actitud refleja? Un niño que murió en mi instituto mientras yo estudiaba allí solo podía gritar cuando aspiraba aire. Creo que nunca hablé con él. Otro niño, uno que cada dos o tres segundos entraba en un cuadro de epilepsia, con temblores y convulsiones incluso cuando dormía, abrió un buen día los ojos de par en par, en el momento en que los ataques cesaron durante unos preciosos minutos, me miró a la cara y gritó: «¡Caaaaaarroña!». Carroña. Creo que no reaccioné entonces de ningún modo especial. Otro chico me mordió la mano y perdió un diente al hacerlo. También me hablaron de otro niño que antes, cuando tenía tres o cuatro años, solía hablar de manera normal, pero más tarde se sumió por espacio de varias semanas en un estado de gran inquietud, con quejas y llantos constantes, frotándose los ojos, hasta que fue ensimismándose cada vez más y más, acabó perdiendo todas las capacidades adquiridas hasta ese momento y centrando su atención en contemplarse la mano sostenida muy cerca de los ojos. Los nudillos casi rozaban el globo ocular. La miraba fijamente, como si allí estuviera el hueco de una cerradura. La mano, al menos por lo que parecía desde fuera, fue tomando posesión de él en un grado cada vez mayor y, al final, el chico ya no era capaz de hacer otra cosa. Admito que no sé nada al respecto, yo solo estaba allí, a mis precarios dieciocho años. En alguna ocasión me explicaron algo, pero solo me limité a asentir. Por dentro, yo pasaba la mayor parte del tiempo completamente quieto, como una corona lunar. Pero hay cosas que suceden en este planeta Tierra y cuyo misterio aún nadie conoce. Ahora bien: no es del todo cierto que aquel chico no pudiera hacer nada más. Aún podía moler con los dientes. Lo alimentaban a través de una sonda, cuya entrada una vez dañé por descuido. Recuerdo que en una ocasión iba camino de casa y escribí en el tranvía un poema sobre él y su mano. Un texto absolutamente ridículo, con rima y lleno de metáforas. En otra ocasión le ofrecí un gajo de mandarina y dejé caer en sus labios unas gotas de aquel zumo dulce y delicioso. Él reaccionó espantado ante aquella agresión, al extremo de que pronto la mandarina se me convirtió en algo inquietante y la arrojé al jardín a través de una ventana del pasillo.

De modo que me resulta difícil criticar a aquellos que se aferran todavía a la teoría del *vegetal.* Pero deberíamos despojarnos de ella cada vez que podamos, aun en el caso de que el mundo se vuelva al hacerlo mucho más inhóspito y cruel. Lo inanimado, lo despojado de conciencia, nos parece al menos una situación segura, a resguardo: no nos alcanzan las excesivas exigencias de cada día (o de cada año).[13] No obstante, no es una teoría pertinente. Quién sabe, tal vez sea ese el motivo por el cual, en la mayoría de los casos, me parece tan insoportablemente agresiva y obscena la cháchara de autores y autoras cuando dicen que, con su obra, «proveen de voz a aquellos que no la tienen».

Pero volvamos a nuestra historia: vemos a la joven Shirley McNaughton, maestra de niños discapacitados en Ontario. Ella no era partidaria de la teoría del *vegetal.* Su problema principal residía en averiguar lo que sabían o no sabían del mundo aquellos niños desprovistos de movilidad. No podía mostrarles una palabra inglesa imprimida y aludir al signo

13. Ese es también el motivo por el cual la prueba de Turing es, por decirlo alguna vez, *ableist,* discriminatoria. Solo funciona, por principio, en una sola dirección: la positiva.

escrito, ya que los niños no sabían leer. ¿Cómo iban a aprender a leer si no podían hablar ni moverse con una finalidad?[14]

La dirección de la escuela asignó a McNaughton y a una colega el recinto de una lavandería situada en el sótano en la que podían trabajar con niños *no verbales*. Y la experiencia funcionó. Solo que tuvieron que inventarse toda suerte de símbolos para cada cosa, con recursos propios y, en cierto modo, sin resquicio para la contradicción, y no siempre fue fácil. ¿Es que nadie se había tomado nunca antes ese molestia?

El libro *Semantografía* tiene ochocientas páginas, pero no es un diccionario de blissimbolismo, tampoco un manual o una gramática. Es cierto que recoge muchos aspectos teóricos, temas personales, largos despotriques y digresiones, pero uno puede imaginarse la triunfal sensación de descubridora de Shirley McNaughton cuando se topó con esa obra prodigiosa. Aquí había un sistema, un sistema al completo lleno de detalles. Era dinámico, susceptible de ser ampliado. Contenía justo aquello que había faltado hasta entonces: la visión de un universo lingüístico completo.

Por primera vez en su vida pudo sostener diálogos con los niños.

Estos señalaban activamente a los símbolos y le explicaban sus necesidades, su vida interior y su percepción. A un niño le preguntaron de qué quería disfrazarse en Halloween. Señaló a los símbolos: criatura – beber – sangre – noche. Combinados y resumidos en un nuevo símbolo, surgió así una de las palabras simbólicas nacidas fuera de la mente de Charles Bliss. El bailoteo del gato-cordero de Kafka se hacía, por fin, posible.

14. Los detalles sobre Shirley McNaughton han sido tomados de *In the Land of Invented Languages*, de Arika Okrent.

Existen algunas entrevistas con Shirley McNaughton; también ella publicó varios artículos propios sobre didáctica y sobre el uso del sistema bliss. Sin embargo, poco se ha escrito desde entonces sobre la sensación de aquellos niños que, después de años de tensa espera, podían formular por fin frases de manera autónoma. He estado buscando mucho tiempo. En un libro de Arika Okrent, *In the Land of Invented Languages* [En el país de las lenguas inventadas], se menciona a Kari Harrington, una alumna del OCCC que pasaba sus días felices sentada en su silla de ruedas, delante de las tarjetas de símbolos desplegadas a su alrededor. En internet encontramos algunos poemas de Kari en lengua inglesa, pero tal vez escritos originalmente en bliss. Uno de ellos describe su afán creciente por comunicarse y sus esfuerzos ingentes para mover los brazos en una dirección determinada, a fin de dejar claro lo que quería decir. Cuánto pesan en vida ciertos impedimentos se pone de manifiesto cuando leemos el poema sobre su silla de ruedas, un objeto destinado a facilitarle la vida, pero con planes propios:

Mi silla de ruedas planea

Mi silla de ruedas planea
hacer algo horrible.
Puedo oírla diciendo:
«Haré que Kari y su papi se sientan miserables».

Su primer plan es
esperar a que mi padre
tenga que salir
para empezar a chirriar y a gruñir.
Se cerciora de que mi padre
esté despierto pasada la medianoche,

así tendré una silla para ir a la escuela.
Todo parece como a ella le gusta que parezca.
Mi padre se pone nervioso.

Su siguiente plan es
preocuparme con
su ruido más molesto.
Tengo que oírlo todo el día
hasta que llego a casa.
Cuando le digo a papá lo que está haciendo,
mi silla de ruedas dice: «Bien, es hora de arreglarse».

Su plan más habitual es
quedarse sin batería.
No hay nada que yo pueda hacer
salvo llamar a alguien que me ayude
a subir la rampa más pequeña.
Pero sobre todo
no hay nada que odie más
que me conecten a la pared
y estar ahí sentada hasta que la batería se cargue.
(...)[15]

15. ***My Wheelchair's Plans*** */ My wheelchair plans / To do something awful. / I can hear it saying, / »I'm going to make Kari and her Dad miserable«. / Its first plan is / To wait until my Dad / Has to go out / Before it squeaks and groans. / It makes sure my Dad / Stays up way past midnight / So I have a chair to go to school in. / It seems like it likes to see / My Dad get uptight. / Its next plan is / To worry me with / Its loudest noise. / I have to hear it all day / Until I go home. / When I tell Dad what it is doing, / My wheelchair says, »O.K. It's time to smarten up.« / It's common plan to do / Is run out of batteries. / There's nothing I can do / But call someone to help me / To go up a smallest ramp. / But most of all / There's nothing I hate more / Than to be plugged into the wall / And sit there until my battery charges.*

Ah, esos tres últimos versos. Harrington ha escrito, además, una breve autobiografía en la que describe la época en la que surgió el contacto:

> Cuando Kari cumplió siete años, sucedió algo excitante. Una maestra que tenía un modo magnífico de dar clases a niños que hablaban poco o nada. Era la señorita McNaughton. Todo funcionó estupendamente. Los chicos en condiciones de señalar a algo lo hacían; los que no podían hacerlo, lo señalaban con su mirada o empleaban una tableta de símbolos electrónica.[16]
>
> ¡Sí! ¡Kari disponía de símbolos para hablar! Cuando Kari se llevó por primera vez a casa su tableta de símbolos causó alegría entre su familia, que se mostró orgullosa de ella.
>
> —¿Qué es lo primero que quisieras decir, cariño?
>
> —Gusta hablar (en el original: *Like talk*).
>
> —¿Te gusta poder hablar por primera vez?
>
> Kari estaba excitada.
>
> —¿Sí?
>
> En verano Anne (la madre adoptiva de Kari) la mandó al Blue Mountain Camp para niños discapacitados. Kari estuvo allí dos semanas y se mostró entusiasmada. De modo que Anne la mandaba al campamento veraniego cada vez que Kari decía: «Querer ir al campo».
>
> Kari no había aprendido aún a formar frases completas. En los últimos años había hecho algunos progresos con los símbolos.
>
> —Me gustaría mucho ir al campo de verano, madre.
>
> —De acuerdo, *honey*.

16. Desarrollado por Rachel Zimmerman, que tenía entonces doce años. Esta chica creó un programa bliss con función para imprimir para un Atari 400 y construyó un touchpad con símbolos bliss. Su programa convertía los símbolos cliqueados en palabras inglesas, que a continuación se mostraban en pantalla o se imprimían en papel, de modo que podía prescindirse de un traductor de blissimbolismo que hablara para sus usuarios. Hoy Rachel trabaja para la NASA y, Dios lo sabe, merecería más sitio que el que le hemos reservado en esta breve nota al pie.

En un artículo del año 1977, encontramos una descripción algo diferente de ese primer intercambio de frases. Kari Harrington acababa de aprender el sistema bliss y una de las primeras preguntas a sus padres fue: «¿Por qué nunca habláis conmigo?». Su padre se mostró muy afectado. Los padres de Kari eran personas cariñosas, pero nunca se les ocurrió que debían hablar con su hija, aun cuando ella no pudiera responderles. En la película *Mr. Symbol Man* se dice que una de las primeras frases de Kari fue: «Me da lástima mi cobaya». A la pregunta de por qué le daba lástima el animal, respondió: «Porque no puede pensar».

Sue Odell, otra alumna de McNaughton, pasó incluso veinte años atrapada en su cuerpo, incapaz de dar respuestas de ninguna índole. Con los símbolos pudo por fin comunicarse. Una vez, en una misa, dijo: «*I know symbols are good because I am a changed person. The self is not as you see on the outside. The other person has to feel with the heart inside your body*». ['Sé que los símbolos son buenos porque yo he cambiado como persona. El yo no es lo que se ve en el exterior. La otra persona ha de sentir con el corazón que está dentro de tu cuerpo'].

Un alumno del OCCC llamado John disponía de diez expresiones en bruto, pero gracias a los símbolos consiguió llegar tan lejos como para crear un test de inteligencia propio basado en símbolos, el cual presentó a sus padres, que hasta hacía muy poco ni siquiera conocían la inteligencia de su propio hijo.

La descripción más impresionante e intensa sobre los años antes y después de la entrada en contacto con los símbolos me la ha proporcionado una película polaca del año 2013 cuyo título es *Un universo en mi cabeza*. Es la historia de Mateusz, un joven que padece una parálisis cerebral y al que su familia, al igual que una neuróloga, consideran un *retrasado mental*, un *vegetal*. La película se basa en la historia real de Przemek Chrzanowski y gira en torno a los intentos fallidos de Mateusz de comunicarle a su familia sus estados de vigilia, durante los cuales comprende y piensa. En una ocasión, su madre está buscando un broche. Mateusz sabe dónde está y pretende mostrárselo, pero la madre, ciega para todo lo que pudiera abandonar la órbita habitual de sus amorosos cuidados, malinterpreta sus movimientos agitados en dirección al broche como una excitación absurda, como un ataque, y sostiene a su hijo con más fuerza. Además de la virtuosa actuación del protagonista, Dawid Ogrodnik, llama la atención, sobre todo, un ardid: los comentarios en off. Porque Mateusz nos comenta y cuenta toda la película. Muestra comprensión para con los errores y la testarudez de sus congéneres. Unos símbolos bliss introducen visualmente cada nuevo capítulo del filme.

El momento cumbre de la película es una escena en la que Mateusz —que entretanto es un adulto y vive en una residencia para personas discapacitadas— ve en la sala de fisioterapia, donde le están dando un masaje en la pierna, cómo una logopeda trabaja con símbolos bliss. Le está enseñando el sistema a otro chico que, gracias a esa ayuda, está en condiciones de responder. Mateusz se da cuenta de que eso puede ser una salida. Arrastrándose por el suelo, intenta aproximarse a la profesora, se retuerce y encabrita. De inmediato acuden los cuidadores, por supuesto, lo reducen, como siempre, y por un pelo el hombre se libra de que le inyecten un tranquilizante. La logopeda se interpone. Le hace a Mateusz una pregunta que puede responder con un sí o un no: pestañear una vez significa *sí*; hacerlo dos veces, *no*. Tan sencilla es la cosa, tan sencillo habría sido comunicarse con él durante todos esos años. Una empleada llega corriendo con una radiografía del cerebro de Mateusz, protesta: a ese paciente le han hecho exámenes con frecuencia. ¡No es posible que esté consciente! Pero Mateusz ofrece respuestas comprensibles. Poco después, cuando el interesante caso de Mateusz es presentado en su habitación a una ronda de adustos y barbados profesores, una de las empleadas aclara: «Este es nuestro Mateusz, durante veintiséis años no ha sido posible ninguna toma de contacto con él». Sí, bueno. Es *posible*. Mateusz solo les dice a aquellos hombres una palabra en símbolos bliss: «Hasta la vista». En muy poco tiempo ha aprendido el lenguaje y puede ahora incluso comunicarle a su madre, por fin, la frase que siempre ha querido decirle. Y no, no es «te quiero», sino «yo no soy un vegetal».

Admito que me conmoví al ver la película. Pero, como suele ocurrir en casos como este, el filme tiene su lado dudoso. En un lugar inesperado, un periódico de la iglesia, encuentro esta indicación: «Según una entrevista con el ahora adulto de treinta y cinco años, los realizadores de la película han sacado provecho comercial de su historia y la han edulcorado al final. Chrzanowski, además, apenas ha recibido nada de la recaudación, no puede costearse medicamentos muy importantes para su salud ni una nueva silla de ruedas ni un ordenador. Lo invitaron al estreno solo porque su madre lo pidió expresamente. Al parecer le dijeron que no lo olvidarían y que lo apoyarían. El director Maciej Pieprzyca desmiente los reproches y afirma que a Chrzanowski no se le prometió nada».

No se le prometió nada.

Qué hijo de puta.

En la última escena de la película se ve al *joven*, al verdadero, interactuando con el actor Dawid Ogrodnik. Przemek habla con Dawid a través de la tabla bliss. De manera que la película insiste expresamente en que esta no es una historia ajena a la realidad, aun cuando el protagonista tenga otro nombre. Lo que llama la atención en los últimos segundos del filme es que a Przemek, a diferencia de Mateusz, le faltan los colmillos superiores. En efecto, al joven Mateusz se los extraen en una horrorosa escena, ya que se muerde constantemente el labio, pero en el transcurso de la historia, cuando queda claro que él *no es un vegetal*, le ponen unos implantes con los que se muestra muy feliz. Es posible que, en la realidad, a Przemek también le hayan puesto implantes y que luego, por alguna razón, se los hayan extraído de nuevo. El espectador solo tiene las imágenes que le muestran. Y en este caso hay una clara ruptura entre ellas. Cuando en los créditos finales se presenta al modelo real del personaje, todo lo que hemos visto antes cobra *a posteriori* un carácter documental. Esa fue una decisión consciente del director. Por lo tanto no puede decir que «no le prometió nada al chico».

Algo parecido ocurre con la célebre máxima de Claude Lévi-Strauss en *Tristes trópicos*, según la cual el sentido original de la escritura, en el fondo, fue vigilar y esclavizar a los seres humanos. En este caso podría decirse que el sentido de la compasión generada por ciertas obras de arte sirve a menudo para dar cierto barniz a las realidades vitales de los discapacitados. Pensemos en los mendigos mutilados de Brueghel, en los leprosos del arte pictórico europeo, en el idiota de Velázquez, etcétera. A todos se les transforma y relega al rincón de las adocenadas emociones de los visitantes de museo. En cualquier caso creo que el arte, debido precisamente a la compasión que puede experimentarse en él, impide a menudo la posibilidad de probarse de forma auténtica e imaginaria uno mismo. La compasión es una especie de lujo, como el horror que transmiten las películas de horror. Es una especie de *safe space*. Uno ya tenía emociones, de modo que no necesita la experiencia. Pero probarse uno mismo se vuelve algo tanto más urgente y necesario en el caso de una vida incapacitada. En su autobiografía, *The Motion of Light in Water* ['El movimiento de la luz en el agua'], Samuel R. Delany nos habla de uno de esos experimentos consigo mismo, algo que, con las oportunas modificaciones, cualquiera puede hacer. Delany deseaba tener encuentros sexuales con hombres, pero no sabía bien cómo conseguirlos. Era a mediados de los sesenta, él era joven y estaba casado con una mujer. Un buen día, mientras se paseaba cerca del transbordador de Staten Island, se le ocurrió fingir que era un joven con discapacidad mental. Se detuvo delante de un kiosco de flores y reaccionó ante quienes lo abordaron con la mirada perdida. Al cabo de unos pocos minutos, el vendedor de flores lo arrastró hasta un rincón y lo obligó a hacer cosas que él, Delany, había estado anhelando hacer. Es cierto que aquel encuentro, al final, resultó doloroso y desagradable. El vendedor de flores le entregó una flor al *stupid kid* recién violado por él y lo ahuyentó de allí. Delany se preguntó entonces si acaso a todas las personas de Nueva York con daños cognitivos no podría sucederles lo mismo cada día. Como ha dicho Sue Odell: «El yo no es lo que se ve en el exterior. La otra persona ha de sentir con el corazón que está dentro de tu cuerpo».

Por cierto, en octubre del 2000, en el Instituto Odilie, todos los que hacíamos el servicio social teníamos que pasar medio día de entrenamiento caminando de un lado a otro con unas gafas que limitaban o distorsionaban el campo de visión, con las cuales debíamos ir de compras, viajar en el tranvía, etcétera. Aquello, como es lógico, era pura diversión, a cada minuto alguien desconocido nos arrastraba a través de un cruce peatonal que nadie pretendía cruzar, o la gente nos insultaba o increpaba, porque nos cruzábamos en su camino, o porque, claro, chocábamos todo el tiempo contra cualquier cosa que, de manera absurda, flotara en el aire a la altura del pecho y no fuera palpable para el bastón que blandíamos sobre la acera: buzones de correos, por ejemplo, esos estúpidos inventos.

En 2012 empecé a escribir una novela en la que uno de los protagonistas era un hombre en una silla de ruedas. Mi amigo F., que está postrado en una de esas sillas, me prometió arrancarme la cabeza si escribía algo así sin haber vivido nunca la experiencia de ir en una. «No aguantarías ni una mañana», me dijo. Y tenía razón, pues al cabo de una hora de dar vueltas por las calles cercanas a su piso estaba casi al borde de las lágrimas. «Al principio era así cada día», me dijo F. Yo tenía las mangas llenas de mierda de perro, pues no había prestado atención ni evitado que las ruedas tocaran la suciedad de la calle, que luego giraban y me salpicaban a mí. Los músculos de los brazos pegaban gritos de dolor, apenas podían moverse. Tenía todo el tiempo, a la altura de los ojos, la entrepierna de gente desconocida, y la odiaba por eso. Los niños me miraban con espanto, y también los odiaba por eso. F. me dijo que a menudo lo llamaban «silla de ruedas». «¿La silla de ruedas va a bajar?», pregunta clásica en los tranvías. F. padece distrofia muscular y usa una silla eléctrica. La mía era manual. La usé toda una mañana. Pasado ese tiempo, *pude incorporarme*. Un privilegio insólito. Repetimos esas horas de ejercicio un par de veces más.

Desde que los leí, no he podido olvidar estos versos del grandioso poema de Kari Harrington:

no hay nada que odie más
que me conecten a la pared
y estar ahí sentada hasta que mi batería se cargue.

Pero volvamos a la película sobre Charles Bliss. Será una foto de Kari Harrington la que le traiga a Bliss el inesperado mensaje de bienaventuranza de los siguientes años de su vida. El retrato de la niña, impreso en un póster en el que se la ve con una sonrisa radiante, rodeada de sus símbolos, fue a parar en 1971 a su escritorio en Coogee. La foto viene acompañada de una carta en la que le hablan del impresionante éxito de los símbolos bliss en la estimulación temprana de niños con parálisis espástica. Era hora de que Charles se pusiera a bailotear.

Y bailó, literalmente. Ocurrió poco después, durante su primera visita al OCCC, donde jugó y habló con los niños, los besó, les cantó algo y rieron mucho juntos. Existe una grabación en la que se oye a Charles Bliss cantando el *Himno a la alegría* de la Novena Sinfonía (*Freude, schöner Götterfunken...*) mientras se acompaña con su mandolina. Bromea y ríe con los niños, los deja que le presenten sus tarjetitas bliss, les enseña dónde está Australia en el globo, hace malabares y, eufórico y frenético por aquella bendición inesperada, hasta le pide la mano a una logopeda en cuanto se entera de que la mujer ha perdido a su marido hace poco.

A partir de ahora todo iría bien. Una nueva generación aprendería los símbolos bliss y los difundiría por todo el mundo.

Se había diseminado la semilla que pondría fin a todas las guerras, a todas las mentiras, a toda violencia, y esa semilla germinaría. El lenguaje universal iría poco a poco desplazando a un segundo plano a todas las demás lenguas, mucho menos valiosas. Y en los siglos venideros la humanidad, por fin, podría descansar y curarse de todos sus desvaríos.

Sin embargo, fiel a su costumbre desde el principio, Charles empezó a velar estrictamente por que se respetaran todas las reglas gramaticales y símbolos concebidos por él. Porque, claro, solo así podría funcionar la revolución.

Como pronto pudo comprobar, todos lo estaban haciendo todo mal.

Se comportaban como locos. ¡Inventaban nuevos símbolos todo el tiempo! ¡O escribían *un* simple signo para indicar lo contrario de una palabra! ¡Empleaban términos como *sustantivo* o *verbo*, que, bien mirados, eran términos tiránicos, sacados directamente del infierno de los lenguajes articulados, que tanto peligro acarreaban al mundo! ¡Además, los niños, cuando alcanzaban edades superiores, aprendían el alfabeto latino! ¡Y las clases en las aulas no transcurrían en medio de un silencio monacal, se pronunciaban palabras en inglés constantemente, en voz alta!

Bliss criticaba y corregía hasta donde se lo permitían sus capacidades. Pero de nada sirvió, no era suficiente.

Ahí estaban de nuevo, en la última *newsletter* del OCCC, algunos nuevos símbolos concebidos por aficionados canadienses, símbolos que no habían sido pactados con él, que, por si fuera poco, hablaban de deportes. ¡Santo cielo, qué tema tan repugnante, un tema que él había fustigado en sus libros! Una monstruosidad. Lo hacían a propósito.

En una escena de la película *Mr. Symbol Man* vemos a Charles sentado junto a Kari Harrington. A través de su tablero, la chica les dicta una carta de agradecimiento de Mr. Symbol Man (es decir, de Charles Bliss) a sus padres. Los padres le habían regalado al visitante de Australia un bonito abrecartas. ¿Podría la chica algún día escribir cartas en inglés? A través del brillante estudio de Arika Okrent, *En el país de las lenguas inventadas*, nos enteramos de que poco antes de que se filmara esa escena, el director del OCCC había echado a Bliss de su despacho y le había prohibido poner de nuevo un pie en el Instituto.

Bliss estaba desesperado. Las malvadas maestras le habían arrebatado su impecable creación y la habían ampliado, precisado, completado. ¡Qué horror! ¡Dios! ¡Habían añadido incluso nuevos pronombres! Nuevos pronombres. Era el fin del mundo.

Y lo peor: habían pervertido el sentido de los símbolos bliss, lo habían convertido justo en lo contrario de lo que él tenía en mente: esos símbolos debían ser universales; su lenguaje, planetario, pero ahora cualquier niño hablaba un dialecto ligeramente modificado, personalizado, cada cual según sus capacidades y las exigencias de su impedimento físico.

Pero eso aún no era lo peor. ¡Lo peor era que nadie lo escuchaba! Que no lo respetaban. ¡Cuando daba conferencias, aparecían siempre maestros y cuidadores interesados, afanosa gente de a pie, pero nunca catedráticos ni políticos! A pesar de todos sus éxitos. Era para volverse loco. Ni rastro del Premio Nobel.

Pero, en realidad, ni siquiera eso era lo peor.

No, lo peor era que el sistema bliss, entretanto, era empleado para preparar a los niños en el aprendizaje del inglés, o del sueco o el húngaro, ya que su sistema era aplicado también en otros países. *Para prepararlos.* Como si la salvación de la humanidad fuera solo una fase de aprendizaje, una fase temprana en la vida de esos niños, una fase que, como era obvio, luego dejarían atrás.

¿Cómo se había imaginado Charles Bliss la vida futura de esos niños? Supongamos que todo hubiera transcurrido acorde con su filosofía. A los chicos les habrían enseñado los símbolos bliss y estos habrían seguido comunicándose con ellos solo de esa forma, siempre en silencio, señalando. El inglés jamás habría entrado en sus vidas. Por lógica, no dispondrían de ninguna capacidad para comprender el mundo que los rodeaba. Según la idea de Charles Bliss, esto no habría significado ningún daño, sino una liberación, una especie de redención. Los niños habrían formado algo parecido a una aislada casta de sacerdotes, los de una nueva conciencia. En un folleto de publicidad para una conferencia como profesor invitado en un colegio de chicas en Sídney, en 1972, un folleto que descubrí en mi edición de *Semantografía*, Bliss bocetaba una escena entre dos muchachas. Una de ellas ofendía a la otra: «Mi madre es más bonita que la tuya». Sencillamente, una frase tan *vaga* como esa, según Bliss, ya no sería posible si las niñas, en lugar de inglés, solo tuvieran a su disposición los símbolos bliss. Porque habría sido necesario luego definir *bonita* en relación *con* otra cosa. *Finito*. No habría más *bullying*. Supongo que la pretensión utópica de sus ideas residía precisamente en esas vagas fantasías sobre la eliminación de toda vaguedad terminológica.

Bliss era el pontífice de su lengua, y en esa función sostuvo una infinita y enjuiciadora correspondencia con el OCCC sobre la creación y el uso de nuevos símbolos. Siempre tenía algo que objetar, sobre todo a las incomprensibles ideas de Shirley McNaughton sobre nuevas palabras, ideas surgidas de la práctica diaria. «*A new Babel of Symbols!*».

¿En qué infierno se había metido? Se empezaba con los símbolos bliss y luego se aprendía inglés. «McNaughton ha pervertido mi trabajo», decía Charles. El tono de sus cartas se fue haciendo cada vez más furibundo y acusador. Hasta que llegaron las misivas de unos abogados. Charles Bliss quería obligar al OCCC a emplear los símbolos solo de acuerdo con sus propias nociones.

El bailoteo, la toma de contacto con niños, la revelación de mundos interiores iba a detenerse a partir de ese momento, hasta tanto se aclarasen los principales problemas filosóficos.

Bliss empezó a dar conferencias en distintas ciudades canadienses, o mejor dicho: en otras instituciones patrocinadoras, conferencias en las que alertaba expresamente de la interpretación hecha por el OCCC del sistema bliss. Los niños de Canadá debían ser protegidos de esa crasa perversión de todos los valores. Charles escribió a maestros, a escuelas, al ministro de Sanidad. Y lo escucharon. Se congelaron todas las subvenciones para el OCCC, gente que no tenía ni idea escribió cartas de protesta a las maestras. Una suerte que por entonces aún no hubiera Facebook ni Twitter. Shirley McNaughton habría perdido su empleo, sin duda.

En 1975, la licencia mundial de Charles Bliss fue otorgada a Blissymbolics Communication International (BCI), la organización fundada por McNaughton, pero el 25 de noviembre de 1977 el abogado de Bliss declaró nula y sin valor la licencia de explotación. Entretanto, Charles Bliss fantaseaba con encerrar a Shirley McNaughton *por el resto de sus días.* A pesar de todas sus simpatías por ella, le parecía el único recurso adecuado. Salvar a la humanidad implicaba a veces tomar medidas drásticas. Mientras tanto lo habían elegido miembro de la Orden de Australia por su compromiso en favor de los niños discapacitados.

Cada primavera, después de pasar el resto del año en sus cruzadas y acusaciones contra Shirley McNaughton y sus colegas, se aparecía en el OCCC cargado de regalos y los perdonaba a todos, se disculpaba con profusión y buscaba reconciliarse. Poco tiempo después, les reprochaba por carta no apreciar sus regalos lo suficiente. Esa mareante falta de coherencia consigo mismo se ilustra muy bien con un episodio. En una ocasión, después de haber pasado una mañana en una sala de negociaciones con unos abogados implacables, Charles Bliss le pidió a su enemiga Shirley McNaughton que lo acompañara a la habitación de su hotel para ayudarlo a ponerse las gotas en los oídos. Y McNaughton accedió.

En 1979, Charles Bliss fue nombrado Honorary Fellow de la Facultad de Lingüística de la Australian National University.

—Nunca quise cambiarme por nadie —dijo—. Bueno, salvo por una persona: Charlie Chaplin. Porque nunca en mi vida quise hacer otra cosa que hacer reír a la gente. Incluso en el campo de concentración. Yo reescribí el texto de la «Canción de Buchenwald», una de las canciones más tristes que existen, y la gente reía y reía [...]. Todo comediante, en el fondo de su corazón, pretende ser un autor trágico, representar a Hamlet, ser un filósofo. [...] ¡En cambio yo, yo nunca quise otra cosa que ser cómico! ¡Y, por supuesto, me hice filósofo!

Después de casi diez años de guerra, se logró por fin que se hicieran unas comparaciones periciales extrajudiciales, y una enorme suma de dinero salió de los bolsillos de padres con hijos discapacitados. Ciento sesenta mil dólares. Era el año 1982. Charles Bliss empleó el dinero para financiar su último libro: *The Blissymbols Picture Book*. En la cubierta, se indican como autores al «*Dr. Charles K. Bliss and his devoted Co-Workers*» ['Dr. Charles Bliss y sus devotos colaboradores'].

A partir de entonces, el uso escolar del sistema bliss quedó congelado por muchos años. El programa con símbolos bliss en escuelas para niños discapacitados ya no se recuperaría nunca más de esos largos y forzosos periodos de pausa. Charles Bliss murió en 1985.

No he podido averiguar demasiado sobre lo que hizo en los últimos tres años de su vida. Tal vez le llegaran de vez en cuando algunos pequeños homenajes. Sus cenizas fueron esparcidas en la playa junto con las de Claire, muy cerca del Coogee Surf Live Saving Club. El club es un edificio compacto que sobresale hacia el mar como una fortaleza, un pequeño templo de paredes de color claro, en cuyo flanco se encuentra una piscina rodeada de un muro de piedras. En ella los niños aprenden a sobrevivir en el agua. Es una zona de cuidados y de seguridad bajo el sol abrasador y el fuerte viento que sopla desde el mar.

*

—Mustafá, ¿cuánta gente usa todavía el sistema bliss en Malmö o en Suecia?

—Muy poca. Unas diez personas en Malmö. Y en toda Suecia, tal vez unas treinta, pero eso es solo una estimación al tuntún.

—¿Hay alguien con quien te comuniques exclusivamente en símbolos bliss?

—Sí, tuve un amigo con el que lo hacía. Pero murió hace cuatro años.

—Lo siento mucho.

—Bueno, en algún momento todos tendremos que irnos.

—Sí, por desgracia. Llegaste a Suecia siendo un niño, cuando la comunidad somalí no era todavía tan grande como la de ahora. Hoy vives en Malmö, donde la comunidad de compatriotas es muy grande. Quizá sea una pregunta tonta, pero ¿te sientes sueco o somalí? ¿Cómo se te puede encontrar en el día a día?

—El espejo me dice que soy somalí. Otra cuestión es si me siento somalí. En todo caso, adoro la comida sueca. Estoy en una asociación, y excavamos pozos en Somalia. O más bien en Somalilandia. Es una diferencia importante. Siento parecer demasiado político, pero es lo que estudié: Ciencias Políticas.

—Creo que un poeta puede sonar todo lo político que quiera. Por desgracia no sé mucho sobre la situación en Somalilandia, pero, en todo caso, me parece poco feliz que no la reconozcan como Estado independiente. Supongo que la comunidad internacional y la propia población solo podrían sacar provecho de ese reconocimiento.

—Sí.

—Has estado a menudo en Somalia. He visto un breve vídeo en YouTube en el que, si lo he entendido bien, visitas a gente con distintas discapacidades. ¿Resultan difíciles esos viajes para ti?

—Con un sintetizador de voz sería difícil. Pero así no hay problema.

—Ah, vale. Por lo que veo, empleas una tabla de cartón con símbolos. Los símbolos bliss son conocidos por su capacidad para facilitar la formación de nuevos conceptos. He leído que la primera palabra creada por un *native speaker* fue la que designa a un *vampiro*: *Creature that drinks blood at night* ['criatura que bebe sangre de noche']. Esos símbolos se escriben unos dentro de los otros o unos al lado de los otros, así se obtiene una nueva palabra. ¿Cómo logras crear nuevos símbolos con una tabla fija?

—Lo hago en mi mente, por supuesto.

En ese punto interrumpimos nuestra conversación, ya que el hermano de Mustafá, que me estaba traduciendo, tenía que recoger la ropa en la lavandería. Además, era la hora de la oración nocturna.

Fue en 2015, por casualidad, que supe de la existencia de este poeta de Malmö, del que decían que su lengua materna era el lenguaje de símbolos creado por Charles Bliss y que aún escribía poemas en esa lengua: era Mustafá Ahmed Jama.

Pasó algún tiempo hasta que conseguí su libro de poemas, tuve que pedirlo a través de un instituto de aprendizaje en internet. El librito se titula *Viljan* ['La voluntad'] y contiene un puñado de poemas en símbolos bliss y traducidos al sueco, además de fotos del poeta, enfermo congénito de una grave parálisis cerebral, motivo por el cual apenas le resulta posible moverse con una finalidad concreta. Las fotografías lo muestran con una antena fijada a la frente, con la ayuda de la cual él señala los símbolos. Aún recuerdo el día en que leí ese extraño librito: era un día de sol, el cerezo del jardín crujía y rumoreaba, el pavimento de la calle reflejaba unos rostros. Yo llevaba unos meses aprendiendo el sistema bliss, aunque a cámara muy lenta, y leí entonces los versos de Mustafá Ahmed Jama. Intuía algunos significados que luego corroboraba en las traducciones.

Me sobrecogió sobre todo un poema titulado «El hombre en la silla de ruedas», un texto melancólico, oscuro. He aquí el comienzo:

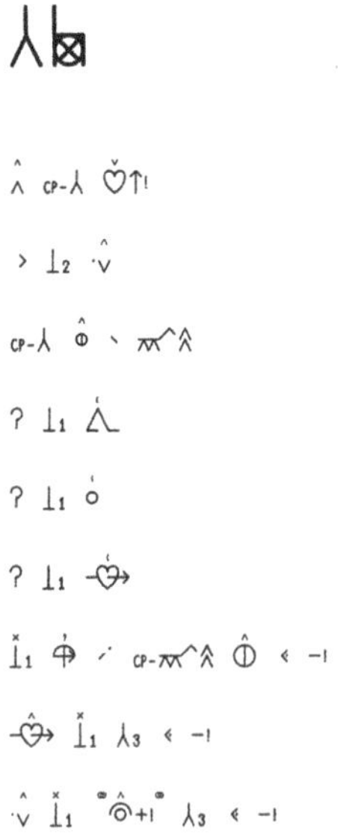

Veamos primero la tipografía. Ahí tenemos un corazón con una flecha, una especie de animal a cuatro patas, un signo de interrogación, una aguja vertical. Todo eso puede interpretarse intuitivamente y uno puede avanzar más o menos en la dirección correcta.

Cuando reanudamos nuestra charla, le pregunté a Mustafá:

—¿Has usado alguna vez un sintetizador de voz?

—Sí, por supuesto, antes tenía una de esas máquinas, con símbolos bliss y una voz computarizada, pero luego decidí no callar más cuando la batería se quedara sin carga.

I decided not to be silent when the battery dies. Así me llegó la frase en traducción. No pude ver el enunciado en el original, es decir, en símbolos bliss. No obstante, no se me escapó la elegante poesía en tono de blues de esos versos. Estaba hablando con un poeta, lo que yo siempre había querido ser.

Recordemos una vez más los versos de Kari Harrington:

no hay nada que odie más
que me conecten a la pared
y estar ahí sentada hasta que mi batería se cargue.

Y hc aquí mi traducción del poema de Mustafá:

El hombre en la silla de ruedas

Haz feliz al paralítico
cuando puedas
el paralítico es un asno
yo podré caminar
yo podré hablar
yo podré amar
dejemos ahora con vida a este paralítico, o no
amémoslo, o no
aceptémoslo, o no
cierta gente dice que Dios castiga
a los padres con un hijo paralítico
porque mamá y papá
han pecado
no, mejor lo matamos
bang bang bang

Este poema del libro, como la mayoría, me recordaba, por su forma innovadora (el uso de la escritura como enriquecimiento de un mundo meramente simbólico), y por ese escueto tono de brutalidad de «no me vengas con mierdas», a algunos poetas de vanguardia de la literatura universal que yo admiro, como el esloveno Srečko Kosovel («La muerte. / La muerte viene a consolarnos. / ¿Y qué hacen los pájaros? / XYZ»); o al coreano Yisang («cayó una manzana. la tierra se resquebrajó. fin. ahora ya ningún espíritu es portador de gérmenes»); o a Ernst Jandl y Ilse Aichinger, a Edith Södergran («¡Oh, qué grandioso es el infierno! [...] En el infierno nadie enferma, nadie se cansa. El infierno no cambia, es eterno»); a Edmund Mach y Ernst Herbeck. Recordemos, por ejemplo, el famoso poema «taberna», de Jandl, que habla de «comer morcillas», o «Gente útil», de Edmund Mach, que empieza con estas líneas desgarradoras:

A veces la gente útil está
en las fábricas y trabaja,
a veces vive desesperada,
alguna tiene bollos trenzados,
bollos que ella misma come.

Aquí también mi traducción de otro poema de Mustafá titulado «Paralítico». El comienzo del poema, en el original, es más o menos así:

En su traducción al sueco, el título es «CPmannen», es decir, 'El hombre CP', abreviatura de *cerebral palsy*. Un conocido sueco me asegura que la expresión suena algo discriminatoria y despectiva, aunque sin llegar a ser un insulto, algo así como cuando se dice: «Mira a ese tipo con síndrome de Down ahí enfrente». No sé si las palabras elegidas por mí serán capaces de expresar lo mismo.

El paralítico

Mira
ni siquiera puedes comer tú solo
ni hablar
añoro
un amor verdadero
pero, oye, lo siento, eres paralítico
hace un tiempo ideal para el amor
y los poetas escriben mucho
y la mujer besa al hombre en la boca y dice:

oh, mi marido nos deja caminar y caminar
el paralítico no puede caminar
tomemos una ducha juntos bajo la cálida lluvia
el paralítico está sentado y mira
mientras todo el mundo ríe
y se abraza
quién va a abrazar al paralítico
amor entre un hombre y una mujer
que gritan literalmente de placer
y se han casado hace poco
nadie quiere al paralítico de marido
no, oh, no, olvida lo del amor
entre una mujer y tú
hay tantos hombres fuertes que
pueden ocuparse de una mujer
y tú, paralítico, puedes quedarte ahí sentado
y escribir toda la noche
escribir y escribir, paralítico horrible.

El propio Mustafá me dijo que su modelo era la poesía somalí. Sentí curiosidad y busqué en una de las —por desgracia— muy pocas antologías que existen, la de B.W. & Sheila Andrzejewski: *Anthology of Somali Poetry*. Pues sí. Lo que yo había valorado como un raro ejemplo de vanguardia del *no-bullshit* y el *straight-forward* en la poesía europea era allí una postura obvia de cualquier poeta. En su pasado, no hubo siglos tontos de poesía cortesana llena de un lenguaje artificial rebuscado y alejado de la realidad. Los poetas somalíes de ese libro increíblemente rico cantan a todo cuanto existe, hombres y mujeres, paisaje, nubes presentes o ausentes. Se me quedó grabado en la memoria, sobre todo, un perturbador y conmovedor poema de Ismaaciil Mire, una oda a un camión que acababa de abandonar la aldea.

Admito que es muy de blanco europeo lo de citar como fuente legitimadora de un punto de vista, junto al ya mencionado Gerald Hanley, a algún otro viajero aventurero blanco, sobre todo a la hora de afirmar que Somalia es un país de poetas. Como si esos juicios se volviesen verdaderos solo gracias al testimonio de algún blanco. Pero, no obstante, yo quiero —por el mero hecho de que la cita es bella— citar brevemente a Richard Burton, quien escribió lo siguiente sobre Somalia: «En el país abundan los poetas [...] cada uno tiene su posición reconocida en el ámbito de la literatura de un modo tan minuciosamente definido como si hubiese sido reseñado en un siglo de revistas».

Hay algo de grandioso en esa claridad humorística y metálica de la obra de Mustafá.

En traducción, esos versos dicen:

> Muéstrame dónde está esa tienda de pasajes
> quiero comprar un pasaje para ir a casa
>
> Adiós

Me acuerdo de que Shirley McNaughton hablaba de los símbolos bliss de un modo que recordaba a Fenollosa/Pound. Según ella, eran una suerte de *poetry in its purest form* y *beyond words.*[17] Mustafá decía exactamente lo mismo, lo cual coincide, a su vez, con lo que Charles Bliss decía de su lenguaje. *pure meaning*. Mustafá: «El bliss te proporciona el significado

17. «Poesía en su forma más pura» y situada en un ámbito «más allá de las palabras». (*N. del T.*)

mismo, sin tanto rodeo. Solo el significado, nada más. Ves lo que es el mundo en realidad. Por ejemplo, la palabra para hospital: una *casa* + una *persona enferma*».

Y ahora la situación singular: todos los intelectuales inteligentes dicen o escriben que eso es imposible, que ha de ser un malentendido, una contradicción en sí misma, etcétera. Pero él es un hablante nativo, un *native speaker*, y Shirley McNaughton es una hablante competente. ¿Acaso ambos no tienen más idea del lenguaje que los expertos que miran el sistema desde fuera? Si Mustafá —que es uno de los dos poetas en símbolos bliss del que al menos yo tengo noticia en este planeta— entiende mal el lenguaje desde dentro, ¿por qué iba un experto a verlo correctamente desde fuera, sentado en su despachito?

—Mustafá, ¿sigues escribiendo poemas cada día?

—Sí.

—Gracias a Dios.

—Cuando me viene, escribo un poema. Jamás podría planificar escribir un poema de vez en cuando. No funciona así. Me viene, simplemente. Entonces le pido a mi hermano que me traiga una hoja de papel para anotarlo.

—Entonces ¿el trabajo te deja tiempo para escribir?

—No mucho. En este momento trabajo en una empresa que produce panales y miel.

La empresa que dirige Mustafá se llama Urbi (www.urbi.nu) y ofrece panales de abeja para tejados en edificios de fábricas, empresas y parques públicos. La miel, desde tiempos inmemoriales, es una especie de amiga de los poetas.

LIBER PICTORUM

Laithe cach lūain lui cath cnedach fri Fergus,
fid cach mercūir mandrais, mōin cach sathuirn selgus.

['Cada lunes libraba una dolorosa batalla
contra Fergus; cada martes destruía un bosque;
desolaba un bosquecillo cada sábado'].

KUNO MEYER, *Sobre la poesía irlandesa más antigua*

Luid seom sunn, tarclam tnū,
sūainem Segsa coclann cū.

Esta estrofa me resulta incomprensible.
KUNO MEYER

I

Me complacía mucho haber tenido por fin la ocasión de conversar con Mustafá, porque unos meses antes había viajado a Malmö para verlo, pero sin éxito. Yo había fijado los días que pasaría en esa lluviosa ciudad costera, y concertamos un encuentro, pero sin fijar hora ni lugar. Viajé entonces a Malmö y me encerré en un hotel minúsculo del casco histórico que despedía un agradable olor a libros viejos.

Le escribí a Mustafá que ya estaba allí y le pregunté cuándo tendría tiempo para un encuentro. No recibí respuesta. Esperé un día, estuve dando vueltas en torno a mi hotel, en círculos concéntricos cada vez más amplios. Esperé un segundo día. Soy un periodista muy torpe.

Por las noches me desperté algunas veces sintiendo en mi nuca el punto láser de la mirilla de un francotirador. Acostado en la oscuridad, arropado por el ronroneo de la nevera del minibar, me sacudía una y otra vez, con la mano, el molesto punto de luz. A la mañana siguiente, liberado por fin de aquellos insoportables sueños geométricos que se me presentan siempre en el norte, superada cierta latitud, descubrí en mi hombro la mordedura binocular de una araña.

Pasó otro día sin respuesta.

Empecé a preocuparme y lo intenté en la empresa de Mustafá, pero tampoco allí recibí respuesta. Tal vez se le hubieran quitado las ganas de repente. O estaría enfermo. Entretanto, en Austria, algunas personas empezaban a preocuparse por mí. Me hablaban de Little Mogadishu, un enclave supuestamente somalí en el que reinaban condiciones anárquicas. Que me cuidara, me decían, que no fuera a la zona prohibida, a la *no-go-zone*.

Como no tenía mucho que decir al respecto, respondía con mensajes sobre el estado del tiempo. Lloviznaba sin cesar, y el mar se componía de muchas ruedecillas dentadas y diminutas.

Dado que, a pesar de varias indagaciones, al día siguiente seguía sin recibir respuesta de Mustafá en mi bandeja de entradas me senté en un pequeño parque cerca de Amiralsgatan. Antes de partir de Austria, a sabiendas de que H. C. Artmann había vivido unos años en Malmö, metí en el equipaje *The Best of H. C. Artmann*, un viejo y gastado ejemplar de mi familia. Leí fragmentos de *Das suchen nach den gestrigen tag* ['En busca del día de ayer'], el diario sueco del poeta, en el que se queja del destino de los niños de Malmö, que tal vez empiecen siendo muy prometedores, pero a los que, al final, no les queda más remedio que ser suecos. Por lo general, Artmann se aburre mucho en esta ciudad en la que la mayoría de los problemas son «artificiales y vienen empaquetados al vacío». Las constantes sirenas de los barcos de Öresund. El único momento luminoso de ciertos días es mirar hacia Copenhague con el telescopio de monedas. Lo que más parecía conmoverle al gran poeta era la tienda de magia Buttericks, decorada con mucha imaginación. Miré a ver si existía aún, y, en efecto, ahí estaba.

Pero en lugar de ir primero a la tienda de magia me metí en una iglesia. Soy de esas personas que, al ver iglesias antiguas, sienten casi siempre el deseo de comérselas. Esos magníficos ornamentos del gótico tardío no parecen hechos para otra cosa que para ser devorados: las altas ventanas, las torres puntiagudas y los bancos que parecen glaseados en azúcar y que despiertan el apetito, o los ángeles y los santos de los portones de la entrada. «¡Una casita de pasteles!», grita mi alma.

Era, además, uno de esos días en los que las hojas de los árboles se mueven no a causa del viento, sino por la propia tensión de mis mandíbulas. Necesitaba a toda costa un poco de tranquilidad y luz de velas. Agradecido, me senté en la iglesia vacía en una de las hileras de asientos posteriores. A través de una puerta de cristal podía verse el reflejo de la calle, por donde ahora, de nuevo, pasaban montones de gente, criaturas radiantes y ruidosas. Los bancos de la iglesia tenían, de hecho, un aspecto delicioso, como cortezas frescas de pan. Una única hoja de otoño me había seguido hasta el interior del templo. Casi había conseguido llegar al altar y se movía sin rumbo por el recinto. Pero no había ninguna otra, era la única hoja en el mundo.

Pasé un buen rato contemplando el Cristo suspendido delante de mí, sobre el altar, hasta que por fin, transcurrido el plazo que me había fijado para mis adentros, consulté en mi *app* de símbolos bliss —tal vez en una especie de magia de atracción— el símbolo de *agnóstico*. A decir verdad, nunca había entendido bien el término, pero quería ver cómo estaba estructurado.

Y mira tú. Agnóstico. Buenos días. Los símbolos expresan bastante, solo por su forma. La universal obviedad vegetal de esa imagen del mundo, pero también su osada absurdidad, su carácter algo burlesco. En la lista de la *app*[18] hay muchos otros términos filosóficos, y quién sabe por qué aún están tan bien representados en este lenguaje no original, pero concebido sobre todo para la comunicación con niños. *Ateísmo*, *creyente*, incluso *aborto*, y siempre en muchas variantes.

Creyente: 

Un corazón con apariencia de haber sido tratado varias veces por un médico.

Y ateísmo: 

Para el observador superficial, asociativo —para el observador de Fenollosa—, las palabras bliss, solo por aspecto de historieta, expresan para esos términos abstractos una verdad más profunda: ateísmo, agnosticismo o fe son, en todos los casos, como sentimientos dibujados o moldeados por un niño,

18. Para facilitar las cosas, los pantallazos de los símbolos bliss no han sido tomados de la *app* de bliss del iPhone, sino de la fuente: https://globalsymbols.com/

sentimientos que más tarde han quedado envueltos en su túnica ideal para la misa greco latina.

La lectora ya habrá adivinado cuál es el símbolo para Dios:

El ser supremo. Un triángulo sobre todos los demás triángulos. Me recuerda a mi libro preferido en tiempos del colegio: *Flatland*, de Edwin A. Abbott. En él se cuentan las aventuras de un triángulo en la tercera dimensión. (Un momento, era un cuadrado, pero qué más da). Durante mucho tiempo ese cuadrado vivió solo en dos dimensiones, luego, de repente, penetra en el espacio y se ve más tarde ante una tarea imposible: informar de esa tercera dimensión al resto de habitantes de *Flatland*, triángulos, cuadriláteros y pentágonos. También pienso en la famosa frase de Spinoza en una de sus cartas: «Creo que un triángulo, si pudiera hablar, también diría que Dios es perfectamente triangular, y que un círculo diría que Dios es perfectamente redondo».[19] Es probable que, en su suposición, el triángulo tuviera razón. ¿Qué sentido tendría un dios de los triángulos si él mismo no fuera triangular?

Para *ángel* hay dos expresiones distintas, una antigua y una nueva. Madre mía. Eso, sin duda, habría sido un insulto para Charles Bliss. La primera versión ilustra simplemente el concepto de *persona con alas*: 

19. Citado a partir del ensayo de Fritz Mauthner *Spinoza*. Existen otras traducciones de *Deum eminenter triangularum ese*, como, por ejemplo: 'llamativamente triangular', 'extremadamente triangular', 'decididamente triangular'. Todas son estupendas.

Muy bien. En cambio, la variante más moderna es un caos terrible:

En traducción literal significa «criatura espiritual de paz». Hum. No sé yo.

En la lista de la *app* de iPhone, que ahora puedo mover hacia abajo, aparecen —tan solo porque están unos debajo de otros por meros motivos alfabéticos— pequeños haikús misteriosos:

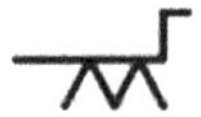

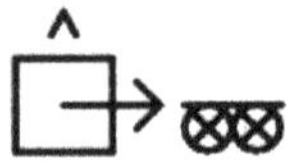

¿Puedes adivinar, lectora, lo que quiso decirnos el poeta aquí? ¿Un animal rectangular se sube a la tabla de *skate* y baja por una pista torcida? No del todo. El primer símbolo significa *dinosaurio*, el segundo *bajar* (de un vehículo) (en inglés: *to disembark*), y el tercero significa *documento escrito*.

Un dinosaurio
baja
del documento escrito.

Y como estamos (todavía) en una iglesia, he aquí la palabra para *morir*:

Y ahora la palabra para *nonsense*:

Es, en efecto, confusa. ¡Algo parecido! Lichtenberg escribió: «No se puede negar que la palabra *nonsense*, cuando se pronuncia con el tono nasal y la voz correcta, poco o nada tiene que envidiar a las palabras *caos* y *eternidad*. Uno siente ese estremecimiento que, cuando mi sensibilidad no me traiciona, proviene de una *fuga vacui* de la razón humana». Tanto más monstruoso es el efecto cuando dejamos fuera el *tono nasal* y la *voz* correctos.

Y todo se vuelve aún más confuso. Porque aquí tenemos el símbolo de Tierra, nuestro planeta:

Todo es tan parecido. Inclina la cabeza un poquito y, en lugar del planeta, verás más bien la muerte, un Gólgota, o el *nonsense*.

Hay tantas palabras bliss desconcertantes que uno podría pasar tardes enteras estudiándolas en una iglesia en penumbras. He aquí la palabra para *Sleipnir*, el caballo de las antiguas sagas islandesas, aunque este, en realidad, tenía ocho patas (como el bisonte en las pinturas rupestres de Chauvet):

En fin, ese es el aspecto de Sleipnir. Y aunque se trata de una lengua muda, hay incluso exclamaciones. Expresiones como *¡guau!*:

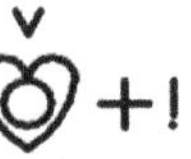

O *qué asco*:

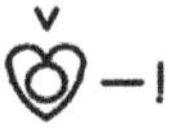

Pero mi palabra bliss preferida es la que designa al *ukelele*, porque en nada se parece al pequeño instrumento. Usando esta tipografía en español, ukelele, se parecería mucho más que esto:

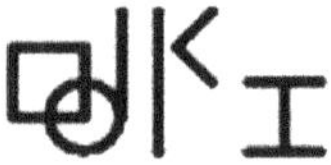

Esto parece más bien lo que te cae encima desde el armario de los platos después de un terremoto. Así podría presentarse un ukelele, a lo sumo, en un sueño, con esas formas tan cubistas, fragmentado y misterioso. Es la hora entre la forma y la guitarra.

Pure meaning, pure poetry. Esa idea parece inquietar y estimular a los hombres a lo largo de los siglos. El filósofo y psicoanalista vienés John Weilgart (1913-1981) inventó la lengua artificial aUI, que él también llamaba *The Language of Space*. Es algo así como un lenguaje filosófico en el estilo del obispo Wilkins. Hasta donde he podido averiguar, Weilgart era el único que hablaba su creación. Algunos lingüistas alabaron su idea, pero al parecer todo quedó en eso. También en la aUI las palabras aisladas se componen de sus ingredientes, de elementos de la experiencia del mundo de los que se deriva esta última. También ellas han sido concebidas como *pure meaning*. Las frases de ejemplo recogidas en el manual de Weilgart[20] siguen casi siempre rumbos propios:

> *-a-u wav IOv fnum ybaI. yUg, a-u yc wav iUv fnum UI. a-u Uv, Uf fnum nUi cEv nEm ydrem.*
>
> El hombre del espacio no puede oír nuestra radio. El hombre del espacio no puede entender nuestras palabras. El hombre del espacio cree que nuestra lengua es muy difícil.

¡Y las ilustraciones, Dios santo, qué maravilla! A C. G. Jung le habrían encantado, porque, a mi juicio, se asemejan mucho a las ilustraciones de antiguos tratados de alquimia analizadas minuciosamente por él en su obra, una representación insólitamente profunda de procesos anímicos comunes a todos los seres humanos:

20. *aUI. The Language of Space. For the First Time Represented and Adapted to the Needs of this Planet.*

Entristecerse por una flor que es más alta que tú. Sí. *I feel ya, bro*. Y aquí, de repente, una canción que en el original aUI puede cantarse al ritmo de la canción «En la granja de mi tío / *Old MacDonald Had a Farm*»:

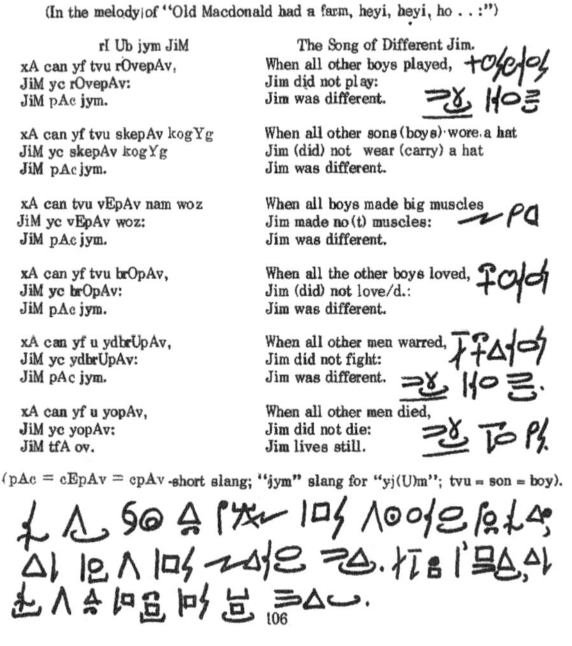
(In the melody of "Old Macdonald had a farm, heyi, heyi, ho . . :")

rI Ub jym JiM	The Song of Different Jim.
xA can yf tvu rOvepAv, JiM yc rOvepAv: JiM pAc jym.	When all other boys played, Jim did not play: Jim was different.
xA can yf tvu skepAv kogYg JiM yc skepAv kogYg JiM pAc jym.	When all other sons (boys) wore a hat Jim (did) not wear (carry) a hat Jim was different.
xA can tvu vEpAv nam woz JiM yc vEpAv woz: JiM pAc jym.	When all boys made big muscles Jim made no (t) muscles: Jim was different.
xA can yf tvu brOpAv, JiM yc brOpAv: JiM pAc jym.	When all the other boys loved, Jim (did) not love/d.: Jim was different.
xA can yf u ydbrUpAv, JiM yc ydbrUpAv: JiM pAc jym.	When all other men warred, Jim did not fight: Jim was different.
xA can yf u yopAv, JiM yc yopAv: JiM tfA ov.	When all other men died, Jim did not die: Jim lives still.

(pAc = cEpAv = cpAv -short slang; "jym" slang for "yj(U)m"; tvu = son = boy).

106

De acuerdo, gracias. Ahora la melodía pegadiza de «En la granja de mi tío / Old MacDonald».

La palabra en aUI para banana, *ankot*, se compone de las siguientes partículas de significado (representadas por las cinco letras): *one dimension above life vector*. La secuencia de letras *ot* es *vida + dirección*, es decir, *fruta*. Un término alternativo de banana es *aneikot*: *1 dimension 2 light above life instance*. Es preciso admitir que esto tiene cierto *groove*. Casi se puede cantar en un lloroso tono de blues. Desde que sé esto sobre las bananas, ya nunca podré verlas con los mismos ojos: es decir que, en una traducción algo excéntrica, son una-dimensión-por-encima-de-los-vectores-de-vida. Maravilloso.

En fin, las bananas, de por sí tan curiosas. ¿Conoces el pasaje en el *Libro del desasosiego*, de Pessoa, que habla de bananas? El asistente contable Bernardo Soares se dirige una mañana hacia su oficina y, por el camino, le llaman la atención plátanos en venta en los puestos del mercado. Le parecen de un *amarillo grande*, y esas raras llamitas de color amarillento y expuestas al aire libre, con su elegancia de piernas arqueadas, le recuerdan que él no siempre estará aquí en la Tierra, en el universo, en la Rua da Prata. Porque, como ves, contienen ya su propia disolución, su adiós a la vida:[21] plátanos que «parecen más amarillos porque tienen manchas negras». Sí, él mismo faltará un día, y lo sobrevivirán las bananas expuestas a lo largo de la calle. Entiende, en efecto, que serán unos plátanos distintos a estos, que seguirán viviendo, «porque no viven, duran aunque sean otros; yo, porque vivo, paso aunque sea el mismo».[22] *Every Coca-Cola bottle is the buddha.*

¿Cómo es posible que las instrucciones de una determinada palabra en un lenguaje artificial y un pasaje de dos páginas en una obra maestra de la literatura mundial produzcan exactamente el mismo efecto, un efecto cómico, y revelen el misterio de una variedad de fruta? El ejemplo de la aUI muestra que es posible construir idiomas de tal modo que, en sus partes

21. D. H. Lawrence, *The Ship of Death*: *The apples falling like great drops of dew / to bruise themselves an exit from themselves* ` ['Las manzanas caen como grandes gotas de rocío / magullándose y buscando su propia salida'].

22. Fernando Pessoa, *Libro del desasosiego* (traducción de Ángel Crespo), Barcelona, Seix Barral, 2008.

individuales, puedan transportar no solo un mero espíritu ordenador, sino cautivador. Cuanto más precisas son las categorías, tanto más extrañas las bananas.

En aUI, un niño malcriado es *yrtu*. Sus componentes son: y = negativo; r = bueno; t = hacia/a; u = humano. En español, sería, por lo tanto, ser-humano-sin-buena-dirección. El diccionario no autorizado, aunque por lo menos legible, *aUI-English*, del año 2014, salido de la pluma poco transparente del Cedargrove Mastermind Group,[23] transcribe este acorde de significado como un *fragmented vector human*. Con lo cual ya no puedo quitarme de la cabeza el insulto en el que estoy pensando: «¡Fragmentado vector humano!».

En *The Language of Space*, de Weilgart, libro de 1975, la palabra para mujer es *Lus*. Vale la pena consultar los significados: L = redondo. Con esto uno ya no sospecha nada bueno. Seguimos: u = humano. Y finalmente: s = cosa, objeto. Redondo objeto humano. Un calificativo alternativo de mujer es *yrus*: *non-active person thing*, cosa humana no activa. En el diccionario más reciente, en cambio, la mujer es *yvus*, lo que se reproduce como 'instancia humana de polaridad yin' (*yin-polarity human instance*).[24] Un poco más políticamente correcto, pero: ¡madre mía! La palabra para *concebir/recibir*

23. A pesar de los esfuerzos que he hecho en hacer algunas pesquisas, no he conseguido averiguar lo que representa ese grupo. De su pluma provienen muchas obras de consejos muy distintas entre sí, tales como un libro para prevenir el suicidio, titulado *So you're considering suicide. How could you put it off for just two weeks? Let's Talk*; un manual de supervivencia para gente sin techo; una colección de Quantum Power Questions, varios volúmenes de detalladas fotos sobre canoas, etcétera. Considero posible que sea la empresa literaria de un robot o de un algoritmo.
24. El diccionario histórico de la lengua alemana, de Grimm, indica que *Dingin* (femenino de *Ding*, cosa) es una 'persona de sexo femenino'.

es *yrov*, lo que puede leerse como 'hacer yin, hacer vida', pero en este caso el calificativo de *pasivo* (que suena ofensivo en la palabra para designar a la mujer) es más apropiado y comprensible. Algo que solo concibe es, sin duda, más que *polar yin*.

La palabra para *besar* es enormemente compleja. También el proceso es, como se sabe, bastante confuso. James Joyce hace que su personaje Stephen Dedalus se asombre por ello: «Y, ¿qué significaba aquello, besar? Poner la cara hacia arriba, así, para decir buenas noches y que luego su madre inclinara la suya. Eso era besar. Su madre ponía los labios sobre la mejilla de él; aquellos labios eran suaves y le humedecían la cara; y luego hacían un ruidillo muy pequeño: be-so. ¿Por qué se hacía así con la cara?».[25] No es fácil responder a eso. Yo, por mi cuenta, en la vida habría concluido que se refería a besar. Recuerdo que hace unos años estaba en Graz con el autor Benjamin Lebert, sentado en la recepción del hotel Gollner, cuando él me preguntó: «Dime una cosa, ¿en realidad te gusta besar?». No me preguntaba si quería besarlo *a él*, sino si me resultaba agradable la práctica de besar. Y para ser honesto, hasta ese instante jamás había meditado sobre el asunto. Creo que le respondí algo poco sincero como: «Bueno, es probable que a cualquiera le guste». Sin embargo, me dije para mis adentros: «Es bastante raro. Unas bocas juntas, luego cerrar, un vacío, soltar, hacer ruiditos, chasquidos». O la otra versión: «Darse las lenguas para que se toquen». En realidad, no sé yo muy bien.

En cualquier caso, en lengua aUI la palabra para besar es *Ubogtav*. Siete letras, *good lord*, siete conceptos individuales

25. De James Joyce, *Retrato del artista adolescente* (traducción de Dámaso Alonso), Barcelona, RBA Editores, 1995, pág. 10.

a partir de los cuales se compone la palabra. Esos conceptos son:

concepto – juntos – vida – interior/dentro – acercarse – espacio – hacer.

Exacto.

Aunque a veces el propio Weilgart escribe la palabra *ubogtav*, con una *u* minúscula, lo que no significa *concepto*, sino *humano*. Es decir:

humano – juntos – vida – unos hacia otros – espacio – hacer.

Traducido en una versión en prosa: personas que ponen en contacto su vida interior de un modo espacial.

Por cierto, en el sistema bliss, *beso* se escribe con el signo tradicional de infinitud, un ocho acostado:

∞

He de admitir que jamás he contemplado de ese modo el asunto, a pesar de toda la irritación que me provoca de antemano el ritual de besar. Pero sí, tiene sentido. Yo soy, por cierto, de esas personas que siempre mantienen los ojos abiertos cuando besan. Así observo el mundo por encima del hombro de la persona cuyos labios reposan en los míos: la pared de la habitación, el póster de la parada, la gente en la estación de paracaidismo o lo que haya por allí. Esa desviación visual sirve para relajarse, porque no raras veces, al besar, uno se siente desagradablemente en cortocircuito con la humanidad. Sobre todo si pensamos que todos estamos hechos del mismo material: el planeta. En ese momento ese material se toca en dos puntos húmedos, permeables como una membrana. Biomasa planetaria que se pliega en el espacio e intenta fundirse, sanarse. Vaya, en este punto recuerdo, en un proceso de libre asociación, pero de todos modos próximo a nuestro tema, la descripción que ofrece Dennis Cooper de la técnica del *rimming* (el beso negro) en una entrevista para *The Paris Review*: «Cuando le besas el ano a alguien, vas a conocer a alguien de un modo íntimo que la propia persona no puede conocer. Puedes estar completamente a solas con ella, sin que nadie te observe, su juicio es desconocido y abstracto». La magia de besar un ano con la propia punta de la lengua, ese punto, por lo tanto, en el que la parte más atractiva del cuerpo está en tránsito hacia sus inefables entrañas, como en una botella de Klein, aparece con suma frecuencia en la obra novelística de Cooper, siempre vinculada a la cuestión del contenido del ser humano. ¿Qué habita en él? ¿Esconde demonios, almas, ancestros? ¿Qué se encuentra cuando se lo abre en canal? Quizá resulte difícil de creer, pero las descripciones que hace Cooper del *rimming* están entre las más tiernas y poéticamente inocentes que podemos encontrar en la literatura mundial contemporánea. Sé que todo está relacionado con el sexo. A mí tampoco me gusta. Pero incluso en ese ámbito —que por lo menos en la crítica literaria de habla alemana está tan asociada a los ojos en blanco, las risitas y la publicación de antologías de manos sudorosas y ganadoras del premio al peor sexo— existen el misterio, la exactitud y el alma. Aunque también admito que, una vez reconciliado con tales reflexiones, no quisiera tener que imaginarme cómo sonaría la palabra *rimming* en lengua aUI. El castellano tiene a disposición la grosera expresión *lamer el culo*, lo que, en relación con el término especializado en inglés, es comparable a la diferencia entre *acción de baile* y *ballet*.

Cuando uno se ocupa de la aUI, no solo va cambiando poco a poco la mirada en relación con las bananas y las bocas que besan, sino hasta con las propias letras. Uno se vuelve un auténtico paranoico. En cualquier secuencia de letras habitan explosiones de significado, absurdas sucesiones de imágenes de cómics a partir de términos abstractos que lo mismo explican la palabra, destrozándola, que la vuelven extraña por arte de magia, hasta el punto de preferir que borren de la faz de la tierra no solo la palabra, sino lo designado por ella. Ello se pone claramente de manifiesto en un breve texto literario que Weilgart introduce en un pasaje de su libro. El texto contiene la palabra *KOKa-KOLa*, es decir, se refiere a la célebre marca de bebidas como palabra extranjera o nombre propio. Por supuesto que un hablante que tiene la aUI como lengua materna, que no conozca el nombre y lo lea como término de la aUI descompuesto en sus partes analíticas (K + O + K + a + K + O + L + a) entenderá, por tanto, lo siguiente:

arriba – sentimiento – arriba – espacio – arriba – sentimiento – redondo – espacio.

KO lo encontramos incluso en el diccionario y significa, sin mayor sorpresa, algo así como regocijo, nobleza. Y *arriba – espacio* podría entenderse como *cielo*. Un *cielo noble*, una noble redondez. O tal vez: un cielo noble, un noble ruedo.

Y ahora échale una ojeada a una lata de Coca-Cola. Su aspecto, el de un buda, es intercambiable. Cielo noble, noble ruedo. Y ahora inclínate ante ella.

Weilgart, como Bliss, pretendía reeducar a la humanidad entera. No le resultaba sospechosa la posibilidad de crear metáforas, sino el carácter cantábile que se adentra demasiado en el oído, todas las asonancias, los estribillos, lo que se pueda berrear. Pero ningún ser humano aprendió nunca la aUI, solo Weilgart escribió en esa lengua sus poemas y parábolas.

Todavía no hay rastro de Mustafá. Salí de la iglesia y, como en los días anteriores, deambulé durante horas por las callejuelas, olvidándome poco a poco de la ciudad en la que me encontraba. Fui a dar a un barrio con bienintencionadas tiendas de regalos. Empecé a sentirme vacío, como un vector, como una especie de verbo auxiliar. Observé a un par de cornejas saltando de un lado a otro en un prado, impasibles, como gendarmes. En un cruce, como si poco a poco se hastiaran de verme en su ciudad, tres autobuses doblaron por la esquina uno detrás de otro, todos pesados y lentos, con frentes enormes. En aquel cielo colgaba un helicóptero, rojo como el timbre de una bicicleta. Y una gaviota de color blanco plateado se sacudió, un ángel de los perplejos.

El claro cosquilleo de un estornudo se apoderó de mí, pero cuando me agaché para atarme los zapatos, el cosquilleo se dobló hacia dentro y explotó en mi mente como una idea pura. Me incorporé.

El helicóptero no era más que una gota de sangre coagulada. Cayó una llovizna que tiñó de oscuro todas las superficies, añadiéndole un par de grados más de Photoshop.

En una esquina, junto a una farmacia, vi a un hombre cuya cara me pareció de algún modo conocida. Admito que es un efecto habitual cuando uno está en territorio desconocido. No obstante, me detuve y lo observé durante un rato. Algo parecía incordiar mucho a aquel hombre. Se llevaba las manos a la cara de un modo molesto, se apoyaba un poco hacia un lado, se rascaba y se movía de un lado a otro. Mientras tanto, la lluvia arreció. El vendedor de globos que estaba delante de la farmacia empezó a secar los globos con un trapo.

Me di la vuelta para mirar al hombre. Por fin había encontrado lo que lo incordiaba. Se lo apartó de la cara.

Era su nariz.

2

Por suerte el hombre tenía otra. Sí, su cara estaba intacta, estaba completa, aunque se me había vuelto un poco más familiar. Entonces lo reconocí. Lo reconocí del mismo modo que se reconoce en un sueño una tijera o un guante de herradura. Me apresuré a agradecer la buena fortuna que me había llevado hasta allí y cuya presencia se hacía ahora claramente perceptible a mi alrededor, en los escaparates de las calles comerciales, en los relojes, las salvas de alergias, los maniquíes. Porque, ¿cuántas veces no nos pasa que nos topamos, en una cara de hoy, con la copia asombrosamente fiel al original de personas hace tiempo desaparecidas? Bueno, no es tan frecuente, creo. Mucho más frecuente es que un rayo nos parta por la mitad o que nos asfixiemos al aterrizar entre las cuerdas enredadas de un paracaídas. ¿Qué lo había atraído hasta ese sitio? ¿Serían quizá los poemas del poeta ciego irlandés Antoine Ó Raifteirí, que llevaba en mi cartera? *Más file tusa tá ag iarraidh sásaimh / Tá mise anseo romhat ar garda.*[26] El hombre, entonces, se sobó algo en su segunda nariz. Fue cuando me di cuenta de que no eran más que unas gafas. Una vez limpiadas, acabaron en el bolsillo de su camisa. Allí quedaron, sobresaliendo como un peine común y corriente. *In nova fert animus mutatas dicere formas corpora.* Manda huevos. Quise dar un paso en dirección a él, por lo menos saludarlo brevemente.

26. 'Si vienes, poeta, a recibir satisfacción, / estoy aquí frente a ti, listo' (Versos que un árbol le recita a Antoine Ó Raifteirí).

Pero aquel hombre que tan insólitamente se parecía al poeta H. C. Artmann —al de sus años mozos, cuando todavía no llevaba bigote, con su mirada aguda y cortante bajo sus cejas caligráficas, con sus ojos astutos y atentos y la desafiante línea del mentón de un matador de dragones— se dio la vuelta y pasó de largo. Entonces se transformó de nuevo y volvió a ser una persona completamente desconocida, alguien con expresión adocenada, un habitante cualquiera de Malmö, de camino hacia alguno de sus momentos vitales.

Al día siguiente tendría que volar de regreso a casa. Revisé mi iPhone. Todavía ninguna noticia de Mustafá. «La presencia de espíritus es siempre una buena idea», había dicho W. G. Sebald a sus estudiantes de la Universidad de East Anglia. Pero en aquel momento mi fantasmal desconcierto me pareció un atrevimiento, una especie de reseña desfavorable a mis insoportables pasos por esta extraña ciudad del norte. De regreso en el hotel, me construí un improvisado nido con ropa de cama, una especie de lecho, y me senté.

Encima de la mesa había una cesta de frutas con unas bananas insólitamente claras. Hay cosas que, sencillamente, no tenemos más remedio que aguantar.

Al cabo de un rato abrí el libro de Artmann. Las piezas de teatro, que siempre me gustaron mucho. Una de ellas, bastante curiosa, se titula *El viaje a la isla de Nantucket*. Lleva un epígrafe tomado de una publicación llamada *Liber Pictorum*:

iòris acus iochanaan na muir
cellgum gan ard gan bron iar
's cirrlòn san inis sa galarn;
a thusa regillam...
(*lib. pictorum*: cap. iij)

Liber Pictorum. ¿'Libro de imágenes'? Busqué la obra en internet y comprobé que no existía. El texto parecía irlandés. Lo había aprendido una vez, pero aquí no entendía mucho. Algo relacionado con la oscuridad. Por lo demás, de repente, mientras hojeaba un poco el libro de Artmann, creí ver en él cada vez más páginas de textos incomprensibles. Recordé una historia clínica neurológica del libro de Oliver Sacks *Los ojos de la mente*, en el que un escritor llamado Howard Engel se despierta una mañana y comprueba que el periódico que le han dejado delante de la puerta está escrito en una lengua *serbocroata* incomprensible. ¿Una broma de alguien? Pero no, también los libros de su biblioteca se han transformado. Contienen, de forma parecida, combinaciones de letras difíciles de descifrar, ni siquiera se reconoce bien la letra. Engel ha sufrido un ictus mientras dormía. Ha perdido la capacidad de leer. Sin embargo, enigmáticamente, aún puede escribir sin problemas. Solo que ya no puede leer lo que escribe. En su imaginación escribe frases en inglés, pero cuando ve la página, lo que ve, una vez más, es *serbocroata*.

¿Y yo? Yo había viajado a una ciudad en la que no conocía a nadie, había estado esperando a un poeta que tal vez ni siquiera existiese y que escribía en una lengua que apenas nadie usaba. Luego vi a aquel extraño hombre en la calle. Y ahora un libro se me deshacía entre las manos, de forma pausada, página a página, se me volvía incomprensible. De inmediato hice el test de Howard Engel y anoté un par de palabras en un cuaderno de notas del hotel. Eran bien legibles. Sentí alivio. Pero un poema en el libro de Artmann tenía todavía este aspecto:

hol hen amassar am ttarffon crimm, ni:hoel littam;
han amassar tti conccro; h-ulffan ccacarchi;

cceal cconclurar aramadar ccarchi;
han ttic ettaur arbanaol ccill ttic ffriccarn raill
candur, tirnoll fachen, fachen. inccian – ac...

ccumrach hen ttic aralgan;
ti llantarae tin ccian urlar tarlan-ddo;
ccoitarlan-ddro i-oz ar chomcellir;
ffun cca rhos citta ffachae tar fanol ccoitarlan-ddo,
in cci ffonlar ccarnacc...

han tarlan ccurla, hol ffanassaur-ffiniog,
gorniol cconla ccaffassur;
han ccrui tirnoll ruillccear ccrillfean;
ffreddu rhengilchan han mir ddon a hedin caffaista olc...

nnoss ananrhe dichoe llittam nua ffilimiur;
han nnoss ananrhe ddic ffilimiur ccarrnfeor
hoellittam-druir, ac-fflinnionn galccon
itar-llan far hoellittam-for-ac...

han ccoitarlan ni:arranac ccli iriffon llittam anccuir;
fuil inccianol-tarlan ffaurccaffe-stionossach littam-han –
nua com dromor, ssindarllian-ac...
arbanaol lafarccam riar-ffirclar-ac...

taddffian hir arbanaolccettiolinn inccian inccifonllar
ccarnac ddon fflaur;
ddroidiccon etdi connassan; oz̧'ddroi ddorrn arbanaol cco
l-effin: ni:arundel inccianffar hari ffahaesson!

ffaendorrn he sissei aeloddu, fachen ddoc inllianddor,
curan anidec cian dirachaffuis, ccoi llandor ffanacc lando;
amassar toiffeireit llittam ar anhaurhen cclichffailor.

El título es *Ensayo de una breve crestomatía con cisterna*. Pero ¿qué quiere decir? Por suerte no estaba relacionado con ningún accidente cerebral maligno que me hubiera ocurrido en la iglesia, en la calle o delante de los autobuses que doblaban la esquina. Pero ¿qué otra cosa podía ser? El texto tiene, muy vagamente, un parecido con las lenguas celtas. Sin embargo, no hay ninguna explicación al respecto. Ni siquiera teclearlo aquí me ha deparado especial placer.

Crestomatía es una antigua palabra para referirse a una colección o selección de escritos con fines pedagógicos. No puedo imaginar que haya existido jamás una lectora o un lector en este planeta que pudiera decir a la primera qué era esto. ¿Cuál es el sentido de un texto así? ¿Mofarse un poco de las palabras irlandesas o gaélicas, ya que, como se sabe, pueden ser demasiado largas y tienen a menudo esas dobles consonantes al principio? Pero si ese fuera el único fin del poema, sería, en el mejor de los casos, mero exotismo, semejante a lo que ocurre cuando unos europeos que no tienen ni idea intentan inventar caracteres *chinos* con dudosos fines ornamentales o publicitarios.

Ahora bien, en un volumen de prosa titulado *Bajo el techo de un sombrero* aparece el mismo poema, como compruebo tras una breve búsqueda en internet, solo que allí no aparece como poema, sino como relato. ¡Y hasta con traducción! Y mira por dónde, en él se habla realmente de cisternas.

Ensayo de una breve crestomatía con cisternas

Hol hen amassar am ttarffon crimm, ni:hoel littam; han amassar tti conccro; h-ulffan ccacarchi; cceal cconclurar aramadar ccarchi; han ttic ettaur arbanaol ccill ttic ffriccarn raill candur, tirnoll fachen, fachen. inccian – ac...

En tiempos pretéritos, aún no había cisternas, la gente sacaba agua de ríos y manantiales. En épocas de calor era terrible, porque apenas había ríos durante la sequía, ni los manantiales de las montañas proporcionaban agua. En Ttic Etaur, el jefe de la tribu, Arbanaol, entregó trescientas placas de zinc para la boda de su hijo. Ese hijo engendró con su mujer un hijo y una hija.

Ccumrach hen ttic aralgan; ti llantarae tin ccian urlar tarlan-ddo; ccoitarlan-ddro i-oz ar chomcellir; ffun cca rhos citta ffachae tar fanol ccoitarlan-ddo, in cci ffonlar ccarnacc...
Crecieron en Ttic Aralgan y más tarde la niña se marchó a Tarlan. En los bosques de Tarlan contrajo nupcias con el chamán Oz. El jefe Arbanaol apareció en los bosques de Tarlan en forma de un lobo de pelo gris para exigir la dote de la novia...

Han tarlan ccurla, hol ffanassaur-ffiniog, gorniol cconla ccaffassur; han ccrui tirnoll ruillccear ccrillfean; ffreddu rhengilchan han mir ddon a hedin caffaista olc...
En Tarlan se hallaba la primera cisterna. La gente bebía agua de ella, pero permanecía cerrada para los forasteros. En el corazón del jefe creció la ira, y ordenó a su gente excavar una cisterna cerca de la ciudad, en medio del bosque...

Nnoss ananrhe dichoe llittam nua ffilimiur; han nnoss ananrhe ddic ffilimiur ccarrnfeor hoellittam-druir, ac-fflinnionn galccon itar-llan far hoellittam-for-ac...
En una sola noche cavaron la cisterna; en una sola noche levantaron un alto muro de piedra a su alrededor. Las hojas del bosque de Tarlan cayeron sobre la cisterna y los muros...

Han ccoitarlan ni:arranac ccli iriffon llittam anccuir; fuil inccianol-tarlan ffaurccaffe stionossach littam-han – nua com dromor, ssindarllian-ac... arbanaol lafarccam riar-ffirclar-ac...
Todos los habitantes de Tarlan acudieron a ver la bella cisterna. Todas las jóvenes dejaron de ir a la cisterna vieja, preferían acudir a la nueva y bañarse en ella. Los hombres de Arbanaol reían y bromeaban con ellas...

Taddffian hir arbanaolccettiolinn inccian inccifonllar ccarnac ddon fflaur; ddroidiccon etdi connassan; oz'ddroi ddorrn arbanaol cco l-effin: ni:arundel inccianffar hari ffahaesson!
Durante toda una semana, Arbanaol intentó recibir la dote por su hija, pero el chamán se negó a pagar el precio. El jefe Arbanaol le dijo entonces al chamán de Oz: «¡No os devolveremos a las chicas de la cisterna!».

Ffaendorrn he sissei aeloddu, fachen ddoc inllianddor, curan anidec cian dirachaffuis, ccoi llandor ffanacc lando; amassar toiffeireit llittam ar anhaurhen cclichffailor.
Él mismo tomó a una por esposa, su hijo recibió una segunda y repartió las otras entre aquella gente que estaba con él en el bosque. Pasado un tiempo, por todas partes empezaron a cavar cisternas.

Lo primero que comprobamos es que el título, por lo visto, era engañoso. Porque esto no es una colección de textos sobre el tema de las cisternas, sino, sencillamente, una historia coherente. Hay cisternas, de acuerdo. Si uno quiere, también puede seguir la pista a las palabras aisladas y a sus significados. La correspondencia de la palabra cisterna, por lo visto, es *llittam.*

Pero he aquí el singular efecto: las líneas en este lenguaje de fábula se vuelven al instante invisibles cuando la «traducción» a la prosa española se intercala cada dos estrofas. Ya no podemos verlas con los mismos ojos. Es algo muy distinto de lo que ocurre con los plátanos, que tienen ese efecto fabuloso sobre Bernardo Soares solo porque poseen sus manchas negras. Por muy excluido que uno se haya sentido por la versión no traducida de este curioso texto, resulta satisfactoria, y hasta alisa los ceños fruncidos, la curiosa y juvenil confrontación alienígena con él. Porque, normalmente, todo en literatura alude siempre de inmediato a la inevitabilidad de la muerte, al paso del tiempo, a la nada que a todos nos espera. Todo, menos aquellos textos que no somos capaces de leer a la primera. Ante ellos volvemos, *ipso facto*, a ser niños, aventureros, extraterrestres. «Porque por misteriosa que sea la muerte, más misteriosa es nuestra vida, que no participa de nosotros y, en cierto modo sin vernos, celebra sus fiestas, de las que somos testigos con cierta timidez, como huéspedes casuales que hablan otro idioma».[27]

Para mí es como si ese texto estuviera repleto de unos huevos de Pascua para iniciados. Por ejemplo, la línea *Ccumrach hen ttic aralgan*: yo conocía la palabra *cumarach*, que en irlandés significa arrugado o cubierto de surcos. En la traducción se designa con ella el verbo *crecer*. Bueno: no es el huevo de Pascua más sorprendente. La línea *tirnoll fachen, fachen. inccian – ac...* es traducida extrañamente como «ese hijo engendró con su mujer un hijo y una hija».

El traductor nos escamotea algo: *Inccian – ac*. El traductor de Google, puesto en gaélico-escocés, ofrece una idea de traducción al alemán solo para una línea y deja las demás sin cambio alguno. El pasaje

han tarlan ccurla, hol ffanassaur-ffiniog,
gorniol cconla ccaffassur;
han ccrui tirnoll ruillccear ccrillfean;
ffreddu rhengilchan han mir ddon a hedin caffaista olc...

se convierte en:

han tarlan ccurla, hol fananur-atado,
gorniol cconla ccaffassur;
han ccrui tirnoll ruillccear ccrillfean;

27. De Rainer Maria Rilke, *Worpswede*, Gijón, TREA, 2010.

Flirtean las listas de rango de un duro demonio y un malvado engaño vuelo...

De modo que me fui a la tienda de magia de Buttericks. Qué remedio. Esta antigua institución de Malmö es hoy una empresa sólida e ingeniosa, sin duda, pero bastante pobre en poesía. En tiempos de Artmann, en cambio, tiene que haber sido extraordinaria, como un poema suyo devenido espacio. En su diario *La búsqueda del día anterior*, el poeta nos habla de su caza de botines: allí encontramos una cola de gato con sonido, una máscara de goma de *Knecht Ruprecht*, el ayudante de San Nicolás, una caja de puros con una araña para asustarte, cojines de pedos, jabones del diablo, caca de perro falsa. Esta última la hay todavía hoy. La sostuve largo tiempo en la mano.

A mi lado, un señor entrado en años examinaba una pieza igual con expresión de paciente *connaisseur*. A modo de prueba, se la puso —¡lo juro!— en el hombro, tal vez para comprobar si podía caerse al suelo con facilidad. Luego, por lo visto no convencido de la calidad, devolvió el trozo de mierda a su sitio.

Al final, compré slime, luego compré una pistola de agua diminuta para niños detectives y también, porque estaban en rebajas, unas nuevas pelotas saltarinas, ya que mis reservas en casa, en Viena, se estaban terminando. Frente a nuestro edificio de viviendas sociales han construido hace poco un instituto. Cada mañana veo allí a los alumnos y las alumnas, dispuestos bajo los nogales. Compré entonces cuatro paquetes de pelotas.

Llegó entonces la hora de partir. Había llamado a varias personas, había vuelto a enviar algunos correos electrónicos, pero en vano. Nada de Mustafá. Había desaparecido. De pie delante de la recepción, vi un gran bote de cristal sin tapa y lleno de miel.

Esa sustancia sagrada poseía en su interior un brillo benéfico e íntimo, oscuro, como correspondía a una partida, como un murmullo de luz de octubre. ¿Por qué estaba allí? ¿Una trampa para insectos? «Vaya desperdicio», pensé. Cuando hice el *check-out*, firmé la factura de la tarjeta de crédito con un boli y, como poseído durante unos segundos por el fantasma de un usuario de estilográficas, estuve a punto de meterlo en el bote de miel abierto que estaba junto a la campanilla de la recepción.

3

Viena me recibió con un frío otoñal y acogedor. Llevaba poco tiempo viviendo allí y la mayoría de los caminos me parecían incómodos y complicados, me extraviaba con frecuencia. Tardé mucho en encontrar la entrada a la Biblioteca de Viena, situada a un costado del Ayuntamiento, a pesar de que por ese lado solo existía esa entrada. En la biblioteca póstuma de H. C. Artmann, incorporada a la biblioteca en el año 2004, busqué posibles indicios de su idioma inventado. Me llamó entonces la atención un librito con forma de folleto titulado *The Pictish Language*. Pude verificar que era un cuaderno construido a partir de un capítulo suelto en la obra *The Problem of the Picts*, de F. T. Wainwright, confeccionado por el propio Artmann y con infinidad de subrayados. Fue una sensación singular sostener en la mano aquel objeto tan íntimo, y mucho más extraño que la empleada de la biblioteca me lo entregara después de mostrarle yo mi tarjeta de préstamo, porque aquel cuaderno había pertenecido alguna vez a una persona, a su vivienda, el dueño había dormido junto a él, había sido para él motivo de alegrías y de reflexión. Por supuesto que el librito no me reveló nada más preciso acerca de la misteriosa estrofa en *El viaje a la isla de Nantucket.* «Y bien que así sea», pensé cuando lo devolví, tras unos minutos examinándolo con aire distraído. Como dijo Pablo Neruda: «Libro, cuando te cierro / abro la vida». En lo que a mí respecta, no quisiera que en su momento nadie me despierte del más allá por la vía bibliotecaria, que agite mi polvo algún curioso habitante de la posteridad. En general, la papelería póstuma de cualquier autor es algo extraño. Parece algo tan privado. Tal vez hasta sea bueno que pronto dejen de existir. Hace un par de años, en Humlebæk, durante el Festival de Literatura de Louisiana, un germanista me contó que desde hacía poco era posible abrir en el Archivo de la Literatura de Marbach una especie de legado digital *ante mortem.* Todos los correos electrónicos del escritor son redirigidos de forma automática y almacenados en los servidores de Marbach. Para la posteridad. Al oír aquello, mi antena de contador de historias se activó, pero también se abrieron mis zarpas defensivas. Autores que ya se figuran su fama futura pagan dinero (¿o recibirán dinero a cambio? No tengo idea de cómo se entiende el servicio) para que sus correos sean redirigidos hacia allí.[28]

Después de salir de la biblioteca, situada en los bajos del Ayuntamiento, me subí al paternóster. Por lo general me dan miedo esos ascensores, uno se siente guillotinado solo de verlo, pero ahora, tras el sacrilegio de haber estado revolviendo el legado póstumo de H. C. Artmann, era necesario al menos hacer una ronda en el paternóster con rumbo a lo innombrable, a un lugar *sin niveles* ni plantas de edificio. Inquietantes, como el tránsito hacia una historiografía paralela, son esos momentos oscuros en que la cabina delantera, que permanece abierta —como eran hace cien años las primeras cabinas de

28. Todo esto revela ser un malentendido o una ficción. *Buíochas le Dia!*

piloto—, cae en el mecanismo de relojería que la traslada hacia el otro lado. Aparece entonces un cartel, iluminado brumosamente en el último umbral: CONTINUACIÓN DEL VIAJE, NO HAY PELIGRO, MANTENGA LA CALMA. Oh, Dios. Y entonces, las tinieblas. Campos de luz en unas tinieblas garabateadas con grafitis —ilegibles, por supuesto—, esa eterna letra de fábula, igual por su forma en todo el mundo. Luego, un violento golpeteo de martillazos o de tapas que se cierran sale de las entrañas del sistema de cambio. Emito un chirrido de miedo. Entonces, el retorno a la normalidad, otras vez las paredes, el suelo, gente que sube y viaja con nosotros, portando carteras, y hay incluso uno, un joven empapado en sudor, que sostiene en la mano una pelota de tenis. Y yo, transformado por esa primera ronda, sin miedo, doy otra vuelta disciplinaria a través del bajo mundo.

En la comentada compilación de sueños de Artmann, *Grünverschlossene Botschaft*, del año 1967, encontramos, bajo el número 58, unas instrucciones que tal vez podrían servir de lema para mi libro:

> ¿Qué vas a decir? – Pronuncia todo tu vocabulario de cincuenta y ocho términos arahuacos. Si no conoces ninguno, invéntate un par: *ya, yapu, yapuruima, yapuruimaka*, etcétera, etcétera. Sería una auténtica fuente de la eterna juventud, trinos de aves hechos de frescas gotas de rocío, si me permiten decirlo así.

Si no conoces ninguno, invéntate un par.

En una compilación de ensayos reunidos por Marcel Atze y Hermann Böhm, titulado *¿Cuándo ordenas tu biblioteca?*, encontramos un cautivador texto memorístico de Barbara Wehr, quien fuera por un tiempo compañera sentimental de Artmann. Allí nos enteramos de lo siguiente:

> Poco antes de su muerte, o mejor dicho, de su viaje a Avalon, se mostró entusiasmado al teléfono por haber descubierto en internet, con la ayuda de su hija Emily y de su prima Kathi, que el shelta, una lengua secreta de los *tinker* irlandeses, (los nómadas *chatarreros*), constituía los últimos vestigios de la lengua de los pictos.

Barbara Wehr cita, además, pasajes de una carta que Artmann le envió en el año 1973. Allí el poeta le cuenta que ha empezado a crear una gramática del idioma picto, aparte de una «crestomatía lírico-poética» de esa lengua imaginada.

Así surgió el picto de Artmann. Pero ¿quiénes fueron realmente los pictos? (Añadir aquí todo el saber sobre los pictos, blablablá, la Wikipedia, blablá). Pero no. No es necesario, porque por suerte no sabemos mucho sobre ellos. Solo que los romanos, que en el siglo I ocuparon las islas británicas hasta bien al norte, les temían. Es todo lo que sabemos con certeza. El nombre está relacionado con la palabra latina *pictus*, porque los pictos, al menos según cuentan ciertos relatos, llevaban todo el cuerpo tatuado. Uno de sus siete reinos conocidos o provincias se llamaba Cat. Los romanos, de forma general, denominaban *pictos* a varios pueblos enemigos, pero sabían bastante poco sobre la manera en que las culturas de los pueblos pictos se diferenciaban de los no pictos. Su civilización desaparece en el siglo IX. Hoy son célebres, sobre todo, las piedras de los pictos. Vi un par de ellas hace algunos años en el Museo Nacional de Escocia, en Edimburgo. Recuerdo que intenté, como tantas veces en mi vida, identificar al animal descrito en la leyenda explicativa sobre la piedra real. Pero no encontré elefante alguno. Ni aun con la mejor voluntad.

Muchas piedras pictas se yerguen todavía hoy en el paisaje, al borde de prados y de caminos. Las noticias e imágenes grabadas en ellas son aún identificables, pero nadie sabe lo que nos cuentan. En las piedras de la época anterior a la llegada del cristianismo a su cultura los dibujos tallados muestran, sobre todo, animales: toda clase de bestias, con alas, con pezuñas, con melena. Un signo con forma de Z y de aspecto heráldico se repite con llamativa frecuencia. También aparecen formas geométricas con forma de círculo de un campo de cereales. El animal favorito y probablemente el más importante que encontramos en las piedras pictas recuerda por su forma a un cruce de caballito de mar con delfín.

Los expertos debaten desde hace tiempo sobre la cuestión de si el idioma picto pudo haber sido una lengua celta o no, o si, como el vasco, originario de tiempos inmemoriales y oficial en la actual Europa, es una lengua absolutamente no indoeuropea. Existen pruebas para todas esas interpretaciones. Entretanto, la opinión experta tiende más a creer que el picto es un idioma celta mezclado con palabras preindoeuropeas más antiguas, conservadas todavía en topónimos. Pero qué más da.

Por lo menos parece seguro que los pictos empleaban para la comunicación una variante del irlandés arcaico como lengua ceremonial transfronteriza. Una posible evidencia de esto la arroja la fusayola de Buckquoy, descubierta en 1970 durante unas excavaciones en las islas Orcadas. Lo que vemos es una piedra con más o menos la forma de un donut, en la cual leemos la siguiente inscripción:

A esta escritura tan parecida al diagrama de un circuito eléctrico la llaman *Ogham*. ¿A que parece un palíndromo? En fin, que no es perfecta, pero aun así uno puede imaginarse este mensaje reflejado en su eje central sin gran pérdida de simetría o de información. En la antigua fusayola, de hecho, la información está escrita de forma circular en torno al hueco central del donut, de modo que, aun cuando no queden seres humanos capaces de descifrarla, al menos se repite de forma dinámica y, por así decir, puede leerse en todas las épocas, una y otra vez. Pero ¿qué nos dice la piedra? La historiadora Katherine Forsyth transcribió la frase como *(b)enddactanim(l)*: «Bendita sea el alma de L».

De modo que esa bendición sigue resonando de una forma casi imperceptible a través de los siglos, invariable todavía incluso frente a su reflejo geométrico, siempre en círculo en torno a un centro vacío, a través de los eones, las revoluciones y las supernovas, alabando más allá de todo eso el alma inmortal de L. Tal vez deberíamos imaginarnos esa L como a un ser humano rescatado.

La lengua picta de H. C. Artmann me hace recordar un episodio de mi infancia. A veces, durante algunos fines de semana, hacíamos una excursión a cierta zona de senderismo en torno al Steinberg, al oeste de Graz. Había allí un prado situado delante de una elevada pared de roca, de la que, cuando uno gritaba, rebotaba un eco claro y diáfano. A mí me fascinaba el fenómeno y deseaba tener también en casa un eco como aquel. Pero no, no teníamos nada parecido. Podía berrear contra las paredes de mi dormitorio, que nada rebotaba. Gritaba desde el balcón, pero tampoco había eco. Ni siquiera en el sótano mi voz resonaba, a pesar de que allí la densidad de fantasmas era obviamente mucho mayor. De modo que elegí un objeto específico, creo que una parte de la pantalla de una lámpara, y lo llamé *el eco*. Lo llevaba conmigo a todas partes. Es cierto que aquello no era capaz de emitir ecos acústicos reales, pero yo lo ignoraba con certeza mientras no lo probara activamente, de modo que la *posibilidad* quedaba suspendida en el espacio, digamos, como una certeza intuida. Sencillamente, no quería vivir sin eco.[29] Fue la primera vez en mi vida que desarrollé un anhelo tan doloroso de algo que no podía poseer y, con ello, un deseo presto a ser atraído por cualquier pensamiento mágico, el cual, de manera interesante —y exactamente igual que en el caso de Artmann—, no poseía el carácter de una reproducción científica o técnica del fenómeno deseado, sino justamente lo contrario: el *nonsense*. Tanto mi precaria pantalla de lámpara como la secuencia de sílabas del idioma picto de Artmann constituyen más bien el fruto de una azarosa improvisación irreflexiva hacia la nada, y tal vez sea precisamente esa proximidad con el azar, con lo surgido como de paso, sin grandes esfuerzos guiados por el cerebro, lo que formó en nosotros antiguos valores de confianza alquímicos. Dejemos a un lado, por tanto, nuestro propio pensamiento consciente y tal vez así logremos franquear los límites del tiempo y el espacio que tan porfiadamente nos separan de todo lo querido.

El picto de Artmann es, por lo tanto, un *stretto* de poesía moderna y una reconstrucción *nonsense* de lo irrecuperable. Me imagino al filósofo Jacques Derrida, con su desbordante superstición por los nombres y las sílabas, escribiendo todo un libro sobre el parentesco fónico entre el término *pictus*, las expresiones técnicas francesas *la picture* y *les pictes* y los pictos. Habría meditado sobre ese pueblo desparecido, le habría adjudicado un enigmático término poético comparativo

29. H. C. Artmann: «*ein Seemann muss sein Klavier im spazierstock mit sich Tragen*» ['un marino ha de llevar su piano oculto en el bastón'].

(*pirámide muda, postal sin reconciliación*) y habría pasado luego a calificar al medio *imagen, la imagen como imagen*, como lo desaparecido, es decir, lo que mantiene el sitio caliente para lo que hace tiempo ha desaparecido. En un procedimiento inverso, habría definido al pueblo histórico de los pictos como una presencia gráfica de lo ausente, como el verdadero núcleo esencial de la *imagen en sí*, el mito del mito y cosas parecidas. Y uno se vería tentado a seguir su argumentación, distraído e irritado, tal vez incluso feliz con todas las frases de Derrida, que en todas partes se tensan de un modo artmannnesco, como esta, por ejemplo, tomada de un ensayo (creo) sobre fotografía, una de esas frases que uno no desea mirar fijamente sin entenderlas, sino que, por medio del *copy and paste*, quiere salvar del agobiante y árido contexto semántico del texto original: «Fotografiar a Sócrates como un instrumento musical».

Eso, sí señor.

Derrida: fotografiar a Sócrates como un instrumento musical.
Artmann: los domingos solía llevar agujeros nudo en la solapa.

Breve crestomatía con pelotas saltarinas: echar a rodar una pelota saltarina desde la cumbre de un monte. Él percibía de nuevo la pelota primigenia bajo la lengua. De niño, cuando veía el follaje de otoño en los caminos de los parques, pensaba a veces en el modo en que las pelotas saltarinas se veían amortiguadas por el follaje y saltaban con desgana. La pelota que el poeta sostuvo con firmeza en el puño durante su viaje al exilio, durante todo aquel sombrío viaje en avión, se encuentra hoy en una pequeña caja en el Archivo de la Literatura en Marbach.

De ese modo podemos entablar una charla normal, más allá del espacio y el tiempo. Pero bien. Regresemos al enigmático fragmento de *El viaje a la isla de Nantucket*:

> *iòris acus iochanaan na muir*
> *cellgum gan ard gan bron iar*
> *'s cirrlòn san inis sa galarn;*
> *a thusa regillam ...*
> *(lib. pictorum:* cap. iij*)*

Liber Pictorum: eso podría significar *Libro de los Pictos*, ser el libro de las imágenes solo en una segunda acepción. Pero el idioma empleado aquí no es la lengua picta de Artmann. Esa ya la conocemos. Esto es posiblemente la cita imaginaria de un escritor que nos habla de los pictos. Algún erudito que domina el antiguo irlandés, quizá. Muy bien. Ahora debemos averiguar si detrás de esas líneas se oculta un contenido cantábile y disfrutable. Llama la atención la palabra *iochanaan*, que con «*j*» sería un nombre propio hebreo, en alemán *Johannes*, en español, *Juan*. Jochanaan aparece también en el drama de Oscar Wilde *Salomé*, blablablá... Todo eso puede consultarse en Wikipedia. Pero el nombre, en realidad, significa «Dios es misericordioso». Tal vez no sea algo poco relevante. No lo olvidemos.

Reconozco otras palabras de la época que pasé aprendiendo irlandés: *acus* significa, sin duda, 'y'; *bron* significa 'tristeza' o 'luto'. *Sa*, 'en el'. Pruebo con el traductor de Google a ver si puede hacer algo con esto. Reconoce el texto como gaélico-escocés y me lo convierte en lo siguiente:

> *Iru acus iochanaan na muir,*
> de casi post postcolonizado
> y es un respiro en esta enfermedad;
> *regallam* tú...

Vaya. Qué modo de saltarle a uno a la vista esa única frase comprensible en la tercera línea. No habría esperado una cosa así. Pocas semanas después lo intenté de nuevo (porque el traductor de Google no para de aprender y está sujeto a estados de ánimo cambiantes). Esta vez usé el irlandés como lengua de partida:

> Frutales del mar
> *cellgum* sin alto casi post
> y un caballo cuenta en la enfermedad;
> y tú *regillam*...

«Frutales del mar», eso suena a Pablo Neruda. Y si dejamos fuera la partición de líneas, el resultado es este:

> *Iorus* y los espacios de goma de células marinas son casi altos sin hacer ruido y anuncian la enfermedad; usted *regillam*...[30]

¡Espacios de goma de células marinas! Qué puto genio.

Nadie:
Derrida: «Del nombre propio como arte del paraguas».[31]
Artmann: «Una multitud de graciosas mujeres, arrojadas por la pálida luna del anochecer, se deshacen de sus paracaídas».

30. Poco antes de entregar el manuscrito a la editorial, probé una vez más el traductor de Google, en esta ocasión con el siguiente resultado: «El mar del *ulums* de células marinas sin altura casi sin un poste y un sacrificio en la enfermedad; y tú *regillam*».
31. De *La tarjeta postal. De Sócrates a Freud y más allá* (traducción de Haydée Silva), en: http://www.jacquesderrida.com.ar, pág. 10.

Y sobre esto recuerdo un singular poema temprano de Artmann titulado «ginevra se traiciona en sueños y el rey arturo le responde con un poema». El poema dice así:

yr mwyzaf gwr bmynyz
yn rhozoz
oed brangl y mae hi
yn sychred
ond cwyrlwch o gwrion:
ynysoez attedion
och cwcw!
un cwpa llechlen can pen
wele ond ni derbyn
yn vyrz cyffeithiol
mab bychan norphen camäel
wr rhezeg ev i'r âl
yngha riad dibetrws zim
goch gilzmai lleêgorh punt
cwymp gavaêl nodau tywb
zim mwllwn...

Franz Josef Czernin, un poeta en cuyos juicios no confío a ciegas, pero que casi siempre sabe de lo que habla, afirma en su ensayo sobre Artmann (*H. C. Artmann und die heruntergekommene Poesie* ['H. C. Artmann y la poesía venida a menos']), que esto es un mero poema sonoro. Hum. ¿Sonoro? Pero ¿qué sonidos han de producirse aquí? Todo el poema parece contener algo *más*. Por supuesto que un poema sonoro es ya, por sí mismo, algo, en el ámbito de la poesía no todo ha de ser tramado de un modo tan razonable y sensato, pero Artmann sabía galés e irlandés, tradujo algunos textos de esos idiomas o los usó como motivos de poemas propios, de modo que resulta difícil imaginar que esto venga a representar un mero pseudocéltico. Le di a leer el poema a una de mis conocidas, la estupenda poeta galesa Catrin Dawydd, a la que conocí hace años en el encantador pueblito de Hay-on-Wye, solo compuesto de librerías. Me dijo que se traslucen en él, como fogonazos, ciertas palabras habituales, pero que algunas son simplemente *nonsense*. El traductor de Google me ofrece esto:

> El *mwyzaf* hombre *bmynyz*
> en *rhozoz*
> ella en la edad de *brangl*
> en *sychred*
> pero *cwyrlwch* de *gwrion*:
> *ynysoez attedion*
> ¡oh, el cuco!
> cien cabezas *cwpa llechlen*
> *lo*, pero no aceptado
> golosinas en *vyrz*
> hijo bebé *norphen Camael*
> el hombre *rhezeg ev al*
> el amor *dibetrws zim*
> rojo *gilzmai lleêgorh* libra
> hundimiento *gavaêl* objetivos *tywb*
> *zim mwllwn*...

Esto ya va siendo algo. El hombre y murmullo-murmullo, el amor y murmullo-murmullo, rojo y murmullo-murmullo, libra hundimiento-murmullo-objetivos. Basta, en el fondo, para hacerse una película mental.

Oímos a un rey hablando con solemnidad en su lecho nocturno. La reina Guinevere, según la versión de la leyenda de su autor más famoso, Chrétien de Troyes, ha sido secuestrada y violada a causa de una artimaña. Arturo ha enviado más tarde a su caballero Sir Gawain. Otro caballero, Lancelot, se puso en camino por su cuenta. Este último salvó a Guinevere, empezó una relación con ella, pero la trajo de regreso donde su esposo. Algo así.

¿Qué revela Guinevere en el sueño? ¿Que era la amante de Lancelot? *El hijo bebé norphen Camael.*

Que el rey Arturo le responda con un poema, no con un golpe de espada o con una bofetada, solo puede significar que lo que la reina revela en sueños no resulta doloroso para él. Sabemos lo inestables que pueden ser los reyes. Incluso en la poesía épica —que desde su invención se ocupa casi en exclusiva de reyes, por lo que tiende a valorarlos con excesivo comedimiento y comprensión— bastan a menudo un par de réplicas expresadas en un descuido para generar un enorme baño de sangre. Aquí, en cambio, solo da lugar a un poema.

¿A qué viene entonces esa imagen de texto en falso galés? Ante él nos hallamos como el crítico ante la supuesta obra maestra de aquel señor Y. del principio. Nadie puede leerlo. Pero es posible que un poeta haya volcado en esos versos toda su alma, su naturaleza *transitoriamente singular.* Un rey ficticio se muestra en ellos como un ser humano conciliador y adulto.

Lo admito, no fue poco lo que me sorprendí cuando por fin encontré una traducción de este poema en una serie de ensayos compilados por Josef Donnenberg sobre la obra de Artmann: *Pose, Possen und Poesie. Zum Werk Has Carl Artmanns.* Un medievalista, Ulrich Müller, tal vez poseído por un escozor detectivesco similar al mío, había enviado el enigmático poema a dos especialistas en el mundo de los celtas, Wolfgang Meid y Ulrike Roider, y «ambos llegaron a la conclusión de que se trataba de una mezcla de "auténtico" galés antiguo, palabras distorsionadas y pasajes erróneos que, no obstante, arrojaban algo parecido a un contenido». Ulrike Roider se lanzó a una traducción, aunque ella misma define su método como «mitad enmendado» y «mitad adivinado». Gracias a ello nuestro poema, tal vez el más enigmático y cifrado de toda la poesía en lengua alemana, tiene, después de ser revelado por mano experta, el siguiente aspecto:

> Me humedezco, señor, yo fui una isla
> allí depositada,
> blanca como un cuervo al marchar en seco;
> pero un mar de cera, oh, señor y amo,
> la isla era un sostén firme,
> ¡ah, el cuco!
> ¡un cáliz de un lienzo que encubre sin cabeza!
> ¡Mira! Pero sin recibir
> el subir al barco para el traslado;
> pequeño hijo del Norphen de cejas torcidas
> hombre de Rhedeg al nacer
> mi amado sin duda
> de oro rojo la libra de un azul profundo
> bello sostenerse, necias las metas
> no me he acalorado...

En un principio, yo había considerado la idea de Artmann de integrar poemas ilegibles en sus poemarios, una variante punky y provocadora de literatura *desleal*, igual de subversiva que las letras observadas por mí en el paternóster de la biblioteca de Viena, entre rezos murmurados con prisa, letras ilegibles en el estilo de los *tags* urbanos de los grafiteros de hoy. Pero esto es mucho más que eso. Así que repasemos de nuevo el magnífico poema de Ulrike Roider.

¡Resulta muy curioso, además, que el rey Arturo diga una frase como «me humedezco, señor, yo fui una isla»!

Pero, por otro lado, por qué no. Quizá Arturo le responda a Guinevere con una confesión similar a la que ella le ha revelado en el sueño. «Blanca como un cuervo al marchar en seco». ¡Qué verso tan bello! Uno ve una figura en el paisaje, ágil y simétrica como un cuervo, una figura que corre y corre hasta superar toda humedad.

Pero mi pasaje favorito es «ah, el cuco! / ¡Un cáliz de lienzo que encubre sin cabeza!». Resulta electrizante la manera en que los mundos de imágenes se vierten unos sobre otros. Un cáliz y un paño para encubrir, lo que nos hace pensar en Cristo, en el «esta es mi sangre» y en el sudario. Hace muchos años, en Carnavales, vi en Graz a alguien que se había disfrazado de Sábana Santa. Bajaba desde la Lendplatz en dirección a la Annenstraße, tal vez de camino hacia el desfile que todos los años atravesaba el centro de la ciudad. Jamás volví a ver algo tan pesadillesco caminando por mi calle.

El libro compilado por Josef Donnenberg, en el que se encuentra el ensayo de Ulrich Müller, se publicó en 1981, mucho antes de que surgiera esa enorme fuente de innovación que representa el traductor de Google. Supongo que esto no durará mucho tiempo más. Porque el *deep learning* y la inteligencia artificial traductora hacen progresos agigantados. Disfrutemos mientras podamos esos cortos veranos de radiantes traducciones al *nonsense*. En un impresionante acto profético, la señora Roider, en su creativa reconstrucción del fantástico pseudogalés de Artmann, se atiene incluso a la imagen textual que ofrece la traducción automática de Google: inusuales palabras compuestas, palabras sin traducir en medio de las líneas, palabras que destacan de forma enigmática (*Norphen*), ruptura espontánea de toda sintaxis hipotáctica en favor de frases cantábiles yuxtapuestas, como de jazz, de una polisemia serena y perfecta, un elemento oracular que tiene algo de insólitamente vivo, de bestia salvaje liberada. Veamos aquí, en comparación, uno de mis ejemplos favoritos: las traducciones automáticas que hace Tumblr de *El sueño del alto águila pescador*.

空空道人听如此说，思忖半晌，将这《石头记》再检阅一遍。因见上面大旨不过谈情，亦只是实录其事，绝无伤时诲淫之病，方从头至尾抄写回来，闻世传奇。

Kōngkōng dàoren tīng rúcǐ shuō, sīcǔn bànshǎng, jiāng zhè "shítou jì" zài jiǎnyuè yībiàn. Yīn jiàn shàngmiàn dà zhǐ bùguò tán qíng, yì zhǐshì shílù qí shì, jué wú shāng shí huì yín zhī bìng, fāng cóngtóu zhì wěi chāoxiě huílái, wén shì chuánqí.

So spricht der Leer Taoist zuhören, fragen, für eine lange Zeit, diese "Steine" und überprüfen Sie es noch einmal. Siehe oben Zweck, sondern weil die Liebe ist groß, aber auch Notieren Sie die Veranstaltung, wenn die Krankheit keine Verletzung obszön, Seite von Anfang bis Ende zu kopieren zurück, riechen Sie den Welt-Legende.

Ve arriba propósito,
sino porque el amor es grande,
pero anote también el acto,
cuando la enfermedad no es herida obscena,
copia página de principio a fin y al revés,
huela la leyenda del mundo.

Para este blog se han utilizado fragmentos de texto de una novela china de la era Han (siglo III), cuyo título es *El sueño de la cámara roja* (en el original: *Hongloumeng*). Y Google aconsejó y enmendó todo lo que pudo:

见着这块鲜莹明洁的石头，且又缩成扇坠一般，甚属可爱。那僧托于掌上，笑道："形体倒也是个灵物了，只是没有实在的好处。须得再镌上几个字，使人人见了便知你是件奇物，然后携你到那昌明隆盛之邦、诗礼簪缨之族、花柳繁华地、温柔富贵乡那里去走一遭。

Jiànzhe zhè kuài xiān yíng míng jié de shítou, qiě yòu suō chéng shànzhuì yībān, shén shǔ kě'ài. Nà sēng tuō yú zhǎngshàng, xiào dào:"Xíngtǐ dào yěshì gè líng wùle, zhǐshì méiyǒu shízài de hǎochù. Xū dé zài juān shàng jǐ gè zì, shǐ rén rén jiànle biàn zhī nǐ shì jiàn qí wù, ránhòu xié nǐ dào nà chāngmíng lóngshèng zhī bāng, shī lǐ zān yīng zhī zú, huāliǔ fánhuá de, wēnróu fùguì xiāng nàlǐ qù zǒu yī zāo.

Ying Ming Jie berühmten frischen Stück Stein, und da fallen im Allgemeinen und sogar Gattungen niedlich geschrumpft Ventilator. Das Mönchspflege in der Handfläche, lächelte und sagte: "sie in einer Form geistiger Dinge ist, aber es gibt keinen wirklichen Nutzen unterliegen erneut gravieren die Wörter sein, Menschen, die Sie auf einen Blick erfüllt ist eine einzigartige Sache, dann bringen Sie zu. das blühende Longsheng des Staates, der Familie Celestial Zanying die Geschlechts der Innenstadt, die sanfte reiche Gemeinde Gehen geboren wurden.

Completado con algunas palabras auxiliares, surgen estos misteriosos puntos de vista:

El cuidado de los monjes
en la palma de la mano
sonrió y dijo:
ella en una forma de cosas espirituales

Y también:

graciosamente encogido
el ventilador
el sexo
del centro de la ciudad

又不知过了几世几劫，因有个空空道人访道求仙，从这大荒山无稽崖青埂峰下经过。忽见一块大石，上面字迹分明，编述历历。

Yòu bùzhīguòle jǐ shì jǐ jié, yīn yǒu gè kōngkōng dàoren fǎng dào qiú xiān, cóng zhè dà huāngshān wújī yá qīng gěng fēng xià jīngguò. Hū jiàn yīkuài dàshí, shàngmiàn zìjī fēnmíng, biān shù lìlì.

Aber ich weiß nicht, ein paar Welt mehrere Raubüberfall, denn es ist leer Taoist Besuch Straße Unsterblichkeit, von großen kahlen Klippen der blauen kante Gipfel des lächerlichen Außenrist. Plötzlich ein Felsblock, vor dem Schreiben klar, übersetzt deutlich gesagt.

calle inmortalidad
de grandes acantilados pelados
de borde azul
cumbre del ridículo empeine
de repente un bloque de roca
antes de la escritura
clara
traducida
dicho claramente

Juro que esto podría aparecer en un poema de Paul Celan, y todo serían expresiones de asombro.

Veamos un último ejemplo:

庙旁住着一家乡宦，姓甄名费字士隐，嫡妻封氏，性情贤淑，深
明礼义。家中虽不甚富贵，然本地也推他为望族了。因这甄士隐禀性恬淡，
不以功名为念，每日只以观花种竹、酌酒吟诗为乐，倒是神仙一流人物。只
是一件不足：年过半百，膝下无儿，只有一女乳名英莲，年方三岁。

Miào páng zhùzhe yī jiāxiāng huàn, xìng zhēn míng fèi zì shì yǐn, dí qī fēng shì, xìngqíng xiánshū, shēn
míng lǐ yì. Jiāzhōng suī bù shèn fùguì, rán běndì yě tuī tā wèi wàngzúle. Yīn zhè zhēnshìyǐn bǐngxìng tiándàn, bù yǐ gōngmíng wèi niàn, měi rì zhǐ yǐ guān huā zhǒng zhú, zhuó jiǔ yín shī wéi lè, dǎoshì shénxiān yīliú rénwù. Zhǐshì yī jiàn bùzú: Nián guòbàn bǎi, xīxià wú er, zhǐyǒu yī nǚ rǔmíng yīng lián, nián fāng sān suì.

Neben dem Tempel lebte ein Xianghuan, mit dem Beinamen Chen Shi Yin
Wortnamen Gebühr, Entropie Frau Travelog, naturliebende, tiefe
Ming Anstand. Wenn auch nicht sehr reichen Familie, und dann schob er
auch lokale Bürgermeister. Chen Shi Yin ruhigen Disposition aus diesem
Grund, nicht zu Ruhm im Kopf, nur einen Tag, um Blumen Bambusarten,
Zhuojiu Gedichte vertont, unsterbliche Zeichenklasse berührt. Nur ein Mangel
an: 50 Jahre alt, kinderlose Kinder, nur eine Frau Spitznamen Ying Lian, die
jährliche Partei drei Jahre alt.

Entropía señora Travelog
amante de la naturaleza, profunda
decencia Ming

«Entropía señora Travelog» bien podría ser el título de una novela. *The Entropy Woman's Travelogue*, de David Mitchell, verano de 2024, Random House. *El relato de viaje de la señora Entropía*. O *El diario de viajes de Mrs. Velvet, la mujer entrópica*. Una historia que se narra por sí sola. Un día escribiré yo mismo esa novela.

Otras perlas del proyecto poético:

En el último año miedo estúpido, temerosos dolores de no ser querido, personas viejas, había que atacar la prohibición del dinero de enfermedad, realmente poco a poco desvelada la escena hacia el mundo siguiente.

El piso está por mes embarazado.

Por entonces fue el vecindario y todo el tubo de la flauta.

Tengo miedo al engaño crimen reproductor.

Porque nació en los último días, progenitores padres hecha la base, retroceso poblacional entierro.

El monje dijo: «Inmuebles, inmuebles a mí a mí».

Cuando una mirada más precisa, vi el sol quemante, banana lenta, el sueño de las cosas que ellos olvidan la mitad.

Secreto pero nueve de fitness.

Fruta es divertida nunca haberla conocido.

Nada de preocupaciones, ahora existentes para algunos románticos detectives aunque el fin de la corriente de aire seco enemigo.

Tenor y apartamento fueron determinados para recordar la lectura.

No creo exagerar si contemplo estos magníficos engendros de frases con sus muchos eslabones —frases que ningún ser humano hubiese podido concebir jamás, no importa bajo qué tipo de instrucción o de inspiración estuviese— como emparentadas con el noble espíritu poético de H. C. Artmann. Más que emparentadas incluso: esas frases responden exactamente a su tipo de magia, precisamente porque no tenían esa intención. En cierto sentido, esas frases son *suyas*. Sin él no sabríamos en qué tradición no intencionada se encuentran.

Si una vez hubo en el mundo un determinado espíritu, su rastro vuelve a encontrarse en Artmann, en una escritura continuada de forma fantasmal a lo largo de los tiempos, que llega desde direcciones inesperadas, una producción interrumpida *para siempre* con la muerte del poeta. Nadie puede decir si el fenómeno de los ecos dentro de una lengua tienen lugar solo por azar, por coyunturas del destino o por una ley más oscura de un alcance tal vez mayor. Lo único que parece elevarse por encima de toda duda es que ninguno de nosotros está en condiciones de indicar con toda certeza cuánto tiempo y bajo qué condiciones algo está muerto y se convierte en irrecuperable.

Nadie:

Celan: «Tarde. Un fetiche esponjoso se manduca los pinochos del árbol de Navidad».[32]

Derrida: «La di-rección, la dierección de esa pareja, de esos viejos locos, de esos pilluelos a caballo, somos nosotros, de todas maneras, a priori, *(llegan encima de nosotros), estamos acostados de espalda en el vientre de la yegua como dentro de una enorme biblioteca, y cabalgando, cabalgando».*[33]

Artmann: «Chaval, dale al tío ese melón con las fábulas».

Apunte posterior

Diario, 13 de enero de 2019:

Hoy he depositado en la tumba de H. C. Artmann, en el Cementerio Central, un escaramujo colocado en la cabeza roja de un cohete de plástico para fuegos artificiales, el cual, a cada movimiento, se mueve graciosamente en círculos. La tumba se encuentra en una sección apartada y cubierta de nieve, en el camposanto del crematorio. En torno a esas instalaciones se extiende una impresionante tierra de nadie, un vago territorio que oscila en un ámbito situado entre una taberna y Tarkowski. De pronto resplandece un caballo en una dehesa, un animal agradable y aterciopelado, como salido de los cuadros de un pintor biedermeier bautizado a partir de esos caballos, que son su tema favorito: «Kapsberger, el de los caballos» o «Lohmüller, el de los caballos». O, como habría dicho Artmann: «Un policía tropezó con una perpendicular». Eso. Incluso en invierno murmura aquí la hierba de largo penacho de la periferia en las superficies de césped dejadas a merced de sí mismas. Luego un bosquecillo diminuto, con forma de cuña, delgado, al

32. De *Soles filamentos* (traducción de José Luis Reina Palazón), Madrid, Trotta, 2002, pág. 290.

33. De *La tarjeta postal...*, *op. cit.*, pág. 14.

punto de que uno puede atravesarlo con la mirada desde cualquier ángulo, como si fuéramos Dios. El cementerio donde se depositan las urnas está rodeado de muros enclavados de manera algo singular, con torres cada par de metros. Ni siquiera yo, que me da absolutamente igual, quisiera ser enterrado aquí. Negras bayas congeladas en racimos mojados. Las cornejas de la Oficina de Orden Público hacen su trabajo entre un reguero de hojas, hurgando en busca de secretos o haciendo las veces de agentes de tráfico en los cruces de caminos. Hay un viento húmedo, pero solo al otro lado de los muros. Son astillas de cristal. Son restos de petardos en charcos helados. Ojalá que para usted, estimado maestro, el cohete de escaramujo resuene benévolamente durante la noche.

MI VERANO EN VOLAPUK

La turmalina es oscura, y lo que
en ella se cuenta es muy oscuro también.

ADALBERT STIFTER

I
Diario

4.5.2015

Esta mañana, un descubrimiento muy extraño en el Cementerio Central de Graz. Llevaba conmigo, para estudiarlo, el libro de Johann Martin Schleyer sobre el volapuk, pero no conseguí leerlo, ya que en la pared de un granero colindante con un área de tumbas más recientes cuelgan unas cartas parcialmente reblandecidas por la lluvia y ajadas por la intemperie. Son cartas cuyos destinatarios son personas con el apellido Roth. Hice unas fotos. Se trata única y exclusivamente de cartas publicitarias de organizaciones benéficas. Una de ellas, fechada el 18 de marzo de 2015, va dirigida al señor Alfred Roth, que, como revela el encabezamiento, reside en el número 4/6 de la calle Hermann Löns. La carta es de la fundación Licht für die Welt ['Luz para el mundo']. También hay otra de Rote Nasen ['Narices rojas'][34] dirigida a un tal señor Siegfried Roth, vecino del

34. Licht für die Welt (también Light for the World) es una organización no gubernamental europea de asistencia a personas ciegas, débiles visuales o con otras discapacidades en países en desarrollo. Rote Nasen Clowndoctors

número 27/1 de la Mauergasse (lleva fecha del 23.2.2015). Las misivas han sido fijadas a la pared de madera con el propósito de que las arranquen. Todas miran, por así decir, hacia las tumbas. El visitante está obligado a pasarles por delante. Con el tiempo, el viento y la lluvia las dejarán ilegibles.

Tuve tiempo para hacer un breve vídeo del curioso asunto. Alfred y Siegfried Roth viven no muy lejos del cementerio, en las calles aledañas. De Alfred Roth existe la correspondiente entrada en la guía telefónica. ¿Se tratará de difuntos que yacen en alguna parte y a los que alguien —a saber por qué motivo— ha querido traer esas cartas publicitarias que ya no podrán leer? Busqué durante un rato entre las tumbas más próximas, pero no encontré ninguna con el apellido Roth. Lo más aproximado fue una tumba algo más antigua con el nombre de Cohn. Las aves alborotaban en los árboles, y yo me sumí en un estado algo melancólico, alicaído. Además, durante un tiempo apenas vi nada.

Aparecen los asistentes a algún entierro y se reúnen en torno a la tumba. Uno de ellos, avanzando con expresión compungida como los otros, sigue a un pequeño trineo como tirado de un hilo.

A mediodía, cuando suenan las campanas en nuestro barrio, un niño sale a menudo al balcón del edificio de enfrente y se detiene allí, con las manos en la barandilla, en la proa de su barco.

Menade bal püki bal. El eslogan del volapuk: «Para una humanidad, un idioma».

---

es una asociación austriaca cuyo fin es llevar esperanza y algo de alegría de vivir a personas hospitalizadas por enfermedades graves, a través de payasos formados expresamente para ello. (*N. del T.*)

7.5.
Una antigua fotografía de Johann Martin Schleyer tocando el arpa. Su barba es tan larga que —sobre todo ahora, en el recuerdo— tal parece que sacara de ella los arpegios más complicados. Los avances en el aprendizaje del volapuk son más bien pobres. A decir verdad, no se mueven. Las palabras básicas se parecen todas, son siempre unidades de tres letras, una combinación de consonante-vocal-consonante, *mel böd cil mit bom bel kop mun*,[35] exactamente igual que los personajes en la obra tardía de Beckett (por ejemplo en *Cómo es*). Todo el día con manchas en el campo visual y molestias generales, mareos al girarme y falta de aire, una mierda. Noches sin dormir.

Por cierto, el primer idioma universal con éxito de la historia fue concebido por Schleyer a causa de un suceso nocturno en el año 1879. Se apoderó de él la inspiración divina (el «genio», como él escribe) y, bum, todo apareció de repente. *Kid jön kap bim blod buk*.[36] Pero, por difícil que me resulte aprenderlas, adoro esas palabras informes. *Lol* es la palabra para 'rosa'.

14.5.
Los días de la semana en volapuk son una pasada:

mudel
tudel
vedel
dödel
fridel
zädel
sudel

35. 'Mar, ave, niño, carne, hueso, montaña, cuerpo, luna'.
36. 'Beso, belleza, cabeza, árbol, hermano, libro'.

Hoy es *ködel.*

Charla con un amigo sobre el maltrato animal. Me ha dicho: «Lo notas cuando los perros se te quedan mirando en momentos en que, en realidad, deberían ponerse a ladrar». Menciona, además, un pájaro al que mantuvieron tanto tiempo encerrado en una jaula que «su trino descendió una octava».

En la fiesta, vi unos cochecitos de juguete en el fregadero. Cada vez que alguien abría el grifo, se mojaban y cambiaban levemente su posición. *Flen* fue mi extraño pensamiento al verlos. *Flen, flens.* En volapuk significa 'amigo, amigos'.

21.5.

Le he dado cinco euros a un hombre con un perro que estaba mendigando cerca del aparcamiento del supermercado, junto al puente Kepler. Me ha contado su espantosa historia. Hablaba muy rápido, se disculpaba a cada rato y se levantaba el jersey de rayas para mostrarme la salida artificial de su intestino: una bolsa blanca en la que podía leerse la palabra *lol.* A causa quizá de la sorpresa, debí haber soltado un resoplido, ya que el hombre se apresuró a ocultarla y dijo: «Sí, todos se ríen». Me avergoncé. «¡Tanto fastidio, a pesar de que el cáncer debía haber desaparecido hace tiempo!», dijo, alterado. Le habían asegurado, «se lo habían dicho a la cara», que el cáncer desaparecería con la quimioterapia y las radiaciones. Llevaba consigo incluso los informes médicos, en uno se veían las imágenes de una colonoscopia del tamaño de unos sellos de correo. Ahí, esos bultos cancerígenos, eso era lo que los médicos debían haber extirpado. Y ahora tendría que entrar de nuevo en el hospital. Una porquería. Ni siquiera tenía dinero para el alquiler. Antes, cuando aún tenía pasta, hacía donativos a la ayuda contra el cáncer. «Pero eso tú mismo no lo notas, solo lo notan los demás». Me contó que al principio solo se sentaba allí, pero todos «pasaban de largo, sin piedad». Como no podía enseñarle la tripa a todo el mundo, con las heridas abiertas y la salida artificial, mucho menos en invierno, se acostumbró a llevar consigo los informes médicos en un folio transparente, pero la gente tampoco se paraba a escucharlo. Por eso tenía la perra, a la que se le estaba cayendo el pelo. «Mire, ahí se ve». El hombre se sacudió la mano y, solo entonces, pude ver la luz del sol reflejada en los pelos de perro suspendidos en el aire. Se me hizo un nudo en la garganta. «A mí me cosieron ahí atrás, me cosieron el culo, ya no tengo hueco, no podía ni sentarme, porque salía una baba amarillenta, nada más. En nada tendré que ir de nuevo al hospital para que me ingresen. Todo se me moja». Estuvimos hablando otro rato sobre lo injusto que era todo. Una vida entera donando a la ayuda contra el cáncer y ahora aquello. Mientras hablaba, el hombre movía las piernas y pude ver lo increíblemente delgadas que las tenía. Lo que en un principio tomé por unas orejas muy grandes, era el efecto de su extrema delgadez. Al final me enseñó un punto negro en una pierna que, según él, no olía demasiado bien. El médico tendría que mirárselo, claro, pero ese solo tenía un par de minutos para él, nunca le daba tiempo a comentarle todas sus dolencias. Claro, eran muchos los pacientes, pero así y todo. «Sí, así y todo», dije. «Mira esto», me dijo, señalando de nuevo los informes y resultados médicos. «¿Qué va a pasar ahora conmigo?». Yo sabía la respuesta; él, quizá, también, pero hasta ahora nadie se la había dicho en voz alta. Tal vez por eso estaba allí sentado, esperando quizá a la persona desconocida que le dijera la verdad. Yo, sin embargo, no pude. Dije algo sobre... No, tampoco recuerdo qué le dije. Solo sé que me despedí de él con un estúpido gesto: me llevé la mano al corazón. Un gesto que él imitó riendo. «Estoy tan cansado», dijo. «Tan, pero tan cansado...». Pocos minutos después, cuando compré el almuerzo en el puesto del mercado, se me saltaron las lágrimas. El vendedor se dio cuenta y me regaló un pequeño trozo de tarta, pero no preguntó qué me pasaba. Un buen hombre. Y yo conseguí dejar de llorar de inmediato, porque me di cuenta de que era solo una reacción defensiva de mi sistema nervioso, como si dijera: «Luego te sentirás mejor». Pero ¿para qué sentirse mejor?

Más tarde pude comprobar la frialdad con que era capaz de calmarme en unas pocas horas. Porque mientras me repetía en la mente el estribillo de aquel hombre («Tan, pero tan cansado»), consulté en el diccionario de volapuk cómo se decía *cansado*. Había pensado que podría ser *müdik*, del alemán *müde*. Muchas palabras del volapuk tienen inequívocas raíces alemanas. Todos sus adjetivos acaban en *-ik*. Por ejemplo, *bueno*, es *gudik*. Pero *cansado* se dice *fenik* y viene de *fen*: cansancio. De repente me entró un violento ataque de hipo y volví a sentirme muy afectado por aquel hombre «tan, pero tan cansado» y por aquel cuerpo hecho polvo que se sentaba al borde del aparcamiento del supermercado. Pocos minutos después, ya estaba pensando de nuevo en términos sumamente abstractos, recordando mi predilección por los adjetivos terminados en *-esco*, que suelo incluso inventarme a cada momento: lincesco, auresco, rubio-leonesco, sarampionesco.[37]

37. El sufijo *-ig* es típico de la lengua alemana para la formación de adjetivos. La flexibilidad de su uso se corresponde en cierto modo con el sufijo *-esco* del castellano. Por eso hemos preferido inventarnos directamente en nuestro idioma los adjetivos mencionados por el autor, en lugar de presentar original y traducción. (*N. del T.*)

22. 5.
«Llevar consigo los atributos terminados en *-ig*, sobre todo cuando estos, lo cual es fácil, se forman en el flujo de la narración y le prestan un servicio como analogías subliminales, semejantes a un virus que se cuela en las frases, jugoso, pero germen del engaño, original, pero por eso mismo espinoso, estructuras singulares, como fruta demasiado madura».

(Oswald Wiener, *Die Verbesserung von Mitteleuropa*, 'La mejoría de Europa central', novela).

24. 5.
Mira tú por dónde: *müdik* existe, es una palabra del volapuk y significa 'tierno'. Aprender lenguas artificiales muertas me desvela cavidades interiores que yo apenas conocía.

Al atardecer, desplome total.

Mood:

25. 5.
Han publicado la lista de libros de Osama bin Laden. Por lo visto, antes de que los americanos encontraran su paradero y lo mataran, leía libros sobre teorías de la conspiración en torno al 11-S y sobre los Illuminati. También manuales de prevención del suicidio. Libros sobre Francia. Instrucciones de Adobe Photoshop.

El himno del volapuk, escrito por el intelectual Franz Zorell, empieza así: «¡La paz, cuidar el sentido de la fraternidad / y la concordia, ¡sé nuestro estandarte!» LOL. Ahora se me ha quedado eso como un insolente lema pegadizo. Sostuve una manzana y pensé: «Sé mi estandarte».

Nueve años después de haberse inventado el volapuk, el idioma se había convertido en un fenómeno internacional, con doscientas ochenta y tres asociaciones y veinticinco revistas. En 1888 había más de mil maestros diplomados que hablaban la lengua con fluidez. Su inventor, en cambio, nunca la habló con soltura.[38]

Mientras subía por la calle Kepler, vi un estudio de artista que nunca antes me había llamado la atención. Por lo visto, sus dueños lo habían abandonado hacía tiempo. Aún había pinturas y cuadros colgados, podían verse sus contornos en la oscuridad. A través de los cristales, ciegos de mugre, no era posible ver mucho. Reconocí una vieja fotocopiadora y algunas cajas. Todo cubierto de polvo. Pocos metros más adelante me asaltó la extraña sensación de tener el día libre en el cole. O como si saliera un viernes de la oficina y tuviera todo el fin de semana por delante. La ciudad entera a mis pies, como una consola de juego lista para ser usada. Puedo entrar a cualquier tienda, ir a cualquier calle. El parque está seductoramente iluminado. Que esa sensación existencial se quedara recogida en ese parque es el gran mérito poético del juego GTA 5. Un juego que uno puede recorrer a solas, sin tener que jugarlo, es decir, sin seguir el *story mode*. Hace mucho tiempo que no sigo el *story mode*. A raíz de este pensamiento, me vinieron a la mente profundos y buenos recuerdos del *Libro del desasosiego*, de Pessoa. Es cierto: GTA 5 respira el espíritu de ese libro como tal vez ninguna otra obra de arte. ¡Oh, ciudad al atardecer, sé mi estandarte!

38. Hans-Dieter Kuhn: *Die Plansprachen Volapük und Esperanto in Konstanz* ['Las lenguas artificiales volapuk y esperanto en Constanza'].

Escrito por un autor desconocido:

Volapük
und
seine Verbreitung in der Welt.

Zur Erinnerung
an den
zehnjährigen Bestand des Volapük.

Herausgegeben vom
Volapükistenvereine in Wien.

WIEN 1889.
Im Selbstverlage des Vereines.

Druck von Rollinger & Moessmer in Wien.

Diez años han transcurrido desde que un erudito, el párroco J. M. Schleyer, entregara al mundo la gramática de una lengua por él inventada. Su invento debía convertirse en un medio de entendimiento para todas las naciones. ¡Aquello fue una idea grandiosa que llenó al mundo de regocijo! ¡Qué alivio significaría para el intercambio internacional la posesión de una lengua común! Pero como todo nuevo invento, este también ha tenido y tiene que vencer variadas y violentas enemistades. En un principio le llovieron de todas partes solo burla y sarcasmo. Pero cuando el volapuk (que es como denominó S c h l e ye r su invento: *vol* = mundo, *pük* = lengua), a pesar de todo, comenzó a echar raíces, la lucha empezó a tornarse seria. Al principio se creyó que pretendía desplazar a las lenguas nacionales. Sin embargo, la idea es completamente ajena a su inventor. El volapuk solo pretende convertirse en un medio de entendimiento internacional, ante todo para la comunicación escrita y luego para la comunicación oral imprescindible. El volapuk posee todas las cualidades para ello. Su principal ventaja es que es muy fácil de aprender, mucho más que cualquiera de las otras lenguas vivas. Esa cualidad es la causa de que este idioma, a pesar de sus detractores, se haya difundido por todo el planeta y tenga adeptos en todos los países.

Y aunque el volapuk aún revela ciertas carencias, la prueba de su utilidad se ha conseguido.

Uno de esos intentos por probarla lo ha emprendido en Hamburgo el doctor B ö ge r. La revista berlinesa *Echo*, un semanario sobre política, literatura, arte y ciencia, contenía en uno de sus números un reto a los volapukistas para que intentaran resolver dos tareas planteadas por *Echo*: uno de los hablantes de la lengua han de traducir al volapuk los textos propuestos y esas traducciones se enviarán luego a volapukistas extranjeros para que hagan traducciones a su lengua materna. Esas traducciones a distintas lenguas nacionales serán comparadas luego por expertos lingüistas y, a partir de los resultados de ese estudio, se verá si el volapuk sirve o no realmente para la comunicación internacional.

El doctor B ö ge r ha traducido los textos del reto y, además, algunas sentencias de Schopenhauer; las ha enviado luego a volapukistas de los siguientes países: Bosnia, Bulgaria, Dinamarca, Inglaterra, Finlandia, Francia, Italia, el Cáucaso, Países Bajos, Noruega, Rumanía, Rusia, Suecia, España y Hungría.

Esas personas tradujeron los textos del volapuk a sus respectivas lenguas nacionales y las enviaron de vuelta al doctor B ö g e r . Las traducciones han sido examinadas y el resultado es que el volapuk ha conseguido transmitir exactamente el sentido del texto original en alemán. El doctor B ö ge r ha publicado ahora esas traducciones, junto con los textos originales, en un librito, con lo cual cualquier persona es libre de convencerse por sí misma de la veracidad de lo afirmado. El libro ha sido publicado con el título de *Una prueba de la eficacia del volapuk.*

Yo mismo he hecho la prueba: con la ayuda de un *software* de traducción, he traducido poemas en alemán primero al ruso y luego de vuelta al alemán. A veces también al portugués, del portugués al serbio y a otro par de idiomas más, y luego he hecho lo mismo al revés. Al final uno puede ver lo que se ha preservado.

> Sobre todas las puntas
> cuando hay calma,
> en todas las puntas
> ¿Cuándo usted se sintió
> violencia una respiración?
> Los pajaritos están callados en la madera.
> Solo una estación meteorológica, pronto
> cuando usted también en calma.[39]

Lo de «estación meteorológica» puede arrancarnos una risita. Realmente ilesa, sin ningún tipo de traducción, ha permanecido una palabra, *balde* ['pronto'], que tal vez no aparezca en ningún diccionario *online.*

39. Se trata del famoso poema de Goethe «Canción nocturna del caminante» (*Wandrers Nachtlied*). Hemos creído oportuno hacer el mismo experimento que ha hecho el autor, recurriendo al traductor de Google para traducir el poema original en alemán primero al checo, del checo al inglés y del inglés al español. Este es el resultado: *Por encima de todos los picos / es descanso. / En todas las copas de los árboles. / Lo sientes. / Apenas tocar: / Los pajaritos están en silencio en el bosque. / Espera, pronto. / ¿Estás descansando también? (N. del T.)*

Veamos otro ejemplo:

Con el amarillo bastón de peral
y lleno de rosas silvestres
la tierra está en el lago,
sus venerables cisnes,
alcohólicos de besos
cuando hunden la cabeza
en agua bendita de un estómago vacío.
Me siento mal, dónde tomo, sí
es el invierno, las flores, y dónde
la luz del sol,
¿y es la sombra de la tierra?
Paredes para ser,
prohibidas y frías, en el viento
cuando hay ruido de banderas.[40]

Como ocurría con la estación meteorológica, resultan sorprendentes estas paráfrasis formales de la expresión «en un estómago vacío», cuya palabra original es *nüchtern* ['sobrio'/'en ayunas'], o el modo en que el «agua sagrada y sobria» se convirtió en «agua bendita». ¿Emigró la palabra *sagrada* hacia adelante, de algún modo, saltándose la palabra vecina y fundiéndose con el *agua* a su lado? No es posible saberlo.

40. En este caso se trata del poema «Mitad de la vida» (*Hälfte des Lebens*), de Friedrich Hölderlin. Hemos seguido un método similar: del original en alemán al polaco, del polaco al italiano, de esta última lengua de vuelta al alemán y luego al español. Este es el resultado: *Colgando con peras amarillas / y lleno de rosas silvestres / tierra para el lago, / queridos cisnes, / y borracho de besos / baja la cabeza / con agua sobria. / Ay de mí, ¿dónde debo llevarlo cuando / es invierno, flores y donde / el sol está brillando, / ¿Y las sombras de la tierra? / Las paredes están levantadas / sin palabras y frío, en el viento / el tintineo de las banderas. (N. del T.)*

2.6.

Bueno. Me he abierto una cuenta de Tinder con un oso de agua como imagen del perfil. En latín, oso de agua es *tardigradus*, y en volapuk, probablemente, *vataber*. Se trata de seres vivos diminutos que resisten condiciones muy extremas. Parecen bolsas de aspiradora, al menos es el aspecto del que he puesto en mi perfil. Supongo que en realidad son transparentes o algo parecido. Pueden existir en el vacío y, cuando hay escasez de agua, sencillamente, se secan y esperan hasta que vuelva el agua y los reviva. Han aparecido algunos *matches*: una mujer llamada Karin y otra de nombre Vivien. Les agradezco la generosidad de dar clic a mi oso de agua, pero ninguna me responde. Les escribo versos de poemas.

Hoy, algo extraño: una constante necesidad de agazaparme. La han desatado unos vastos campos de cereal por los que camino.

Perfecta es también la palabra en volapuk para *alemán*: *deutel*. La usaré siempre para mis adentros cuando viaje a Alemania: «Qué pasa, *deutel*? No andes *deuteleando* conmigo».

Mejor que *pene* me parece también la palabra que lo define en volapuk: *koitöm*. «¿Me alcanzas el *koitöm*? No llego». Y la palabra para *alto/culto* es, muy apropiadamente, *geilik*, es decir, que *alemán culto* o *alemán normativo* vendría a ser geilikdeutänapük.[41]

Existe un prefijo específico para un animal castrado: *om*. Por ejemplo: *Jeval* = *caballo*; *omjeval* = *caballo capón*. Otro prefijo

41. Juegos asociativos intraducibles. *Deut-* es la raíz alemana del verbo *deuten* ['interpretar'], pero *Deutel* suena también a *Beutel* ['bolsa', 'talego', 'monedero']. Por su parte, *geil* es el adjetivo para *caliente*, *cachondo*, pero también una exclamación admirativa en expresiones como *guay*, *cojonudo*, etcétera. (*N. del T.*)

cambia el aspecto del verbo y lo convierte en «... hasta la muerte/ hasta morir».

Así programamos nuestra psicología en nuestros idiomas planificados. Lo notable, desde el punto de vista de Jung: un sacerdote católico alemán inventó el volapuk y la palabra que define *cristiano* en esa lengua es *kritik.*

Un amigo que antes fue mucho tiempo ambulanciero me habló hoy de un accidente: una mujer se había caído de la bicicleta y se había abierto la tapa de los sesos. Cuando llegaron los sanitarios estaba apoyada contra una pared en medio de un charco de sangre. Al inclinarse sobre ella, la mujer pegó un salto de susto y les dijo: «¡Oh, Dios mío! ¿Qué os ha pasado? ¿Os habéis herido? ¿Duele? ¡Deberíais ir cuanto antes a un hospital!». Debido a su daño cerebral, veía deformes los rostros de los ambulancieros. «Roles cambiados», dijo mi amigo, riendo. La mujer murió poco después.

3.6.

Otra mujer, E., me contacta a través de Tinder. En un primer momento pensé que era un *bot*, ya que lo primero que dijo «*I am in love*». Pero resulta que era real y de Estonia. Estuvimos un tiempo escribiéndonos, y hasta llegó a componerme un haiku cuyo tercer verso era *grib grub grab.*

Luego charlé con ella en el chat de Facebook. Me dijo que era capaz de matar almas. Insistió en que quedáramos. ¡Al día siguiente, de inmediato! «*You should start to adore me! I make the rules!*» ['¡Deberías empezar a adorarme! ¡Yo pongo las reglas!']. Bloqueé a la mujer y empezaron a llegarme amenazas de muerte. Ella dijo que podría googlear fácilmente mi dirección, que me estaría acechando. «*If someone runs from me, I harm them!*» ['Si alguien huye de mí, le hago daño']. Me amenazó con hacerme sangrar, me dijo que debía morir por los daños que el mundo le había causado. Me explicó que había vivido varios años en Brasil, donde cada día contaba con morir. Aquello había sido grandioso, dijo. Solo ella y dos *nomad russians*, una vida perfecta. Entonces había conocido a un hombre en Austria que se había ofrecido a matarla, «*he was a psycho, I loved him, he was a sweetie*» ['era un psicópata, yo lo adoraba, era un amor']. Y cosas por el estilo. Me mandó fotos de ella en las que se veían las cicatrices de unos cortes en los antebrazos. Se hacía fotos sin cesar. Además, escribía poemas, en inglés, todo muy *goth* y confuso. Luego, de nuevo, amenazas, asesinatos, crímenes y hadas. Su último mensaje fue: «*I am on my way. You gona bled*». ['Voy de camino. Vas a sangrar'].

Para que no se enteraran J. ni mi madre, que estaban las dos en casa, me quedé agazapado en el cuarto de baño, mirando fijamente aquella amenaza. Como un idiota contemplé la palabra *bled* y pensé: así se dice *hoja* en volapuk.

Desde ayer tengo pérdidas del campo visual, un centelleo en todo lo que veo. Estoy muerto de cansancio.

Desde que bloqueé a E. no llegó nada más. Poco después borró su perfil de Facebook.

Esa misma tarde, a última hora, cuando llegué a casa después de montar en bicicleta, vi a una mujer parada delante de mi puerta con un aspecto muy parecido al de E. Estuvo un rato allí y se marchó luego en dirección a la ciudad. ¿Y yo? La seguí. Fuera ya sonaban las campanadas del anochecer.

La alcancé a la altura del puente y la abordé. Estaba dispuesto a llamar a la policía. En mi mente se dibujaron escenarios en los que los agentes del orden perdían la paciencia con una mujer del este de Europa que no hablaba alemán, mientras yo tenía el cazo por el mango, no la sartén. Hurra, estupendo. Pero la mujer hablaba alemán, y yo tuve que disculparme cientos de veces por haberla molestado. Ella me miró con la expresión adecuada: como a una persona totalmente enferma, alguien en situación crítica. Recordé una frase de Scott Carrier: «*I should have been shot like a rabid dog*» ['Debieron matarme de un tiro como a un perro rabioso'].

Qué diablos estoy haciendo.

Perro en volapuk es *hund*.

Por la noche, contrito, me sumerjo con disciplina en el estudio del viejo idioma internacional. Según Ernst Beermann, profesor de instituto en 1890: «Como los hombres de Cadmo, nacidos de unos dientes de dragón y surgidos de las fértiles tierras de Beocia, así crecen hoy con sorprendente rapidez, del suelo de un tráfico mundial abonado por los vapores y la electricidad, los idiomas internacionales. Desde que Johann Martin Schleyer —exsacerdote católico en Litzelstetten, a orillas del lago de Constanza, hoy el único cifal, jefe supremo de esa lengua internacional— sorprendió al perplejo mundo circundante en el año 1879 con su invención del volapuk, surge cada año un nuevo idiomita mundial». Un cifal. Exacto. El volapuk es una lengua con un pontífice. El cargo ha ido pasando de mano en mano tras la muerte del viejo cifal.

La mirada de la joven mujer a la que perseguí esta tarde. Dios mío.

El actual cifal del volapuk se llama Hermann Philipps. Me he incorporado al grupo de aprendizaje asesorado por él en Facebook. Noche de insomnio, desorden autoinmune. Todo el cuerpo inflamado.

5.6.

Es el día siguiente. ¿Y yo? He hecho pesquisas sobre E. y he encontrado muchos vídeos y tuits, entre otras cosas. ¿Por qué las obsesiones han de fluir siempre en una misma dirección? Acoso y amenazas de muerte. Todo me dice que debo tranquilizarme y dejar eso. Pero no: voy a averiguar cómo se llama, dónde vive, quién es. Ya he averiguado su nombre verdadero. Hay mucha humillación acumulada en mí. Y los enfermos disponen de tiempo.

Hoy, paradójicamente, me sentí blindado y reforzado por las amenazas y el peligro. «Acabaré con esa gente», me decía todo el tiempo. Me sentía armado por dentro, dispuesto a la lucha. «No tenéis ni idea del infierno que habita en mí», dije para mis adentros, interpelando a alguien. Estaba en el balcón durante la tormenta veraniega, llevaba una sudadera ligera. Me empapé a lo grande. La postura de mi cuerpo era la de un soldado fumando.

He vuelto a ver la película *Beau Travail*, con Denis Lavant en el papel protagonista. Una impresión enorme. Sobre todo la última escena, cuando Lavant baila de un modo tan vacilante y extático. Toda una película sobre soldados en la Legión Extranjera (inspirada en el Billy Budd de Melville), y luego, al final, aquello: el baile desesperado con la música de *The Rhythm of the Night*, de Corona. Una gran obra maestra. Todos los estadios de la vida masculina en la tierra resumidos en una única coreografía. Al final, la implosión, un cuerpo que da vueltas, irredento como las almas atrapadas en el purgatorio.

¿Y yo? Aún lo tengo todo por delante. Un oso de agua en Tinder. Jesús.

2
Ek, water. Ek, writer

Lo que *a posteriori* me llama la atención de esa última época de mi vida es la singular mezcla de crisis profunda, resentimiento, agresividad e invención de lenguas. Un periodo de embriaguez, sumido en el estudio del volapuk, una antigua lengua mundial que ya nadie conoce, y un tiempo de embestida irreflexiva contra enemigos aparentes y fantasmas. ¿De dónde salió eso?

Hasta bien entrado julio estuve acosando con regularidad, a través de internet, a la mujer que me había amenazado de muerte diciéndome que sabía mi dirección. El 20 de junio tuvo lugar un ataque homicida en Graz, durante el cual un coche penetró a gran velocidad en una zona peatonal y mató a varias personas. Encuentro en mi diario apuntes como este:

21.6.
La ciudad está llena de velas grandes y pequeñas. La gente se agrupa como setos en torno a los lugares erigidos para recordar a las víctimas. La pintura de espray de color verde dejada por la policía. En la escuela junto a la que vivo cuelga una bandera negra. La mayoría de las velas están delante del Ayuntamiento, algunas han sido colocadas directamente frente a un gran cartel publicitario que muestra un coche de Fórmula 1. Extravagante. Por todas partes hay familias paseando y niños tomando helado. Es domingo. A la mañana siguiente informan que un experto ha declarado al terrorista no apto para prestar declaración. El hombre había querido obligar a su mujer, por motivos religiosos, a llevar un pañuelo en la cabeza y enloqueció cuando ella se negó.

lö – la sensación neutral bajo las uñas de los dedos
ga – la respiración

gha – jadeo
lhö – una sensación punzante y húmeda bajo las uñas

Ya lo había olvidado, pero por esas fechas empecé a trazar los bocetos de una lengua propia. No lo sé. La construí siguiendo el modelo del volapuk y de otro idioma llamado ithkuil, que, en lo que atañe a complejidad, se comporta en relación con los demás idiomas artificiales como la nave espacial Enterprise con un paraguas.

El ithkuil lo desarrolló a finales de los setenta, en una ardua labor de filigrana, un hombre cuyo nombre es exactamente la fusión de las dos versiones de aquella figura inmortal que sirvió de modelo a su proyecto, un personaje cuyo nombre civil es Alonso Quijano y al que, en su identidad caballeresca, llaman Don Quijote: John Quijada. El señor Quijada creó una lengua indescriptible con una característica muy especial: la brevedad.

La siguiente frase en *ithkuil*

Tram-mļöi hhâsmařpţuktôx

puede reproducirse en español del siguiente modo: «Al contrario, pienso que todo podría acabar en que esta agreste cordillera acabe a partir de cierto momento». A través de una instrumentación exacerbada de las categorías de pensamiento y objetuales, una persona versada en el ithkuil puede expresar hechos altamente complejos gracias a una breve secuencia de sílabas. El propio Quijada pone lo siguiente como ejemplo: «Ninguna lengua tiene, hasta donde sé, una única palabra para el instante en que una persona cavilosa que se rasca el mentón y hace muecas descubre un nuevo concepto descrito, un concepto nunca antes oído, pero en el que uno reconoce insospechadas posibilidades. En ithkuil se dice simplemente: *aštal*».

También me gustaba del volapuk el extraordinario carácter compacto de algunas frases. Por ejemplo: «El conocimiento de uno mismo ha sido siempre la mejor de las virtudes», se dice, sencillamente: *Itis evam eibinom gudikün tugas valik.*

Casi la mitad. *Pulobob* quiere decir 'habré sido alabado'. Y así sucesivamente.

¿Podría haber una lengua en la que conceptos tradicionalmente difíciles e incómodos de describir, pero que cualquiera conoce por el día a día, sean representados por un término breve? Es preciso entender que en este caso no se trata de inventar sin más una palabra para, digamos, la tendencia de ciertas personas a, con la interesada expresión de un oyente de partes meteorológicos diarios, olerse un dedo que antes hurgaba en su ombligo. Eso sería fácil. La tarea consiste más bien en dar instrumentos al lenguaje, desde un inicio, para que pueda crear de manera rápida y sencilla un concepto como ese. Para ello tendría que existir, por ejemplo, un aspecto verbal propio de una determinada acción que se realice con deleite y entendimiento, un sistema propio de expresión con sufijos para ciertas partes del cuerpo significantes desde el punto de vista olfativo.

En la cita antes mencionada, tomada de una entrevista con John Quijada en la revista *New Yorker*, se ha escamoteado una línea. Antes de que él mencione su término para ese especial momento de cavilación, a Quijada lo describen de este modo: «Reflexionó brevemente, como si consultara un diccionario interior».

Wow, dude.

Pero, bien. Eso también puede ensayarse teóricamente. El señor Quijada no domina con fluidez su propio lenguaje. Hasta entonces nadie había conseguido tal cosa. Las categorías gramaticales son, sencillamente, demasiado numerosas. Un *bot* podría hacerlo, pero ¿para charlar con quién? Existe una variante en teoría fácil de aprender, pero tampoco en ella, hasta donde sé, se cuenta con un hablante en sentido estricto. En ithkuil.net encontramos un ejercicio en el que uno aprende a describir el contenido del célebre cuadro de Marcel Duchamp *Nu descendant un escalier no. 2* en una frase en ithkuil. El *back engineering* necesario para ello es demasiado voluminoso como para repetirlo entero aquí. El resultado, en todo caso, es este:

Aukkras êqutta ogvëuļa tnou'elkwa pal-lši augwaikštülnàmbu.

No se trata de una mera traducción literal del título del cuadro, *Desnudo bajando una escalera*, sino de todo el contenido de lo representado en el lienzo, de su efecto estético y de su estilo pictórico objetivo. La traducción literal de la frase en ithkuil reza: 'Representación imaginaria de una mujer desnuda que baja una escalera en una secuencia de un paso tras otro, con movimientos corporales estrechamente entrelazados, los cuales, sumados, dejan tras ella un rastro tridimensional a través del espacio, de lo cual resulta un todo atemporal, emergente, que puede ser percibido tanto a nivel intelectual como emocional y estético'.

Que esta descripción mencione a una figura femenina se contradice con la forma neutral escogida por Duchamp, *Nu* ['desnudo'], que es gramaticalmente masculino. Pero el propio Quijada señala que desde que era joven, al contemplar ese cuadro, siempre se imaginó una figura femenina.

En la siguiente progresión podemos ver qué cantidades ingentes de significado pueden trasladarse mediante el añadido de algunas letras a una palabra en ithkuil:

augwái-ňs-üln-amb (mediante un conjunto de movimientos corporales ambulatorios estrechamente integrados que se combinan en un rastro/estela tridimensional detrás).

augwai-kšt-üln-àmb-u (mediante un conjunto de movimientos corporales ambulatorios estrechamente integrados que se combinan en un rastro/estela tridimensional detrás, formando un todo intemporal y emergente para ser considerado intelectual, emocional y estéticamente).

Madre mía.

¿Por qué querría alguien aprender esa enrevesada lengua llamada ithkuil? La respuesta es sencilla: para hacer magia, por supuesto.

Recordemos a Antoni Grabowski, mencionado en el primer capítulo, amigo personal del inventor del esperanto Ludwik Zamenhof, alguien que el mismo año en que nació esa lengua la aprendió a la perfección, siendo capaz de escribir poemas hímnicos en ella. Parece que para ese hombre ninguna lengua implicaba un desafío demasiado grande. En cuanto se enteró de su existencia y terminó de aprender el volapuk, decidió visitar a Johann Martin Schleyer. Este lo recibió, pero no pudo responder a las complicadas frases que Grabowski formuló en volapuk, de modo que ambos charlaron en alemán. A partir de entonces, Grabowski consideró que el volapuk era demasiado difícil para el uso diario. ¿Cómo pudo sentirse Schleyer al ver su propia creación representada con tal insuperable maestría? ¿No habrá tenido justamente la impresión *contraria*, es decir, que el volapuk era apropiado para el uso diario, ya que ante él se había presentado la prueba viva de ello?

Lo dije antes: cuestión de magia. Y en cierto modo lo digo en serio. En la región noraustraliana de Pormpuraaw vive un pueblo aborigen, los Kuuk Thaayorre, cuyo idioma muestra una característica única: cuando se indican en él los complementos de lugar, no se habla de *izquierda*, *derecha*, *delante* o *detrás*, sino solo de términos muy específicos, relacionados con los puntos cardinales. «Tienes una hormiga junto a tu pierna suroeste». Una expresión de esa índole es algo cotidiano para ese pueblo. Una forma habitual de saludo es «¿Hacia dónde vas?», a lo que se responde: «Voy hacia el sur-sureste». La doctora Lera Boroditsky, una especialista en cognición, comentaba en un estudio que los Kuuk Thaayorre pueden ver todo el territorio en el que están desde una perspectiva a vista de pájaro, mientras se desplazan a través de él. También ella cobró conciencia de ese novedoso sentido del cuerpo tras un intenso estudio en el seno de esa comunidad. Es como si sobre ellos flotara una especie de avatar, dice Boroditsky, el ojo de una cámara que proporciona directamente al cerebro la información que se encuentra a su alrededor. Por eso a los Kuuk Thaayorre les resulta del todo imposible perderse. La mera idea de extraviarse es tan contradictoria como la de no encontrar la propia cabeza con las manos.

En lingüística existe la hipótesis de Sapir-Whorf, que presupone la existencia de una causalidad directa entre el lenguaje hablado y determinados conceptos del pensamiento. En su forma más sólida, cierta lengua determinaría o crearía ciertos conceptos de pensamiento en la mente del hablante. Y si bien se trata de una tesis ampliamente refutada, su forma más débil parece representar una verdad cotidiana: determinadas lenguas fomentan o simplifican determinados conceptos. Un ejemplo es pensar en términos de puntos cardinales. O, como en el ejemplo siguiente: pensar a través de colores.

La mayoría habrá oído decir que distintas lenguas poseen distintas palabras para definir los colores. Es posible echar un vistazo en internet a las listas correspondientes, son una delicia.

Distintas culturas, motivadas quizá por la paleta cromática dada por naturaleza en sus respectivos paisajes, realzan distintos matices de los colores. Existen, además, algunas mujeres que pueden percibir más colores que las personas normales. Solo mujeres, dicho sea de paso, ya que por desgracia la mutación genética, en el caso de los hombres y su trágico cromosoma Y, no es posible. Las llamadas personas tetracromáticas ven a menudo, entre las superficies de colores *normales*, otros matices distintos e inimaginables. Y ahora viene lo increíble: la mayoría, muchas veces, ni lo sabe. Para esas personas existen únicamente las lenguas de los tricromáticos, es decir, la humanidad con vista normal. Nunca aprenden a nombrar esas diferencias, ya que estas no desempeñan ningún papel en el día a día. Si a esas mujeres se les hace el examen de color concebido especialmente para los tetracromáticos, lo aprueban sin esfuerzo, dando con ello fe de su superpoder. Pero si les pidiesen describir un escenario cotidiano se inclinarían a hacerlo como cualquier otro mortal. Solo mediante un entrenamiento especial puede preservarse esa especial capacidad perceptiva. Es el caso de la pintora Concetta Antico. La científica Kimberley Jameson, de la Universidad de California, en Irvine, ha comprobado que sus capacidades superan a las de muchas mujeres de visión tetracromática. «Antico es un caso excepcional, una suerte para la tetracromatía, ya que mediante su trabajo cotidiano dispone de un grado muy elevado de percepción bien entrenada».[42] En ciertos relatos sobre la visión de los tetracromáticos se describe a menudo una tonalidad de *rosa* entre las superficies azules. Un cielo muy azul aparece entreverado de estructuras internas de color *rosa*, también una superficie de agua azul. Estoy seguro

42. https://www.bbc.com/future/article/20140905-the-women-with-super-human-vision

de que no se trata de *nuestro* rosa. Es la aproximación más cercana que permiten las lenguas comunes.

La hipótesis de Sapir-Whorf experimentó una breve celebración en las novelas clásicas de ciencia ficción, en forma, por ejemplo, de la mágica Old Speech en el ciclo de *Terramar*, de Ursula K. Le Guin. Todos los seres vivos poseen un *nombre verdadero* en esa Habla Antigua, y quien conoce ese nombre verdadero tiene poder sobre los seres vivos. O también en *Babel-17* (1966), una de las primeras genialidades de ese *gentleman* y erudito universal estadounidense llamado Samuel R. Delany, un libro en el que la lengua que le da título es desarrollada por una nación en guerra para convertir en traidores a sus hablantes (el bando enemigo). El lenguaje se filtra en ciertas comunicaciones de relevancia bélica que son escuchadas por el enemigo y que, por ser una especie de código, son analizadas e interiorizadas. La protagonista pronto se da cuenta de cómo el virus de las estructuras idiomáticas de Babel 17 amenaza con cambiar sus conceptos y convicciones más íntimos.

Láadan es el nombre de un idioma surgido de un proyecto de ciencia ficción cuya razón de existir consiste en estructurar y expresar mejor lo que sienten las mujeres. Para nuestra sorpresa, ese idioma artificial no fue inventado por un hombre entrado en años, sino por una mujer, la autora Suzette Haden Elgin. Su inusual proyecto se nutre del mencionado criterio según el cual la versión débil de la hipótesis de Sapir-Whorf es una verdad universal (el idioma estructura la percepción humana e influye en ella, *al menos en cierto grado*). Pero para Elgin todos los idiomas del mundo occidental llevan la marca inequívoca de lo masculino. Resulta difícil decir cómo surge exactamente un juicio tan absoluto, pero, una vez emitido, resulta obvio que su portadora debió sentirse bastante excluida de toda la historia de la humanidad. En su novela *Lengua materna* se habla de un idioma capaz de esclarecer la visión específica que tienen las mujeres del mundo y de la vida. Una lengua como esa no ha existido nunca (supuestamente) en ningún lugar, ni siquiera en un remoto periodo del pasado. De modo que Elgin tuvo que desarrollarla por su cuenta.

He aquí un poema a modo de ejemplo y, al lado, su traducción al inglés:

Bíi áya nanáal wa.	*The sunset is beautiful.*
Bíi lith háawith wa.	*The child thinks.*
Bíi elash rul wa.	*The cat plays.*
Bíi bodibodá le wa.	*I am a programmer.*
Bíi bedihá ne wa.	*You are a student.*

La puesta de sol es bella.
El niño piensa.
El gato juega.
Soy programador.
Tú eres estudiante.

El poema, a mi juicio, resulta cautivador, pero a partir de las breves frases ejemplares que lo componen no es posible aún leer, creo yo, lo específicamente femenino característico del Láadan. En los pasajes siguientes me esforzaré por describir sus principios de funcionamiento: Elgin plantea que una lengua universal como el inglés, al igual que sus parientes lingüísticos, requieren de cierto grado de lenguaje corporal para poder transmitir *todas* las señales imprescindibles para la comunicación humana. En resumen: carecen de los recursos lingüísticos para expresar información emocional. Y justo ese principio encierra una posibilidad que permite a los hombres humillar a las mujeres y despojarlas de sus derechos. En inglés, por ejemplo, es preciso a menudo dar a entender mediante gestos o el tono de la voz lo que se quiere decir. Dice Elgin: «Esa característica (que hace del inglés una lengua tan apropiada para los negocios) hizo a las mujeres vulnerables ante comentarios hostiles que luego se acompañan de la vieja fórmula de disculpa: "Pero yo quise decir...". A las mujeres, en la mayoría de los casos, no les quedó más opción que la inútil defensa que reza: "¡No se trata de lo que tú dices, sino de cómo lo has dicho!"».[43]

Elgin opina que las mujeres, por naturaleza, prestan mayor atención a las emociones, un criterio que no todas las feministas de hoy compartirían: mujeres = sentimiento/hombres = razón. En realidad no conozco a nadie en mi círculo de amistades que apruebe tal criterio. Creo que solo lo escuché alguna vez en la universidad, pero ni siquiera estoy seguro. En ocasiones se ha dicho que lo femenino era lo *semánticamente fluido*, aquello que no puede entenderse mediante los principios de ordenamiento de la gramática. Y ya por aquella fecha, a mis diecinueve años, a mí todo eso me pareció un disparate paternalista. ¿Cómo podía una profesora plantarse delante de una hornada de chicas jóvenes y decirles que ninguna de ellas, por naturaleza, estaba capacitada para el intercambio intelectual, para la ciencia, para el pensamiento racional? Pero, como he dicho, dudo un poco que esa fuera la verdadera intención del mensaje.

¿Es el Láadan, pues, algo parecido al blissimbolismo? ¿Un sistema destinado a ayudar a hablar de manera más inequívoca a determinado nivel y a no a fiarse de lo que puede interpretarse

43. Ruth Menzies: *Creating a* Truer *Language Within a Work of Fiction: The Example of Suzette Haden Elgin's Native Tongue.*

de modos diferentes? Veamos esta lengua con algo más de detenimiento.[44]

Láadan	Description
-iyon	ecstasy
-ib	deliberately shut off to all feeling
-ihed	in a sort of shock, numb
-itha	linked empathically with others
-o	in meditation
-óo	in hypnotic trance
-imi	in bewilderment/astonishment, positive
-imilh	in bewilderment/astonishment, negative

Según Suzette Elgin, estas son las principales formas de conciencia de las mujeres, al menos las que han sido desatendidas hasta ahora por el discurso universal.

Las formas de ser de la mujer programadas en el Láadan son ciertamente reales, pero ¿cómo es posible que falten estados tales como *entender de manera concentrada* o *a tono con el entorno*? Todo es estado de shock, confusión, mutismo interior, trance, sueños en vigilia, desorientación. ¿Es esa, realmente, la realidad de las mujeres? No lo creo. En caso de que el mundo de ideas de las mujeres estuviese determinado de manera incontrolable por las emociones o por clústeres de percepción confluyentes que escapan a la comunicación verbal, ello se reflejaría en modos de comportamiento concretos. ¿Cuáles serían las consecuencias de emociones fuertes e incontrolables y del

44. Éxtasis / Deliberadamente cerrada a todo sentimiento / En una especie de shock, de parálisis / Enfáticamente conectada con otros / En estado de meditación / En trance hipnótico / En estado de perplejidad o desconcierto, positivo / En estado de perplejidad o desconcierto, negativo.

abandono de las convenciones del lenguaje? La locura, una furia asesina. Cosas por el estilo. ¿Y qué género, desde el punto de vista estadístico, tiende más a esos estados? Hum.

Escuchando con escepticismo: ¿no sería esta una categoría feminista útil que podría anclarse en las propias terminaciones verbales?

Un ámbito en el que el Láadan resulta brillante e insuperable es el de los neologismos. Para mí es una de sus cualidades más valiosas, de las que pueden adoptarse de esa lengua. En el fondo, si se publicaran en forma de lista, conformarían una extensa y lúcida novela sobre la vida, sobre todo sobre la vida de las mujeres en cualquier época. He aquí algunos de los numerosos ejemplos:

lowitheláad: sentir como propios el dolor / el duelo / la tristeza / la sorpresa / la alegría / y la ira ajenos.

radíidin: 'día infestivo', un tiempo que debería ser festivo pero que, en realidad, debido al enorme trabajo y a la preparación que implica, resulta una carga tal, que uno teme que llegue; sobre todo cuando hay muchos invitados y ninguno de ellos ayuda.

rathóo: 'in-huésped', alguien que viene de visita con plena conciencia de que está siendo inoportuno y crea dificultades.

wonewith: disléxico en sentido social; incapaz de entender las señales sociales de los otros.

widazhad: estar en avanzado estado de gestación y sentirse cada vez más harta; añorar el fin del embarazo.

rathom: 'anti-cojín', alguien que se esfuerza por ganarse tu confianza pero sin intención alguna de ganársela; una persona del tipo

«Ven, apóyate en mí, que así puedo dar un paso a un lado y dejarte caer».

lometha: una canción que pertenece a una mujer desde su nacimiento.

ramimelh: no volver a preguntar, con malas intenciones; sobre todo cuando está claro que el otro añora esa segunda pregunta de empatía.

halehadihahal: trabajo constante e ininterrumpido desde todas las partes.

bala: una ira sensata y en absoluto inútil contra alguien determinado, con buenos motivos.

bina: una ira sensata y en absoluto inútil contra nadie determinado, sin motivo: amor por alguien que nos gusta pero al que no se respeta.

wirdhäawithéthe: 'limpio-niño', la medida de limpieza que tiene un niño cuando define que su habitación está *limpia*.

doóledosh: dolor o pérdida con efecto de alivio cuando se presenta, ya que pone fin al torturante tiempo de espera.

Muchas palabras del Láadan tienen una forma perfecta que reposa en sí misma.

odithámála: acariciar algo o a alguien con la lengua.

óol: 'luna'.

De lo cual se deriva:

óolewil: 'sangre menstrual' [luna + flujo].

O como escribe Elgin en el original: *Moon River*, el río del ciclo lunar.

Polilla, en Láadan, se dice *óoloó*. La estructura del término es como una pequeña joya del origami. Gracias se dice *áala*. Mariposa es *áalaá*. Cabe destacar que las vocales con apóstrofe indican una entonación más elevada. La mariposa, por la forma simétrica de sus alas, queda reproducida en la escritura: *áalaá* (la pronunciación es la melodía alto-bajo-bajo-alto: -_ _-). Y esa palabra se funde con la palabra que designa a la Luna. Mariposa lunar: *óoloó*.

> *yo*: nave espacial
>
> *we*: morfema de evidencia para algo «aprendido o experimentado en un sueño».
>
> Derivado de ahí, en relación con la palabra *osháana* ['menstruar'], pasa a ser *wesháana*, lo que viene a significar más o menos 'retraso de la menstruación'. No tengo muy claro cuál es la relación con el *sueño*, pero apunta a campos de juego asociativos muy interesantes.
>
> *azháadin*: '*to menopause uneventfully*' ['una menopausia sin contratiempos']

La definición de la palabra Láadan *doroledim* es como un cuento:

> Imagínate a una mujer común y corriente. No tiene control sobre su vida. Dispone de pocos o de ningún recurso para hacer algo bueno por sí misma, ni siquiera cuando lo necesita. Tiene una familia, animales, amigos y colegas que dependen de ella de diferentes formas. Solo en raras ocasiones consigue dormir o descansar lo suficiente; no tiene tiempo para sí misma, no tiene un lugar, tiene

> poco dinero o ninguno para comprarse cosas, ni siquiera tiene tiempo para reflexionar sobre sus propias necesidades emocionales. Tiene una existencia a plazos, hasta nuevo aviso. Tiene deberes y responsabilidades a los que no puede o no quiere renunciar. Para esa mujer solo existe una actividad en la que puede ser ella misma: COMER. Y cuando se atiborra de comida, el verbo para esa acción es *doroledim*. (Y sí, se siente culpable, porque hay mujeres cuyos hijos pasan hambre y no disponen ni siquiera de ESA opción última).[45]

Tampoco aquí la creación de esas definiciones tiene lugar por la simple invención de una palabra, sino por la formación previa de categorías generales en la gramática del Láadan, a través de lo cual la comprensión del concepto mental *doroledim* se hizo más sencillo y *natural*.

Ah, por cierto, he aquí otro importante término del Láadan:

> *lol*: un sentimiento de comunidad, pertenencia, sororidad, camaradería, integración y cohesión; un grupo de gente que se reúne con la intención de generar esa sensación de íntima pertenencia, a diferencia de una ciudad o de una concentración masiva de personas, porque *lol* implica la intención expresa de reunirse y generar esa cohesión grupal.

De modo que *lollometha* sería una canción sobre la cohesión interna, sobre la sororidad o hermandad femenina a la que una mujer pertenece desde su nacimiento. ¡Qué fabuloso Minecraft conceptual se puede jugar en el Láadan!

En ocasiones, por supuesto, bastan también los componentes básicos de las lenguas más comunes para formar algo parecido

45. Puede consultarse un diccionario completo en https://laadanlanguage.wordpress.com

a los términos del Láadan. Eso se ve, por ejemplo, en un concepto ahora tan conocido como *mansplaining*. Y si uno quiere puede hacer el mismo juego con aspectos universales, no solo relacionados con el destino de las mujeres, hechos que hasta ahora no cuentan con una palabra asignada. Yo, por ejemplo, digo a menudo «¿qué?», aunque he entendido perfectamente lo que alguien me ha dicho. ¿Podría crearse una palabra para ello? En alemán no sería tan sencillo.

En mi ejemplo, además, no está claro cuál podría ser la motivación para ese inútil «¿qué?». ¿Para ganar tiempo? ¿Porque pretendo crear un breve *loop* en la realidad? ¿O por un capricho sin propósito concreto? Si existiera, por ejemplo, una terminación verbal propia para la expresión «ganar tiempo», sería sencillo.

A menudo, cuando camino por mi propio piso a oscuras, me persigue algo invisible. Todos conocemos esa sensación. Pero ¿encontramos para ello una palabra propia? ¿Qué categorías deberían existir para que lograrlo? *Persecución*, ese concepto ya lo tenemos. Pero: ser perseguidos por algo invisible... A veces puede intentarse cubrir esos agujeros percibidos en una lengua por medio de términos lógico-abstractos. Podríamos intentarlo, posiblemente, con una atractiva palabra paráfrasis o una palabra compuesta, como *persecución de un fantasma* o *caza de un fantasma*.

Pero veamos otros ejemplos de cosas que todo el mundo hace, pero para las cuales apenas puede crearse una palabra nueva con los componentes básicos del lenguaje, por ejemplo, de la lengua alemana. O en castellano. Invito a la lectora a hacer sus propias propuestas:

- Mientras hablo por teléfono, doy estúpidos pasos de danza y hago ademanes repetitivos que en nada se relacionan con el tema de la conversación.
- ____
- Cuando alguien pronuncia mal una palabra, yo la repito, pronunciándola correctamente en mi mente, para que el tejido de la realidad no quede agujereado.
- ____

En estos momentos me he alejado bastante de la espantosa crisis en la que estuve sumido en el año 2015. La persona que era entonces no era más desagradable que la que soy ahora, pero este verano estuve muy cerca de cometer una estupidez irreparable.

Mi tesis sería que la gente que padece tales crisis y se mete en infiernos causados por ella misma añora especialmente que la hipótesis de Sapir-Whorf fuera cien por cien cierta, para así poder empezar de nuevo en la realidad gracias a un reseteado del lenguaje, en busca de una era gloriosa anterior al pecado original. Tal vez solo esté manejando en mi mente palabras equivocadas. Si existieran las palabras adecuadas, quizá me transformaría en una buena persona.

A la mujer que abordé en el puente me la he encontrado muchas veces más y, en varias ocasiones, me disculpé con ella, hasta que me di cuenta de que la había amedrentado con mis reiteradas disculpas. Ella no tenía culpa de nada. De modo que me ocultaba de ella, me desviaba con torpeza hacia al jardín cuando la veía bajar las escaleras.

3.7.

He hackeado la cuenta de Gmail de la chica que me amenazó de muerte. Ahora soy yo quien la vigila, lo mejor será hacerlo durante un par de semanas. Muchas cosas banales.

Tuve una idea para una obra de arte: un ASMR[46] con agroglifos, esos círculos y figuras enigmáticas que surgen en los campos de cultivo. Poner subtítulos a los agroglifos.

En mi sueño, el plural en inglés de *hombre*, *man*, no era *men*, sino *blyce*.

Más tarde, hasta bien entrado el otoño de ese año, hay otras anotaciones en el diario donde planeo venganzas fantasiosas. Qué hijo de puta. ¿Venganza por qué? ¿Por haber estado sumido en una grave depresión, con una enfermedad autoinmune, solo y sin contactos? Pues sí.

Como todos, buscaba los motivos en mi entorno. Al mismo tiempo, en esa época oscura, seguí desarrollando con disciplina y constancia mi pequeño lenguaje propio, mientras continuaba aprendiendo volapuk. Tomar hoy en mi mano de nuevo el viejo diario se asocia a una sensación difícil de describir. Me gustaría meterlo bajo el chorro del grifo, pero en lugar de ello me dedico a citar largos pasajes. No hace falta entender.

He aquí otra secuencia de anotaciones:

5.7.
Hoy, a través de su propia cuenta de Gmail, le he escrito a E. un correo electrónico que se envía *ella misma*. (¡Jajaja!) El contenido del correo eran palabras sin sentido como «bdo bdd af dff art ad». A continuación, claro está, yo mismo recibí el correo y me di cuenta entonces de que ella no tenía acceso a su cuenta desde que yo le cambié la contraseña. Es la imagen perfecta de esa locura encapsulada y autista en la que me encuentro.

46. ASMR son las siglas en inglés de Autonomic Sensory Meridian Response o Respuesta Sensorial Meridiana Autónoma. (*N. del T.*)

Le he gritado a J. y salí luego del piso hecho una furia, como un idiota. Estuve luego hasta el anochecer en la plaza del supermercado, como un idiota. Más tarde, todavía como un idiota, caminé por ahí sin rumbo. Como un idiota, recogía hojas del suelo, las ponía a contraluz.

Creí que las sombras de los cables de sus auriculares sobre el escote eran venas azuladas y respiré profundamente, con el gesto de un *conocedor de la vida*. (La cajera en el supermercado).

En el sueño, insulto a un par de árboles rumorosos y los tildo de «¡*Claqueure*!».

Borrar *a mi pesar* los mensajes en la bandeja de *spam*, a la hora fijada al atardecer.

Jamás pongo caras como las que suelo poner en los baños de los aviones, a once mil metros de altura.

¿Qué pasaría si solo la invariabilidad de mi jadeante respiración tras una carcajada lo dijera todo acerca de mí?

Recorro en bici el sur de Graz mientras escucho por los auriculares del iPhone el sonido de unos vídeos de *fisting*. Como complemento, la visión de gente que camina con ropa de Nordic o que hace *jogging*. Puesta de sol. Después de eso, una paradójica paz se expande dentro de mí.

gdu: la expresión alerta de una liebre.

ghubra: el olor del propio ombligo.

Una mujer que quiere que su marido la deje embarazada a toda costa para demostrarle lo mucho que él la tortura: «Quiero que lo vea gráficamente con sus propios ojos».

zubra: el olor de un animal desconocido.

La escalera de mi médico de cabecera, con esos entresuelos de aspecto tan mono y desalentador.

Fantasías de venganza... ha de haber locura y trastorno mental.

2.8.
¡La mujer a la que seguí hasta el puente en la noche de mi *meltdown*, a la que molesté tras haberla tomado por E., vive en este edificio! Hoy la vi salir del ascensor y abrir uno de los buzones. Y yo, de repente insólitamente tridimensional, la saludé espantado.

(Un par de líneas ilegibles) estaba posado un cuervo muy grande y bonito, pero se alejó volando, de modo que me dediqué por un tiempo a mis córvidos pensamientos. Seguí por la calle y vi de pronto un edificio lleno de antenas de satélite. A la mayor de todas le faltaba una pequeña esquina, como si se hubiera peleado por el territorio con otros gatos.

A mi lado zumbaba un telefonillo, aunque no había nadie delante. Por lo visto, el edificio al que estaba entrando quería... Pero no, no conmigo, chaval, he leído en mi vida demasiados cuentos de Grimm.

Más tarde, ya fuera de la ciudad, subí a lo largo del arroyo, el Andritzbach, hasta el sitio donde están los caballos. Allí me acosté a descansar en un banco con la mochila puesta a modo de almohada. Dentro crujían los cubiertos de plástico. Al cabo de un rato, algo muy chistoso: los caballos se habían convertido en vacas. De modo que descansé al lado de las vacas de aquel prado, sobre mi banco. Me sentí independiente y vivo, como un verbo. Unas estrellas se formaron encima de mí, con sorprendente anticipación. Mi bicicleta y el hormiguero al lado.

ulb ulb ulb: un ruido de lejanas campanas detrás del rumoroso seto.

Hoy, unos años después, tras haber sufrido varias transformaciones radicales, aunque soy la misma persona y llevo el mismo nombre, me siguen asombrando muchas de las cosas que colmaban entonces mi día a día. Al mismo tiempo, las reconozco y las siento de nuevo a flor de piel, de un modo que, por un segundo, me provoca un miedo muy real a que se haga reversible la transformación. En relación con el tema de este libro nos llama mucho la atención el vínculo entre el hallazgo espontáneo de palabras y de lenguas y las crisis existenciales profundas. Sigamos un poco el rastro a ese misterio.

Creedme cuando digo que Samuel R. Delany es el autor vivo más importante de Estados Unidos. Hace un momento mencionaba su novela *Babel-17* en relación con la hipótesis de Sapir-Whorf. A principios de los años sesenta, Delany (que entonces tenía unos tiernos diecinueve años y estaba recién casado con la poeta Marilyn Hacker) empezó a publicar novelas de ciencia ficción. La joven pareja había emergido con una extraña estrella, ya que ambos eran homosexuales y tenían relaciones cambiantes, si bien intentaban, al mismo tiempo, vivir como un matrimonio convencional, experimento que funcionó muy bien durante unos años, pero al que ambos pusieron fin más tarde de forma amistosa. Ya durante su matrimonio, a principios de la década de 1960, Delany había empezado a elegir entre la gran oferta de sexo callejero que había en Nueva York para hombres homosexuales: baños públicos, cines porno en torno a Times Square,[47] camiones, baños, parques hacia las cuatro de la madrugada. Un típico día de trabajo, como el propio autor cuenta en el divertido documental de Fred B. Taylor *The Polymath, or The Life and Opinions of Samuel R. Delany, Gentleman*, del año 2007,[48] se desarrollaba del modo siguiente: se levantaba alrededor de las cuatro de la madrugada y empezaba a escribir; luego, hacia el mediodía, daba un paseo hasta los servicios públicos de la estación de metro en la 2nd Avenue, donde tenía sexo con varios hombres; de vuelta en casa, seguía escribiendo; a primera hora de la tarde, daba otro paseo hasta el baño público de Tompkins Square, tenía sexo con cinco o seis hombres, hacía la compra en el supermercado, preparaba la cena para su mujer, que regresaba a casa del trabajo, y luego, leía, charlaba y daba un último paseo hasta el Williamsburg Bridge, donde, una vez más, tenía sexo con media docena de hombres. «El sexo hacía soportable el trabajo y disfrutables unos días que, de lo contrario, habrían sido arduos y monótonos. Ello exigía cierto grado de contacto social, uno se encontraba con gente continuamente, de modo que llegué a la conclusión de que llevaba una vida interesante», cuenta Delany. En sus primeras novelas de ciencia ficción aún no está tan presente la confrontación con ese interesante tipo de vida, pero eso cambió a mediados de la década de 1970, cuando Delany empezó

47. Sobre esto el autor escribió un conmovedor libro de memorias, *Times Square Red, Times Square Blue* (1999).
48. Entretanto he visto este documental tantas veces que ya me sé de memoria pasajes enteros que puedo repetir en voz alta, como solía hacer en mi infancia con los casetes de radio-teatro de niños detectives.

a publicar una insólita serie de libros que muestran una vertiginosa combinación de poesía, agudeza intelectual, rupturas transgresivas de tabúes y, en parte, magia de *plots* desbordantes y barrocos. Con Delany tenemos un caso sumamente inusual, el de un solo autor que une en sí mismo cotas máximas, todavía no alcanzadas, en diferentes géneros: de su pluma han salido la obra de ciencia ficción más compleja y rica, una especie de *Ulises* de la ciencia ficción, la enigmática novela *Dhalgren* (1975), construida a partir de varias cintas de Moebius (y que todavía, *¡oh, tempora!*, espera por una competente traducción al alemán), y la, a mi juicio, novela más extrema y provocadora que existe sobre el absoluto infierno de la agresividad humana: *Hogg*.[49] Él fue el primer novelista en Estados Unidos que publicó una novela sobre la epidemia del SIDA, *The Tale of Plagues and Carnival* (1984).

A principios de 2017 apareció el primer tomo de sus diarios, *In Search of Silence*, donde encontré listas de palabras de varias páginas.

nam
nas
nan
nat – nal
nast
nant
ek = writer

49. Delany concluyó esa novela en el año 1973, pero no pudo publicarse hasta 1995, tras haber sido rechazada por muchas editoriales. Hasta la famosa Olympia Press de París, que dio a conocer la primera edición de *Lolita* de Nabokov (o también *El almuerzo desnudo*, de William Burroughs y *La historia del ojo*, de Georges Bataille), se negó a publicar *Hogg*, aludiendo que era la primera obra que se rechazaba no debido a su calidad literaria, que sin duda era extraordinaria, sino por su contenido extremo.

Más adelante, para nuestra sorpresa, aprendemos:

ek = water

Estamos en el año 1964, y Samuel Delany inventa un lenguaje propio.

Como en el caso de Johann Martin Schleyer, también él parece usar un vocabulario básico compuesto de letras mínimas. *Om* significa 'persona'; *oh*, 'casa, edificio'; *ex*, 'silla', etcétera.

ob = libro
ur = maestro

Algo divertido:

oho = oho

Los sustantivos empiezan siempre por vocales; los verbos terminan siempre con ellas. *At* significa 'mesa' y *omp*, 'progenitor'.

na = caminar
ke = escribir
po = hacer, realizar
do = dormir
ru = correr

A esto le sigue directamente un apunte sobre el suicidio de una niña llamada Deirdre, ocurrido el 6 de julio de 1964. Por la introducción a ese capítulo el lector se entera de que justo en esa época Delany era paciente de la sección de psiquiatría en el hospital Monte Sinaí. Las semanas anteriores había estado poseído por una idea fija: la de tener que arrojarse delante de uno de los trenes del metro. Cada vez que entraba a una estación, lo envolvía una corriente de aire casi irresistible que lo empujaba hacia los andenes. Como él mismo cuenta con insólito lujo de detalles en el documental *The Polymath*, se recuerda sentado junto a la barandilla de la parada, aferrándose con los dedos a los barrotes, oponiéndose con todas sus fuerzas a seguir aquel oscuro impulso. Delany no supo responder a un policía receloso que le preguntó por qué si tanto le temía al metro andaba merodeando todos los días por allí, un motivo para que el agente lo echara. Al día siguiente, tal vez algo alertado por aquel encuentro, fue de inmediato a ver a un médico que lo remitió a un hospital.

De modo que Delany inició sus ejercicios de invención de idiomas durante la época en que estuvo ingresado en una clínica psiquiátrica. Oía voces, habló por primera vez en la terapia de grupo sobre su homosexualidad (que por entonces, a mediados de los sesenta, se consideraba todavía un trastorno mental necesitado de atención médica). Más tarde describiría ese episodio de su vida como un «ataque de nervios causado por el exceso de trabajo».

¿Qué nos dice esto? No lo sé. Fue lo que ocurrió en el instante de su ataque de nervios. En el siguiente cuaderno de notas, iniciado a mediados de agosto de 1964, continúa el desarrollo de su idioma privado. A partir de entonces empieza a crear las primeras frases, como *ten ø ə c fy wodt ent*, que literalmente significa: 'Comer pollas a cambio de nada'.[50]

O como esta otra: *D'erg û gelbt eft ont oyûm ejt* ['Y sobre mis rodillas, un aguacero de hojas amarillas'].

50. La expresión usada en inglés es *for wooden nickels*, que significa más o menos 'sin una paga adecuada, sin un servicio recíproco'. *Don't take any wooden nickels* vendría a ser algo así como 'no dejes que te tomen el pelo'.

Punalt Jakobû anup s'du ə st oy erd ['Subimos la escalera de Jacob, pero tú estás abajo en la Tierra'].

Todos esos ejercicios de gestación de la nueva lengua están rodeados de fantasías masturbatorias (hombres con las uñas mordidas) y ambiciosas descripciones del proyecto. Pocas páginas después, en el borrador de una carta, Delany describe el inicio de su nuevo idioma como un juego inocente inventado junto a su mujer, «durante el viaje de regreso de una estancia en un camping». Hum.

Como escritor que soy, siento respeto por la discontinuidad y el paralelismo de la vida. Puede que ambas cosas sean ciertas: la psiquiatría y una excursión a un camping. Y ahora no debo convertir mi comentario, según el cual la invención espontánea de lenguas suele ocurrir con frecuencia, curiosamente, en instantes de agobio extremo, en una teoría sólida. Inventar una nueva lengua no es, en absoluto, una llamada de auxilio. Si acaso una distracción. Un nuevo comienzo. O como demuestran las historias siguientes: una especie de truco de desaparición, un modo de hacerse desaparecer, *in plain sight.*

3
Los habitantes de Prashad

James Keilty murió el 27 de enero de 1978. Era ingeniero civil y lingüista aficionado. Después de que le diagnosticaran cáncer, vivió exactamente diez días, durante los cuales puso orden en un gigantesco legajo que se ocupaba de una lengua inventada por él llamada Prashad. La emisora de radio KPFA recibió algunos manuscritos, el resto fue a parar (según Samuel

Delany, que conoció a Keilty) a un archivo de la Universidad Estatal de Buffalo, en Nueva York.[51]

El crítico de arte Knute Stiles[52] recordaba que Keilty dominaba con fluidez varios idiomas y era capaz de hablar de manera impecable, en italiano, diversos dialectos. Keilty era brillante, excéntrico y homosexual. A menudo sacaba a Stiles de paseo por San Francisco, introduciéndolo en los misterios urbanísticos de la ciudad, evidentes a primera vista, pero aún invisibles para la mayoría de los habitantes. Vivía en un apartamento diminuto en Telegraph Hill.

Un buen día empezó a inventar un alfabeto que, en un inicio, estaba pensado como una notación fonética auxiliar para la traducción. Luego, poco a poco, a la escritura le fue surgiendo una lengua propia y, más tarde, toda una cultura. Al final, surgieron algunas historias sobre esa cultura. Y así sucesivamente.

Como había ahorrado bastante dinero, Keilty decidió dedicarse por entero a esa labor, por lo que cada mañana se sentaba a trabajar en sus manuscritos. Se transformó en una especie de antena receptora de la cultura Prashad, que se le iba revelando a partir del inmenso acervo acumulado en su interior. Él solo tenía que ir copiando, retener. Hablaba prashad cada día con alegría y regocijo, a solas, para sus adentros. Al igual que antes se había aprendido cada rincón de la ciudad de San Francisco, calle por calle y manzana por manzana, fue aprendiendo los detalles del planeta Prashad. Tradujo las obras de Rilke a esa lengua y, más tarde, también la primera

51. Los detalles han sido tomados de Delany, Samuel R., *About Writing*.
52. En adelante, los detalles han sido tomados del programa de radio 6 KPFA FOLIO, de noviembre de 1979, *Remembered: James Keilty* (una transcripción del programa puede leerse en archive.org).

parte de *En busca del tiempo perdido*, de Proust. Luego continuó con *Hamlet* y Sófocles. Una vez le preguntó a Knute Stiles cuál era el libro más importante de la humanidad, a lo que Stiles respondió sin tener que meditarlo mucho: «El *Tao Té King*». Keilty quedó cautivado. Como todavía no dominaba el chino, se puso de inmediato manos a la obra para aprenderlo.

Sus traducciones llaman la atención por su sencillez plagada de errores. Le interesaban sobre todo los puntos de vista redondos y asombrosos que pasaban de largo ante el sentido del original. Igual que Ezra Pound. Una línea del original, que en la versión clásica al alemán de Richard Wilhelm reza: «Si el sentido rige en la tierra, los caballos de justa bajan a abonar el suelo», y que en otra conocida versión al español dice: «Cuando el Tao reina en el universo, los buenos corceles arrastran carros de estiércol», en la traducción de Keilty decía, más ajustado al sentido: «Si el Tao rige en la tierra, los caballos solo tienen costumbre de cagar».

Keilty pasaba las mañanas construyendo mundos. La cultura Prashad se hacía cada vez más nítida a medida que él dibujaba mapas y escribía en esa lengua. Pasaba las noches por los bares, buscando contacto erótico e intelectual, lo que muchas veces fracasaba por su extremo rigor e impaciencia ante las particularidades de sus congéneres. En ocasiones lo vieron imitando con exactitud las insuficiencias lingüísticas o gestuales de alguien en la propia cara de su perplejo interlocutor.

Pero la mayoría de las personas que conocían bien a Keilty lo adoraban. Un buen día empezó a escribir piezas de teatro. En prashad, por supuesto. Encontró actores dispuestos a representarlas en la lengua original, actores a los que él mismo enseñó buena parte del idioma y a los que exigió cierto grado de conversación fluida antes de que empezaran a aprenderse el texto. En casi todos los casos, las obras nunca vieron más de dos o tres puestas en escena. Samuel Delany y Knute Stiles estuvieron varias veces entre los espectadores y los dos, por separado, hablan del extraordinario entusiasmo del público, que, por supuesto, no entendía ni una sola palabra de lo dicho.[53]

Una publicación en prashad conseguida por Keilty en vida la encontramos en una antología de ciencia ficción ya agotada y titulada *Quark/2*, compilada por Marilyn Hacker y Samuel Delany. Siendo honesto, diría que de no ser por el extenso relato de Knute Stiles, yo hubiese tomado a Keilty por una invención de Delany.

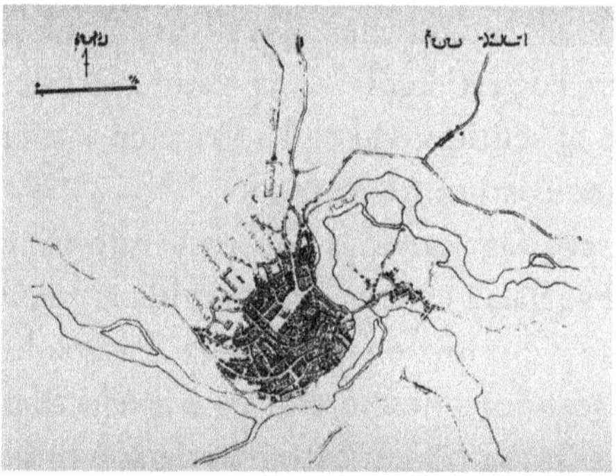

53. «*In the early seventies, I got a chance to attend a performance of three of Keilty's one-act plays in Prashad, where the actors were rehearsed and schooled in the meaning of the somewhat Slavic-sounding lines. Prashad had been constructed with euphony uppermost in Keilty's mind. It was quite an experience – and quite beautiful!*» ['A principios de los setenta, tuve la oportunidad de presenciar una representación de tres de las piezas teatrales de Keilty en prashad, en la que los actores habían ensayado el significado de ciertos bocadillos de sonido eslavo. El prashad estaba construido mayormente con eufonía en la mente de Keilty. Fue una gran experiencia. ¡Algo muy bello!'] (Samuel R. Delany: *About Writing*).

El texto, que responde al anterior mapa de Prashad, es una larga y poco ornamentada narración sobre la vida en ese país. A ello le sigue una breve introducción a la lengua. Oímos un diálogo típico de los curiosamente exaltados Prashadsim:

> *Nyod dai bli?* – '¿Qué quieres?'
> *Dai fi antulitel forfaiid?* – ¿Tienes algo de beber?'
> *Kai menida an faisil sishilisio.* – 'Aquí tienes un vaso de agua'.
> *Sha bal irda nyod ablijhamum.* – 'No me refería a eso'.

Entonces Keilty nos proporciona un bloque con la más sintética clase de gramática, reproducido a continuación en forma de monolito:

> La frase final se lee literalmente como «eso es no lo que quería decir». La raíz *ir* significa, para una cosa, estar en un estado o condición, en contraste con *menid*, que es estar en un lugar. El verbo *irid*, 'ser', como ocurre a menudo con ese verbo en otras lenguas, es ligeramente irregular, pero *ir* también significa 'bien' o 'mal' (por motivos muy bien conocidos de los Prashadim); *sha ira* significaría 'eso está bien' o 'eso está mal'. Esto ilustra que cualquier raíz puede añadirse a un verbo. *Sha irtumia* significa 'eso es difícil' o 'eso dificulta'. El pronombre *a*, que significa 'yo', nunca está separado del verbo, por lo que *ablijhamum* significa 'quise decir', *Al* o «mi» se usa cuando no hay verbo que sirva de sostén a la *a*. La conjugación normal de un verbo en tiempo presente funciona como sigue: *akhebilo*, 'yo doy'; *dai khebili*, 'tú das'; *si, se, su khebila*, 'él, ella da'; *ami khebilon*, 'nosotros damos'; dai'l khebilin, 'vosotros dais'; sei khebilan, 'ellos dan'. Este patrón de terminaciones en *o, i, a, on, in, an*[54] se

54. *The final sentence reads literally: That not is what I meant. The root* ir *means, for one thing, being in a state or condition as contrasted with* menid, *being in a place. The verb* irid, *to be, as is often the case with this verb in other languages, is slightly irregular, but* ir *also means »good« or »wrong« (for*

repite en todos menos en el imperativo y en los tiempos pasados, de ahí que: *akhebilvo* sea 'estoy dando'; *akhebilo'*, 'yo daré'; *akhebilo'n*, 'yo daría'; *akhebilido*, 'yo pudiera o debiera dar', pero que *khebilami* sea 'demos'. *Akhebilum* es 'yo di' y la terminación *um* es igual para todas las personas. Lo mismo es válido para *akhebilu'm*, 'yo estuve dando', 'solía dar'; *akhebilum'*, 'yo habré dado'; *akhebi-*

---

reasons best known to the Prashadsim); sha ira *would mean »that is wrong« or »that is god.« This also illustrates that any root word can be made into a verb.* Sha irtumia *means »that is difficult,« or literally »that difficults.« The pronoun* a, *meaning »I,« is never separated from the verb, thus* ablijhamum *means »I meant,« Al or »me« is used where there is no verb to support the a. The normal conjugation of a verb in the present tense goes as follows: akhebilo – I give dai khebili you give; si, se, su khebila – he, she, it gives; ami khebilon – we give; dai'l khebilin – you give (plural); sei khebilan – they give. This pattern of o, i, a, on, in, an endings carries through all but the imperative and the past tenses, thus:* akhebilvo, *I am giving;* akhebilo', *I will give*; akhebilo'n, *I would give*; akhebilido, *I may, might give*; *but* khebilami, *let us give*. akhebilido, *I may, might give*; *but* khebilami, *let us give*. Akhebilum is »I gave« and the um ending is the same for all persons. The same applies for akhebilu'm, I was giving, used to give; akhebilum', I will have given; akhebilu'n, I would have given; akhebilum'n, I had given; akhebilidum, I may, might have given. The root word (drukhpadi), as distinguished from the auxiliary or helping word (kthirpadi), has a very versatile character. By itself it is always a noun or word idea; goimi sight, scene; goimidam is the noun *gerund, seeing*; goim'l, *sights, scenes*; goimid, *to see (the root serves as the stem for all verb endings);* semgoimid, *to be seen*; goimin, *a person who sees*; goimida, *a place where one sees*; goimsim, *an extrinsic quality, seen*; goimsum, *an intrinsic quality, »the seeing eye«*; goimibi, a capability or potential quality visible; the adverbs goimsimi and goimsumi have no exact equivalents in English, but goimbai means »visibly«; goimo, more seeing (mo is the comparative ending); goimul, most seeing (mul is the superlative ending). In writing the Prashadsim alphabet (see plates 1 and 3), the vowels are placed between the consonants close to their tops and linked with them where possible or, in printed form, above and separate from the consonants.

> *lu'n*, 'yo habría dado'; *akhebilum'n*, 'yo había dado'; *akhebilidum*, 'yo podría, debería haber dado'. La raíz (*drukhpadi*), a diferencia de la palabra auxiliar (*kthirpadi*), tiene un carácter muy versátil. Por ella sola es siempre un sustantivo o una idea; *goimi* es 'vista, escena'; *goimidam* es un gerundio del verbo, 'viendo'; *goim'l*, 'vistas, escenas'; *goimid* es 'ver' (la raíz sirve como tronco para todas las terminaciones verbales); *semgoimid*, 'ser visto'; *goimin*, 'una persona que ve'; *goimida*, 'un lugar en el que uno ve'; *goimsim*, una cualidad extrínseca, 'visto'; *goimsum*, una cualidad intrínseca, 'el ojo que ve'; *goimibi*, una capacidad o cualidad potencial, 'visible'; los adverbios *goimsimi* y *goimsumi* no tienen equivalentes exactos, al menos en inglés, pero *goimbai* significa 'visiblemente'; *goimo*, 'viendo más' (*mo* es el sufijo comparativo); *goimul*, 'más visto' (*mul* es el sufijo superlativo). Al escribir el alfabeto del Prashadsim (véanse las ilustraciones), las vocales se sitúan entre las consonantes, cerca de sus extremos y enlazadas a ellas cuando es posible, o, en forma impresa, abajo y separada de las consonantes.

Hay que tener agallas para soltar algo así, sin más, ¡zas!, en medio de una narración, cagándose en todo. ¿No querían gramática? Pues ahí tienen.

Las obras de teatro de Keilty se han perdido en su totalidad. Parece que él mismo no tenía demasiado interés en su supervivencia. El prashad existía solo para él. Solo él conocía la cultura gracias a la más profunda introspección y meditación. Él era la antena, los demás no podían llegar a ser ciudadanos de Prashad. Podían *encarnarlo* en el contexto de una obra de teatro, a él le bastaban como recordatorio de una remota cultura de la que él, por así decir, vivía exiliado desde su nacimiento. En los papeles póstumos de James Keilty se han conservado unos pocos escritos en prashad, el índice solo menciona, como textos originales, «*a couple of songs*» y diccionarios, una gramática y otros textos más generales sobre la cultura Prashad.

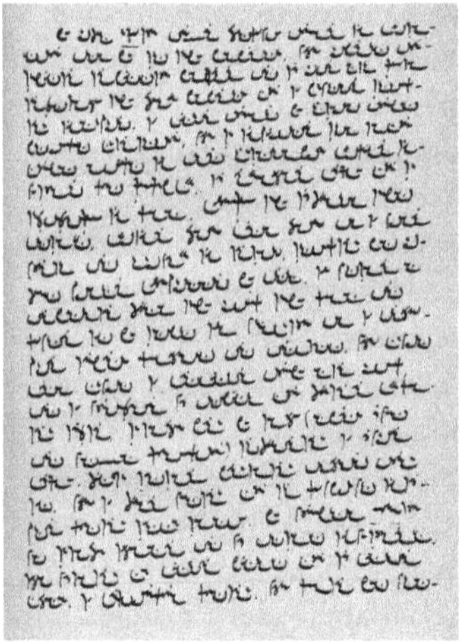

He encontrado un texto escrito en prashad, pero, por desgracia, incluso después de haberlo estudiado un poco, no sería capaz de traducirlo.

Otro monolito.

Un vestigio del prashad; de la otrora rica cultura Prashad, rica en la tierra, en la mente y la vivienda de James Keilty, solo parece quedar este breve poema:[55]

Esram,
tam so tali so tudam
dai telpilshami?
Atelpilshamo dil,
diliam.

Joven,
¿qué eliges,
el arte o la vida o ambos?
Te elijo a ti,
señorito.

Resulta difícil decir si este poema —del que, a pesar de su brevedad, emana tal esplendor homoerótico— es un diálogo entre dos hombres o el enunciado inconexo de un solo individuo. Según la interpretación, el sentido cambiaría del todo, pero en ambos casos se trata de un buen poema, un texto refinado. Keilty era lo contrario de otros inventores de lenguas

55. En *Quark/ 2*, etcétera.

como Schleyer o Bliss. No es de los que se convierten en misioneros de su invento, sino en su *personaje*.

¿Y no podría ser precisamente ese aspecto un indicio de ese misterio por mí esbozado sobre el vínculo entre la invención de un idioma y una crisis vital? No se inventa un nuevo sistema operativo, se inventa un nuevo marco, *el* marco. Y luego, aprendiendo el contenido de ese marco, encarnándolo, uno se vuelve una estructura subordinada, es decir, una estructura instruida y dirigida lingüísticamente por un mando a distancia, uno se convierte, pues, en un personaje literario en sentido estricto. No todos los hablantes del klingon se vuelven klingones, pero ellos encarnan la lengua con suma frecuencia, cuando se disfrazan y aparecen en las convenciones de *Star Trek*. Pero ¿qué ocurre cuando alguien, sin que nadie lo reconozca —como el rey de los cuentos que se pasea disfrazado entre sus súbditos—, se mueve entre nosotros como personaje de su propia cultura lingüística, solo sostenido por un disfraz mínimo, tal vez un simple cambio en el ángulo formado por el maxilar y el cuello, un nuevo movimiento de las cejas? ¿Podrían ser, al final, muchos? ¿Podría serlo cualquiera con su propio prashad bajo el sombrero, en la medida de que ese alguien, como aquel hombre llamado Y. que, con su fatídico persa del capitán, retiene los más íntimos acontecimientos de su alma? Mira a la gente en la calle o en algún edificio público. Mira cómo camina.

¿No es cierto?

4
Un sueño en el dormitorio de un niño: una parábola

En 1979, un joven de catorce años estaba sentado en su dormitorio en Milwaukee. Tenía pocos amigos. Sentía un vacío diario. Su madre había muerto hacía poco. Era como si hubiese naufragado, como si fuera un último vestigio de vida proveniente de una civilización anterior, con recuerdos de remotas festividades, de contacto corporal e intercambio, de sentido de la vida y de una misión. Ese joven había decidido dar forma a esa sensación vital, de modo que proclamó su habitación una micronación independiente de Estados Unidos. Su nombre es Robert Ben Madison. Su reino recibió el nombre de Talossa, que en finlandés significa 'en el interior de la casa'.

Le habló del asunto a su familia, a la que le alegró la idea y pasó a formar parte de aquel reino fundado en un cuarto. En los años siguientes, la micronación de Talossa creció gracias al boca a boca, llegando a convertirse en una pequeña comunidad viva que se reunía cada año en un parque de Milwaukee para celebrar una fiesta. La fantasía conjunta de aquel Estado se amplió a una monarquía constitucional, se fundaron partidos para los distintos temperamentos políticos, se publicaron periódicos y se fue completando y construyendo la historia oficial del país.

¿Periódicos en Talossa? Pues sí. La nación disponía de su propia lengua. Un idioma que Madison había creado a partir del ejemplo de algunas lenguas romances. Es uno de los idiomas artificiales más amplios del mundo. A diferencia de la gran mayoría de idiomas tratados en mi libro, esa lengua dispone de casos excepcionales y de verbos irregulares. Veamos un poema en talosano, tomado de internet y escrito en 1997 por un poeta desconocido de ese idioma, al que conocemos solo por su pseudónimo, Metrefieir Mac'hind, «Poeta Travieso»:

Queglhas

Noi demandent voastra
capitulaziun imediada es uncondiziunal

àl num dels pervuschlas din dels tavac'hosts
es dals beschciolas da toct i pläts!
Oc'h, es veleveu zemandarh-te
come grülts sint voschtri citaxhiens?
Undereveu quançeux da lor
povadréu descharh ainciün va basint da vagnha.
Blah blah blah, c'hor c'hor c'hor.

.

.

.

¡SPLAT!

Insectos

Exigimos vuestra
inmediata e incondicional capitulación
¡en nombre de todas las plantas de maceta
y de los animalitos de cualquier lugar!
Ah, además queremos saber:
¿cuán grandes son vuestros ciudadanos?
Yo solo pensaba en cuántos de ellos
cabrían en una bañera.
Bla bla bla, quejas, quejas, quejas.

.

.

.

¡PAF!

Este texto parece un poema infantil un tanto jocoso, en cierto modo satírico. Pero quien conoce la extraña historia de la nación de Talossa sabe que se trata, al mismo tiempo, de un poema trágico. Una amarga parábola de lo que vendría después: el derrocamiento y exilio del monarca Robert Ben Madison I., las guerras secesionistas entre 2004 y 2005, los años del exilio, el ascenso de los usurpadores, la reescritura de la historia de Talossa. En fin: se trata de la historia de los siglos XX y XXI reducida a dimensiones microscópicas y pulida como un guijarro.

Pasé varios días en la página web wiki.talossa.com, totalmente embriagado por los descomunales acontecimientos allí descritos. Los años de feliz cohesión de la comunidad duraron hasta 1996, más o menos. Entonces, como ocurre tan a menudo, llegó internet. Un escritor como el norteamericano Tao Lin escribe que es «un espacio metafísico construido en el silencio de millones de hogares».[56] De pronto apareció y se volvió de repente normal, cotidiano. Las GeoCities nacieron en un planeta Tierra metafísico. También Madison creó una página web que informaba sobre el idioma de Talossa y ofrecía a los visitantes interesados la posibilidad de pertenecer a esa micronación.

Hubo solicitudes de cientos de personas. Todas querían ser ciudadanas del *childhood bedroom dream* de un chico de catorce años. Y lo lograron. Se crearon asociaciones, estructuras estatales, instancias jurídicas. Con entusiasmo se jugaron las reglas de una monarquía.

Cada año se hacían más numerosos los ciudadanos *online* del Estado, se organizaban mejor, eran más fieles a Talossa, pero también se volvieron más desconfiados. Se preguntaban cómo habría sido el comienzo de la comunidad original en Milwaukee, en la gloriosa historia del país. ¿Existió de verdad? ¿O era solo una especie de un mito directriz, un *governing archetype*, una historia pensada y diseñada por Robert Madison para limitar y tutelar el comportamiento de sus ciudadanos en la red?

Los fieles empezaron a rebelarse, culpaban al monarca Robert I de controlar demasiado el Estado y, sobre todo, de ejercer

56. Tao Lin: *When I Moved Online.*

una influencia semejante a la del líder de una secta sobre los ciudadanos que estaban física y geográficamente más cercanos a él. Solo unos pocos de los preocupados *cybercits* ['ciberciudadanos'] tenían contacto con la comunidad física de Milwaukee. Se trataba únicamente de un círculo de amigos con un pasatiempo común. Pero en los mundos imaginarios de los ciberciudadanos ese círculo fue creciendo hasta convertirse en un régimen opresor.

Uno de los esos ciudadanos, un tal John Woolley, había descubierto de casualidad la página web del reino de Talossa y se había convertido en súbdito en 2005. Era estudiante de Historia, especializado en la monarquía británica, y manifestó tempranamente su malestar. Woolley, cuyo nombre en talosano es Ian Lupul, se comprometió cada vez más con el partido conservador del país. El rey Robert I., según Woolley, mostraba a las claras sus preferencias por una tendencia política concreta, algo indigno de un rey.

Una cosa no debemos olvidar: todo esto tenía lugar entre varones sentados frente a las pantallas de sus ordenadores. Sus emociones eran reales, solo la nación no lo era.

La inquietud se fue extendiendo a círculos cada vez más amplios. Es posible leer la histórica correspondencia de Estado en la página wiki.talossa.com. Un magnífico *rabbit hole*, apropiado para horas de cavilación nocturna, acompañado por un *loop* con los primeros álbumes de Can o de Tangerine Dream.

En agosto de 2005 llegó el momento. El rey Robert I., que una vez había fundado la micronación de Talossa en su propio dormitorio, abdicó por presión de sus enfadados ciberciudadanos. En un desesperado último acto, traspasó su cargo de rey a su entonces nieto de ocho años, el príncipe Louis Adam. En un artículo sobre Talossa se dice: «El príncipe Louis continuó siendo, *de facto*, el gobernante, hasta que su madre exigió que los talosanos eligieran a un nuevo rey, ya que le incomodaba ver a un puñado de hombres adultos hablando de su hijo en internet».[57]

Un usuario muy querido por todos, llamado Baron de Hooligan, fue uno de los primeros candidatos a ocupar el huérfano trono. Conservamos su humilde correo electrónico, en el que renuncia a esas funciones. Finalmente, la elección recayó sobre John Woolley, el programador y estudiante de Historia que, por lo visto, se consideró lo suficientemente apto para asumir la tarea de pasar noches enteras en internet arreglando los asuntos del Estado de Talossa. Desde entonces su nombre completo es: *John by the Grace of God, King of Talossa and of all its Realms and Regions, King of Cézembre, Sovereign Lord and Protector of Péngöpäts and the New Falklands, Defender of the Faith, Leader of the Armed Forces, Viceroy of Hoxha and Vicar of Atatürk.* Tiene cinco hijos y uno de sus dos perros es el perro nacional de Talossa.

Madison, por su parte, según sus propias declaraciones, empezó a recibir amenazas con regularidad. Le hackearon los ordenadores, amenazaron a su familia.

Pues bien: ahora que tenemos conocimientos más amplios sobre la historia del reino, veamos de nuevo el poema de Metrefieir Mac'hind:

Insectos

Exigimos vuestra
inmediata e incondicional capitulación,

57. Daniel Oberhaus: *The Strange History of Talossa, a Bedroom That Was Also a Country* (https://www.vice.com/en_us/article/ezx7a4/la-historia-de-tolossa-un pais-dentro-de-una-habitacion).

¡en nombre de todas las plantas de macetas
y animalitos de cualquier lugar!
Ah, además queremos saber:
¿cuán grandes son vuestros ciudadanos?
Yo solo pensaba en cuántos de ellos
cabrían en una bañera.
Bla bla bla, quejas, quejas, quejas.
.
.
.
¡PAF!

Insectos. Un término peyorativo. En las manifestaciones de desprecio hacia determinadas personas juega siempre un papel algún componente de la entomología. La historia de la discriminación racista es también la historia de una psicosis de contaminación, de ideologías de pureza.

«Exigimos vuestra inmediata e incondicional capitulación». En el año fatídico en que fue escrito el poema, eso fue lo que le ocurrió al rey Robert I. Su historia, en este caso, transcurre, como tantas otras cosas en nuestra época, en una inversión exacta a la sospecha expresada por Karl Marx en *El dieciocho brumario de Luis Bonaparte*, según la cual todos los hechos y personajes históricos universales tienen lugar dos veces, una como tragedia y otra como farsa. En este caso lo primero que ocurre es la farsa, incluso en su máxima gradación, la del *nonsense* inofensivo: un divertido poema sobre insectos en un extravagante foro de internet que luego se imita en forma de batalla real entre grupos humanos cuya enemistad se va haciendo cada vez más enconada y visceral, fiel al original hasta en sus últimas líneas, como dirigido por un mando a distancia: «bla bla bla, quejas, quejas, quejas». A la vista de tales modos de acción y tendencias uno se pregunta, obviamente, si la mayoría de los acontecimientos que irrumpen como aparente tragedia en el plan de la historia universal no fueron ya prefigurados en ridículas obras del sin sentido, en los juegos de los niños, y es pertinente preguntarse también si la farsa vista por Marx solo como escalón secundario lógico no es, en realidad, un vestigio del propio elemento de esas fuerzas que actúan en la historia universal, la representación del material mismo del que está hecha la historia.

En el artículo de Daniel Oberhaus publicado en vice en el año 2016, un texto en torno a las guerras de sucesión de Talossa, se cita a Madison y su íntimo deseo de volver a pertenecer a la nueva encarnación de ese país. Él sigue viviendo en Milwaukee, en su ciudad natal, donde trabaja como florista. Según Madison, a pesar de las extravagantes transformaciones sufridas, Talossa sigue siendo el sueño del dormitorio de su infancia, el planeta-hogar tan próximo y tan lejano. La expulsión de su cargo a principios del nuevo milenio fue, según él, la experiencia más traumática de su vida, peor incluso que la muerte de un familiar. Nunca ha conseguido recuperarse de ello. Por eso estaba reflexionando seriamente en volver a ser ciudadano de Talossa. Uno se pregunta, claro, si podrá alcanzar aún en vida ese objetivo, después de todos los conflictos políticos y luchas intestinas en ese mundo paralelo soñado por él, pero ahora poblado por gente nueva. En cualquier caso, cabría deseárselo.

Las pocas fotos que circulan de él en internet lo muestran cuando era joven, con el uniforme oficial del Estado de Talossa, saludando delante de una bandera de fantasía. Lleva el pecho repleto de órdenes. Su rostro irradia sentido de la responsabilidad y orgullo. En YouTube encontramos vídeos de hace diez años en los que se ve a Madison como un hombre ya maduro. Se lo ve leyendo en tono firme unos discursos dirigidos al pueblo de Talossa. Habla el idioma con fluidez. Parece muy apesadumbrado. Su nieto es presentado como rey en funciones. Antes la polarización de los frentes había sido demasiado dura, el exilio del viejo rey era absoluto.

Pero ahora, en junio de 2019, Madison acabó entregando su solicitud para, después de catorce años, volver a integrar su sueño de cuarto infantil. A continuación, algunos fragmentos de su extenso correo electrónico:

> Como inventor y fundador de Talossa quisiera pertenecer de nuevo a esa nación. Todo por la mera satisfacción de pertenecer a ella. Tengo algunas ideas para la revitalización de la política provincial, pero, para ser sincero, no pretendo convertirme en un ciudadano demasiado activo.
>
> Necesité mucho tiempo para comprender que después de la decisión del año 1996, la de permitir el ingreso de ciberciudadanos, el resultado —vuestro ascenso y mi caída— era algo inevitable. Ningún gobierno de Talossa podría ser nunca el dueño de páginas webs privadas, dirigir servidores o dominios. [...] Fui yo quien destruyó el sistema. [...] Hoy, cuando veo vuestras páginas webs, me sobrecoge una profunda sensación de orgullo a la vista de lo bien que habéis administrado este lugar y me siento perplejo ante lo poco que ha cambiado, como si partes de la Talossa en la que crecí se hubieran conservado en piedras de ámbar.

Más adelante, en el mismo correo, Robert Ben Madison ofrece, a cambio de su readmisión, todos los documentos que tiene archivados sobre los primeros veintiséis años de historia de Talossa, además de una caja entera con viejas pegatinas de coche en las que se ve impreso el escudo de la República de Talossa. Por otra parte, escribe, ha leído en alguna parte que el rey John jamás fue coronado en territorio de Talossa. Él estaba

en contacto con los dueños del Vuode Palace, donde tal vez en un futuro no muy lejano podría llevarse a cabo la ceremonia de coronación en el antiguo territorio del reino. Para esa ocasión él llevaría la auténtica corona de Talossa, la que él mismo portó en 1979.

¿El Vuode Palace?

En la página wiki.talossa.com encontramos la entrada correspondiente.

El texto explicativo sobre Vuode nos dice que así se denomina la provincia original y más antigua del reino. Al principio de su historia, toda Talossa se componía únicamente del dormitorio de esa casa (o de ese palacio, perdón). Claro. De eso se trata. De ese pequeño edificio, que durante todos esos años se camufló como una casa común y corriente situada en el estado terrenal de Milwaukee y que, desde la muerte del padre de Robert en 2006, estaba al parecer habitado por otras personas, emana todavía la cautivadora fuerza de la historia, una fuerza que alcanza a un puñado de hombres dispersos por todo el territorio de Estados Unidos. En 1998 se celebró allí por última vez la fiesta oficial de Talossa. Y, en 1980, el garaje del palacio se convirtió en escenario de una guerra (véase la entrada sobre las Cone Wars de 1980). Por supuesto que en la página wiki.talossa.com muchas cosas son como un guiño, la profusa cosecha de un fantasioso juego de rol practicado a lo largo de toda una década. Pero el dolor de Robert Ben Madison en los viejos vídeos de YouTube es grande y genuino.

A mí me conmueve esa maceta de flores cubierta de nieve que se ve en el vídeo, abajo, a la derecha. Te hace pensar de inmediato en el poema de 1997, aquella especie de parábola involuntaria.

Conlanging, la invención de idiomas, es una bonita ocupación para el tiempo libre. O mejor dicho: casi siempre empieza siéndolo. Pero también está relacionada con una angustia extrema, con traumas muy crueles, con la confusión de un dolor autista, con fantasías de venganza contra el mundo, con solipsismo, con la salvadora apertura de palacios interiores, cuando los espacios del exterior y, sobre todo, su controlabilidad —recordemos, si no, la gran palabra del Láadan *doroledim*—, se encojen al tamaño de un dormitorio o de una sola mente humana. Esos estados pasan también con suma rapidez. Quién sabe cuánto tiempo existirá Talossa todavía. La lengua de Samuel Delany floreció solo durante un verano.

También del volapuk —que en sus primeras décadas generó más de un millón de hablantes y dio lugar a una gran cantidad de conferencias en las que, según se cuenta, hasta los camareros en los salones hablaban fluidamente el idioma— encontramos hoy solo los ecos más remotos de un movimiento que, en su momento, fue gigantesco, en una suerte de antiefecto mariposa. Con asombro leo en las más recientes monografías sobre ese tema frases como: «En la Alta Suabia, al sur de Biberach, en la carretera septentrional de acceso a Fischbach, encontramos una roca con la forma de un pez. Fue colocada allí por la antigua asociación de veteranos de guerra, a modo de piedra conmemorativa por el centenario del emperador Guillermo I. En ella puede leerse el año 1887 grabado en volapuk: *balmil jöltum zülsevel*».[58] La frase lo tiene realmente todo. Sería el comienzo ideal de una novela. Pero se encuentra, por supuesto, al final, *muy* al final.

Las guerras de Talossa en los años noventa se parecen mucho a las pugnas en el ámbito del volapuk hacia la época del cambio del siglo XIX al XX. Los miembros pasaban la mayor parte del tiempo proponiendo reformas, chocando con sus ristras de proyectos contra la naturaleza pontificia de Johann Schleyer y, por último, concibiendo sus propias versiones de esa lengua universal, a la que dieron nuevos nombres: Idiom Neutral, Nal Bino, Balta, Bopal, Spelin, Dil, Orba. La academia del volapuk se volvió contra su inventor, que fundó de inmediato una academia alternativa. El volapuk no era tan solo una lengua con un pontífice (como, por ejemplo, el sistema bliss), sino incluso una lengua con antipapas, con cismas y procesos antiheréticos. Poco a poco, las rivalidades dentro de ella empezaron a aburrir a los suscriptores, que empezaron a ocuparse de otros asuntos.

58. Tomado del libro de Hans-Dieter Kuhn *Esperanto und Volapük in Konstanz.*

Johann Martin Schleyer murió en 1912 en Constanza, aislado, debido a un trastorno renal.

Existe en volapuk una palabra específica para definir un crecimiento involuntario: *luglof.* Y grandiosa es también la palabra para definir los ataques de apoplejía: *breiniflap.*

Pero a menudo uno se siente confuso:

> *nos* – 'nada'
> *nun* – 'noticia'
> *nud* – 'nariz'
> *nul* – 'nuevo'

Al cabo de un tiempo me di cuenta de que estaba aprendiendo el volapuk antiguo. Había algunas variantes modernizadoras, la más conocida es la de Arie de Jong. En su origen, Schleyer había retirado la letra *r*, pero De Jong la introdujo de nuevo y, a cambio, condenó a la *l* a cierto ostracismo. Pero, en fin: ¿por qué no aprender volapuk antiguo? A fin de cuentas es una lengua más muerta que el neo volapuk. En su discurso al ganar el Premio Nobel en 1978, el gran Isaac Bashevis Singer, al explicar por qué escribía sus novelas en una lengua en extinción, el yídish, dijo: «En primer lugar, me gusta escribir historias de fantasmas y nada encaja mejor con un fantasma que una lengua moribunda. Cuanto más muerta la lengua, tanto más vivo el fantasma».

Y los fantasmas, como sabemos, son siempre una buena idea.

Es muy posible, por cierto, que en mi fuero interno me gustara mucho esa actitud gruñona y pontificia de Schleyer. Me parece que por entonces yo iba camino de una actitud mental muy parecida. Tenía miedo de quedarme ciego, me comportaba como un tirano, como un acosador. Permanecía días enteros encerrado en habitaciones a oscuras, vociferando órdenes, torturando a todas las personas de mi entorno.

Una típica búsqueda en Google sobre los hablantes del volapuk durante la época del cambio de siglo: «Thaddäus Devidé, volapukista austriaco. Masón y autor del escrito *La nariz como punto de partida de trastornos de salud.* Murió en Viena el día 18 de mayo de 1907, el homenaje póstumo lo identifica como poeta». Es el autor de un poema titulado «*Minut bal*» ['Un minuto']. Pero no he podido averiguar nada más sobre él.

Minut bal
kömom, fugom nen sem veged;
vo, men vedom in bal minut,
gonom, kudom e vo lifom
minut te bal!

Un minuto
llega y pasa sin dejar rastro;
en un minuto nace un ser humano,
camina, se preocupa y vive realmente
¡solo un minuto!

Minut bal
ofeno motom vipi sembal
kel i deilom in bal minut;
ab ofeno dukom al läb
minut te bal

Un minuto
da a luz a menudo un deseo
que muere también en un minuto;
pero a menudo lleva a la dicha
solo un minuto.

Minut bal
sätom tifön ole ladi
täno minut binom vonik
ye dol lonedikum sukom
minut ate.

Un minuto
basta para robarte el corazón,
luego un minuto de alegría,
pero el dolor le sigue más tiempo
a ese minuto.

Y el poema continúa así un par de estrofas más, en variaciones infinitas, para acabar del modo siguiente:

Minut bal
kömom tädöl finön obis,
ab dledolöd leno ati,
e tikolöd: deil dulom
minut te bal!

Un minuto
llega, amenazante, para ponernos fin,
pero debes rechazarlo
y pensar: ¡la muerte dura
solo un minuto!

En realidad, *dledolöd* significa 'debes temer'. Al menos eso creo. A mi pregunta acerca de otros poetas del volapuk, Hermann Philipps, actual cifal de esa lengua en el grupo oficial de aprendizaje de Facebook, me recomendó al poeta Johann Schmidt. Encontré sus obras en Wikisource. Admito que mis conocimientos del volapuk se limitan todavía a ciertas reglas gramaticales y a un vocabulario tal vez de cien palabras. Pero incluso con esa precaria competencia capté de inmediato la extraordinaria y bella melodía sonora que poseen los poemas de Schmidt. He aquí uno. Para poder leerlo de forma correcta desde el punto de vista fonético, es preciso saber, como hablante del alemán, que las palabras del volapuk se acentúan siempre en la última sílaba y que las dobles vocales —como, por ejemplo, *ei* en la palabra *rein* ['lluvia']— se pronuncian por separado, como si fueran dos sílabas distintas. Aunque también eso parece variar de persona a persona. Y la *j* se pronuncia como una *sch* sonora o sorda.

Viol floron in jad e dag,
ti no logon deli,
toä glofon dis bled e stag,
gevon benosmeli.

Koveniko us in kein
lifon in mük e stil,
ga i pro on vam e rein
padosedons de sil.

Necesité mucho tiempo para acabar mi traducción, y ni siquiera sé si es correcta:

Una violeta florece a la sombra y a oscuras,
casi sin ver el día,
aunque crece entre hojas y tallos,
emana de ella una fragancia.

Cómoda en su magia
vive en silencio y humildad,
hasta el calor y la lluvia son para ella
dones del cielo.

Padosedons? pado = 'lado'; *sedön* = ¿'enviar'? Ni idea. Tengo que preguntar.

Bien, he preguntado.

Hermann Philipps aclaró lo siguiente en el grupo de Facebook: *pa* = 'pasivo', 'presente'; *do* = 'caer'/'hacia abajo'. «Hasta el calor y la lluvia son enviadas abajo por el cielo».

Vaya, de acuerdo.

Johann Schmidt vivió de 1895 a 1977. Nació en Weißkirchen, junto a la cordillera del Taunus. Una de sus obras se titula *Vom Zenith zum Nadir oder Wie Volapük spurlos verschwand. Eine Betrachtung* ['Del cénit al nadir o de cómo el volapuk desapareció sin dejar rastro. Una observación'].

La literatura en volapuk se encuentra en una situación realmente curiosa. Aún existen un par de friquis que lo saben leer. Está Hermann Philipps, el cifal, que reside en Bad Godesberg. De vez en cuando emite edictos, como ya hicieron otros cifales antes que él. Uno puede leerlos en la red. Parece un tipo sumamente simpático y amable, paciente y servicial.

Es probable que ya nadie lea los encantadores poemas de Johann Schmidt. Él mismo escribió un libro sobre los motivos por los que desapareció el volapuk. Esa lengua singular y subyugante en su originalidad no fue más que un breve sueño. Quizá muy pronto todos esos poemas serán incomprensibles, menos visitados que la cueva de Chauvet. Parece que al volapuk le ha sido deparado el más breve periodo de esplendor en la historia de la literatura y las lenguas.

Hermann Philipps me escribió en Facebook: «No es una lengua fácil de aprender. Cuando el volapuk hizo furor a finales del siglo XIX, era más bien un juego para los salones elegantes. [...] Pero nosotros no vemos el volapuk como la útil posibilidad de un idioma universal. Tampoco veo que el esperanto tenga mayores posibilidades, sin embargo, los europeos lo aprenden con mucha más facilidad que el volapuk».

En efecto, es una lengua muy difícil.

Estuve vinculado al volapuk en la oscura época en la que, debido a una misteriosa enfermedad autoinmune en los ojos, apenas podía leer y —todo hay que decirlo— casi me estaba volviendo loco. En el fondo, hay tres años que han sido borrados de mi vida: entre 2013 y 2016. Al final todo fue bien. Pero eso es historia para otro libro. *Eat Meat and Save the Planet.*

Acabamos de corroborar que el volapuk es duro de aprender. Lo admite incluso el actual cifal. Tanto más satisfecho me sentí cuando comprobé que entendía a la primera algunas frases del siguiente poema de Johann Schmidt, una especie de poema visual. He marcado lo que he entendido en una nota a pie de página.

Trod

Nif
in zif
e länäd
äsä tapäd
su glun seaton,
su bel, fälid e fon.
Glidob oli, o nifüp!
tegol tali fenik dü tüp
nesofik semik me nif e glad;
ye dis kold, nif e glad – o
menalad!
ekö! glof nulik dönu eprimon,
si! ebo dub stil glof pafödon.
Demü atos glidob oli,
o nifüp! ibä soli

no obevikodol[59]
ed oreigon
sus bel e fon.
sus fälid
ko nid.
Yö!

Pero empecemos por el principio:

Nieve
en ciudad
y campo
como un...

Me pregunto qué quiere decir *tapäd.* Una palabra muy extraña. No la encuentro en mi viejo diccionario. Sé que *ta-*, como prefijo, significa 'contra', 'anti'. Y *päd,* según mi diccionario, es 'pastor', 'cura', 'sacerdote', 'misa mayor'. ¿Qué?

¿Un anticura, un antipárroco?

De acuerdo, seguramente es un error, pero lo traduzco exactamente así, ya que me parece guay. Por favor, escuchad esos versos:

La nieve
yace sobre la ciudad
y el campo
como un anticura.

Lo siento, Hermann Philipps. Y lo mismo digo a todo aquel ahí fuera que hable fluidamente el volapuk. Por cinco segundos soy el anticura del volapuk.

59. Por lo que yo te saludo, oh, invierno, porque no vencerá a los soles (algo por el estilo).

Pero, un momento. ¿Podría *tapäd* significar *Tapete*, que es 'papel pintado' en alemán? Por su sonido, las palabras del volapuk se asemejan a menudo a las alemanas.

Pues no. Según el diccionario nuevo, quiere decir 'alfombra'.

La nieve
yace sobre la ciudad
y el campo
como una alfombra

Eso es.

Está, además, la rima, que hemos olvidado del todo.

Plana sobre
la ciudad y el campo
yace la nieve
como un antisacerdocio

Lol.

Aún no hay consonancia silábica, pero suena *groovy*, con ritmo. En un principio, ignoro la alfombra.

¿Cómo consiguen los traductores de poesía no volverse locos?

Pero fue precisamente eso lo que pude sacar: una traducción de la poesía más remota, una traducción amante del detalle y sin cortapisas. Fue todo lo que pude llevar a cabo en aquella época en que apenas nada me funcionaba. Depresión, pánico y muerte, y también —casi olvido mencionarlo— un brazo derecho cada vez más inmovilizado e insensible. Y trastornos del habla. Mi campo visual estaba lleno de puntos ciegos, aunque para traducir, por suerte, no es necesario estar mirando durante horas, fijamente, las páginas de un libro. «Levanten la nariz cuando traduzcan», ha dicho Swetlana Geier, la gran traductora de Dostoyevski.[60]

Hoy puedo leer de nuevo, paso horas haciéndolo, y lo hago incluso con concentración, como cuando tenía diecisiete años. Es increíble. Y puedo caminar por un barrio residencial y contemplar todos esos balcones. Todo aparece completo, sin puntos ciegos. Nunca lo olvidaré. Sé que aquí estamos hablando del volapuk, pero, madre mía.

La nieve como alfombra, un verso formal, digno de un salón, un verso de cuello alto. No quisiera continuar malinterpretándolo todo, al más puro estilo de Ezra Pound, hasta que surja la poesía, pero en un principio me quedo con mi *antisacerdocio*. ¿Entonces qué pretendes hacer, chaval? Ir a tu conferencia sobre idiomas universales y cambiar el sentido de las sílabas. Quítate el arpa de la tupida barba cuando hablo contigo. Además, *realtalk*, observa esa nieve que yace por todas partes. Mírala cómo predica en su eterna dirección opuesta. *Word*.

60. En un libro dedicado a la labor de Swetlana Geier, la estudiosa Taja Gut cita unas palabras de la traductora ucraniana. Al referirse esta última a su profesora de alemán, la señorita Freimann, la señora Geier contaba lo siguiente: «No tenía idea alguna de traducción ni de idiomas, pero sabía que no se podía traducir apegándose a las frases del original. Era preciso traducir con la mirada despejada. Siempre nos repetía: "¡Levanten la nariz cuando traduzcan!". Es decir, cuando yo traducía, no tenía necesidad de avanzar de izquierda a derecha, como una oruga, a través de las líneas, sino, precisamente, de "¡levantar la nariz!". Tenía que traducir incorporando primero la frase en mi interior para luego traducirla sin mirar a la página, cosa que sigo haciendo hoy». En gut, Taja, *Swetlana Geier. Ein Leben zwischen den Sprachen. Russich-deutsche Erinnerungsbilder*. Dornach: Pforte Verlag, 2011. (Citado en M. del Carmen Balbuena Torezano, «"Nase hoch beim Übersetzen": Notas acerca de la traducción literaria alemán-español»; en *Hikma* 12 (2013), 9-22). (*N. del T.*)

Ese casi pudo haber sido el título de este libro: *La nieve como antisacerdocio*, pero habría tenido demasiado misterio y muy poco jazz. Otro título alternativo era *Entropía señora Travelog*, pero ¿quién podría firmar un libro titulado así? *Lol* hubiera sido también bonito, con la imagen de una rosa rodeada de sus cohesivas hermanas.

Los versos *ed oreigon / sus bel e fon* me siguen resonando aún, años después de haberlos oído por primera vez. Con regularidad vagan por mis oídos, como fantasmas. Entretanto se han ido puliendo de tanto repetirlos y se han convertido en «*Ed Oregon, aus Belefon*» ['Ed Oregon, de Ladrafon'], y pienso entonces en un hombre de Oregón que posee un teléfono que ladra, o algo parecido. Lo he probado todo para librarme de ese pegadizo estribillo poético, pero cada vez que lo creo superado se pone a chirriar sin previo aviso en mi memoria. Por supuesto que también he intentado traducirlo. *Oreigon* significa 'reinará/gobernará'. O sea, al final sería: 'Y reinará/gobernará / sobre montes y manantiales'. Ed Oregón de Bellefon, Nebraska.

pulöfob: 'habré sido amado'.

Cien años de viejos periódicos nos aseguran que en Graz los adeptos del volapuk eran todos mujeres. En volapuk, *jiedön* es la palabra para *cagar* y lleva extra la partícula prefija femenina *ji*, es decir que *ji-edön* significa algo así como 'deponer a la manera femenina'. Y, debido a su forma, que recuerda unas piernas abiertas, la palabra para tijera es *jim*. En su propio curso de volapuk, Johann Schmidt nos enseña lo siguiente:

> el prefijo *ji* determina los términos femeninos; *jifit* = la hembra del pez; *fit* = pez; *jigok* = gallina; *gok* = gallo/pollo; *jireg* = reina; *reg* = rey. El prefijo *ho* designa a los seres vivos masculinos castrados; *hogok* =

capón; *gok* = gallo/pollo; *hojip* = carnero castrado; *jip* = oveja. El prefijo *jo* (como *ho*) designa a seres vivos femeninos; *jogok* = gallina troceada; *gok* = gallo/pollo.[61]

En general, el antiguo volapuk, a pesar de todas sus cosas bonitas, era un idioma muy estricto en cuanto a la separación de géneros. Tan estricto, de hecho, que ni siquiera encontramos la palabra para gato en el diccionario original del volapuk concebido por Schleyer, del año 1880. Solo encontramos el vocablo que designa al gato macho, *kat*, y al gatito, *katil*, es decir, solo al padre y al hijo, pero a la madre ni se la menciona, como en la trinidad católica. Es probable que para designar a la gata hembra se diga *jikat*.

La más reciente versión de la lengua es en ese punto mucho más relajada. Pero bien, los idiomas artificiales son siempre autobiografías (y la poesía escrita en ellos, al menos en esbozos, es siempre algo semejante a las *fanfic* o ficciones de fans). ¿Pero una lengua sin la palabra *gato* (en genérico)? ¡Madre mía! Y luego uno se asombra de que tu volapuk no haya dado lugar a ningún meme.

En Láadan, *gato* es, simplemente, *rul*.

5
Diario, meses después

7.11.2015
Con Sarah en la exposición sobre Ernst Herbeck en Gugging. Muy emocionado. Una postal de W. G. Sebald a Herbeck.

61. Tomado de *Lehrbuch der Weltsprache Volapük für Deutschland und die deutschsprachigen Länder* (1933), editado para internet por Hermann Philipps: http://www.hephi.de/volapuk

El viejo vídeo de una lectura pública que uno podía escuchar sentado bajo una especie de sombrilla de papel. La voz aterciopelada de Herbeck, casi sin consonantes, la cual, a pesar de las dificultades que tenía para hablar, se mueve lentamente, a paso de bicicleta, por los versos de sus poemas.

A unos metros del museo veo una tapa de alcantarillado y, al lado, un cartel que dice: «¡Cuidado! ¡Dejad libre la tapa de escape!». La vida en la clínica psiquiátrica era todo menos agradable o romántico-artística, como bien puede verse en el documental de televisión *Zur Besserung der Person* [‘Para mejorar a la persona’]. Uno se pasaba la mayor parte del día a la espera de algo. Parado en los corredores, ocupado con algo, tumbado en la cama, al menos mientras fuera soportable. Los regulares y disfrutables *highlights* del día eran los cigarrillos fumados.

Cuando estábamos de regreso, descubrimos un árbol completamente pelado salvo por las hojas que colgaban directamente bajo una farola en una calle bien iluminada. Mi cabeza estaba a desbordar con frases raras como «de nuevo la grúa mueve de un lado a otro su brazo de tocadiscos» o «en la Luna yacen dos pelotas de golf, y aquí hay leones». Ni idea de dónde salen. También resuenan en mi cabeza toda suerte de palabras del volapuk, palabras que murmuro sin más. *Esepülobs libi*, el verso de un poema de Johann Schmidt. ¿Acaso Herbeck y Edmund Mach escribían en lenguas inventadas? En parte, quizá. Pero no intencionadamente.

Más tarde, fui con Sarah y Samantha a una visita nocturna guiada por el palacio de Schönbrunn. Con unos aparatos para ver de noche que molestan en el arco nasal, nos guían a través de un zoológico oscuro como boca de lobo. Los lémures se acurrucaban entrelazados y dormían; un mono grande apoyaba el mentón sobre una rodilla y nos observaba, una rara visión nocturna delante de su vallado. El rugido de los leones me taladraba los nervios, creándome un estado de alarma inmediato, antiguo, elemental. «Vaya, de ahí debió surgir la frase anterior», pensé. El *Hic sunt leones*. Y también la frase *Esepülobs libi*, que significa 'hemos enterrado la libertad'. Más tarde, durante la visita a través de aquel mundo de animales despojados de su libertad, noté que, cuando oscurecía, estaba completamente ciego en la parte central del campo visual. Siempre tengo que echar una breve ojeada a las cosas que me interesan, como los jesuitas, que preservan la *custodia oculorum*. Tuve una impresión fantasmal al mirar a Sarah y ver que su cara era una especie de enorme dedo pulgar con pelos alrededor. Solo cuando le vi la oreja noté de nuevo sus rasgos faciales.

Esepülobs, esepülobs
us älilobs smili.

Es de locos el modo en que esas sílabas ambulantes y bufonescas, ese *bliblüblö bibups*, ese volapuk en inglés y alemán que parece inventado por un bebé, *blub blub bilööö*, puede ser al mismo tiempo conmovedor y parecer genuino, con tan solo aprenderlo un par de centímetros más para, de golpe, poder identificar por lo menos un diez por ciento de las palabras en una línea de verso. ¿Cómo es posible?

Al día siguiente, mientras buscábamos la tumba de Thomas Bernhard en el cementerio de Grinzing, Sarah me enseñó unos *sun dogs* (unos parhelios) en el cielo. También halló el rastro de un arco paralelo que flotaba por encima de los parhelios. Sospeché que podría ser una de esas mujeres con visión tetracromática. O tal vez sea que yo no veo bien los colores. Ni idea. Vimos también una fábrica de insecticidas (Zacherl) construida en un estilo algo parecido al de una mezquita. Una tumba suntuosa en el cementerio de Grinzing llevaba el nombre de un tal conde Dumreicher von Österreicher. Un *Dummreicher Österreicher*, algo así como un *austriaco mentecato.* Jejejeje. *Löfobbb. Pulöfob*, por favor.

6
Apéndice

El poema de Johann Schmidt citado en esta entrada del diario —el último de mis diarios en los que se hace mención al volapuk— dice lo siguiente:

Esepülobs libi
dü dag e tep vemik;
no elogobs strali
lita zü sark blägik.

Esepülobs libi,
e komanef smalik
no älogon meni
votik ko dol legik.

Mens äcogons in doms,
us älilobs smili,
du ün neit ko toms
esepülobs libi.

Hemos enterrado la libertad,
fuerte soplaba el viento de tormenta;
nada veíamos, de tanta oscuridad,
ni la clara luz radiante
en torno al sepulcro negro.

Hemos enterrado la libertad,
y el pequeño grupo

no vio que los de otros seres
son dolores ciertos.

La gente bromeaba en las casas,
y oíamos las risotadas,
durante pesarosas noches
llevamos a la tumba la libertad.

Johann Schmidt era músico, había aprendido a tocar el violín siendo un niño. A finales de otoño de 1915, mientras servía como soldado en la Primera Guerra Mundial, lo hirieron en ambos brazos y nunca más pudo tocar el piano. En Estrasburgo acompañaba a veces al piano, por las tardes, las películas mudas que pasaban en un pequeño cine. Más tarde se dedicó a construir aparatos de rayos X en las Fábricas Veifa de Fráncfort. Un buen día, revolviendo partituras en una tienda de anticuario, descubrió un libro sobre el idioma universal volapuk. En un artículo suyo, publicado a muy avanzada edad y titulado «Mi trayectoria», Schmidt escribe: «Busqué luego en los periódicos a antiguos adeptos de esa lengua desaparecida hacia 1895. Pasaron dos o tres años hasta que encontré a los primeros, con la ayuda de los cuales todo avanzó con mayor rapidez. Hasta que, por último, encontré unos veinte en Alemania, en Suiza y en Austria». Schmidt tradujo numerosas obras y amplió el vocabulario del volapuk en más de diez mil palabras. En 1933, tras la introducción del cine sonoro, perdió su empleo de pianista acompañante. Su compromiso con la lengua universal se volvió de todos modos sospechoso. No volvió a encontrar trabajo en ninguna parte. Ni siquiera le quedaron los alumnos de música. Un funcionario con buenas conexiones, que preservaba en secreto cierta debilidad por el volapuk, le tendió una mano auxiliadora. Schmidt afirma:

«Durante mis visitas, yo notaba que él suministraba algo de pan y otras cosas a cierta gente perseguida por entonces». Por ese tiempo murió su primer hijo, Robert, y a Schmidt lo trasladaron a su ciudad natal, Weißkirchen, en la cordillera del Taunus, en calidad de obrero para suministros de guerra. En una fábrica completamente vacía, en la que tuvo que prestar sus servicios y sobre la que a cada rato caían las bombas, continuó escribiendo, por las noches, nuevos manuscritos para la enseñanza de amigos que, entretanto, se habían vuelto inalcanzables. Schmidt dedicó las últimas décadas de su vida al trabajo en una amplia crónica de Weißkirchen. «Sea como fuere, creo que mi vida ha valido la pena», escribe. «Y no solo desde el punto de vista familiar, sino también por el servicio a la comunidad. Tuve la suerte de retener algunas cosas de aquel pasado».

En ese sentido, aunque no solo en ése, quisiera citar otro poema de Johann Schmidt, quizá el más bello de cuantos escribió. Si solo se tradujese el contenido, el texto perdería mucho de su ligereza melódica, que quizá esté casi a la altura de la de Keats o de Heine. Eso, siempre y cuando uno se haya familiarizado con el maravilloso y algo cómico sonido del volapuk. Me gustó particularmente la palabra *fogastrips*, que salta a la vista por su severidad medio seria. *Fogastrips e breiniflaps*. 'Velos de niebla y ataques de apoplejía'. De algún modo, sería otro buen título para un libro. Pero solo en volapuk.

Flukiip

Fogastrips lunik vebons sus glun,
böds emoikons sa solaglut.
Teps rorons sovadiko ön zun,
letuigs dremons in tepavut.

Bleds lätik edofalons de bims,
valöpo tegons gluni gedik.
Nu binos flukiip. Adyö! o drims!
– ag! – adyö! o hitüp lejönik!

Ta fenäts reinatofs falons.
Seadob soaliko in cem
e tikods glumülik davedons,
lif oba beivegon in mem.

Flens obik takädons in sepüls.
Senälob osi de düp lü düp
das binob bäldik; e dü flapüls
lad obik spikon: »Binos flukiip.«

Y ahora mi versión, que flota lo más cerca posible por encima del original:

Otoño

Mira cómo se hinchan los velos de niebla.
Hubo aves aquí, junto a rescoldos de sol.
Rugen las tormentas azuzadas y salvajes,
hacen que las ramas silben en su ira.

Las tardías hojas cayeron en torno a los árboles
y orlan la tierra gris en derredor.
De nuevo es otoño. *Adieu!* ¡Oh, sueños!
¡*Adieu*, verano, la más bella estación!

La lluvia entra por la ventana, como un animal.
En casa estoy con mi espíritu en congoja.
Solo me vienen pensamientos tristes
y toda una vida me pasa por el lado.

Y mis amigos reposan en la tierra.
Pienso cada día en mis caminos,

que yo también pronto estaré en mi tumba.
Y mi corazón habla entre sus latidos:
«Es otoño. Para moverse no hay motivos».

Lo admito: el último verso lo he añadido yo. En el original solo dice: «Es otoño». Pero me gustó, como una especie de antisacerdocio final. Sin el poema y el codazo de las rimas jamás se me habría ocurrido. También traduje el resto un poco libremente, por afecto con ese hombre tan desconocido para mí, a pesar de conocer algunas de las estaciones de su vida, un hombre que lleva con tanta dignidad su invisibilidad para la historia universal, día tras día y año tras año, al punto de que uno quisiera recuperar casi la fe en el advenimiento de una era del ser humano.

7
El final

El lingüista Alexander John Ellis menciona en sus escritos a una niña de Chicago que creció con el volapuk como lengua materna: Corinne Cohn. Su padre fue el célebre profesor de volapuk Henry Cohn, que educó a su hija, desde pequeña, *en las lenguas universales*. Corinne nació en 1882. Su talento para los idiomas es mencionado en algunos artículos de periódico dedicados a ella, si bien la mayoría de esos textos constan tan solo de un par de líneas con generosas y dispersas palabras de alabanza general en la sección de «Misceláneas».

El 29 de enero de 1888, el periódico *New York Herald* informa de una visita de su corresponsal a la casa de los Cohn en Cass Street. La hora de la visita fue las ocho de la noche, «*the proper hour*», como apunta el periodista. Corinne era una niña despierta de seis años, algo pequeña para su edad, pero muy conversadora. De inmediato le presentó a su muñeca: «Esta es mi muñeca más pequeña. Aunque es la más alta». Esto, según el corresponsal, le pareció a la niña un gran contrasentido, pero ella había aprendido a vivir con tales contradicciones. Se sabía de memoria poemas de Hugo, de Heine, de Longfellow y de muchos otros y podía recitarlos en el idioma original. Sus padres hablaban en casa «*nearly all the Continental Languages*», casi todas las lenguas continentales.

En 1909, Corinne se casó con un tal Leo L. Half. El 18 de octubre de 1916 nació su hijo, al que llamó como su padre, Henry. Corinne trabajaba como profesora en la Northwestern University. Tuvo otras dos hijas, Madeleine y Helen. Durante mucho tiempo vivió con su marido y los tres hijos en Allegheny, Pennsylvania. Por lo visto, a la familia no le iba nada mal, porque en un inventario se menciona a una empleada del hogar, Victoria Sidwin, una inmigrante polaca. El 22 de enero de 1932, Corinne, que entretanto era la presidenta de la rama de Pittsburgh del Council of Jewish Women, dio una conferencia sobre la evaluación de la cohesión y el espíritu de equipo dentro de una organización, una conferencia que complementó con «*a very inspiring group of poems*».

Corinne murió el 11 de julio de 1965, a la edad de ochenta y tres años, en Oakland, Pittsburgh. Había sobrevivido a su marido diecinueve años. «*Corinne Cohn Half (!), of the Webster Hall Hotel, died*», dice la noticia. No sé con exactitud qué quiere decir lo del «Webster Hall Hotel». Probablemente fuera su domicilio oficial. ¿O sería la dueña? No, eso seguramente no. Este es el edificio:

En una de sus muchas habitaciones murió la que probablemente fuera la única hablante nativa del volapuk que ha existido alguna vez en el planeta. En sus años jóvenes, se había comunicado con su padre en esa extraña lengua —y quizá, de vez en cuando, con otros adultos entusiastas del volapuk—, pero no sabemos si le gustaba hacerlo. Tampoco sabemos de qué temas hablaban con ella. Es posible que le formularan preguntas corteses, como las que solían hacerles a los niños unos adultos que usaban chistera, monóculo y guantes blancos. Es muy probable que, en aquella época, ella fuera la única niña en todo el mundo en una situación semejante y, como tal, aquello representaba el inicio de un futuro lingüístico brillante que luego nunca se concretó. O, si lo hizo, fue solo de manera puntual y fugaz. Solo en ella, en nadie más. También ciertos momentos muy breves duran toda una eternidad, como se sabe.

Después de varios días buscando en estadísticas de censos y en viejos diarios digitales, desarrollé una misteriosa confianza con Corinne: estoy seguro de que más tarde nunca volvió a hablar el volapuk. Por lo menos es lo que le deseo, casi un siglo más tarde. No sé si esto se puede entender. Por supuesto que la gramática de Schleyer y el vocabulario estarían aún bien presentes en ella —incluso en la dama de ochenta y tres años cuyos hijos, por suerte, eran ya adultos desde hacía tiempo cuando a su madre le llegó la muerte—, pero confío en que esas singulares secuencias de sílabas se hubieran diluido antes en algo remoto y alegre, en una melodía cantada en la infancia, pero que más tarde ya no la conectaban con nada verdaderamente importante. En esas sílabas y en esa melodía Corinne había hablado con su padre cuando era niña, tal vez desde su diminuto *childhood bedroom* en Chicago.

A su padre, el ojo siempre cubierto con el monóculo a través del cual ve el mundo, le cuesta algún esfuerzo seguir las frases que su hija dice a toda velocidad. Pero entretanto la niña habla de todos los temas imaginables, no solo a modo de demostración, como prueba de la visión del cifal Schleyer: la aptitud del volapuk como lengua universal. No, Corinne tiene otros problemas sobre los que hablar, problemas reales. Tal vez la gata de un vecino que se ha quedado preñada y para la cual ni siquiera existe una palabra adecuada... *Jikat. She-cat.* Cada vez con más frecuencia, cuando habla de esa gata, deja fuera la sílaba femenina. El padre la corrige, porque eso sí que sabe hacerlo bien. Es un hombre al que siempre, en todas partes, le llaman la atención los errores. Cada vez que su padre responde a sus preocupaciones, necesita bastante tiempo. Al final siempre se le nota lo que quiere: que alguien lo alabe por pronunciar sin errores cualquier frase en esa lengua universal. Sin embargo, el pontífice, de quien pudiera salir esa alabanza, está lejos, en Europa. Al otro lado del océano. Corinne no sabe mucho acerca de él. ¿Podrá sobrevivir a los días fríos el gatito que ha nacido bajo el porche? Ya es otoño. *Nu binos flukiip.* Pobre pequeña nueva camada bajo el porche. Hay tantas cosas que decir. Para cada nuevo pensamiento y cada nuevo suceso es preciso inventar una nueva palabra. Y los adultos no hacen más que estar ahí, se llevan la mano al ala de la chistera y asienten con aprobación. Todo tiene que hacerlo ella sola.

UMZAKA. LA POESÍA DEL *NONSENSE* Y SU DOBLE

> Visiblemente, piensa en un mundo que estaría exento de sentido (como uno está exento del servicio militar).
>
> ROLAND BARTHES

I
Con exclusión de los oyentes

Algunas canciones y poemas de los Mesquaki, un pueblo históricamente ubicado en la región de los Grandes Lagos de América del Norte, que hoy cuenta solo con unos pocos miles de miembros y cuyo nombre en desuso es Fox, fueron reunidos en los años setenta en el libro *Shaking the Pumpkin: Traditional Poetry of the Indian North Americans.* El siguiente poema acompaña el ritual de visitar una cabaña para sudar:

A gi ya ni a gi yan ni i
A gi ya ni a gi yan ni i
A gi ya ni a gi yan ni i
A gi ya ni agi ya ni
Cielo
A gi ya ni i a gi yan ni
A gi ya ni i a gi yan ni
A gi ya ni

¿Ha notado cómo uno se aferra de inmediato a la única palabra comprensible del conjunto? La que reina en el medio, en su trono: cielo. Con sus dos escasas sílabas, es casi un grito que opaca a todas las demás sílabas recogidas en un poema cuyo *sentido* no comprendemos de inmediato. ¿Pero acaso esas *otras* sílabas no eran, con toda probabilidad, el asunto principal? Sin ellas el poema no funcionaría, no tendría piel ni ojos ni motor. «Cielo». ¿Por qué nuestra mirada se aferra tanto a esa palabra conocida? En un texto, el magnetismo de palabras con un significado claro, ¿cuánto nos ciega para amplios continentes de poesía cuya visita regular, a pesar de todo, nos haría tan bien?

¿Puede decirse que este poema contiene versos del *nonsense*? Posiblemente no. Pero ¿cuán lejos está de ello? ¿Es posible *entender* esas sílabas que, por lo visto, no son tan fáciles de traducir cuando uno no habla Mesquaki?

El poeta estadounidense Ron Silliman,[62] vergonzosamente desconocido por estos lares, escribió en su ensayo *Disappearance of the Word, Appearance of the World* sobre este poema de la cabaña ritual: «Con independencia de ciertos ensayos explicativos específicamente antropológicos, no existe apenas en la actual teoría literaria un lugar para este tipo de poesía, no existe mecanismo disponible para situar este poema junto a la obra de Dante, Li Bai o Tzara». Silliman lamenta la ausencia de tales poemas en los planes de estudio de Literatura Comparada, un hecho para el cual ni siquiera el racismo podría ofrecer una explicación satisfactoria. «La ausencia de puntos de referencia externos se malinterpreta de forma general como ausencia de significado».

Se ha escrito y reflexionado mucho sobre la llamada poesía del *nonsense* y sus regiones marginales. Las lenguas inventadas

62. Su temprano poema «*Ketjak*» es para mí una de esas fuentes energéticas de la literatura mundial que deberíamos visitar por siempre.

de forma espontánea, improvisadas y sin reglas, son algo muy distinto que las lenguas construidas, pero para el ojo no entrenado ambas tienen a menudo, a primera vista, un aspecto similar. Es parecido a lo comentado por John Cage en su diario: «Dicen que la música totalmente determinada y la indeterminada suenan igual».

El sentido de un lenguaje despojado de sentido puede ser excluir a los oyentes de un modo fructífero, iluminador y narrativo de los cauces directos de la comprensión. Un primer ejemplo moderno y bien tangible lo constituyen las piezas en grammelot del dramaturgo italiano Dario Fo. Recuerdo todavía cómo en el año 2003 viajé por primera vez a Venecia con J., mi novia de entonces. Recuerdo que pasamos unos días agradables, salvo por un misterioso desmayo que sufrí al entrar al primer *vaporetto* en la estación, pero del que me recuperé bastante rápido. Durante años había afirmado ante todo tipo de gente que había estado en Venecia, y ahora que de verdad estaba allí, todo era exactamente igual a como yo me lo había inventado, una invención motivada por no sé qué tipo de coacciones de la inmadurez. Solía charlar con esas personas en un italiano imberbe, pero muy pagado de sí mismo, un italiano lleno de errores que se enmendaban de forma recíproca y daban lugar a insólitos instantes de una comprensión impecable, por lo que al cabo de un rato me embargaba la ilusoria sensación de sentirme en casa hablando esa lengua. En una ocasión llegué incluso a comprar un bastón de paseo, solo porque conocía la palabra que lo designaba. Luego caminé por las calles de la ciudad apuntando con el bastón a todo lo imaginable, como un barón enloquecido. Cuando uno se mueve por el mundo con tal desparpajo, bien puede ocurrir que en poco tiempo te veas delante de un espejo distorsionador o caigas en brazos de un *Doppelgänger* espurio. En una librería en la que, por casualidad, se había interrumpido el servicio eléctrico, encontré en la sección de teatro una cinta de VHS (eran los últimos años activos de ese medio de reproducción) con la obra *Mistero Buffo*, de Dario Fo, en una grabación de la RAI (Radiotelevisione Italiana) de los años setenta. En la cubierta podía verse al propio Fo como una figura de cómic esbozando una mueca grotesca. La pieza es un pase de revista a los misterios medievales, adaptados en parte y con detalles ajustados a la época actual. En cada escena actúa únicamente Dario Fo y, salvo por el gigantesco micrófono pegado al pecho, no hay ningún elemento de atrezo. Algunas escenas las entendí a la perfección. Otras, apenas. Al final se vio que se trataba simplemente de las escenas interpretadas en italiano. Sin embargo, las escenas que yo, como en un sueño, había entendido, habían sido interpretadas en grammelot.

Esa curiosa palabra designa una técnica del habla en la que se hace como si se hablase un idioma, con la típica melodía y pronunciación, aunque en realidad solo se reproducen sílabas sin sentido. Aunque no, no es del todo así. «Sin sentido» es una expresión errónea. Porque yo entendí el sentido de las escenas y me sentí muy conmovido, a veces incluso me divertí. Un buen ejemplo de grammelot es el monólogo de Charlie Chaplin imitando el alemán en *El gran dictador*, un discurso al que tampoco se lo podrá acusar tan fácilmente de pronunciar palabras sin sentido. Un fenómeno interesante en este caso, por cierto, es que la mayoría de las personas, de forma parecida a la célebre *incapacidad de hacerse cosquillas uno mismo*,[63] tiene por lo general grandes dificultades para hacer grammelot en su propia lengua materna. En Dario Fo las escenas

63. Aparte, claro está, de la acción de pegar la punta de la lengua al paladar. Si le parece, inténtelo.

en grammelot discurren en torno a representantes de distintos dialectos italianos (con entonación antigua), pero también sobre protagonistas de habla inglesa o francesa.

En *Mistero Buffo*, una de las piezas breves en grammelot es «El hambre de Zanni», la historia de un hombre con un hambre descomunal que se prepara un banquete espectacular a partir de distintos ingredientes y se devora incluso a sí mismo tras sacarse de la boca el intestino, que todavía está en proceso de digestión, y seguir comiéndoselo. Al final llega a comerse una mosca diminuta que se ha extraviado en la cocina y es ella la que parece saciar del modo más eficaz su hambre universal. El Zanni es un personaje canónico de la *commedia dell'arte*, tal vez comparable con el *Hanswurst* alemán o con otras figuras clownescas. En su monólogo de Zanni, Fo mezcla el italiano con un grammelot onomatopéyico, percusivo, lo cual se ve a continuación en el texto impreso de *Mistero Buffo* (con mi traducción de las indicaciones del director):

> Fruuoooh ... Sproh ... Fesciouaaah ... Trifihiee!
> Blande su intestino imaginario como si fuese un palo, empieza a masticarlo y a tragárselo como si se tratase de una salchicha infinita. Mastica y comenta, lleno de felicidad:
> Sgnagui que brossolo smagnasent lüganegosa...
> Gne, gna gnitraguí.
> Un último eructo lleno de satisfacción. Se frota la barriga hasta el cuello. Luego, decepcionado, desesperado:
> *Ohi, la fame che tégno! Me magnarèsse i monti, le valàde, le nívule.*

Las dos últimas frases vuelven a ser comprensibles: «¡Ay, qué hambre tengo! ¡Podría devorar las montañas, los valles, las nubes!».

He ahí una primera cualidad importante del fenómeno que pretendemos abordar: una imitación explosivamente poco lograda. Ante la audiencia surge un simulacro que, ni con la mejor voluntad, permite ya el clásico ciclo de comprensión que iniciaría la cosa imitada por ella. Como espectador uno queda fuera, excluido, y ve nítidamente, ve otras cosas. Pero ¿qué cosas? ¿Vemos lo familiar *con ojos ajenos*? Ahora bien: ¿qué significa *ajeno* en ese contexto? No, nada de eso suena bien. Para comprender mejor el misterio, veamos otro ejemplo de signos parecidos a un lenguaje, inventados de forma espontánea, signos que dan como resultado lo contrario del grammelot, al menos hasta hoy.

2
La esfinge de Soweto

El 10 de diciembre de 2013 tuvieron lugar en Soweto, una barriada de chabolas en Johannesburgo, las honras fúnebres de Nelson Mandela. En la tribuna de los oradores, justo al lado de los invitados internacionales, había un hombre que parecía un intérprete simultáneo del lenguaje de sordos. Aquel sujeto se mantuvo en su puesto durante las cuatro horas que duró el evento, haciendo sus gestos con expresión seria y concentrada. Recuerdo que pude seguir en vivo en Twitter —la única *augmented reality* practicable y amplia de la que disponemos por el momento— cómo a sordos de todo el mundo empezó a llamarles la atención que los gestos de aquel hombre no arrojaran el más mínimo sentido. Era un absurdo absoluto, una burla a las personas sordas, un escándalo.

La expresión pétrea del hombre ilustraba bien una de las diferencias esenciales: ningún lenguaje de señas del mundo se habla con cara de póquer. No, la combinación de expresiones y los movimientos de la boca forman parte integral del asunto, junto con los gestos. Además, aquel hombre solo repetía cinco o seis movimientos distintos de la mano.

¿Quién era aquel hombre? ¿Y qué creía estar haciendo allí? Por los parámetros externos de su actuación era, por supuesto, un timador. También podría haber sido un loco que, a pesar de su obvia incompetencia, estaba firmemente convencido de hablar el SASL (South African Sign Language). ¿O sería un auténtico traductor de signos que hubiera sufrido un ictus?

(Aún recuerdo que mi maestra de primaria, en ocasiones, cuando sentía que no la entendían, intentaba comunicarse con Frederic[64] —aquel chico que no hablaba y que vegetaba en nuestra clase destinada a la integración de los discapacitados— empleando gestos improvisados similares a los del falso intérprete, que ella consideraba inequívocos y evidentes. Todavía puedo ver hoy la mirada ávida del chico, que, al menos por unos segundos, se esforzaba sinceramente por entender lo que la maestra le pedía).

El día del escándalo con el intérprete hubo largas discusiones en Facebook acerca de ese hombre misterioso. Un germanista que hoy da clases en Princeton, Johannes Wankhammer, me recordó un pasaje de la obra de Wittgenstein:

> Un hombre puede animarse a sí mismo, darse órdenes, obedecerse, censurarse, castigarse, formularse una pregunta y responderla. Se podría también imaginar incluso hombres que hablasen solo en monólogos. Acompañarían sus actividades hablando consigo mismos. Un explorador que los observase y escuchase sus discursos podría conseguir traducir su lenguaje al nuestro. [...] ¿Pero sería también imaginable un lenguaje en el que uno pudiera anotar o expresar sus vivencias internas —sus sentimientos, estados de ánimo,

64. Véase el primer capítulo.

> etcétera— para su uso propio? ¿Es que no podemos hacerlo en nuestro lenguaje ordinario? Pero no es eso lo que quiero decir. Las palabras de este lenguaje deben referirse a lo que solo puede ser conocido por el hablante, a sus sensaciones inmediatas, privadas. Otro no puede, por lo tanto, entender este lenguaje.[65]

La cara del hombre poseía, en efecto, la inescrutable resolución de un ser humano que solo produce sentido en su propio mundo. El resto de la humanidad ha de contemplarlo con desconcierto, de lo contrario él no habla *correctamente* su lenguaje privado.

Pero también cabría la posibilidad de que, en el caso de aquel hombre, se tratase de una especie de artista del *performance*, tal vez fuera el típico pesado que revienta la foto, uno de perturbadoras dimensiones, a lo Andy Kaufman. Uno de esos a los que les gusta moverse entre gente famosa, rodeada de guardaespaldas, para hacer allí sus bromitas. En cualquier caso, aquel hombre permaneció sus buenas cuatro horas en la tribuna de los oradores, a tan solo un metro del entonces presidente de Estados Unidos, Barack Obama. ¿Sería alguien empeñado en demostrar que la seguridad del presidente estadounidense no era tan perfecta como siempre hemos creído? En todo caso, lo que demostró fue que alguien podía plantarse a pocos metros de él sin tener la más mínima cualificación para ello y escenificar allí una coreografía de gestos sin sentido.

Mientras tanto, los demás permanecimos sentados delante de nuestros ordenadores, analizando. Se mencionó como referencia la Internacional Situacionista de Guy Debord o la Zona

65. *Philosophische Untersuchungen*, § 243. [Wittgenstein, Ludwig, *Investigaciones filosóficas* (traducción de Alfonso García Suárez y Carlos Ulises Moulines), Madrid, Gredos, 2009, pág. 347].

Temporalmente Autónoma de Hakim Bey, dos conceptos filosóficos que se ocupan de las posibilidades de un reencantamiento de espacios vitales sin gobierno ni alma. ¿Sería una acción de «terrorismo poético», como lo llama Hakim Bey? Porque lo esencialmente electrizante de aquella comparecencia en Soweto era que, en efecto, se trataba de pseudogestos, no de sabotajes inequívocos y agresivos, ni de un ataque, no se arrojó ningún zapato, no hubo un chaleco cargado con una bomba de fragmentación. Cabe suponer que si fue posible colar a aquel hombre hasta ese lugar del evento hubiera sido posible también colocar allí a alguien que contase algo crítico o incluso algo obsceno en SASL. Tal vez habría podido mencionar los nombres de todos los prisioneros de Guantánamo absueltos, pero atrapados en un limbo legal. A mí casi me asombra que eso no haya sucedido nunca.

Imagínense a cientos de miles de personas sordas en todo el mundo, plantadas delante del televisor y enterándose de que Barack Obama, según las señas traducidas simultáneamente a su lado, un caluroso día de verano en Pretoria, junto a Nelson Mandela, llenó unos globos de orines y los arrojó contra un par de estudiantes de Derecho. En ese instante, miles de sordos habrían escupido sobre la tele lo que hubiesen estado tomando. Pero no. En lugar de ello, el resultado fue *nonsense*. Fue ese también el motivo por el que espero que el caso nunca se esclarezca. Porque si el pseudotraductor se hubiese esfumado después del acto, lo que quedaría atrás habría sido una obra de arte perfecta. Recordemos un pensamiento de Lichtenberg: «No se puede negar que la palabra *nonsense*, cuando se pronuncia con el tono nasal y la voz correcta, poco o nada tiene que envidiar a las palabras *caos* y *eternidad*. Uno siente ese estremecimiento que, cuando mi sensibilidad no me traiciona, proviene de una *fuga vacui* de la razón humana».

La *fuga vacui*, una huida del vacío. Pero ¿qué vacío es ese que nos embarga y estremece en este caso? Un día después de las pompas fúnebres, Seumas Milnes escribía lo siguiente en *The Guardian*: «Hemos tenido una semana de implacable beatificación de Nelson Mandela por parte, exactamente, del tipo de personas que apoyaron a sus carceleros durante el *apartheid*». La hipocresía de los gobiernos occidentales, que en su origen estuvieron decidida y activamente en favor del *apartheid*, resultaba insoportable, se dijo. Se mencionó al ex primer ministro británico David Cameron, quien siendo un joven político permitió que el lobby *pro-apartheid* le pagara un viaje a Sudáfrica. ¿Acaso el falso intérprete del lenguaje de signos ponía ante el rostro de esa hipocresía —si es que es posible llamarla así— el espejo deformador que la delataba?

Sin embargo, mis suposiciones interpretativas fueron retornando poco a poco a la teoría de que posiblemente aquel hombre creyera estar hablando auténtico lenguaje de signos. Como Greg, unos de los casos comentados por Oliver Sacks: un hombre ciego que estaba convencido de que aún podía ver. Greg había vivido en un templo y había sufrido una paulatina pérdida de la visión. Cuando finalmente se quedó ciego, consiguió a la vez plena tranquilidad y serenidad interior. Más tarde lo examinaron en un hospital y a los médicos les llamó la atención que un tumor benigno, pero que ocupaba mucho espacio, había destruido partes de su cerebro. «En general, no parecía en absoluto consciente de que tenía problemas: que estaba ciego, que padecía discapacidad motora, que una grave enfermedad había destruido su vida. No era consciente, se mostraba del todo indiferente. Greg parecía embotado, sedado, despojado de todo sentimiento. Esa serenidad tan poco natural fue tomada por sus correligionarios por una especie de *beatitud*».[66]

Fue sobre todo la cara de póquer del falso traductor lo que me hizo recordar esa historia. Aquello no se parecía tanto a un estado de relajado ensimismamiento, sino a todo lo contrario: algo sin contenido, vacío por dentro.

Es justo la expresión facial de Buster Keaton en la locomotora. Un ser humano como abismo, un ser humano en la nada, pero que aún da brazadas para mantener el equilibrio.

Admito que hubiese podido pasarme horas contemplándolo.

En otro caso contado por Oliver Sacks encontramos un breve apunte sobre un discurso de Ronald Reagan transmitido en directo por la televisión. Pacientes con problemas de afasia parcial o total —es decir, la incapacidad para entender el lenguaje— estaban sentados frente al televisor en la sala de una clínica y se divertían de lo lindo a costa de las palabras del presidente. El motivo era que, debido a su enfermedad, esas personas habían desarrollado una sensibilidad especial —o, en algunos casos, un oído infalible— para determinados tonos de voz, cadencias del habla y otros elementos no verbales del lenguaje. Cuando se hablaba con esos pacientes de forma *normal*, ellos, según Sacks, lo entendían casi todo, lo cual era

66. Tomado de Oliver Sacks, *Un antropólogo en Marte, Siete relatos paradójicos* (traducción de Damián Alou), Barcelona, Anagrama, 2006.

asombroso, ya que, cuando el mismo texto era pronunciado por un sintetizador de voz, no conseguían entender lo más mínimo. Este presidente, en cambio, hablaba de cualquier modo menos normal. «En consecuencia, eran la mímica, las exageraciones histriónicas, sus gestos forzados y, sobre todo, el tono falso, la falsa melodía fraseológica del orador lo que les pareció hipócrita a esos pacientes afásicos, pero extremadamente sensibles. Ante tales contrasentidos e incongruencias (para ellos evidentes y hasta grotescas), aquellos pacientes, a los que era imposible engañar con palabras, sí reaccionaban».[67] El hombre de Soweto nos transformó a todos, en cierto sentido, en pacientes afásicos y poseedores de una *ventaja*: la de mirar más allá del tejido de las circunstancias no verbales. Nelson Mandela era «el último gran libertador del siglo XX», dijo Barack Obama en su discurso, y la esfinge que estaba a su lado transformó ese enunciado en dos o tres movimientos parecidos a los de una persona que espanta una mosca, movimientos que no decían absolutamente nada.

Thamsanqa Jantjie se llama ese hombre. Un tiempo después de su escandalosa actuación desapareció de la faz de la tierra, es probable que lo hayan internado en una clínica psiquiátrica, donde ya había estado antes varias veces en su vida. Había concedido algunas entrevistas en las que afirmaba haber sufrido un brote esquizofrénico. Era un hábil traductor del lenguaje de signos, pero, por una circunstancia estúpida, unos ángeles se le habían aparecido en el estadio en el momento menos oportuno. Habían llegado volando del cielo. Él había tenido que hacer acopio de todas sus fuerzas para no

67. Oliver Sacks, *El hombre que confundió a su mujer con un sombrero* (traducción de José Manuel Álvarez), Barcelona, Anagrama, 2006.

perder los nervios. Por último, se vio rodeado por un personal de seguridad armado hasta los dientes. Jantjie hubo de comparecer varias veces ante un tribunal, entre otras causas, por robo y por intento de asesinato. Y cuanto más leemos lo que los periodistas han recopilado en torno a su persona, más se acumulan los delitos a él atribuidos, incluidos el asesinato y el secuestro. Años después, seguí viendo de vez en cuando a gente por el mundo con su cabeza impresa en una camiseta. La última fue en un aeropuerto en Alemania. ¿Qué pretenden expresar con ello esas personas? La verdad es que no lo sé.

3
Tres intentos

A menudo importa poco si un determinado lenguaje empleado en una obra de arte no es entendido por nadie en el público. Me acuerdo de la película *Ötzi, el hombre del hielo*, que emplea, sin subtítulos, una hipotética forma original del rético, una lengua hablada en las regiones alpinas del noreste de Italia y el sur de Suiza. La película cuenta la historia del hombre cuyo singular destino fue alcanzar celebridad miles de años después de su muerte como momia del glaciar, también conocido como Ötzi. Hoy se encuentra en un contenedor especial en el Museo de Arqueología de Bolzano, donde se va deshaciendo poco a poco. Conocemos testimonios del rético que datan de miles de años después de la era de Ötzi.[68] Se trata, por lo tanto, de un juego de adivinanzas fortuito e

68. Dato obtenido gracias a la amable indicación de Stefan Schumacher, profesor de Lingüística en la Universidad de Viena.

irresuelto el poner a los personajes de la película a decir un par de palabras en esa lengua. En el fondo, era posible hacerles decir cualquier cosa, ya que la trama, de algún modo, se entiende con independencia de todo enunciado en palabras. Sospecho que esa pequeña estratagema lingüística se ideó solo con el propósito de perfeccionar la experiencia de un viaje en el tiempo.

Pero un problema de las lenguas inventadas de un modo más o menos irreflexivo es la proximidad de ciertas palabras a otros vocablos relevantes y ostensibles de otros idiomas. El hombre del hielo es un magnífico ejemplo de esto. Kelab, como se llama el Ötzi, tan sensual y vívidamente encarnado en pantalla por Jürgen Vogel, cumple la función de un chamán o curandero. Es cierto que para una representación de esa índole no existen evidencias inequívocas, pero, vamos, ¿por qué no? Una primera fuente de humor es el objeto de culto religioso que Kelab conserva en un estuche de madera y que jamás se muestra de forma directa, salvo al final, como en *Pulp Fiction*: un objeto cuyo gran efecto aparece solo reflejado en los rostros de quienes abren el estuche. Yo confiaba en que todo quedara en eso. Porque, si al final mostrasen el objeto, ¿cuál podría ser este?

Un buen día la aldea es asaltada por unos atracadores y matan a la familia del Ötzi. Quejumbroso, Kelab invoca a su dios en las alturas diciendo «*¡vitamos!*» o algo parecido. La palabra aparece también, en una especie de letanía, en las ceremonias que celebran en tiempos de paz: *vitame, vitamos*. Y la comunidad, con rasgos curiosamente demasiado católicos para las circunstancias prehistóricas en las que vive, repite a coro lo mismo en los responsorios. Ahora bien, en checo, *vítáme* significa '¡bienvenido!', por lo que resulta un poco cómico ver a Ötzi murmurando unas cordiales palabras de bienvenida en la lengua de Bohemia.[69] También el nombre de su mujer resulta problemático. Kisis suena en su boca como Jesús en inglés: Yísus. En el guion no hay indicación alguna para tales invocaciones y lamentos, solo se dice: «Murmura un rezo». En general, el guion apenas muestra ejemplos de discurso directo, solo algún nombre pronunciado o una palabra determinada, *tineka*, que usan los agresores cuando buscan el objeto de culto guardado en el estuche. El *tineka*, el valioso objeto, revela ser, al final, una especie de espejo.[70]

Por otro lado, por la vía del urbandictionary.com, descubrimos lo siguiente:

TOP DEFINITION

tineka

a very young beautiful lady that has **the charm** to make anyone fall for her she has an estonishing **charm** she has wonderful eyes and all the boys want her she has a lot of people **that look** out for her and you really dont want to get on her bad side or her famillies bad side she has and amazing personallity and she is one of the best people youll ever meet she is gonna have a great life

*tineka is a very **loud person** and has a **great personality***

#beautiful sexy hot amazing

by godess_bitches December 17, 2017

Nice.

El rético de fantasía usado en la película vulnera, por lo tanto, una regla fundamental del moderno arte de inventar idiomas, la cual podría formularse del modo siguiente: cuando solo tienes a mano muy pocas palabras del idioma inventado, selecciónalas con buen tino, no te dejes hipnotizar por

69. Un error mío, ya que la palabra en la película es realmente *ritame* (o *ritamos*).
70. ¡Venga ya!

listas de palabras ya existentes en rético, más bien presta atención al efecto que pretendes causar.[71] Pero bien, resulta imposible evitar completamente un sonido similar que surge de manera fortuita, y tampoco debería evitarse, a fin de cuentas podría ser una fuente de regocijo, como, por ejemplo, que la palabra en volapuk para la calderilla sea precisamente *pokamon*.

David J. Peterson, el inventor de las lenguas habladas en la serie televisiva *Juego de tronos*, el dothraki y el valyrio (el bajo y el alto valyrio), cuenta en su instructivo y delicioso manual *The Art of Language Invention* que los productores de la serie no le pusieron cortapisa alguna en el caso del dothraki, que solo debía ser una lengua de sonido áspero, ronco o basto. Ahora bien: ¿eso qué quiere decir? La impresión de que *algo suena áspero* ha de medirse de nuevo en los respectivos sistemas de coordenadas de una lengua. Según Peterson, si se toma el inglés como punto de partida, es probable que otras lenguas como el ruso, el árabe o el alemán suenen ásperas, sobre todo debido a los sonidos guturales. Sin embargo, desde la perspectiva del ruso, ¿qué es lo que suena en ella de forma

71. En este caso, probablemente, un sonido duro y áspero. En su *Historia de Roma*, el poderoso Theodor Mommsen escribía: «El etrusco tiene dos épocas, esto es evidente. En la primera se conservaron las vocales y se evitó con cuidado el hiato. Después rechazó las vocales y las consonantes finales, debilitó o elidió las vocales en medio de palabra, y, de dulce y sonoro que era, se convirtió en un lenguaje excesivamente duro y áspero. Así *ramuthas* se convierte en *ramtha*; *Tarquinus*, en *Tarchnas*; *Minerva*, en *Menrva*; *Menelaos*, *Polideukes* y *Alexandros* se cambian por *Menle*, *Pultuke* y *Elchsentre*. ¿Se quiere otra prueba de la rudeza y de la oscuridad de la pronunciación? La *o* y la *u*, la *b* y la *p*, la *c* y la *g*, la *d* y la *t* se confunden en esta lengua desde los tiempos más remotos». Y entre el etrusco y el rético tal vez existan algunos puntos de contacto.

áspera o dura? Con este planteamiento uno inevitablemente se adentra en el terreno de los estereotipos, de la política. La cuestión de lo ajeno conforma de repente el marco de la invención.

Peterson asumió algunas de las frases empleadas por George R. R. Martin en las novelas para construir a partir de ellas todo un sistema lingüístico en el que las frases, por así decir, encajaran de forma natural. La inequívoca cualidad de frase pegadiza de *valar morghulis*, un estribillo muy recurrente en los libros de Martin y que en alto valyrio significa 'todos los hombres deben morir', creó, por ejemplo, el motivo para una *pluralidad* de sustantivos que se forman por adición del sufijo «-ar». *Valar morghulis*: habría sido insensato no emplear esa expresión tan pegadiza, ya que, como *sound byte*, es tan perfecta y suena tan bien como *cellar door*, que, a juicio de J. R. R. Tolkien, es una de las secuencias de sílabas consideradas como muy *bellas* por todas las personas anglófonas: *selador.*[72] Un productor de jabones ecológicos se llama *C'est l'adore*. Y quizá *selador* sea también un nombre apropiado para un inhibidor selectivo de serotonina.

Existe una historia alternativa a la película sobre el hombre del hielo y su lengua de fantasía no subtitulada: la de la última de

72. Tolkien: «La mayoría de las personas hablantes del inglés [...] admitirían que la palabra *cellar door* es *bonita*, especialmente si está disociada de su sentido estricto (y de su pronunciación). Más bonita que, digamos, *sky*, y muchísimo más bonita que la propia palabra inglesa para bonito, *beautiful*. Pues bien, para mí, en galés, las puertas de los sótanos, las *cellar doors*, son cosa extraordinariamente común, y si nos desplazamos a una dimensión superior, las palabras que provocan placer en la contemplación de su espectro asociativo de forma y sentido son abundantes». (De la conferencia: «El inglés y el galés»).

las películas serbias presentadas en un cine croata después de la guerra. Se trata del filme *Rane* ('Las heridas'), de Srđan Dragojević. Aborda las historias vitales de dos jóvenes en los años de la guerra, entre 1991 y 1995. La presentación en la tradicional Kinoteka de Zagreb tuvo lugar poco antes del bombardeo de las fuerzas de la OTAN sobre Yugoslavia en la primavera de 1999, un país formado entonces solo por Serbia y Montenegro. Debido a la decisión política de considerar en un futuro el serbio y el croata como dos idiomas diferentes, a los organizadores de la presentación no les quedó más opción que mostrar el filme con subtítulos en croata. Sin embargo, la mayoría de las frases siguieron siendo idénticas: «*Kako si?*» ['¿Cómo estás?'] pasó a ser «*Kako si?*»; «*Lud je*» ['Él está loco'] se convirtió en «*Lud je*», y así sucesivamente, escena por escena. Solo de vez en cuando aparecía alguna expresión croata sustituyendo alguna frase serbia, de modo que el público reaccionó. En los años posteriores a su publicación, *Rane* se convirtió en un éxito *underground* muy querido entre los adolescentes, una especie de película de culto, pero esa noche en la Kinoteka el numeroso público asistente tuvo dificultades para seguir la trama del filme, viéndose constantemente distraído por las frases idénticas transcritas debajo. Debido a la duplicación de los diálogos de la película, con diferencias que eran solo sutiles, las sutilezas pasaron a ser el asunto principal. Nadie prestó *ya* atención a la película, un regocijado ambiente de absurdo se expandió por toda la sala. En *El malestar en la cultura*, Freud habla de «narcicismo de las pequeñas diferencias», y resulta notable el modo en que ese narcicismo consiguió, en su disfraz más triste, transformar en indescifrable hasta lo más perfectamente entendible para las personas reunidas en aquella sala de cine, convirtiéndolo casi en algo parecido al *nonsense* o a una lengua extranjera. Cabría sospechar, siendo un poco más suspicaces, que la presentación de *Rane* (o de *Ozljede*, el título de la película en croata) había transformado a los espectadores en una especie de público afásico, algo parecido a lo conseguido por la gran esfinge de Soweto: en aquella ocasión los espectadores no lograron ver con mayor claridad lo huera que resulta cierta retórica política, sino que posiblemente percibieron el horror de las supuestas diferencias entre dos pueblos.[73]

Mi episodio favorito de una serie tan rica en episodios como *Star Trek. The Next Generation* es el 102, titulado «Darmok». La nave Enterprise entra en contacto con un pueblo extraño, los tamarianos, que parecen comunicarse entre ellos —y también con la tripulación de la Enterprise— a través de unos comentarios de apariencia absurda. Uno les pregunta algo y recibe la siguiente respuesta: «Darmok y Jalad, en Tanagra», o: «Shaka, cuando cayeron las murallas». Luego, tal vez, se añade algo así como: «En invierno». En otras situaciones un tamariano dice: «Temba, sus brazos abiertos».[74] Debido a esos malentendidos lingüísticos la situación va escalando de forma peligrosa, llegando incluso al borde de una guerra, el capitán Picard y el capitán de la nave de los tamarianos han de vencer a un monstruo. Entonces Picard empieza a entender: las expresiones de los tamarianos no son *nonsense*, se componen de mitologemas. Cuando alguien quiere decir: «Coge este cuchillo» está haciendo alusión a un héroe del mundo de las sagas que aceptó una ofrenda. De modo que es algo comparable a

73. Detalles sobre *Rane* en *Post-Yugoslav Literature and Film: Fires, Foundations, Flourishes*, de Gordana P. Crnkovic.
74. Nos viene a la mente la clásica frase de Wittgenstein sobre el león, al que nosotros no podríamos entender si este pudiera formar frases.

un comentario como «Aquiles ante Patroclo» para referirse al duelo de un hombre por su amado compañero. Mediante la paciente repetición, Picard aprende que la tan reiterada expresión «Darmok y Jalad, en Tanagra» alude al final de una leyenda en la que dos héroes que originalmente viajaban por el mundo forjan una alianza en una isla, Tanagra, a fin de vencer a un monstruo, como hacen ahora Picard y el capitán de los tamarianos. En reciprocidad, Picard le cuenta al ofendido tamariano la saga del rey Gilgamesh. Al final, el capitán Picard consigue comunicarse un poco en lengua tamariana y apaciguar la crítica situación. Reestructurando las unidades mitológicas, logra informar que el capitán de los tamarianos ha muerto, una escena que me conmovió profundamente.[75]

El libro de bitácora dejado por el capitán de los tamarianos, en el cual se consigna la historia de su aventura conjunta, pasa a ser, al final, el nuevo mitologema de referencia para los tamarianos. En el futuro, al menos eso imaginan los espectadores, los tamarianos podrán hacer referencia a «Picard y Dathon» —solo en ese momento nos enteramos del nombre del capitán foráneo—, cuando quieran expresar algo que, por su contenido, sea semejante al episodio vivido.[76] Resulta, por cierto,

75. Es comparable a aquel momento tremendo en *The Book of Strange New Things*, de Michel Faber, cuando el misionero cristiano Peter, estacionado en un planeta foráneo, pronuncia una perorata en la lengua de los aliens, después de todas las cosas terribles que han ocurrido, momento en que el lector solo ve delante de sí un bloque de signos extraños, pero sabe con exactitud, gracias a la situación anterior, con qué desesperada y huérfana calidez y estima les habla a ellos. Ha sido hasta ahora la única prédica en mi vida que me ha conmovido hasta las lágrimas.

76. Digamos, de paso, que es precisamente esa forma de comunicación de los tamarianos, con sus sintéticas referencias mitológicas, la que eclipsa toda gramática sintáctica *normal*, siendo, a su vez, la representación más

notablemente difícil no hablar durante todo el día en términos tamarianos después de haber visto la serie.

4
Walla, Herbeck, Mach o las *linguae ignotae* de Gugging

El museo Gugging está en Klosterneuburg, cerca de Viena. Lo visité a finales de 2019 para ver una exposición de la Colección Prinzhorn, que se ocupó sobre todo del *arte* de los enfermos mentales.[77] En los terrenos del museo se encontraba antes la Clínica Psiquiátrica de la Baja Austria, en la que,

exacta de la impresión que deja la lectura de los *Cantos* de Ezra Pound. Pound escribió sus *Cantos* —sobre todo los tardíos y, en parte, más estremecedores— de modo tal que uno se vea obligado a consultar casi cada verso en una enciclopedia. Sin embargo, en cuanto uno se ha aprendido los nombres y términos usados por el autor («Pulsión de contar historias», «Aurunculeia», «Leucothea», «Tethnike», «Kuanon», etcétera) y puede inferirlos en el sueño, la lectura se convierte en una experiencia multidimensional como ninguna otra. Ezra Pound, aunque en ciertas ocasiones fue un enconado predicador del odio y un terco peligroso, fue el último gran tamariano de la literatura mundial. (Y «Tanagra mía, Ambracia / por la delicadeza / por la bondad», Ezra Pound: Canto CXIV).

77. El autor cita el título del conocido libro de Hans Prinzhorn (1886-1933), *El arte de los enfermos mentales* (*Bildnerei der Geisteskranken,* Berlín 1922). La palabra empleada por Prinzhorn, *Bildnerei*, viene a significar algo así como 'devaneos artísticos', por lo tanto, tiene implícito cierto tono despectivo en la medida en que se niega a reconocer como arte auténtico las obras de personas con alguna enfermedad mental. Así lo muestran los ejemplos citados en el *Diccionario Grimm de la lengua alemana*. De ahí que decidiera usar la cursiva de énfasis en la palabra *arte* y suprimir el comentario de Clemens J. Setz acerca de esa expresión. (*N. del T.*)

gracias a la actividad del doctor Leo Navratil, surgió algo muy semejante a una colonia de artistas. El más conocido de los pacientes allí internados, llegado a la clínica, en principio, solo debido a su trastorno mental, era el artista August Walla (1936-2001). Es probable que muchos hayan visto alguna vez sus obras, fruto de su obsesión por las letras y los emblemas. Desde principios de la década de 1980, Walla vivió en la llamada Casa de los Artistas, la institución fundada por Navratil, junto con su anciana madre, con la que desde su más temprana infancia tenía una relación simbiótica muy peculiar.

Fui a Gugging a finales del otoño. La luz ya había añadido a su esencia ese tono miel, grave y áspero, y en el bosque se oían disparos: la región de la Baja Austria había iniciado su temporada de caza de la liebre. De modo que avancé hacia la antigua clínica con el cuello del abrigo levantado, buscando protección junto a los muros de los edificios y algunos vehículos. A mi alrededor, un lanudo y abigarrado paisaje de copas de árboles y anchas franjas de luz producidas por el efecto Tyndall, como fantasmales tendederos sobre la colina cubierta de hierba.

Lo primero que busqué en la muestra fueron las obras de Walla. Son obras ofensivas, tiernas, provocativas, autistas, visionarias, graciosas, absurdas. El programa entero. En un primer momento abruman. Al cabo de pocos segundos uno parece haberlo visto todo, está harto, pero sigue de pie delante de ellas, embriagado.

Después de ver la exposición, cualquier jardín delantero en las casas de Klosterneuburg parecía, por naturaleza, un ejemplo de arte bruto impecable: magníficas esculturas de ranas burdamente pintadas, setos podados de forma obsesiva. Una fuente ornamental como tótem. Un pequeño columpio destartalado, con el asiento colgando hacia un lado. Enanitos, coloridas bolas de cristal, figuras estrafalarias. Una pipa enfriándose en el alféizar de una ventana. Modelos prehistóricos de relojes de sol en paredes de color amarillo oscuro. La periferia urbana del universo. Era la hora en que las parejitas de enamorados se sueltan y siguen vagando por la vida como campanas solitarias. A pocos minutos de aquí murió hace casi cien años Franz Kafka, en el sanatorio de Kierling.

August Walla garabateaba cualquier cosa que le cayera en las manos: paredes y bancos, árboles, libros y piedras, incluido su propio cuerpo. Dejó miles de textos legibles e ilegibles, y quien hoy se detenga un poco en su territorio de letras, pierde todo sentido comprensible de la visión y el oído.

Escribió miles de textos, muchos de los cuales tienen más o menos este aspecto:

> *Ctabinoh Goabwonmatl Goabwonmatbcmet*
> *Goabwonmatbcmeptl in Ajhanmecto.?*
> Charla mortal de la abuela. Goabwon
> Matbpaerobop.?
>
> *Hitlerkpancpah*

Sería fácil rechazar algo así como una mera sopa de letras. Pero, precisamente por eso, entre esas letras destaca luego de forma tan luminosa e insistente una frase: «Charla mortal de la abuela», escoltada a ambos lados por las curiosas variaciones internas del vocablo *Goabwonmat* y la inquietante firma.

Walla creció junto a su madre y su abuela. Por deseo de la primera, vivió sus primeros años como niña. Con ello la madre quiso ahorrarle al hijo el tener que ir a la guerra. En su adolescencia, Walla estaba obsesionado con cavar agujeros que más tarde llenaba de agua y llamaba «zanjas de dique». Abría agujeros en cualquier lugar de la vivienda, incluso en las paredes. A raíz de algunos brotes de violencia, lo internaron en una clínica psiquiátrica, pero más tarde lo dieron por curado y fue puesto de nuevo bajo la custodia de su madre. Sin embargo, pronto empezó a padecer complejas alucinaciones y actos compulsivos. Uno de ellos era escribir sobre todo lo imaginable, una manía con la que desarrolló una mitología privada, inabarcable a la vista, en la que destacan algunas criaturas y conceptos recurrentes, como, por ejemplo, la tan a menudo invocada deidad sararillh.

/ Oración cantada con golpes en el pasillo./ !/
Oración cantada de pobre alma para la señora
Jelinek, y Weiker, de sacudir la puer-
ta.!/ Oración de despedida. La=
tín.! Corporos Corboror Jelinek
et Corboror Iscrix, Corporor Sararillhs
Sararillhcorporor. Sararillhsancto
Sanctotuo Jelinek et Tuo Weiker,
Sancto/ Corborsancto./ Corbororsancto,
Caelesexillentia Caeles Sararillh./ ?/
corporeus Stückler/ Corbor./ Corporor
Stückler, cöpis cöpis Sararillh. Coro=
natio Sararillhcoronatio saecu Co=

ronatio, Interprätätiö Cosmosnätü
rainterprätätö Polusinterprätä
tiö Caelesinterprätätiö.![78]

A pesar del caos y las repeticiones, resulta asombrosamente fácil determinar un posible contenido de esas líneas. Es una oración que pide tranquilidad. Se alude varias veces, con énfasis, a la coronación (*coronatio*) del dios Sararillh, mientras se cuela entre esas alusiones, a modo de queja burlona, la palabra *Interprätätiö*, tal vez en un precario deseo de entender que al artista se le ha vuelto sospechoso desde hace tiempo, por lo que no encontraría ya un hogar inequívoco en su obra.

Igual de misteriosa, aunque más accesible en su elección de palabras, es la poesía del escritor Edmund Mach, que también residió por un tiempo en la Casa de los Artistas en Gugging:

En el otoño se marchitan las hojas
en el *Umzaka* de todo engranaje.[79]

Un verso perfecto, impecable. Pero ¿qué significa *Umzaka*? No, no es ninguna palabra del dialecto austriaco. Tampoco yo puedo explicarla. Pero uno entiende de algún modo los versos. «*Umzaka, umzaka*» podría ser el ruido anímico de esa máquina de coser que es la tierra cuando está aproximándose el otoño.

78. Los textos citados a modo de ejemplo y los datos biográficos de Walla han sido tomados de Navratil, Leo, *a+b leuchten im Klee. Psychopathologische Texte* (Hanser, 1971).
79. «*Der Herbst (1)*»; en Edmund Mach, *Meine abenteuerlichen Schriften*.

Tal vez sea una especie de grammelot no intencionado, surgido, sin más, de un impulso poético. En la obra de Edmund Mach encontramos por doquier esas palabras en forma de grammelot, comprensibles de inmediato. Por ejemplo, en el poema «*The Harlems*»:[80]

abajo en Dornbirn
descienden las chicas.
Los *negros* como buitres
las rodean y tutelan
a mí me llamaron el Flaco
y nos dimos la mano.
A salvo gracias a las margaritas
y no consagradas, olfatean
las bolas de tierra
y forman un *fälisches Deodemal*
poema de su tiempo.

¿Qué es un *fälisches Deodemal*? No es posible decirlo, pero al menos es posible alargar las antenas de germanohablante, como en un zoom, y mirar con detenimiento esa secuencia silábica para percibir la resonancia que surge. *Deodemal* suena a algo sublime, noble, tal vez un vocablo erudito, una expresión técnica de la química o un término teológico. No llega a ser del todo grammelot del alemán ni glosolalia, pero va camino de ello. O acaso viene de vuelta hacia nosotros.

¿Y *fälisch*, que casi parece decir *faliano*?

Existe el gentilicio westfaliano, de modo que debería existir por sí solo. Veamos qué nos dice Google.

Fuck.

80. Edmund Mach, *Triumph des Schockens* (Verlag G. Grasl, edición de Manfred Chobot, volumen 19).

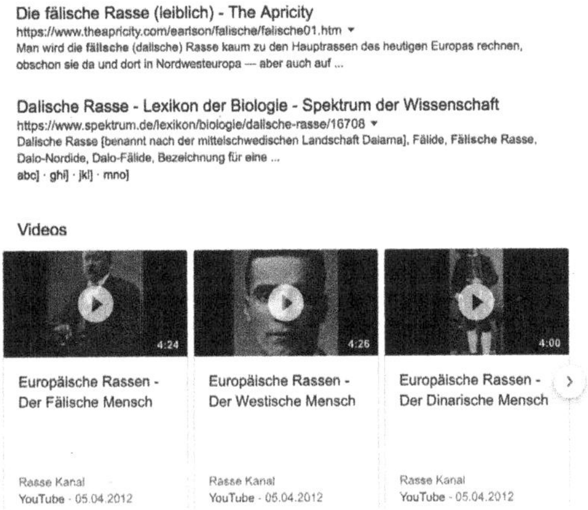

Dios mío: todo es raza, raza y más raza. Medición de cráneos. «No, no lo conseguiremos, Merkel».[81] *White European Pride.* «Grandeza faliana». Varias páginas.

Brrr.

A la mierda internet.

He aquí otro ejemplo de un poema de Mach, «Ordenador», y la asombrosa declaración que hace en las últimas líneas:

> (El ordenador) reúne y
> es para todos los demás, una
> obra de solidez que
> en ramas sasaníticas
> irradia calma y paz.

81. El autor alude a la frase pronunciada por la canciller alemana Angela Merkel en una comparecencia pública el día 31 de agosto de 2015, durante la crisis migratoria («*Wir schaffen das!*», '¡Lo conseguiremos!'), con la cual se refería a la capacidad de Alemania para acoger a las decenas de miles de refugiados que seguían llegando al país. (*N. del T.*)

En realidad no es posible expresarlo de otro modo. Existieron los sasánidas, un pueblo persa. Pero ¿los *sasanitas*? No existe ningún vínculo entre el campo asociativo del ordenador y esa palabra, y precisamente por eso lo que pensamos al leer *ordenador* aparece de repente bajo una luz distinta. Cobra, por así decir, una revalorización metafísica.

No dudo que prevalezca el criterio de que Mach, con estas palabras, quiso *decir algo*, pero no supo expresarlo del modo correcto. Porque en torno a la palabra enigmática aparecen otras comprensibles, ciertamente no por su función, pero sí por su definición lexical. Su proximidad da colorido tanto a *Umzaka* como a *sasanítico* y a *Deodemal*, al igual que ocurría con la palabra cielo entre las sílabas del ritual de purificación en la cabaña de sudar: *Ah gi ya ni*, etcétera.

En un poema en el que Mach recuerda su juventud en las SS, el autor describe la región por la que tuvo que marchar junto con otros camaradas:

> El terre-
> no era llano. Mach cree
> que el terreno sería rectangular
> en escuadra con los sacrofarbos...

Los sacrofarbos. Rectangular *y* sacrofarbo. Sin la antes corroborada condición de rectangular, la mirada al propio pasado no sería tan fantasmagórica: sarcófago, sacrosanto, color saco.[82]

Sin embargo, creo que, a pesar de todo, nada sabemos sobre las interacciones exactas entre esos ámbitos de sentido tan entremezclados.

82. *Farbe* es 'color' en alemán.

También la poesía de Ernst Herbeck, el tercero de los poetas más conocidos de Gugging, contiene expresiones muy propias, flores para las que la lengua alemana no es más que suelo de cultivo. Algo semejante ocurre en *Finnegans Wake*, de James Joyce, donde el inglés sigue siendo en cierto modo reconocible y sirve de trampolín para lo monstruosamente nuevo.

Herbeck es uno de los poetas de habla alemana más grandes del siglo XX.

Sus poemas son ricos en conocimientos, como por ejemplo: «La tierra, el volcán y el zum- / bar de las abejas es la eterna escritura / también de las aves migratorias. El vibrar de las hormigas». O la descripción de la depresión:

La depresión es un mal de ojos
y sale del gran sufrimiento de los
animales cerdo y tigre.
Tristeza. Comer más.

En ocasiones Herbeck no era capaz de entender de inmediato una palabra aprendida o la guardaba en la memoria del modo equivocado. Como ocurre en el siguiente poema, cuando intentaba describir un embrión, pero del que sale un más sonoro y aislado *empirión*:

El empirión.

¡Gloria de nuestra madre! Un niño
en gestación en el vientre materno. Cuando yo
era un empirión, ella me
operó. No puedo olvidar
mi nariz. Pobre empirión.
El tiempo de la vida. El tiempo de la
razón. El tiempo de volverse a ver
en la tierra.

Este poema me desgarra cada vez que lo leo. Esa tristeza nervada de rimas en torno a la propia nariz,[83] las tres declaraciones sobre el tiempo al final, el modo en que flota, te escanea y señala al empirión el camino hacia un reencuentro en la tierra. Muchos de los poemas de Herbeck son enigmáticos solo por su alma, no en sus palabras aisladas. Eso que nosotros, por fuerza, pretendemos llamar *entendimiento general*, dependía de la intensidad de sus padecimientos síquicos.

En las fases de evidente agravación de su estado, Herbeck tendía a llenarse los bolsillos con toda suerte de *objetos inservibles*. En esos momentos, según él mismo, era otro, no Ernst Herbeck, sino un *bachiller testarudo*. De noche conversaba con sus voces, durante el día se golpeaba la cara con frecuencia, permanecía abatido en el taller de bolsas de papel en el que le habían asignado un puesto de trabajo, sin mostrar interés alguno. Si le preguntaban qué deseaba, respondía: «Pasear en barca y libros de cuentos de hadas sobre el nenúfar» o «pasear en barca y hacer gimnasia».[84] De esa época se conserva una carta escrita a un conocido. Con anterioridad, su lenguaje en las cartas y en otras comunicaciones escritas permanecía intacto, pero a esas alturas ya se había consumado un cambio evidente:

> Querido Dart:
> Estoy bien
> quisiera volver a caminar

83. Herbeck padecía una grave fisura palatina congénita que fue corregida quirúrgicamente varias veces.

84. Todos los detalles biográficos y también el poema en forma de carta fueron tomados del libro de Leo Navratil *Schizophrenie und Sprache* (1966). [De Leo Navratil existe en España un libro titulado *Esquizofrenia y arte*, Barcelona, Seix Barral, 1972].

pero en Barth. Bach,
vuelve pronto a casa.
[...]
Instante amor Eso él
Y se marcha a través del
Bkock directo hacia
ti. Antes de que magy yo leer
seim. da di chere not...

Pepino nunca me *möreder*
mict de fusil ya que ellos
son dinero. cargado alabanza
también imém. alabar St.
hago. en tu *Miart.*
antes de 5 minutos al bar.
Bad fumo. Allí
nimgúm lugar. Tampoco *nimgúm*
Bohem«. Allí alemán
Tagje Örfall im mopped.
Parppe. insolente a su manera
es. no mando ninguno
avería tengo. Ella recoge. – W.
con muchos días después.
(...)
dinero no tiene posesión
Spatzgelt. A. Pero vale.
Bad. ahí teje el viento.
chelín. Austria en todo
orden es. allí arriba
aquí no ahí. auténtico nuevo
yo envidia puede ser.
(...)

Leo Navratil, que reproduce este curioso texto en su libro *Schizophrenie und Sprache* ['Esquizofrenia y lenguaje'], no da detalles sobre su contenido. Es posible que la interpretabilidad de las frases surgidas le pareciera demasiado amplia o tal vez las considerara solo un síntoma contundente de los inquietantes cambios neurológicos de su paciente.

Y leer esta carta, ante todo, como un síntoma, es sin duda correcto y pertinente, porque no surgió por impulso propio del paciente Herbeck, sino a petición. Si bien, en realidad, eso es válido para todos los escritos de este hombre, así que... En fin, es difícil.

Igual de difícil es otra cuestión: ¿Qué hago exactamente cuando me regocijo ante líneas como «Allí alemán / *Tagje Örfall im mopped.* / *Parppe.* insolente a su manera / es»? ¿Adónde va a parar en este caso el juicio estético? ¿Es pertinente? ¿Es una actitud fría y decadente? ¿Despreciativa? ¿Y qué hace conmigo ese entusiasmo que siento ante determinadas frases, imágenes y secuencias de palabras? ¿Delimita o amplía el círculo de los autorizados?

¿O acaso todas estas reflexiones son, a fin de cuentas, una chorrada?

Las líneas «ahí teje el viento. / chelín. Austria en todo / orden es» son, en todo caso, graciosas como pocas. Son irreductibles, no es posible contarlas o parafrasearlas. ¿Y *Spatzgelt*? ¿Significa acaso *Spatzgeld*, 'dinero gorrión'? ¿O es una especie de verbo en dialecto, *spatzgeln*, que podría significar algo así como 'moverse como un gorrión'?

La carta parece, en parte, un erróneo reconocimiento de texto a través de OCR, semejante a lo que sucede cuando Google Books lee *modem* y, en realidad, lo que decía la obra del siglo XVII era *modern*.

En sus primera publicaciones, Leo Navratil tendía a mitologizar la vida de su paciente poeta, al que solo llamaba Alexander. Lo hacía quizá para proteger el resto de esfera privada que le había quedado a Herbeck. No obstante, Navratil no pudo impedir que, con el tiempo, Herbeck se hiciera famoso y que algunos incluso lo adoraran. André Heller lo consideraba el más grande poeta vivo. Ernst Jandl, Friederike Mayröcker y Gerhard Roth iban a visitarlo. W. G. Sebald escribió varios textos sobre su obra, también visitó al poeta en 1980 en la clínica de Gugging y, como se cuenta en el relato *All'estero*, dio un paseo con él hasta Kritzendorf, un lugar inquietante y desalmado a orillas del Danubio que atravesé hace poco a pie con dos timbres de bicicleta en los bolsillos del abrigo, listos para dar la voz de alarma, aunque me costó esfuerzo no perder el control. En un ensayo dedicado a una figura notoriamente central en la obra de Herbeck, la de la liebre,[85] Sebald menciona «el brillo que emanaba de esas imágenes y metáforas, al parecer juntadas al buen tuntún por este poeta, el más pobre de todos. Series de palabras como "Barniz la nieve el hielo se congela" o "Azul. El color rojo. El color amarillo. El verde oscuro. El cielo elleno" colindan hoy para mí con un mundo distinto sin aliento».

En el salto original de los versos, el poema citado por él tiene este aspecto:

Azul.

El color rojo.
El color amarillo.
El verde oscuro
El cielo elleno
El *Patentender*
El pedestal, El barco.
El arcoíris.

85. *Yes.*

El mar
Las hojas de la vega
El agua
La cicatriz de la hoja
La llavesl (R) «r».
Los cierres + El cierre.

Lo admito: no hay demasiada glosolalia o lenguaje secreto en esos versos, solo una palabra: elleno. Y de forma parecida a lo que ocurría en el poema de Edmund Mach, en el que solo había una sola palabra privada (mágicamente colocada), *Umzaka*, uno cree entender de inmediato, a un nivel subcutáneo y obstinado, lo que ha de significar aquí ese vocablo. Algo nos hace, algo nos cuenta acerca de un estallido de la percepción. Se enumeran colores y la mirada se dirige finalmente al cielo, de donde se viene encima ese elleno. Un relé se ilumina en nuestras mentes, una embriaguez sagrada. O una chispa que salta. No sé cómo decirlo. «Unas fauces se abren». De algún modo. En cualquier caso, es una breve perforación de la barrera del sonido, pero en el interior, como un repentino reflejo de la deglución. Pero basta ya de comparaciones.

Luego, cuando esa palabra —cuyo uso recibimos gracias a ese único verso— se queda anclada en la memoria del lector, se nos revela como algo sorprendentemente utilizable. Es posible dotar con signo a toda suerte de epifanía cotidiana.

Inténtenlo ustedes mismos.

Un solitario guante en un ascensor elleno. Un globo rojo y un faisán junto a unas bolas de cristal elleno. Un pez que establece contacto visual durante un minuto en el acuario del restaurante elleno. Temprano por la mañana, la cajera lleva todavía las marcas de la funda de su almohada en el rostro elleno. Susurros en trenes ellenos detenidos. El último girasol de mirada ciclópea en un elleno campo en Kritzendorf.

El poeta más significativo del presente que emplea una técnica similar a la del elleno, el Umzaka y el Deodemal es Oswald Egger, natural de Tirol del sur. El jurado del Premio Büchner lo ha pasado por alto demasiado tiempo. Así nunca llegaremos a nada.

Egger escribe palabras y líneas en una especie de grammelot del alemán, pero que permanece tan firme y animado por dentro como el más resistente alemán de los poetas. Se trata casi siempre de términos auxiliares de la botánica y la geología que nos traen mensajes surgidos de la mente magnífica de este poeta. Como en el caso de Mach o de Herbeck, ninguna de esas palabras nos resulta del todo ajenas, ninguna *hace* algo distinto que sus habituales hermanas del diccionario. Sin embargo, sus misteriosas creaciones nuevas, como *Rogeis* (¿hielo del Rog?) o *Wirrgnist-Larven* (¿larvas ovillanidadas?) o *Unblumen* (¿inflores?) nos transportan a estados muy antiguos a los que, como seres cotidianos cansados de la naturaleza, raras veces accedemos. Recuerdo un incidente con un colega que no paraba de despotricar en el chat de Facebook sobre no sé qué ridícula crisis vital y al que amonesté con las palabras siguientes: «Menuda proa de aceite de hígado que eres» [*Du bist so ein Tranbug*]. La proa de un barco y el aceite de hígado de bacalao. Resulta difícil desglosarlo *a posteriori*, pero era lo único que se podía responder a su permanente y acongojada queja. A veces también he llamado a algunas personas, en mi fuero interno, «cordialibrador», un término afectuoso que, según creo, designaría la paciente tarea de labrar relaciones más cordiales (y lo contrario de *incordiar*). También no hace mucho, en el museo de globos terráqueos de Viena, me vi ensimismado ante una bola del mundo negra del todo, cuando, de pronto, escuché unos gritos que parecían salidos directamente del globo. Era, en cambio, un bebé al que su madre privada de sueño, de aspecto demacrado, cargaba por los salones del museo. En mi mente, definí su aspecto al instante como «perpleojos», *hagäugig*: «Mira los *perpleojos* de esa mujer, no dudo que quiera meter a su bebé en uno de esos globos y largarse».

¿En qué consiste la vivificante belleza y la fuerza explosiva de esas palabras incomprensible dispuestas en medio de un enunciado habitual? En una conversación con Ettore Settanni, James Joyce declaraba haber asumido la técnica de la deformación, de las palabras cambiadas, de un verso de Dante: «*Pape Satàn, pape Satàn aleppe!*». Según Joyce, había partido de esa técnica «para conseguir una armonía que conquista nuestra inteligencia de forma parecida a la música». Pero ¿por qué precisamente ese extraño verso del *nonsense*? Admito que, una vez leída, uno jamás olvida esa línea. Además, no se trata de *nonsense* propiamente dicho, ya que *Pape Satàn* puede significar un montón de cosas. Algunos intérpretes la han leído como *pas paix Satan*. Ha sido concebida en todo caso con un sonido llamativo por *neuroamable*. El verso se encuentra al principio del canto VII del *Infierno*, en la *Divina comedia*, y lo pronuncia Plutón. Es probable que vaya dirigida al propio Satán. Sin embargo, podría ser, sin más, una maldición: *Aleppe!* No lo sabemos. Pero, a pesar de eso, cuán inolvidable resulta todavía el esplendor de las hojas de otoño, y todo por el mero hecho de que cayeron en el *Umzaka* de todo engranaje.

5
The Ballad of Austin Creek

But this was in the twelfth century and it was a dream...

Peter Handke en su discurso del banquete del Premio Nobel el día 10 de diciembre de 2019 en Estocolmo.

Devolver la magia a lo cotidiano conocido en forma de fuerza luminosa extraterrestre es una de las funciones primeras e insustituibles de la poesía. El *nonsense* consigue hacer lo mismo, pero de un modo más confrontativo, caótico e impetuoso. La poesía procede casi siempre con cuidado, sobre las patas de una araña, mientras que el *nonsense*, al caer, arrastra consigo todas las perchas del armario. A veces el mero cansancio cumple una función similar. Ernst Jandl describe del modo más bello ese efecto en su poema sobre el *arte de dormir*, que trata de sus variados intentos de sosegarse al anochecer:

> tengo reiterado deleite leyendo en cama;
> leo varias veces palabra y frase, antes de entender
> que no las entiendo, transformo así
> todo libro en uno de gertrude stein.[86]

Cuando el cansancio es lo suficientemente grande, lo habitual es que las palabras difíciles o raras sean las primeras en convertirse en *nonsense* total, en grammelot, y, poco a poco, vayan arrojando su sombra sobre las palabras más comunes del entorno. Aunque tal vez no sea cansancio, sino éxtasis. Tampoco ese estado, como se sabe, es útil para los términos abstractos, complejos o filosóficos. Un fruto de tales

86. Ernst Jandl: *Werke* (seis tomos), tomo 3, *Die Bearbeitung der Mütze.*

momentos extáticos del lenguaje es la *Lingua Ignota* de la monja Hildegard von Bingen, que a mí, tras cada visita a las listas de palabras que nos ha legado, me parece una obra situada justo en el punto medio entre la magia y las perchas derribadas. No se trata de un lenguaje completamente desarrollado, sino de una minuciosa colección de palabras sustitutas para conceptos ya existentes, extraídos de distintos ámbitos temáticos como la iglesia, las partes del cuerpo, la naturaleza, etcétera. *Aigonz* es 'Dios', *Inimois* es 'ser humano', *Ranzgia* es 'lengua' o 'lenguaje'. Al estricto Wilhelm Grimm, compilador de una de las primeras ediciones de ese enigmático glosario, el asunto le pareció sumamente sospechoso. No tenía en demasiada estima la brillante poesía verbal de esa mujer, a la que llamó una «arbitraria invención sin fundamento».[87] Más tarde, otros eruditos intentaron comprender de qué índices de palabras existentes entonces pudo haberse servido la impertinente monja.[88] Solo contamos con un único texto en *Lingua Ignota* y dice así: «*O orzchis Ecclesia, armis divinis praecincta, et hyacinto ornata, tu es caldemia stigmatum loifolum et urbs scienciarum. O, o tu es etiam crizanta in alto sono, et es chorzta gemma*». Por desgracia, en el glosario solo encontramos explicación para el término *loifol*, que significa 'gente'. Aparte de otras cuatro palabras, el resto es latín normal y el texto mismo resulta fácilmente identificable como una alabanza a la iglesia católica.

87. Véase Sarah Higley, *Hildegard of Bingen's Unknown Language*.
88. Es lo que plantea, por ejemplo, Michael Embach en *Die Schriften Hildegards von Bingen* ['Los escritos de Hildegard von Bingen'], que parte de la idea de que la autora se sirvió del *Summarium Heinrici* para crear sus términos en latín y alemán y reproduce el cálculo de Reiner Hildebrandt con un noventa y cinco por ciento de coincidencias.

«Eres *caldemia* ['bálsamo'] de la gente y de la ciudad de las ciencias».

En diciembre de 2019 aprendí qué puede pasar cuando el propio alemán se vuelve irreconocible con la intervención de modernas tecnologías de nuestra vida cotidiana y, al mismo tiempo, es traído de vuelta, en un acto de magia, a un estado *preentendible*, algo familiar a los sueños. Caminaba por la calle mientras seguía en mi iPhone la conferencia del Premio Nobel Peter Handke, transmitida en directo por la Academia Sueca. Debo aclarar de antemano que mi intención aquí no es ridiculizar el discurso de Handke, que sin duda le salió del alma. Pero algo pasó en mi iPhone: constantemente me traducía todas las frases al inglés, pero en un sentido meramente fonético, sin el más mínimo respeto, sentido o razón.

Un recorte que aparece del discurso, «de la guerra. La persona era» se convirtió, por ejemplo, en «*Austin Creek depends on what*»; otro fragmento, «juvenil, ocultado a la familia», pasó a ser «*younglings for the familiar fresh vegan*»; y, finalmente, el «pequeño cáliz. La reverencia a la flor es posible» se transformó en un estrafalario «*Great Britain collection if an icon for the bloomer is moogly*». Y la cosa fue a peor:

Aquí ya perdí el control:

No tuve más remedio que cantar esto último a voz en cuello en plena calle, como si se tratase del potente verso de un blues, dirigido al oscuro cielo del atardecer. Al cabo de un rato, ya ni siquiera entendía las frases en alemán, me hallaba entre la niebla de una *lingua ignota* que florecía en mí de forma provisoria. Una inteligencia superior me sustituía cada palabra.

Bloomer is moogly, bloomer is moogly, se iba incubando en mí. *Bloomer is moogly. Anger hootenanny hootenanny hootenanny secret home family blues. Oh lord.*

Mientras tanto, en la diminuta pantalla del iPhone se iba desplegando ante mis ojos un brillante haiku tras otro.

system of the zygon
a dwarf star star goddess
atardecer a finales del otoño

«*Zygon*» y «*moogly*» son *nonsense* solo en parte, o son más bien palabras al estilo de Herbeck y Mach. Los *zygons* son algo en el cerebro y, según internet, un pueblo extraterrestre en el universo ficticio de *Dr. Who*. De acuerdo. Por su parte, *moogly* se denomina un popular foro de internet para patrones de tejidos de punto. Muy, pero que muy guay.

Una y otra vez entonaba aquellos versos al ritmo de mis pasos:

Austin Creek depends on what
Austin Creek depends on what
Austin Creek depends on what

Y al final yo mismo me respondía:

The Moravian Knot!
The Moravian Knot!

La verdad es que no sé. Puede que el contexto, una transmisión en vivo desde Estocolmo, haya sugerido a mi inconsciente colocado, presa de un frenesí asociativo, dar forma a la *natt* ['noche'] sueca a partir de *La noche del Morava*,[89] para luego, en una homofonía a medias, sumergirla en el inglés extremadamente magnético de aquella noche: *knot*.

System of the zygon star. Hootenanny secret home. The Ballad of Austin Creek.

En cualquier caso, al final llegué al lugar adonde iba embebido de aquellos versos y mostré a todos los presentes, reprimiendo un entusiasta alarido de júbilo, las capturas de pantalla que había hecho. Tenía casi sesenta.

89. Libro de Peter Handke, publicado por Alianza Editorial en 2013, en traducción de Eustaquio Barjau. (*N. del T.*)

you're honest and say
in the tundra
in Hilton
tote
ash pond
and indicted them
were David in Africa house
iron work again yeah
Sun wind
and hot nicked off
as an underground dwarf
those activities

6
Gifts from God

Muchos habrán probado a practicar alguna vez lo que conocemos como glosolalia. Hacerlo cuatro o cinco veces al día parece una medida normal y sana, pero algunos más estrictos y con mayor control de sí mismos se las arreglan con mucho menos. A mí me gusta balbucear cosas mientras cocino, en los semáforos o en el bosque.

La poesía en alemán no es, por lo general, rica en glosolalia (o en grammelot), pero conoce el fenómeno y lo preserva en algunos pasajes deliciosos. Nos vienen a la mente, por supuesto, los poemas fónicos de Hugo Ball o el célebre poema de Christian Morgenstern «El gran Lalula», algunos textos de Oskar Pastior, Ernst Jandl y Gerhard Rühm o ciertos versos de mi poeta barroco preferido, Johann Klaj.

El *nonsense* y la glosolalia son tratados en ocasiones como una especie de poso de té en el que podemos leer algo que no se revela de ningún otro modo: la propia alma, el futuro, mensajes de un *mundo jadeante*. Como no podemos entender el texto, lo vemos como un juego de sociedad para el cual inventamos las reglas.

Un poema fónico de Paul Scheerbart, publicado en 1897 en su novela ferroviaria *¡Te amo!*, dice lo siguiente:

Kikakokú! Ekoraláps!

Wîso kollipánda opolôsa.
Ipasátta îh fûo.
Kikakokú proklínthe petêh.
Nikifilí mopaléxio intipáschi benakáffro – própsa pî! própsa pî!
Jasóllu nosaressa flípsei.
Aukarótto passakrússar Kikakokú.
Núpsa púsch?
Kikakokú bulurú?
Futupúkke – própsa pî!
Jasóllu ...

Admito que es una estructura bastante aburrida. No tiene encanto ni jazz. A decir verdad, una insolencia. ¡Madre mía, es glosolalia a carta cabal! ¡Con cuánto desapasionamiento reaccionan algunos poetas a una libertad deliberadamente escogida! Dejas a la cobaya por un momento fuera del biombo y la ves correr las mismas rondas mínimas y tan aburridas. ¡Y esos insistentes acentos en las vocales! Debería darle vergüenza. El poema recuerda el enervante comportamiento de ciertos gatos domésticos, tan empeñados en abrir una puerta a base de gruñidos y maullidos, que, una vez la puerta se abre, se quedan delante de ella con cara de póquer, sin cruzarla, y acaban tumbándose hacia un lado.

Sin embargo, los genios son capaces de extraer cosas asombrosas incluso al material más mediocre, y ese es el caso de Oskar Pastior, nacido en 1927 en Hermannstadt, en Transilvania, y fallecido, por desgracia, en 2006. Me habría gustado oírlo en vivo o incluso conocerlo en persona. Pero eso nunca sucedió, así que solo puedo sostener una charla con él a través de las vías metafísicas habituales, a través de libros, imágenes y grabaciones.

Pastior se tomó en serio la poco elegante glosolalia de Scheerbart, la convirtió en un mensaje en una lengua conocida, del mismo modo que hizo mi iPhone aquel día memorable de diciembre.

De ello salió una traducción superficial:

Bisontes, colibríes y pandas: ¡a la oposición!
Vientos alisios, yo huyo.
Pinacoteca: corintios declinan Pepita.
Gentuza necrófila en la Enciclopedia, marcha de Pascua
a los cafés de lujo – ¡valor límite π, valor límite π!
¿No es mejor que alucine, osario?
Ay, zanahorias; ay, acorazados hortaliza *Kikakokú*!
¿Una boda en la selva?
¿Baratijas Bülbül?
Fick dich, Puck – ¡valor límite π!
¡Que sí-lujuria! Yo debo.

«Cafés de lujo – ¡Valor límite π, valor límite π!». Excelente. Durante muchos años almorcé en esos cafés de lujo. Recordemos eso. Es la técnica que nos acompañará en las siguientes páginas.

En su estudio *Absolute Lyrik: Die Entwicklung poetischer Sprachautonomie im deutschen Gedicht vom 18. Jahrhundert bis zur Gegenwart* ['Poesía absoluta: el desarrollo de la autonomía poética del habla en la poesía alemana desde el siglo XVIII hasta el presente'], Jürgen H. Petersen lo sintetiza de este modo: «Ni siquiera un texto lingüísticamente autónomo puede impedir que aflore de vez en cuando una palabra existente en alguna lengua nacional». Absolutamente de acuerdo. *Tineka. Tanagra mia.* El proceso interpretativo como privación de la autonomía. No estás solo, nos dice. Crees que sueñas como tú. Pero te oigo, chaval.

Pero dejemos a un lado la teoría. Esto necesita un poco de *groove*, un poco de gruñido. Uno de mis poemas favoritos en lengua alemana... (Bueno, no. Iba a decir una tontería). Uno de mis poemas favoritos en la lengua que verán a continuación es la «Balada del cable defectuoso», de Oskar Pastior. Aparece en un libro publicado en 1978, *Der krimgotische Fächer* ['El abanico crimeogótico']. Pastior llamaba *crimeogótico* a una lengua híbrida que, en realidad, nada tenía que ver con el verdadero gótico de Crimea ni con el gótico.

Ballade vom defekten Kabel

Adafactas
Cowlbl
Ed rumplnz kataraktasch-lych

Uotrfawls
aachabrawnkts Brambl
aachr dohts ...

Schlochtehz ihm
schlochtehz ihm
ehs klaren Zohn

Ihn Uotrfawls

Humrem hä?
Do humrem
Nodo humrem
kaineschfawls

Ehs istolt ain däfäktäs
rumpltsch
traktaz
ä nedderschtilchz
Rompl-Grompt
Cowlbl o Cowlbl wottä
Cowlbl-gotz!

Gehbät uns ain
adakuats Ch-bell
ntmr hiechffn
so-trumpltsch Bvchuelltr
aasm
Naawbl[90]

90. Este es un poema fónico, esencialmente intraducible para los efectos de este libro. Oskar Pastior definió una vez el crimeogótico como los «restos de todo aquello que se había acumulado en su cabeza a lo largo de su biografía». «Concretamente: el dialecto sajón-transilvano de sus abuelos, el alemán moderno, levemente arcaico, de sus padres, el rumano de la calle y de las autoridades, un poco de húngaro, un primitivo ruso de los campos de internamiento, vestigios del latín aprendido en la escuela, un griego farmacéutico, el alemán medio y alto de la universidad, cosas leídas en francés e inglés». En «Balada del cable defectuoso» se mezclan expresiones de distintos dialectos germánicos y palabras del inglés. (*N. del T.*)

Un poema asombroso que parece un manantial. Acudo a él desde hace años una y otra vez y nunca lo entiendo del todo. En algún lugar leí una opinión según la cual era preciso leerlo en el mixto dialecto sajón-transilvano para entenderlo todo con claridad. ¡Desdichados aquellos que solo conozcan, como lengua híbrida, eso dos dialectos tan distantes el uno del otro! ¡No quisiera estar entre ellos! No, no me despojéis de mi magnífico *Cowlbl* (esa mezcla de *Kabel*, 'cable' y de *Kalbl*, 'novillo', 'ternero', aderezada con la palabra inglesa *cow*). Que el cable defectuoso sea un ternero o un novillo, puedo entenderlo. También el grito tan familiar (para mi oído) clamando por la matanza del mismo: *Schlochtehz ihm* ['¡Sacrificadlo, sacrificadlo!']. Y esas cascadas *cataráticas* (*Uotrfawls, ¿waterfalls?*) que vagan para siempre por el mundo, inquietantes e incomprensibles. Cada vez que uno se sumerge en las claras aguas del entendimiento, le sale al paso, en los siguientes versos, el polvo de unos sonidos enigmáticos y cubiertos de mugre. ¿Acaso asistimos a un sacrificio transmitido con distorsión a través de la radio? ¿Se trata de religión? *Nedderschtilchz*, ¿significa *niederstechen* 'apuñalar'? ¿El enano saltarín de los Grimm, *Rumpelstilzchen*? ¿Y qué dice al final? ¿Dadnos un adecuado ca- (chrrchrrchrrchrr, una fritura sonora sale de la radio)-ble? Así traquetean las palabras (¿o son unos cacharros, *Behälter*?) que salen del ombligo, del *Nabel*.

What?

Es realmente maravilloso. ¡Que algo así sea posible! Vean lo eterno que es ese poema. Es posible leerlo con cautela, con un estetoscopio, o recitarlo borracho del todo frente a la ventana abierta del baño, es *news that stays news* (Ezra Pound). Existen, de esta balada, algunas interpretaciones publicadas en libros, interpretaciones que son todas obvias e iluminadoras.[91] Una insolencia.

91. Véase, por ejemplo, Renate Kühn en *Der poetische Imperativ*.

Resulta divertido que la producción de sílabas aparentemente sin sentido sea un campo de acción que abarque los estratos más elevados y los más bajos de la evolución espiritual, pero nunca los ámbitos intermedios, ese tibio campo central. Se atribuye a niños pequeños y a personas con padecimientos cognitivos innatos y, al mismo tiempo, a santos sumidos en éxtasis divino o a chamanes que, bajo el efecto de las drogas, acechan los secretos de un universo de fantasmas. Podría decirse que la glosolalia es desde siempre la disciplina de esos dos ámbitos extremos de la maestría humana. Solo el campo intermedio fingió no conocerla o la rechazó como inútil e inesencial.

Aunque tal vez no sea del todo cierto, ya que de la miseria de la monotonía, de las presiones del tedio urbano moderno, esas expresiones se manifiestan también —si bien en raras ocasiones y bajo determinadas circunstancias— entre gente común y no iluminada que no encaja en ninguna de las dos direcciones antes mencionadas. Es lo que ocurre en el caso siguiente, en el imitable y sin duda muy realista ejemplo de la lengua wu en la novela de Martin Kessel *El fiasco del señor Brecher*, publicada en 1932:

> Sí, comprendieron que ante la monotonía de una silla vacía nada era más oportuno que una cesura, un hiato afortunado, y así se había desarrollado esa lengua. «¿Wu?», solían decir ahora. Era un sonido parecido al que emiten las gallinas, muy bien imitado. Como aún se desconocía qué aspecto tendría la nueva aspirante, la lengua wu ofrecía una fuente bastante inagotable para la conversación. Sin embargo, la expectativa, por todos alimentada, llegó a su punto culminante el lunes, cuando un colega tuvo la idea de dejar de hablar con sensatez sobre las cosas por venir. A partir de entonces ya no dijeron, por ejemplo: «¿Tiene usted un lápiz?», sino «¿Ton en liaps, wu?». [...] La incomprensibilidad absoluta de esta lengua no

necesitaba recomendación alguna, por lo cual también se mantenía en secreto delante del jefe; cuando este salía de la oficina, le seguía, a lo sumo, un «¿Wu?».[92]

Las parejitas de enamorados conocen muy bien esas lenguas wu, que, apenas afloran, son comparadas equivocadamente con la forma de comunicarse de un bebé o con cierto balbuceo irreflexivo. En realidad, se trata de la expresión más refinada de una intimidad lograda, la cual, dada la complejidad alcanzada por nuestra especie animal, a menudo solo puede restituirse rompiendo todas las reglas imaginables. ¿Qué sería sino de la vida tan tiernamente cantada y ofendida del *Cowlbls* y sus *Uotrfawls*?

De niño yo tendía a una excesiva glosolalia. Tenía intensas inclinaciones sinestésicas y me bastaba contemplar en casa de mi abuela un cuadro de origen sueco que representaba a un gran grupo de cazadores de regreso de su cacería, para que se formaran en mí las secuencias de sílabas adecuadas a cada rostro. Solía dar nombres fantásticos incluso a las escopetas, los recipientes de agua y los perros. Más tarde, durante el verano siguiente, cuando yo —que por entonces crecía con rapidez y adoptaba nuevas formas corporales— entré de nuevo a la vieja casona en Ferlach y, siendo hacía ya tiempo otra persona, volví a saludar a los viejos y familiares objetos de las vacaciones anteriores —teniendo en cuenta que debía coexistir con ellos pacíficamente durante un par de semanas—, encontré enseguida aquellas secuencias de sílabas, exactamente las mismas que el año anterior. Entonces cada uno de los pintorescos

92. Kessel, Martin, *El fiasco del señor Brecher* (traducción de Daniel Najmías), Barcelona, Acantilado, 2008, pág. 28.

cazadores recibió de vuelta su nombre real, su identidad administrada dentro de mí, y durante esos veranos, cuando mi tiempo terreno transcurría del modo más lento, se desarrolló en mí, quizá por primera vez, algo así como una exacerbada confianza en mi propio balbuceo.

Tal vez como niño diligente en el bautismo de cazadores me habría impresionado mucho saber que la invención de palabras fantasiosas es, en ocasiones, algo muy próximo a la divinidad, algo celebrado como *gifts from god* en ciertas iglesias de avivamiento cristianas o en sectas como la de los *Shakers*, y visto en varias religiones como una especie de preámbulo a la iluminación.

Ese hecho me asombró durante mucho tiempo. ¿Por qué pronunciar sílabas inconexas iba a ser algo tan próximo a Dios? No se trata de un *mérito*, pensaba yo siempre, es algo tan sencillo de hacer. Pero, por suerte, santo Tomás se ocupó ampliamente de esa cuestión en su *Summa Theologica*. Yo no practico ninguna religión. No obstante, Tomás de Aquino es para mí uno de los escritores imprescindibles de la historia, ya que su obra se lee, gracias a Dios, como la de una gigantesca Inteligencia Artificial. Es uno de los más grandes ejemplos de *bot avant la lettre*, de pensamiento *desalmacenado*. Santo Tomás piensa con la Biblia y los padres de la iglesia, no tanto con su propia razón. Eso quiere decir que su razón solo necesita combinar, no inventar; es, en el fondo, una búsqueda del texto entero perfeccionada con mnemotecnia. Él busca en su interior las fuentes y, una vez localizadas, las funde con la ayuda de un puñado de algoritmos.

Don de lenguas o glosolalia. De esto existen dos ejemplos canónicos en las Sagradas Escrituras. El primero es el milagro de Pentecostés y una breve descripción del fenómeno en la primera carta a los Corintios como «don divino».

Hans Urs von Balthasar, el comentarista de mi edición alemana de santo Tomás de Aquino, lo resume todo de la manera siguiente:

> La profecía y la glosolalia aparecen en una unidad original inseparable de contenido y expresión, de nueva verdad sobrenatural y nuevo lenguaje (o por lo menos de nueva forma del habla) también sobrenatural. Algo diferente ocurre en la carta a los Corintios: aquí el glosólalo no «habla a los hombres, sino a Dios» (1 Cor. 14, 2), sí, él ora en el pneuma, no en el Nous, de modo que su propia razón permanece *sin fruto*, en su conciencia natural, él no entiende lo que ora y dice, pero sobre todo los que le escuchan no entienden nada; si ha de edificarse la iglesia, es necesario un *intérprete* que entienda y pueda traducir esa lengua incomprensible.

La derivación del *hablar en lenguas* se explica por lo tanto por el hecho de que la conciencia de los seres humanos tendría que quedar desactivada con un *bypass* de sílabas sin sentido, por así decir, y solo de ese modo podrían interactuar sin filtros los niveles transcendentes: el alma y Dios. El propio santo Tomás lo interpretaba como un préstamo pasajero de superfuerzas, una especie de superlengua, parecida al comunicador de *Star Trek*, que transmite significados universales al lenguaje cerebral de cada uno de los portadores. En *La vidente de Prevorst*, Justinus Kerner nos deja algunas reflexiones similares:

> Lo vemos no solo en personas que se han visto conducidas a su mundo más interior debido a un estado de vigilia, sino también entre otras personas imbuidas del espíritu de Dios (como, por ejemplo, en Jakob Böhme y otros videntes): que no encontraron palabras para expresar lo que sintieron en su interior más profundo, se esforzaron con denuedo incluso por inventar palabras que tal vez tampoco expresaban lo que sentían, lo que se les revelaba,

palabras solo a medias comprensibles para nosotros. Vemos cómo Jakob Böhme, por ejemplo, inventó una serie de palabras propias. También en el niño afloran a menudo palabras propias que expresan sus sentimientos, palabras que con frecuencia se sustituyen muy tarde o de mala gana por otras palabras externas aprendidas.

Ese malestar con el lenguaje existente continúa en estado de vigilia, con lo cual a la vidente le parece incluso imposible llamar por su nombre a determinadas cosas («Me gustaría tanto llamarlo de otro modo»), y, estimulados por esa visión descarnada y apátrida de las circunstancias, de esa pérdida de lo familiar en el mundo, podríamos llegar a la conclusión incluso de que nuestro espíritu (o nuestro cerebro), si fuera necesario, podría existir y desarrollarse más allá de las lenguas.[93]

En la interpretación de algunos eruditos el don de lenguas es algo no humano, solo lo es el efecto de interferencia surgida cuando la lengua del Espíritu Santo se mueve en un sistema operativo inferior, el del cerebro humano. Como tal, es algo así como el acto de habla de una cámara desechable, sin reglas

93. Al crítico de arte Tom Lubbock, aquejado por un glioblastoma incurable que atacó su centro del lenguaje, le sorprendía la infinita amplitud de sus pensamientos, intacta a pesar de que su vocabulario se reducía cada vez más: «Todavía puedo pronunciar palabras. Pero vuelvo a ser un preordenador: no hay diccionario de sinónimos, ni correo electrónico, ni periódicos, ni radio, ni siquiera un bolígrafo. Descubro, sin embargo, que mi cerebro sigue ocupado, moviéndose, pensando. Estoy sorprendido. Mi lenguaje para describir las cosas del mundo es muy pequeño, limitado. Mis pensamientos cuando miro el mundo son vastos, ilimitados y normales, como siempre lo fueron. Mi experiencia del mundo no es menor por la falta de lenguaje, sino que es esencialmente igual. Esto es curioso».

que se repitan de un modo reconocible para ser aprendidas, algo completamente nuevo e inclasificable en cada sonido vocal iniciado.

Una teoría relacionada con esto plantea que la glosolalia o el don de lenguas surge cuando Dios hace llegar al hombre elegido en Pentecostés todas las lenguas humanas, gracias a lo cual se crea una especie de blanco prismático.

Pero, en vez de seguir dando vueltas a esta idea, atengámonos brevemente a lo que dice una gran autoridad en estos temas: Friedrich Schlegel. Él nos legó una de las perlas más brillantes del arte ensayístico alemán de finales del siglo XVIII, su *Ensayo sobre la incomprensibilidad.* Ciertos reproches en relación con el exceso de aspectos incomprensibles contenidos en la revista que publicaba, *Athenaeum*, lo apremiaron a escribir este texto en su defensa.

> Pero ¿acaso la incomprensibilidad es algo reprensible o malo? Me parece que la salvación de las familias y las naciones reside en ella; si me equivoco, los estados y los sistemas, obras artificiales de los hombres, son a menudo tan artificiales, que no es posible admirar de manera suficiente en ellos la sabiduría del Creador. Una fracción increíblemente pequeña basta si esta se preserva indisociablemente fiel y pura, y ninguna razón sacrílega se atreve a acercarse al límite sagrado. Sí, lo más preciado que tiene el ser humano, la propia satisfacción interior, pende en alguna parte, como cualquiera sabe, de un punto similar que ha de dejarse en lo oscuro, pero que, a cambio, soporta y sostiene el todo, y esa fuerza se perdería en el preciso instante en que se pretendiera diluirla en la razón. En verdad os digo, sentiríais miedo si el mundo entero, como lo exigís, se volviera por una vez, en serio, inteligible.

Es preciso llevar dentro algo no interpretable, de lo contrario uno no es nada. Y tal vez ese algo se alimente de una glosolalia esporádica. Necesitamos algo que podamos repetir en nuestro fuero interno o a media voz en medio del entorno propio, sin que este pueda arrebatárnoslo o corromperlo.

7
Sadasa Ulna

Tal vez la glosolalia exprese algo así como una voluntad de integridad de la vida interior, o tal vez, también, una especie de añoranza del estado pentecostal listo para ser transmitido. En los últimos años de su vida, el escritor de ciencia ficción Philip K. Dick creó una amplia obra religioso-filosófica titulada *Exégesis*, en la que intentaba clasificar —o mejor dicho: entender— una serie de acontecimientos inexplicables que le ocurrieron en los meses de febrero y marzo de 1974. Solo se ha publicado una ínfima parte de ese legajo cuyo original cuenta presumiblemente con ocho mil páginas. Todo empezó con una revelación. Un buen día, por un instante, a Dick se le reveló «el universo tal cual es realmente». De pronto percibió cosas futuras que, más tarde, revelaron ser correctas, entre ellas, algo muy dramático, la peligrosa hernia de su hijo, no detectada hasta que Dick fue con él al hospital por un *beam of pink light*, con lo cual le salvó la vida al muchacho.

Dick oía en su cabeza por las noches —y en ocasiones también durante el día— un *livestream* de términos ininteligibles. Al principio se aferró aún a ciertas consideraciones científicas. Uno de sus primeros intentos de explicar el fenómeno fue el concepto de los taquiones, como se denomina a un tipo de hipotéticas partículas elementales que, al menos según la teoría, se mueven a velocidad mayor que la de la luz y son capaces de transmitir informaciones del futuro al pasado. Yo no entiendo el concepto y creo que hasta el propio Philip K. Dick tenía sus problemas con él. Pero esos taquiones fueron su punto de partida. Dick se consideraba el receptor de un nuevo torrente de datos. Por lo visto, desde hacía algún tiempo, alguien le enviaba desde el futuro nombres y datos sin sentido, sobre todo durante sus sueños, que eran insólitamente lúcidos. Bastaba con que dejara de prestar atención un instante o que, en un momento de distracción, su conciencia se mantuviera en un rincón, para que de inmediato ese acervo de datos ininteligibles lloviera sobre él. En una carta a Peter Fitting, fechada el 28 de junio de 1974, enumeraba algunos de esos mensajes incomprensibles:

832
835
5 412 960
Eleanor
Mr. Arensky
Mrs. Aramchek
Sadasa Ulna
17
Command-Odd
G-12
5 242 681
P-13

¿Qué diablos significaba eso? ¿A qué o a quién ser referían esas coordenadas y palabras? ¿Quién o qué era *Sadasa Ulna*? Dick estaba perplejo. ¿Se trataba quizá de una variación de los múltiples nombres de Dios (*the various Names of God*)?

Algunas palabras sin sentido empezaron a ocupar su atención. Esto le escribía a Fitting:

Recuerda aquella extraña palabra encontrada en la isla abandonada de Roanoke en el año 1591, era *ctosyoan* y había sido grabada en la corteza de un árbol después de que la colonia entera de pobladores desapareciera en circunstancias misteriosas. Y mira, eso mismo acaba de ocurrirme: tenía el dedo colocado cerca de una tecla situada a la derecha en el teclado de la máquina de escribir: la palabra es, en realidad, *croatoan*; la leí del libro y no me miré las manos mientras escribía. Con eso queda perfectamente demostrado mi argumento. Desde hace siglos los sabios intentan averiguar lo que puede significar *croatoan*. Es probable que no signifique nada; los colonos, atemorizados, viéndose expuestos a algún peligro, o a varios (hambruna, indios, la peste, etcétera) tuvieron una visión espiritual y abandonaron la isla en busca de un lugar más seguro, seguros de que con esas letras dejaban algo con sentido. Es posible que el Cosmic Teletype Operator haya dejado de prestar atención en algún momento, como yo antes, y fue así como se produjo el error.

La distorsionada palabra *ctosyoan* me recordó el llamado caso *yogtze*, una muerte no esclarecida en Alemania. En 1984, un hombre llamado Günther Stoll perdió la vida en circunstancias misteriosas, tras haber padecido varios brotes paranoicos. La noche de su muerte escribió en un papel la palabra *yogtze* y predijo un *acontecimiento terrible*. Más tarde lo encontraron en su coche junto a la autovía, desnudo y con heridas graves. Había sido atropellado por un vehículo desconocido, y alguien lo llevó de vuelta a su coche. Con una sobriedad casi temeraria Wikipedia escribe: «La policía no sabe ni siquiera si *yogtze* significa en realidad *yogtze* [...]. La policía solo pudo averiguar que la palabra no existe en ningún idioma del mundo».

Philip K. Dick intentó también interpretar un término que le fue susurrado una de esas noches: *Sadasa Ulna*. En una carta a Claudia Bush, una conocida, cuenta que había consultado el término *ulna*, la palabra latina para 'codo'. La primera mención de la que tengamos constancia se encuentra en el tercer libro de la *Eneida*. Por lo visto, su conciencia lo remitía una y otra vez a una época con dos mil años de antigüedad. Tal vez fuera el griego Asclepio el que intentaba contactar con él. O como Dick le escribió más tarde a Ursula K. Le Guin: quizá fuera el profeta Elías.

En un pasaje posterior de *Exégesis* Dick piensa que puede no tratarse forzosamente de estados de saber futuros o pasados, sino atemporales; en cierto modo, como una radiación cósmica de fondo, o una época pasada que se encuentra tal vez en el *ángulo recto* en relación con la época en la que él vivía. Aunque tal vez fueran también, sin más, unos muertos que intentaban colarse en la conciencia de los vivos. Dick había tenido una hermana gemela que falleció poco después del parto. Con los años, esa última sospecha, acompañada de una emoción vacilante, se centró cada vez más en ese ser al que tanto había echado de menos a lo largo de su vida: Jane. En las últimas páginas de *Exégesis*, escritas poco antes de su muerte, se dirige a ella de forma directa, con serenidad y control, lleno de confianza. Quizá no le corresponda a todo lector estar presente en todo momento y ante cualquiera. Leí una vez esas páginas, pero no tengo ganas ahora de abrir de nuevo el libro y citarlas.

El filósofo psicodélico Terence McKenna supone que la glosolalia representaba la forma de conversación más temprana de la humanidad. Las sílabas sin sentido, el flujo de datos mismos, habían estado allí en un principio. Según McKenna, en la actualidad, durante los viajes con DMT o psilocibina la glosolalia surge como algo del todo obvio e irrefrenable, llegando a poseer algo parecido a inequívocas reglas internas, pero no sentido. Tienen sintaxis, pero no morfología.

El lenguaje se desarrolló milenios antes de la invención del significado y el sentido, sobre todo como una forma de *canto inmelodioso*. Las personas se sentaban en torno a una hoguera y se animaban por medio de divertidos sonidos hechos con la boca.[94]

Cuando era niño, McKenna solía hacerlo sin cesar. Hoy en día la gente le dice: «Pero eso, sencillamente, te lo inventas». Sin embargo, su experiencia le dice más bien que, en su fuero interno, él «se aparta hacia un lado» y deja salir a través de la boca ese variable flujo de datos. Esto tendría que decir algo profundo sobre sí mismo, alguna suerte de señal sobre su situación interior o, en otro nivel, a modo de enunciado como «hoy estoy cansado, ayer tuve un poco de migraña», etcétera. Quizá en un mundo en el que ese flujo de datos se implementara mejor en la vida cotidiana, de un modo más amable, podríamos describir más fácilmente y transmitir mejor una visión de conjunto de las circunstancias internas de nuestros semejantes.

Me imagino ese mundo como los trinos de las aves en un árbol a primera hora de la mañana: trinos que hacen saber a los otros dónde se está y cuál es el sonido interior de alguien, en qué tonalidad se ha levantado uno de la cama. Una glosolalia aceptada por la sociedad, liberada del estigma del balbuceo infantil o del discurso inconexo de un borracho sería, posiblemente, el camino rey hacia un mundo así. Solo en algunos osados pasajes de ciertas obras literaria vemos cómo podría ser:

94. Recuérdese la torturante y lenta pantomima descrita en el primer capítulo, protagonizada por los amigos de Ildefonso, que se comunicaban sin hablar.

Apenas veinte minutos después de iniciarse la jornada, por impaciencia, ya que aún no veía a la nueva, la señorita Perdelwitz dijo en la oficina: «T'rd on e okito, wu?», a lo cual la señorita Frieske, la secretaria de Sack, repuso: «Too homo usya, wu?». Y nadie habría sido capaz de saber lo que quisieron decir.[95]

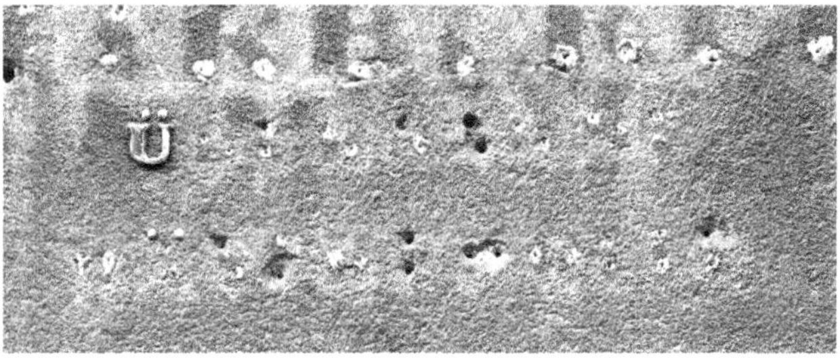

8
Arli's Poems

do war
d do vvar
ulll
at ded ddd
eer nd dnli
ar arrli
a amn ad art
at g
l fp
guogg o go
nr not
ali ali
at ee
aae ar ar

95. Kessel, Martin, *op. cit.*, pág. 29.

ar dee er car
rnog no
bad bed

Este poema fue escrito el 25 de marzo de 1965 por un setter llamado Arli. Pertenecía a la hija más joven de Thomas Mann, Elisabeth Mann Borgese. Antes de concentrarse del todo en Arli, Elisabeth había pretendido, en un principio, enseñar a escribir a sus cuatro perros. O mejor dicho: no la escritura en sí, sino la habilidad de teclear en una máquina de escribir. Solía pronunciar una palabra inglesa (casi siempre breve) y el perro debía captar la secuencia correcta de sonidos y reproducirla en un teclado adaptado al tamaño de su hocico.

Por ejemplo, si decía «Arli», el perro tecleaba «A L I». Decía «*bad*» y Arli tecleaba B E D, o B D o B A D D. La ortografía no desempeñaba un papel esencial para el perro, si bien con el tiempo el animal fue mejorando. Cuando su confianza en las capacidades de comprensión de la mascota fue lo bastante grande, Mann Borgese hacía que su perro le redactara incluso las tarjetas postales: «*good g feast and nice time*», tecleaba Arli lo dictado.

De forma parecida al famoso padre de Mann Borgese, Arli padecía a causa de una digestión muy sensible y propensa a ciertos trastornos. No pocas veces el perro, a pesar de las recompensas prometidas, se mostraba incapaz de practicar sus actividades diarias de escritura. Dice Mann Borgese:

> Sus trastornos digestivos persistían, y eso turbaba su concentración en el trabajo. Un buen día lo llamé para que acudiera a la máquina de escribir, pero se estiró y bostezó, luego se echó en el suelo e ignoró mi dictado. «Levántate, ven aquí», le dije. Se me acercó. «*G-o-o-d d-o-g g-e-t b-o-n-e*», dicté yo, pero al perro le resultó del todo indiferente. Finalmente, apoyó el hocico sobre la A. Aunque yo no

había dictado ninguna A, decidí dejarlo hacer. Sin que yo lo exhortara, con todos los espacios en blanco en el lugar correcto, el perro escribió: «*a bad a bad doog*».[96]

Mann Borgese estaba perpleja. ¿Quería el perro decir lo que había escrito? Y si así fuera, ¿qué significaba en ese caso *querer decir*? Arli había aprendido a relacionar ciertos procesos o acontecimientos con determinadas secuencias de letras. En un vídeo que puede verse en YouTube, la hija de Mann dice que el dictado, en sí, es algo sencillo. En un principio, cualquier perro puede aprenderlo. Un ejercicio despojado de todo sentido más profundo o de relevación anímica. Pero había ciertos momentos en los que el perro expresaba algo a través de ese canal recién aprendido, como, por ejemplo, responder cuando le preguntaba adónde quería salir a pasear. En esos casos, según Mann Borgese, su respuesta tecleada con el hocico era a menudo, sin errores, «*car*», porque las excursiones que más le gustaban eran las que hacían con el coche. El perro también estaba familiarizado con los conceptos de «*b-a-d*» versus «*g-o-o-d*». ¿Habría expresado ese día su estado interior, por ejemplo, su malestar físico?

El incidente le dio una idea a Mann Borgese. ¿Qué pasaría si dejaba que Arli trabajara en la máquina de escribir sin dictado previo?

El resultado fue una serie de *poemas*. Si me permiten una interpretación algo insolente, diría que Mann Borgese reaccionó a esos textos de manera ortodoxa, como si la dirigieran con un mando a distancia, en el sentido de la tradición familiar: todo lo escrito cobraba de inmediato un valor, era preciso mostrarlo y publicarlo. Y fue así como los poemas de

96. Elisabeth Mann Borgese, *The White Snake*.

Arli aparecieron en la prestigiosa revista literaria canadiense *Brick*.[97]

Los textos supuestamente escritos por animales constituyen un nicho muy singular dentro de la literatura fantástica. Una y otra vez encontramos autoras y autores a los que se les ocurrió que, en lugar de una persona, algún gato, un perro o un mono escribieran un texto dentro de su universo creado. De ello sale casi siempre algo interesante y comprensible para todos. Incluso en un cuento de Ursula K. Le Guin, «El autor de las semillas de acacia y otros extractos del diario de la Sociedad de Zoolingüístas», en el cual se descifran los mensajes escritos por unas hormigas, la traducción funciona sin fricciones y aporta visiones iluminadoras del tipo siguiente:

> Largos son los túneles. Más largo es Lo-que-no-es-túnel. Ningún túnel puede alcanzar la longitud de Lo-que-no-es-túnel. Pues Lo-que-no-es-túnel posee más distancia que la que puede recorrerse en diez días (es decir, la eternidad). ¡Salve![98]

Uno no da ni un segundo de crédito a algo así.

¿Hormigas que reflexionan precisamente sobre sus túneles?

Pero veamos otro de los poemas de Arli:

97. En el número 76, invierno de 2005, junto a textos, entre otros, de Donna Tartt, Geoff Dyer, Oliver Sacks, Colm Toíbín y David Sedaris.
98. «El autor de las semillas de acacia y otros extractos del diario de la Sociedad de Zoolingüístas»; en *De Viajeros del tiempo* (antología de autores varios), (traducción de Antonio Prometeo Moya y Pablo Mañé Garzón), Barcelona, Luis Caralt Editor 1976. [*Long are the tunnels. Longer is the untunneled. No tunnel reaches the end of the untunneled. The untunneled goes on farther than we can go in ten days [i. e., forever]. Praise!*].

bad a baf
bdd af dff
art ad
abd ad arrli
bed a ccat

Bed a cat. Acuesta a un gato. O gato malo. Aunque tal vez se refiera a un coche, un *car*, escrito con error. Una y otra vez vemos surgir del juego con las teclas sin dictado el centelleo del nombre propio, esa significativa secuencia de movimiento: A-R-L-I. Mann Borgese aporta incluso la supuesta opinión de un anónimo *well-known critic of modern poetry* al que le mostró los poemas. Eran encantadores, le había respondido el crítico, mostraban un notorio parecido con ejemplos de poesía concreta brasileña, escocesa y alemana. Además, de inmediato uno pensaba en el nombre de cierto poeta estadounidense que escribía exactamente como el perro.

Admito que el modo enfáticamente *mannesco* con que la hija de Thomas Mann aborda los juegos poéticos tecleados de su perro me resulta casi excesivo. Tal parece que le faltara la lucidez necesaria para verlos como lo que eran: el monólogo interior de un animal bien entrenado. Para que un saber, una secuencia de acciones o una *palabra* queden grabados en el cerebro es necesaria la repetición. Y en los poemas de Arli ocurre exactamente eso: el perro exhibe las incansables repeticiones de palabras aprendidas que se suceden en su cerebro. Arli era un perro que, sin hacer nada para ello, se había visto en la peculiar situación de tener que memorizar todo tipo de secuencias de letras. Ello le proporcionaba recompensas y atención, e incluso, en ocasiones, un paseo en su querido coche. En las repeticiones, errores y variaciones de los cuatro o cinco términos vemos, por lo tanto, su mente durante las labores diarias de mantenimiento y consolidación de esas estructuras significativas. Si hubiera tecleado algo totalmente casual, no una y otra vez las mismas letras, *dog doog dg dgg bad bed badd bdd good god dog good goodd doog*, podríamos considerarlo entonces un perro libre. Pero de ese modo, con el rendimiento inequívoco en forma y figura de horas pasadas sin recibir instrucciones, se nos presenta, como todo ser bien entrenado para escribir, como una criatura sometida.

Mi artista favorito del siglo xx, Joseph Cornell, al enterarse del episodio del *bad dog*, se sintió tan conmovido que a partir de entonces dividió a la humanidad en dos grupos: quienes conocían al perro de Mann Borgese y los indignos. Para él, la idea de un perro que teclea *bad dog* en una máquina de escribir era uno de los acontecimientos fundamentales de la época. Desafortunadamente, al cabo de un tiempo confundió el nombre Borgese con «Pergolesi», a partir de lo cual el mundo solo estuvo poblado por indignos, ya que nadie, ni siquiera los más cultos entre sus colegas, habían oído hablar nunca del «perro de Pergolesi».[99]

En varias ocasiones se ha aludido a la evidente ironía de que fuera precisamente la hija de Thomas Mann la que enseñara a su perro a escribir a máquina. En un plano superficial, la observación es comprensible, pero resulta incompleta y, en realidad, errónea. Porque la máquina de escribir era asunto de *Katia*, no de Thomas. El gran mago escribió todas sus obras a mano, inclinado sobre su cuaderno y recluido en su estudio, lejos de la familia. La máquina de escribir, en la casa de los Mann, era aquel espíritu mecánico que ayudaba a mantener todo en pie, un servicio no a lo poético y lo creativo, a los tormentos del artista y las tragedias del genio, no. La máquina

99. Guy Davenport, «Pergolesi's Dog»; en *The Geography of the Imagination.*

de escribir era el instrumento de la abnegación obvia y poco agradecida de su esposa, quien durante noches enteras, enyuntada al tableteo de ese pequeño arado, tecleaba y tecleaba sin recibir salario alguno, haciendo visible para otros lo que su marido había concebido. Tal vez por eso la máquina fuera el objeto más obvio en el que pensara Elisabeth Mann Borgese para su despabilado perro, puede incluso que no hubiera otra posibilidad para espantar los demonios de ese aparato que dejar al perro teclear en él sus didácticos poemas.

LA GRAN LIBERACIÓN: EL ESPERANTO

The Tamarian was willing to risk all of us,
just for the hope of communication.

JEAN-LUC PICARD, *Star Trek. The Next Generation*,
Episodio 102 «Darmok»

I
El viaje

Ra-ta-ta-tá.

Ra-ta-ta-tá. Ra-ta-ta-tá.

¿Qué era eso? Sonaba a algo gigantesco, inhumano, pero al mismo tiempo era como una invitación. Entonces emitió un silbido, se hizo más lento y dúctil, al tiempo que ponía a temblar el suelo del andén, apagando el vivo vocerío y los ruidos de maletas de la gente reunida alrededor, dejando solo un prolongado chirrido. Luego, un breve resoplido y todo quedó en silencio. Tenía que ser el tren.

El joven que se encontraba en la estación de Moscú, solo por primera vez en su vida, se inclinaba una y otra vez hacia delante para comprobar, por el cambio de temperatura, a qué distancia se hallaba el tren recién llegado. El aire recién revuelto se agolpaba alrededor de su frente. Por el momento no se atrevía a extender el bastón para palparlo, quién podía decir con certeza cuán voraz era un tren como aquel. En todo caso, absorbía a las personas en masa, tal vez hasta birlara algún bastón. A veces un claro traqueteo o algún chasquido lo ayudaba a determinar por el eco dónde se hallaba el siguiente mayor obstáculo.

La gente lo empujaba, se agolpaba al paso junto a él.

Al cabo de un rato, alguien lo abordó por un flanco. Un desconocido. Que si pretendía subir al tren, quiso saber la persona. Antes de que Vasili pudiera responder que sí, el desconocido, como casi siempre ocurre, lo tomó el brazo y tiró de él con fuerza. Con mucho gusto lo ayudaba.

—Por aquí.

—Gracias —respondió Vasili.

Su voz —por última vez en su vida, como decidió en ese preciso instante— tenía un tono agudo, vacilante, casi inaudible.

Bien, ahora debía alzar un poco la pierna. Eso es.

¡Vaya, había peldaños! Interesante. Uno, dos, tres. Listo.

Tanteando con el bastón, Vasili fue orientándose. Estaba en el lugar correcto, a resguardo. Estaba en el tren. Notó cómo por su lado, a la altura de la cintura, pasaban personas, bordes y esquinas. A partir de aquí ya todo iría bien, algún revisor le indicaría el camino.

—Gracias, caballero.

Pero el desconocido ya había desaparecido.

Más desconocido que el tren era el destino de aquel joven. Occidente. Eso quedaba muy lejos, a una distancia nada despreciable en el mapa. Se la habían mostrado en el instituto, con el dedo y la palma de la mano. Casi tres dedos de ancho en el globo terráqueo siguiendo esa dirección. Apenas imaginable. Allí los relojes funcionaban de forma muy distinta a los de Rusia.

Al principio Vasili permaneció solo en el compartimento. Con una sacudida, el tren se puso en marcha, la presión lo empujó ligeramente contra el asiento. Todo era un poco inquietante. Más tarde, a lo largo de su vida, aprendería a valorar el viajar sin compañía, siempre que fuera posible, avanzar con rapidez, aun siendo ciego, sin necesidad de embrollarse con esas personas dispuestas a ayudarlo.

Al cabo de un rato, se le unió una pareja de hermanas entradas en años que le ofrecieron unas empanadillas que olían un poco a perfume de lavanda, pero que tenían un sabor delicioso.

Los comentarios habituales al principio de cualquier conversación.

¿Ciego del todo?

Sí, por desgracia.

¿De nacimiento?

No.

¡Oh, Dios! ¿Un accidente entonces?

Puede decirse así. Una enfermedad en los primeros años de la niñez. El fracaso de unos iconos con poderes curativos.

El último comentario hizo reír a las damas, que, aunque hablaban un pulcro ruso moscovita, no parecían tener problemas con el deje ucraniano de su dialecto. Pasado un rato, Vasili adoptó su forma de hablar y las señoras se mostraron cautivadas. Quisieron saber más acerca de aquel interesante joven.

¿De modo que viajaba solo?

Por el momento, sí.

¿No tenía un cuidador?

No, dijo Vasili, no había contratado a nadie.

¿Y la estrella verde de su abrigo?

Bueno, eso, explicó Vasili, no, tampoco era un cuidador.

Todos rieron.

¿Alguna insignia, tal vez, para indicar a quién pertenecía?

No, repuso Vasili, no era un distintivo para ciegos, sino algo muy diferente. Era *la stelo.*

¿Stella?

La stelo, repitió Vasili. El emblema de Esperantujo.

De nuevo las damas rieron e hicieron que Vasili les repitiera varias veces la divertida palabra. Trataron incluso de repetirla, pero se mostraron deliberadamente torpes, sus voces rodaron una sobre otra, hasta que, finalmente, desistieron. ¿Era el nombre de una escuela para ciegos?

No, respondió Vasili. Era el nombre de un país.

¿Oh, sí?

Nunca habían oído hablar de ese país. Estaban seguras de que...

Vasili no se lo tomó a mal. En sentido estricto, también para él era algo nuevo.

Pero ¿por dónde empezar? En vista de que no se le ocurría otra cosa, les recitó de memoria unos versos del gran poeta Grabowski:

La tago malvarma, malgaja, sensuna;
Ne haltas la ventoj kaj pluvo aŭtuna;
Vinujo je l' muro putranta sin tenas,
Sed ĉiu ekblovo foliojn deprenas,
Kaj la tago – malvarma, sensuna.

Impresionadas, las hermanas aplaudieron. «¡Italiano!», exclamó entusiasmada una, cuya voz sonaba oscura y áspera como la corteza de un árbol. Sí, el italiano era la lengua del corazón. ¡Qué maravilla!

—Es esperanto —dijo Vasili, y les explicó que esa lengua había nacido casualmente en la ciudad hacia la que se dirigía el tren.

—Ah, ¿en serio? ¿En Varsovia?

—Sí.

—Qué cosas.

Le pidieron a Vasili que repitiera los versos, cosa que el joven hizo con sumo gusto. Se trataba de la versión en esperanto de un poema escrito originalmente en inglés por el poeta Longfellow. Vasili pronunció a propósito en ruso el nombre del escritor, con una audible *f* al final, *Langfjelof*, a fin de no someter a las damas a demasiados sonidos foráneos a la vez. Sabía que en esos casos era preciso proceder con cautela y paciencia. La gente con el sentido de la vista intacto mostraba una enigmática aversión, a veces incluso cómica, a cambiar los tonos de voz y los idiomas. Pero ¿qué más da?, pensó.

The day is cold, and dark, and dreary;
It rains, and the wind is never weary;
The vine still clings to the mouldering wall,
But at every gust the dead leaves fall,
And the day is dark and dreary.[100]

Así sonaba el original.

Muy bonito, muy bonito, alabaron las damas. Pero se notaba que sus mentes estaban en otra cosa.

El poema original, por desgracia, estaba lleno de imperfecciones, les dijo Vasili. En cambio, la versión en esperanto era perfecta. Por ejemplo, en el segundo verso —Vasili lo repitió— le molestaba un poco la expresión *and the wind*, porque introducía una especie de pasitos cortos en medio

100. Primera estrofa del poema «El día lluvioso», de Longfellow: El día es frío y oscuro y deprimente. / Llueve y el viento nunca se detiene. / Las viñas aún golpean la ruinosa valla / pero hojas muertas caen en cada ráfaga / y el día está oscuro y deprimente (traducción de Elisa Rapado).

del ritmo. Les mostró lo que quería decir. La música interna del poema se desequilibraba debido a ello. También en el verso «*But at every gust the dead leaves fall*», la entonación o bien recaía en *at*, lo que producía un efecto poco natural y rebuscado, o se dejaba sin acentuar *but at*, poniendo la acentuación entonces en *every*: *but at évery gúst the déad leaves fáll.* Ninguna de las dos variantes era demasiado pulcra. No producían elegancia.

En cambio, la versión de Grabowski, «*Ne haltas la ventoj kaj pluvo aŭtuna*», ofrecía el mismo sentido, pero sin esos pasitos cortos. Un compás, en general, nítido. Y con una distribución perfectamente armónica de las vocales. En la nueva lengua, el poema aflora a nuestra boca con una textura suave. Y existían otros miles de ejemplos similares.

Las damas guardaron silencio durante un tiempo.

Entonces la de la voz más clara y tintineante preguntó si acaso el joven era músico.

Así es.

Lo sabía.

Sacaron algo de beber. Le ofrecieron a Vasili, pero este rechazó la oferta. No debía perder la concentración.

¿Entonces Varsovia era su destino? Y, una vez allí, ¿se dedicaría a estudiar ese interesante idioma tan parecido al italiano?

No, dijo Vasili. En Varsovia solo haría trasbordo. Aún le quedaba un largo camino por delante. Hasta Inglaterra.

¡Inglaterra!

Las damas habían oído hablar de ello.

¿Necesitaba ayuda cuando hiciera el trasbordo?

No, muchas gracias, respondió Vasili. Por suerte, en Esperantujo todos los seres humanos eran amigos. Alguien vendría a recogerlo.

Sí, pero Varsovia estaba en Polonia, dijo la dama con la voz más grave y oscura, no en «Espertujo». ¿Dónde creía él que estaba ese país imaginario?

En todas partes, por supuesto.

¿En todas partes?

Sí, respondió Vasili. Claro que estaba en todas partes. Tenía que estarlo, de lo contrario no estaría en ningún lugar. En el mapamundi ya estaban repartidos los territorios de todos los países, de modo que había que distribuirlo por todas partes.

Al bajar en la estación de Varsovia, la dama con la singular voz oscura e introvertida le regaló una manzana. El fruto frío y jugoso en la mano del joven se sentía como algo parecido a la confianza.

—*Karon dankon* —dijo Vasili.

2
Origen

El protagonista de esta reconstrucción novelesca, Vasili Eroshenko, nació en 1890 en Obujovka, una pequeña ciudad rusa situada en la frontera con Ucrania. A los cuatro años enfermó gravemente de un sarampión que intentaron curarle con todo tipo de remedios caseros. Pero, por desgracia, lo único que no había en aquella casa eran iconos, ya que su familia era pobre, aunque enfrente estaba la iglesia. Una tía suya se mostró dispuesta a ayudar al pequeño, que respiraba con gran dificultad. Lo levantó de la cama, lo envolvió en varias mantas y, cruzando la calle, lo llevó hasta la iglesia. Sin duda los santos allí alojados ayudarían a que el muchacho se curara.

El pequeño Vasili debió adelgazar muchísimo. A la tía le pareció que cargaba a un bebé.

Era un día gélido y nublado. Un viento filoso y nevado se precipitaba a través de la callejuela. Daba igual el rumbo que tomaras, siempre te golpeaba en la cara. El pequeño empezó a gritar. Era difícil imaginar que pudiera resfriarse en un trayecto tan corto. Además, estaban los santos. Esos fueron en todo caso los argumentos con que se defendió la tía más tarde —casi siempre en silencio, para sus adentros— de las acusaciones de la familia. Porque la enfermedad de Vasili pareció empeorar mucho desde esa noche. Su madre se sentaba a su lado, le cogía la mano, a veces fría como el hielo, si bien más tarde, de repente, empezaba a arder a causa de la fiebre. Vasili pedía a menudo más luz, pero luego el más mínimo resplandor le provocaba dolores de cabeza. Por último, perdió el conocimiento y empezó a delirar. Estuvo así varios días. Cuando despertó, respondió correctamente a las ansiosas preguntas de su familia, si sabía dónde estaba y quién era, así que todos se abrazaron y dieron gracias a los santos al otro lado de la calle. La tía se atrevió incluso a acercarse a la casa, permaneció cohibida en el umbral de la puerta, compartiendo el júbilo general. Pero en eso el niño volvió a clamar por más luz. Estaba tumbado en la cama con los ojos abiertos y agitando los brazos. Lo llevaron fuera, con la cara hacia el sol, pero sus ojos no dieron señal alguna. No veían oscuridad, sino algo peor: una extraña y absurda pátina que ni siquiera era un color. Solo cuando se oprimía los ojos con los dedos veía algo parecido a destellos.

Más tarde, en su obra, Vasili Eroshenko describiría una y otra vez ese primer periodo de su vida. Con una fascinación casi antropológica, cuenta cómo la repentina ceguera lo transformó al principio en una criatura salvaje, semejante a un lobezno. Todo indicio de socialización había quedado suprimido. Me atrevería a decir que ese sentimiento básico de pérdida de la confianza, de ira rebelde y de una añoranza insaciable ya nunca lo abandonaría por el resto de su vida.

El pequeño pasaba el día entero en un rincón a oscuras. Cuando alguien le dirigía la palabra, rompía a llorar de inmediato o, como ocurría a veces, empezaba a lanzar golpes y patadas a diestra y siniestra. Pasaba horas balanceándose hacia atrás y hacia delante o tumbado en el suelo en una postura torcida. Sus padres no sabían qué hacer. En una ocasión su madre lo sorprendió, lo agarró con fuerza y, en un intento desesperado por demostrarle que el mundo que él creía haber perdido seguía estando ahí, intacto, lo sacó a la calle. Por un momento fue como si el chico hubiera aprendido a la fuerza la lección. Se quedó tieso sobre el suelo, bañado por unos rayos de luz, como la pequeña figura de un ángel. Con la cabeza caída sobre el pecho, parecía escuchar algo. Pero, en un momento en que se movió y chocó con algo inesperado, se puso totalmente fuera de sí, empezó a gritar y a caminar dando tumbos de vuelta a su miserable rincón.

—Vasenka...

La madre lo tocó levemente con la punta del pie. No fue un gesto de desprecio, pero el chico había adoptado hacía poco la costumbre de lanzar mordiscos a su alrededor. Mejor que le mordiera la pantorrilla en vez de la mano.

Vasili estaba allí sentado, con la respiración acelerada. Por la expresión de su cara podía verse que, a pesar de la apremiante necesidad de huir que lo embargaba, había empezado a reflexionar. Había juntado las cejas. Tenía la arruga del pensador.

También a la madre le había llamado la atención su don para orientarse en la huida, como si poseyese una brújula, lo cual siempre le permitía volver a la casa.

—Lo siento —dijo ella—. No quería asustarte.

Ninguna respuesta.

—Pero qué rápido has encontrado el camino de regreso, Vasenka —dijo la madre, como de pasada—. Eso está bien. Este es tu lugar seguro. Deberías quedarte aquí, para siempre.

Y entonces: un giro rápido y vehemente de la cabeza. Algo parecido a un resuello, como si jadeara. La madre intuía lo que era y se alegró. Su hijo estaba indignado.

—Muy rápido has encontrado el camino hasta aquí —siguió diciendo en voz baja, como si lamentara fracasar—. Sin chocar con nada. ¡Madre mía! Pobre Vasenka.

Pasó un día entero.

No se habló mucho.

Entonces Vasili se adelantó y pidió que lo dejaran recorrer de nuevo el camino de regreso hasta su rincón. Esta vez desde otro punto.

Tenía el rostro muy enrojecido. No en los lugares habituales, alrededor de los ojos hinchados y llorosos, tampoco en las mejillas, en las que a menudo se clavaba las uñas cuando se ponía rígido. No, su rojez era pareja, como el síntoma de una buena circulación, casi podía vérsele el pulso recién despierto.

—¿Desde otro punto?

La madre se esforzó en fingir que no entendía.

—Sí.

—Pero ¿desde dónde?

—Da igual —respondió el chico—. Desde cualquier parte.

Ahí estaba, como un soldado presto al combate. Entonces ella lo tomó de la mano y lo llevó hasta la iglesia.

Me he tropezado con algunas personas que se quedaron ciegas de repente. Algunas sintieron el apremio de describirme con exactitud la sensación de naufragio que embarga a quien pierde el mecanismo de protección más elemental del que un ser humano puede disponer: la mirada activa. Otros renunciaron a hablarme de ello o percibieron el asunto de otro modo. G., un hombre entrado en años, se quitó la vida una mañana con un salto desde la ventana de la residencia donde lo asistían. ¿Quién mejor que alguien que se ha quedado irremediablemente ciego de repente sabe la manera en que mantenemos a raya las exigencias del mundo a través de la mirada? En comparación, perder el sentido de la orientación no es, por lo visto, nada.

En su texto autobiográfico *Unu paĝeto en mia lerneja vivo* ['Un pequeño capítulo de mi época en la escuela'], Eroshenko alude a otra dimensión y cita el libro de Clarence Hawkes *Hitting the Dark Trail*, en el que ese intelectual y poeta de la naturaleza, que también se quedó ciego a una edad muy temprana, escribe:

> Aunque la noche se apoderó de mí en pleno mediodía, yo había descubierto la belleza de la noche. El sol a mediodía solía mostrarme el mundo y todas sus maravillas, pero la noche me mostró el universo, las incontables estrellas y el espacio infinito, la vastedad y el misterio de toda vida. El día perfecto solo me acercaba al mundo de los hombres. La noche, en cambio, al mundo de Dios. Y aunque la noche me deparó a menudo momentos de dolor y de desaliento, oía en ella el canto de las estrellas...

Con su humor enemigo de toda glorificación, Eroshenko añade que eso, sin duda, solo era cierto si, como Hawkes, uno vivía en el campo, en medio de la magnífica naturaleza. Pero ¿qué ocurría en una gran ciudad, en Shanghái, Londres o Moscú?

Ruido por todas partes. Las estrellas, para ser escuchadas, tendrían que ponerse a vociferar.

A Eroshenko nunca lo impresionaron los giros favorables del destino ni las interpretaciones bienintencionadas. Al parecer, confiaba más en las fluctuaciones inesperadas de la propia biografía, fluctuaciones que eran como partículas elementales. Es decir: un caos. Y por dramática que fuera a veces la rigidez de Vasili, esta enseguida desaparecía. Pronto empezó a dar paseos por el bosque con otros niños de la vecindad, a nadar en el río y a cazar cangrejos. Pero aquella temprana rigidez, la inclinación a la violencia, perduraron en él, solo que se las arregló con habilidad para mantenerla a raya. Pasó a conformar el acervo de su brillante tozudez y de su enorme capacidad inventiva. Aprendió a recorrer a pie tramos de varios kilómetros, participaba en juegos con pelota y se aprendió de memoria infinidad de textos, vocablos y música. No es una exageración afirmar que poseía una memoria perfecta. Le bastaba con oír algo una sola vez para que, por lo general, lo oído se le quedara grabado para siempre. Aprendió a lo largo de su vida muchos idiomas, entre otros, el turkmenio, el japonés, el chino y el esperanto, y los aprendió en parte tan bien, que podía impartirlos. También tocaba el violín, la guitarra y la balalaica.

En 1899, a la edad de nueve años, Vasili Eroshenko se marchó a Moscú y entró en una escuela para ciegos. Era julio, el calor era agobiante, los dedos sudados de los niños se quedaban pegados a las páginas en braille. A algunos libros de textos se le despegaban las hojas.

También ese detalle dispara en mi memoria —y que se me perdone la petulancia— un vivo recuerdo de mi época en el Instituto Odilie. Yo solía reparar allí, en la biblioteca, los libros en braille, casi siempre devueltos por sus usuarios en un estado deplorable. Nunca sentí más tarde esa satisfacción física de leer, tampoco la vi de un modo tan gráfico ante mis ojos como ante esos volúmenes magníficamente deshechos. La letra braille estaba casi siempre intacta, pero a veces bastaba con pasar la yema lectora del dedo para que las páginas se aflojaran.

En cualquier caso, desde su primer día en la escuela moscovita, Vasili tuvo que aprenderse versos de memoria. Allí, además, enseñaban a los alumnos a confeccionar cestas.

«Al igual que entonces en el Instituto Odilie», me dice mi cerebro. Solo que allí había gente con discapacidad múltiple, visual, física, mental. Aún percibo el olor de las cestas, almacenadas en un recinto junto a la caseta del portero, donde yo prestaba mis servicios durante los meses de verano, y ese olor penetrante, a la vez acogedor, me recuerda la manera perfecta en que se perfila el futuro de algunas personas: el futuro es ahora labor de cestero y de reparador de asientos.

En la escuela para ciegos de Moscú no pegaban a los alumnos, pero los castigos eran duros y humillantes. Por ejemplo, si uno cometía una falta, tenía que permanecer de pie en el vestíbulo, *recto como una vela*. Al día siguiente te dejaban sin almuerzo. A Vasili lo castigaban con frecuencia. Como era de esperar, su formación como cestero y escobero no se correspondía en absoluto con sus intereses. A cada momento tenía altercados con alguno de los tutores.

Otro de sus condiscípulos, un chico con el bonito nombre de Lapin, recibía reprimendas casi a diario, pues formulaba preguntas que los maestros no habían considerado en su vida. El mundo era grande y cada cual encontraría su lugar en él, dijo el maestro un día. Lapin, en cambio, objetó que su padre no tenía lugar alguno en la tierra, porque estaba obligado a tomar en arrendamiento al conde Orlov el más mínimo pedazo de tierra. El maestro llamó necio a Lapin y lo mandó de castigo a una esquina. En otra ocasión, los niños estaba en una clase sobre los colores de la piel. La piel más clara era el color de la raza más noble de la humanidad; la más oscura, la de sus miembros más incivilizados. Lapin preguntó qué ocurría si una persona blanca se exponía a los rayos del sol y su piel se volvía más oscura. ¿También se embrutecía? El maestro pegó un grito. Lapin tuvo que volver a su rincón de castigo.[101]

Como dentro de cada niño, también en Vasili se alzaba una fortaleza inexpugnable. Él mismo contaría más tarde que poseía cuatro cosas que aún podía imaginarse visualmente: 1) el cielo, 2) algunas palomas, 3) la torre de la iglesia en la que hacían sus nidos las palomas, y 4) el rostro de su madre. Este invariable cuaternión fue para él una especie de manual de instrucciones para tener pensamientos puros y encontrar para ellos la expresión más sencilla. Ni los castigos más duros y estúpidos de sus profesores pudieron arrebatarle esos cuatro recuerdos visuales.

Un buen día, estando de visita en la escuela un diplomático chino, Li Hongzhang,[102] a los alumnos se les permitió tocar la mano y la ropa del visitante. Antes de su llegada, el maestro les había explicado que ese señor pertenecía a una raza inferior, la asiática raza *amarilla*. Pocos de los niños sabían

101. Todas las anécdotas escolares han sido tomadas del libro de Vasili Eroshenko *Lumo kaj Ombro* (Japana Esperanta Librokooperativo, 1979).
102. No está claro que Eroshenko dé aquí el nombre correcto, pues encontramos muchos datos contradictorios en relación con la visita que este hombre hizo a la escuela moscovita.

lo que significaba *amarillo*. Le dijeron al maestro que no habían podido encontrar ninguna diferencia en la piel del visitante. Sí la encontraron, en cambio, en su ropa, de una tela mucho más fina y agradable al tacto. Además, aquel hombre era mucho más amable que los profesores del instituto. El maestro castigó duramente a los alumnos por esa visión de las cosas.

Otro día fue a visitar la escuela un tío del zar, Serguéi Alexandróvich Romanov. Policías y soldados vigilaban los corredores. Temían un atentado por parte de los anarquistas. Los niños se agolparon en el vestíbulo. Vasili, en cambio, permaneció más tiempo en su cuarto, pues detestaba los tumultos. Partió rumbo al vestíbulo solo varios minutos después de que sonara la campana. En el pasillo lo abordó un desconocido. Aquel hombre quería saber si a Vasili le gustaba la escuela. Sí, mucho. ¿Y qué tal le parecía la comida? Nada especial. ¿Le gustaría probar una comida de mejor calidad? Sí, claro. ¿Acaso el forastero se la daría personalmente?, preguntó Vasili. El hombre rio y quiso saber si Vasili lo encontraba simpático. Vasili respondió que no lo conocía de nada, pero que, de llegar a conocerlo, tal vez lo encontraría antipático, porque lo estaba reteniendo con preguntas innecesarias. Silencio. De repente aparecieron varios maestros que agarraron a Vasili y lo sacaron a rastras de allí, condenándolo a pasar el resto del día encerrado en su habitación: el desconocido era nada menos que el Gran Príncipe Serguéi Alexandróvich en persona.

—¿Por qué has hecho tal cosa? —le gritó el maestro.

—No sabía que se trataba del príncipe.

—¡Pero cómo puede ignorarse una cosa así! Claro que no puedes ver su ropa elegante, pero ¿acaso no percibiste su distinción, su majestad?

—No —respondió Vasili—. No percibí nada. Pensé que era uno de esos policías que merodean por aquí desde hace días. Son bastante maleducados.[103]

Poco después de ese incidente, Vasili y su amigo Lapin se encontraron en la calle con un desconocido. Se habían apartado un poco del camino durante el paseo bisemanal a la Banja. El hombre se mostró sumamente cortés y les hizo preguntas sobre su vida. El maestro arrastró a los dos chicos consigo y les dio una paliza en la sauna. ¡Qué diablos les pasaba!, quiso saber el maestro. ¡Ponerse a charlar con un mendigo! ¡A plena luz del día, directamente delante de la escuela! ¡Si alguien los veía...!

—No sabíamos que era un mendigo —se lamentó Lapin, doblado bajo la lluvia de golpes.

—¿Y qué otra cosa iba a ser, tú, maldito ciego idiota?

—Pensamos que tal vez fuera un príncipe.

No, la noche eterna no le enseñó el canto de las estrellas. Tampoco existe certeza alguna sobre cuál puede ser la utilidad de ese canto. El misterio de Dios, el Universo y el canto de las estrellas. Ni idea. Pero no. La noche solo le enseñó a Vasili una cosa: desconfianza ante la gente capaz de decir con exactitud qué era otra persona.

A los quince años, Vasili Eroshenko dejó la escuela y empezó la vida por su cuenta. Trabajó siete años como músico en la orquesta de ciegos de Moscú, que en 1911 participó en una gira por el Cáucaso. A través de dicha orquesta entró en contacto con la que fue, sin duda, la persona más importante durante

103. Solo dos años después, como añade Eroshenko en sus memorias, el príncipe Serguéi Alexandróvich Romanov fue asesinado en un atentado anarquista.

la primera parte de su vida: Anna Sharapova, profesora de esperanto y traductora de Lev Tolstói, Lérmontov y otros autores. Ella le dio al joven dos consejos. Resulta difícil decir cuál de los dos le pareció a Eroshenko más curioso, pero él tomó ambos en consideración como si se tratase de una sentencia divina. Los dos consejos rezaban: 1) debía aprender esperanto sin dilaciones y 2) viajar a Inglaterra a toda costa. Por sí solo, a Eroshenko jamás se le habrían ocurrido esas ideas, pero estas fueron, como se reveló al final, las decisiones fundamentales de su vida. Lo primero que hizo fue aprender esperanto. No sabemos con exactitud cuánto tiempo le tomó aprenderlo. Puede que fueran varios días o varias semanas.

3
Cómo aprender esperanto

la domo – la casa
la viro – el hombre
la virino, la ino – la mujer
la onklo – el tío
la onklino – la tía

la verkisto – el escritor
la kato – el gato

mia libro – mi libro
pri poezio – sobre poesía
verkita – escrito
en planlingvoj – en lenguas artificiales

kuri – correr
helpi – ayudar

pafi – disparar
legi – leer

Kiel vi fartas? – ¿cómo estás?

A diferencia del volapuk, es preferible aprender el esperanto en un periodo vital en el que hayamos recuperado un poco de paz y de tranquilidad y empecemos a percibir de nuevo, poco a poco, el humor desgarrador de las cosas que habíamos olvidado.

Uno se asombra, se muestra perplejo, comete errores y se alegra.

la krokodilo – el cocodrilo
krokodili – en una situación en la que sería obligatorio hablar esperanto (por ejemplo, en un congreso) y, vergonzosamente, se habla otro idioma
fingrumi – toquetear, manosear
dika – gordo
la dikfingro – el dedo gordo
dikfingrumi – viajar a dedo, hacer autoestop

En mi jardín crecen tres árboles, uno de ellos fue alcanzado una noche por un rayo. Desde entonces hace cosas insólitas. En días de tormenta, permanece inmóvil, como unos dientes apretados. Y cuando la calma es absoluta, rumorea sin cesar, el muy tonto. Los pájaros no saben a qué atenerse con él, prefieren quedarse en la hierba, a su alrededor, en lugar de posarse en sus ramas, y solo en una ocasión vi a un valiente pájaro carpintero, probablemente nuevo en el barrio, colgado a un lado del árbol, como un auricular, aunque, al cabo de un rato, sin haber golpeado la corteza con el pico, levantó el vuelo. El árbol también tiene sus problemas con la nieve. Pero, en fin, da igual. Lo que realmente quiero decir es que cada vez que paso junto a él, adopto una actitud interior singular, como si tuviera la necesidad de empujar hacia un lado a esa criatura confundida y atravesada en mi camino. Estoy seguro de que dentro de él no ocurre nada. Su presencia me resulta un poco desagradable, porque me recuerda que en cualquier momento, sin aviso previo, podemos ser expulsados del mundo conocido y de su vida regulada, aunque uno siga estando, al menos por el aspecto externo, anclado en el viejo orden y parezca del todo intacto a quienes no están mejor informados. Uno puede perder la capacidad para hablar, los sentidos, el cuerpo y, aun así, seguir con vida.

Un buen día leí un poema en un idioma completamente desconocido para mí, el esperanto. No recuerdo dónde lo encontré, en internet, seguramente, en alguna parte.

Leí aquellos versos y entendí casi cada palabra.

MORTANTA FOLIO

Lante falanta
flava foli'
takte baraktas
en agoni';

kaj la emajla
flava mort-farb'
ŝminkos la ringan
piedon de l' arb'.[104]

Todavía recuerdo bien la situación. Mi cerebro hablaba espontáneamente, desde lo más hondo: *la hoja amarilla / que cae lentamente /* takt (de esta palabra no tengo ni idea) */ en*

104. Tomado de *En barko senpilota. Plena originala poemaro* (Edistudio, Pisa, 1987).

agonía / y el esmalte / amarillo color de muerte / traza anillos / al pie del árbol. Una lengua romance con algunas palabras del alemán. Nada imposible.

El poema fue escrito hace medio siglo por el poeta escocés William Auld. Auld escribía exclusivamente en esperanto. Nació en 1924 y murió en 2006. Aprendió el idioma universal del doctor Zamenhof cuando era niño, siendo *boy scout.* Más tarde, en su juventud, como muchos otros en esa época, se volvió muy activo en la divulgación de la nueva lengua, fue autor de influyentes manuales y hasta llegó a traducir al esperanto una serie de clásicos como *El señor de los anillos*, de J. R. R. Tolkien, obras de Shakespeare y de Oscar Wilde, pero también la ligeramente descabellada epopeya en verso *Aniara*, que trata de una nave espacial y fue escrita por el para nosotros desconocido autor sueco y Premio Nobel Harry Martinson. El propio Auld fue nominado en 1999, 2004 y 2006 para el Premio Nobel, un hecho que provocó reacciones de asombro en el resto del mundo.

La fama de Auld en el mundo del esperanto se basa sobre todo en su obra *La Infana Raso*, del año 1956. El título significa 'La raza infantil' y hace referencia a la humanidad, la cual, por lo general, es el tema favorito entre los poetas del esperanto. Apenas existe otra cosa sobre la que se haya escrito tanto en ese idioma como sobre *La Homaro.*

He aquí mi traducción de su poema:

HOJA MORIBUNDA

La hoja amarilla
que cae lentamente
que ha temblado
con violencia entre penas

pinta el esmalte amarillo
color de muerte
alrededor del árbol
como *make-up* en el bosque.[105]

Me he tomado al final cierta libertad, he transformado *maquillar* en algo más prosaico, un *make-up*.

De modo que había traducido el poema. O mejor dicho: mi cerebro lo tradujo de forma automática, pero un instante después miré por la ventana y vi su contenido representado en mi jardín. Nuestro arbolito, ese tonto dañado por un rayo, había dejado caer en torno a su tronco un anillo de hojas amarillas. Sí, aún podía hacerlo. Los demás árboles, con un sistema en perfecto funcionamiento, también habían formado círculos de hojas amarillas. Una vez al año nuestro árbol tenía su propia voz, hablaba el mismo idioma que sus colegas. Mientras cada año las hojas en él murieran y cayeran al suelo, el árbol estaría vivo, y era necio por mi parte mostrarme tan severo con él. Fue gracias a ese poema descubierto por azar —mi primer contacto absoluto con el esperanto— que pude reconocerlo.

Una tontería, ¿verdad? Pues no. Desde que lo impactó el rayo, por cierto, el árbol muestra una gigantesca protuberancia que, en mi mente, se parece exactamente a la uña fantasmal que le creció a una de las víctimas de las radiaciones de la bomba atómica de Hiroshima. Unos vasos sanguíneos se habían formado en el tejido córneo mutado. Cuando se recortó aquella

105. El poeta Jorge Camacho propone esta traducción: *Hoja moribunda // La hoja amarilla / que cae lentamente / se agita de manera cadenciosa / en su agonía: y la pintura esmaltada / amarilla de la muerte / maquillará el anillo / en torno al pie del árbol.*

uña negra que creció durante décadas, esta empezó a sangrar. Ver esa protuberancia en el árbol me hace recordar también la descripción que V. S. Naipaul hace de una curiosa vaca deforme en su mágica novela *El enigma de la llegada*, cuya esencia y contenido resulta difícil de resumir.

En un pasaje, el narrador —que como el propio Naipaul ha nacido en Trinidad— menciona una vaca del condado inglés donde tiene su residencia a la que mantienen en los prados y le recuerda un poco a las vacas sagradas y veneradas de su infancia.

Pero los animales de las lomas —escribe—, aun con toda su belleza, carecían del carácter sagrado, de las continuas atenciones de los hombres que, según creía yo de niño, ansiaban las vacas. Aquellas vacas de los pastizales o las dehesas llevaban números moscados en la grupa.

La cicatriz de la quemadura del maravilloso árbol tocado por el rayo tiene alrededor de un metro de largo.

Ni carácter sagrado al nacer ni tampoco al morir; tan solo la furgoneta cubierta. Y a veces, como ocurriera en el patio abandonado, tapizado de musgo, detrás de la casa de Jack, quedaban recuerdos de inseminación artificial o gestaciones que acababan mal: cuando durante varios días, aislados de los animales que habían salido bien, se encerraba a los ejemplares de factura extraña, con aquel pedazo adicional de carne y pelo (y el trazado frisón en blanco y negro) colgándole del vientre, como material vacuno que hubiese goteado por entre las dos mitades del molde para fabricar la vaca.[106]

Sin embargo, el árbol aún podía producir el más bello follaje de otoño, crear en la hierba sus luminosos anillos de Saturno

106. V. S. Naipaul, *El enigma de la llegada* (traducción de Flora Casas), Barcelona, 2010.

bajo el sol otoñal. Cuántas veces no les habré pasado por encima, ciego. Pero no solo el árbol podía crear su follaje otoñal, también los poetas del esperanto sabían crearlo. Oh, Dios mío. Dominaban el tema del follaje otoñal casi tan bien como el de la humanidad.

He aquí un ejemplo tomado de una obra de Julio Baghy (1891-1967), un poeta en esperanto del periodo llamado *clásico*, quien todavía es, en la actualidad, uno de los más queridos de ese idioma:

Aŭtuna foliaro

Foliaro, flirte danca,
en koloroj centnuanca,
prujnmordite ventpelate
ŝvebas ĉie: kampe, strate;
jen kuniĝas, jen dissaltas,
tie sinkas, tie haltas
por susuri, sible plendi,
jen funebre por silenti,
poste supren, ek pro blovo,
sed sencele kaj sen povo
ĝis ĝi ĉesas kirle krozi
kaj ariĝas por ripozi,
kuŝi kiel morta garbo
sub soleca seka arbo.

Y aquí una traducción realizada directamente del esperanto:

Follaje otoñal

El follaje, que baila revoloteando
con cien matices de colores,
mordido por la escarcha y arreado por el viento,

se cierne en todas partes: en el campo, en la calle:
aquí se junta, aquí salta en pedazos,
allí se hunde, allí se detiene
a crujir, a lamentarse con silbidos,
a enmudecer en duelo,
después hacia arriba, sacudido por un soplo
pero sin meta e impotente,
hasta que deja de agitarse en remolino
y se reúne para descansar,
yacer como una gavilla muerta
bajo un árbol seco y solitario.[107]

Hay tantos poetas en esperanto. Del más famoso de ellos, el escocés William Auld, ya publiqué un librito con poemas traducidos.[108] Auld era una maestro de la variedad de formas y de las imágenes mágicas e hiperrealistas:

Kartonajn siluetojn de uzinoj
ĉe l' horizonto iluminas suno.
Ĉi aŭtobuso glisas tra l' scenejo
kun plena ŝarĝ' de plusrolantoj fuŝaj.

Siluetas de papel de las fábricas,
iluminadas por el sol al horizonte.
Y aquí, por el escenario, pasa un autobús,
repleto de falsos papeles secundarios.[109]

En otro poema titulado «*Novembra Spleno*» se dice:

107. Traducción de Jorge Camacho.
108. Clemens J. Setz, *Ein Meister der alten Weltsprache. William Auld*, Verlag Das Wunderhorn, 2018.
109. Jorge Camacho propone la siguiente traducción: *Las siluetas de cartón de las metalúrgicas / en el horizonte las ilumina el sol. / Este autobús planea a través del escenario / con su carga llena de actores de reparto.*

En la ĝardeno, klerika merlo promenas
kun manoj subbasken ŝovitaj.

En el jardín, un mirlo clerical pasea
con las manos metidas bajo los faldones.[110]

Auld fue toda su vida fiel al esperanto como su lengua de expresión, aun después de que esa lengua fuera perdiendo su influencia y su popularidad internacional. Recuerdo haber comprado allá por los años noventa un álbum del grupo de rap alemán Freundeskreis ['Círculo de amigos'] que se llamaba *Esperanto*. Las letras eran muy optimistas:

Cargamos de mensajes vocabularios dados por muertos.
El esperanto entra triunfal en los suburbios de la República Federal.
Freundeskreis se llama *Amikaro*,
el *2Pac* Amaru de los barrios de Stuttgart.

Luego encontré incluso en internet, que ya por entonces funcionaba con plena conciencia, un breve curso de esperanto, pero no tuve la paciencia para seguirlo hasta el final.

Pero me impresionaba, en sí misma, la idea de un lenguaje artificial de uso generalizado o de una interlingua que recogiera lo mejor de un *pool* de idiomas diferentes y mantuviera una gramática sencilla y clara, sin casos excepcionales ni el peso de las implicaciones históricas.

Algunas personas afirman que el alemán de la traducción que hizo Martín Lutero de la Biblia fue una especie de lengua artificial, un esperanto de los distintos dialectos del alemán. Y el griego moderno experimentó incluso la invención de una singular lengua híbrida retrógrada, la *katharévousa*, desarrollada

110. Traducción de Jorge Camacho.

por el poeta Adamantios Korais como una lengua alternativa al griego demótico, el lenguaje coloquial normal, una lengua purista, arcaizante y opuesta a los extranjerismos. Hasta la década de 1970, la *katharévousa* fue la lengua oficial en Grecia, un importante diario continuó publicando en *katharévousa* hasta finales del pasado milenio. Por muy absurda que pueda parecer esa lengua antigua artificial, lo cierto es que fue muy fructífero su efecto, al menos de forma puntual, en la poesía. El poeta más grande del griego moderno, Konstantinos Kavafis, relacionó a menudo sus particularidades en el tono y algunos efectos poéticos a partir del uso consciente de la *katharévousa*. Las palabras de la lengua *katharévousa* en la obra de Kavafis, insertadas en escenas sumamente modernas, como, por ejemplo, las descripciones de encuentros homoeróticos en la Alejandría del cambio de siglos, imágenes de gran fuerza y con un efecto trágico, son, según el escritor Patrick Leigh Fermor, como los «fragmentos hábilmente emplazados de unos huesos de ballena en la carne más nervuda del lenguaje coloquial. Algo laborioso y desalentador, pero preciso».

En el año 2019 apareció una película entera en idioma intereslavo, una lengua eslava artificial simplificada: *El pájaro pintado*, basada en la escalofriante novela de Jerzy Kosiński. El libro consta casi exclusivamente de espantosas escenas de tortura. Empecé a leerlo hace unos años atrás y lo dejé en la escena en la que varias mujeres le meten en la vagina a una mujer del mismo pueblo una botella llena de excrementos de animales y luego la rompen a base de patadas. Pensé entonces: «*Fuck you*, dejadme en paz», y tiré el libro lo más lejos que pude. El intereslavo fue empleado en la versión cinematográfica de esta insania insoportable, ya que, con él, no se representa a ningún pueblo específico como culpable y brutal. (El libro se escribió originalmente en inglés). La película, en todo caso, es menos terrible que el libro, pero, así y todo, en varias ocasiones sopesé la posibilidad de abandonar la sala. Pornografía de guerra filmada con intensidad de maníaco. No obstante, me quedé hasta el final, todo en aras de «mi investigación de las lenguas artificiales», me dije, si bien más tarde solo me sentí como desplumado, insultado, casi como en esa otra ocasión después de ver el imposible *Anticristo* de Lars von Trier. Tal vez estoy demasiado viejo para tales chorradas.

En *Finnegans Wake*, de James Joyce, hay solo unos pocos pasajes en los que se abandona el lenguaje informe de los sueños. Uno de ellos está escrito en un latín bastante comprensible y describe una obscena fantasía en torno a la *fabricación de tinta*. Otro es un breve fragmento en la tercera parte. El hijo del mítico matrimonio formado por Humphrey Chimpden Earwicker y Anna Livia Plurabelle se ha despertado, y un diálogo en esperanto casi correcto florece en medio de uno de los pasajes lingüísticamente más enrevesados de toda la obra:

—*Li ne dormis?*
—*S! Malbone dormas.*
—*Kia li krias nikte?*
—*Parolas infanetes. S!*

Después de lo que antecede a este fragmento, esto es casi un alivio. Redondeando alguna que otra sílaba que se aparta de la norma, el resultado es más o menos este diálogo:

—¿No se durmió?
—¡Pssst! Tiene mal sueño.
—¿Qué grita por las noches?
—Habla como un bebé. ¡Pssst!

Por supuesto que tendría que decir *nokte* y no *nikte*, así como *infane* o *infanete* (*infaneto* = niño pequeño; *infanete* = a la manera de un niño pequeño) en lugar de *infanetes*, pero, oiga, estamos hablando de *Finnegans Wake*.

En su estudio *Dante... Bruno. Vico... Joyce*, Samuel Beckett plantea algunas ideas sobre el aspecto artificial o incluso auxiliar de los idiomas creados por Joyce y por Dante:

> [Dante] no escribió en florentino, como tampoco lo hizo en napolitano. Escribió en un lenguaje popular que hubiese *podido hablar* algún italiano ideal que hubiera asimilado lo mejor de cada dialecto de su país, pero que, en realidad, no era hablado ni fue hablado nunca. Lo cual refuta la objeción principal que pudiera plantearse contra esos tentadores paralelismos entre Dante y Joyce en la cuestión del lenguaje: que al menos Dante escribió tal y como se hablaba en las calles de su ciudad, mientras que ninguna criatura del cielo ni de la Tierra habló jamás la lengua hablada por [Finnegans Wake]. Habría que admitir razonablemente que un fenómeno internacional podría estar en condiciones de hablarla, del mismo modo que en el 1300 nadie salvo un fenómeno interregional pudo hablar la lengua de la *Divina comedia*.

Es cierto que el lenguaje del sueño en *Finnegans Wake* no está atado a ninguna regla reiterativa, de modo que nadie podría extraer de ella una gramática de uso real o un diccionario. No obstante, la lengua de Joyce puede *aprenderse* en cierto modo, o por lo menos es posible apropiarse de sus principios de juego. Es lengua hermética y *open source* al mismo tiempo.

Open source, ese es el principio relevante. Los inventores de idiomas se dividieron siempre en dos categorías: pontífices y programadores. Charles Bliss fue cien por cien pontífice. Al final llegó a ser incluso un papa sin iglesia, todos practicaban de manera errónea la religión administrada por él, sin sínodo ni dogma. Solo él se mantuvo en una postura ortodoxa, fue fiel, ciego y obediente hasta el final. Johann Martin Schleyer fue también una figura papal, pero, con su muerte, entregó a su sucesor su cargo pontificial.

Pero también hubo programadores. Con este término designo a aquellos inventores de una lengua que muy pronto urdieron funcionamientos de prueba y versiones beta de sus idiomas, hicieron rápidamente accesibles sus códigos fuente para el público y exhortaron a los participantes a enriquecerlo y apropiárselo. Es decir, gente que renunció a todo tipo de propiedad intelectual sobre su lengua. El doctor Zamenhof fue sin duda un programador. En 1905, en el primer congreso mundial de esperanto, presentó una declaración de cinco puntos, junto con otros firmantes, que, entre otras cosas, planteaba lo siguiente: «El esperanto no es propiedad de nadie. Cualquier persona puede usarlo como mejor le parezca». Además: «El esperanto no está sujeto a ninguna autoridad jurídica ni estatal ni personal». Había un consenso sobre el sistema de funcionamiento, sobre los fundamentos lingüísticos. El resto podía ampliarse o complementarse a discreción.

El propio Zamenhof veía en ello la base del fracaso ya constatable por esas fechas del volapuk, esa lengua tan simpática y pavorrealesca, que precisamente se había cerrado a todo tipo de ampliación.

Al esperanto se lo compara en ocasiones con un Lego. El maestro de idiomas Tim Morley ve también paralelismos con las clases de flauta de la infancia. Uno debería aprender el esperanto de niño, cuanto más pronto mejor. De modo parecido a lo que ocurre con la flauta, que no se practica probablemente con entusiasmo durante toda la vida, pero que dota de un fundamento sólido, como una especie de trampolín para el aprendizaje de otros idiomas.

Esta perspectiva de lo útil, lo auxiliar, de lo *sano* de un idioma como el esperanto es algo bastante difundido. A primera vista, parece incluso algo bonito. Pero se trata de una degradación. Por un lado los idiomas naturales, normales, y por el otro los no del todo normales, las *interlinguas*, los idiomas intermedios y auxiliares. Y sí, el esperanto parece realmente un *lenguaje intermedio*, una mezcla: un vocabulario germánico-romance con una gramática romance simplificada y, por añadidura, algunas formas verbales eslavas, etcétera.

Johann Martin Schleyer lo rechazaba del todo. Y también el héroe de nuestro tercer capítulo, H. C. Artmann, lo consideraba insuficiente: «El verano de 1935 [...] fue una gran época para el esperanto, yo también lo aprendí. La mitad de mi familia aprendió la *lingvo* del doctor Zamenhof. En realidad, yo no estaba muy entusiasmado. El esperanto, ¿una aventura? ¿Un idioma cuyos sustantivos terminan todos en o, también los femeninos? Me costaba aceptar eso».[111]

A Charles Bliss, el sencillo esperanto le parecía un idioma imposible de aprender: «La arbitrariedad de las palabras —completamente desligadas de los objetos reales, de ahí la gran carga para el sensible entendimiento humano— parece ser el motivo real por lo que el aprendizaje [...] del esperanto y de todos los idiomas artificiales basados en la pronunciación no funciona».[112]

111. En H. C. Artmann, *Artmann, H. C., Dichter*, Residenz Verlag, 1986.
112. «Una gran carga para una mente sensible». ¿De dónde venía una idea como esa? El propio Bliss aprendió varias lenguas extranjeras a lo largo de su vida. Pero cuando lo pienso, me vienen a la mente algunas personas para las que pronunciar en voz alta algunas palabras constituye una verdadera carga, por ejemplo, aquellas de las que hablaba Franz Fühmann, esos «decepcionados con enigmática prontitud a los que suele llamarse *autistas*».

Pero todos se quedaron gustosamente enganchados al esperanto.

También Adolf Hitler...

Bueno, no, esto ha sido un comentario equivocado. En un pasaje posterior hablaremos de la persecución política a los esperantistas.

4
Maestros de la poesía en esperanto

El esplendor y la gracia de la primera poesía en esperanto llegaron de Hungría: Gyula «Julio» Baghy. Los esperantistas lo llamaban *Paĉjo*, el papa. Su espíritu luminoso, sus cálidas y apasionadas baladas, su canto de tú a tú con la humanidad, la magia de su lenguaje, sus rimas sacadas de la nada, sin esfuerzo, su gran sentido del humor.

A mí me recuerda mucho a Heine, pues solía poblar sus baladas de figuras estereotipadas, levemente exóticas (gran visir, vagabundos, húsares), de los cuales extraía agudezas novedosas y modernas. Su balada *La deziro de l' Granveziro*, por ejemplo, se asemeja mucho a un cuento breve de W. Somerset Maugham titulado *Appointment in Samarra*.

Célebres son los versos: «*Helpas mi nur per rezisto; / estas mi esperantisto*», lo que podría traducirse como: «Solo ayudo mientras mi voluntad resista; / me llaman esperantista».

Mi poema favorito de Baghy es «*Ran-kvarteto*», «El cuarteto de las ranas»:

Yo mismo, ¿acaso de niño no me sentí por un tiempo, incluso por varios meses, del todo incapaz de hablar en voz alta?

Sub tegmento staris kuvo,
dum somera densa pluvo.
Sed tegmento baris pluvon,
pluvo falis apud kuvon.
Ĉar el pluvo kuv' ne havis,
pro la soifo ranoj kvakis.

Kvavak kvavak kvak kvak
Akva kuvo, akva kavo.
kvak kvak kvak
Kvakas ni al Akvoavo.
kvak kvak kvak kvak kvak kvak
Kvar kvakantoj kvardekvoĉe,
kvartet-kvakas plenriproĉe,
Pro mankhav' de l' kava kuvo,
en la akvokuv' sen pluvo.
Kvak kvak kvak!!!!!

Kvavak kvavak kvak kvak
Kava kuvo vane vakas.
Kvak kvak kvak kvak kvak kvak kvak
Kvankam ni por pluvo kvakas.
Kvak kvak kvak
Kvodlibet' de ĥor' kvakanta,
en la kuva kav' vakanta.
Kvakas kvere: Akvoavo,
akvon al la kuvokavo.
kvak kvak vkak!!!!!

Tio pruvas: se dum pluvo,
staras sub tegment' la kuvo,
Ranoj vane kvaki povas,
se je salto sin ne movas.
Do ne kvaku kiel ranoj,
karaj gesamideanoj!

Veamos primero una traducción literal:

Bajo el techo había un bidón,
mientras caía el aguacero de verano,
pero el techo retenía el agua,
y la lluvia caía fuera del bidón,
y como el bidón estaba sin lluvia,
las ranas croaban de sed.

Croac, croac, coac, coac...
Tina de agua, cueva de agua
Croac, croac, croac...
Croamos al abuelo del agua (¿al Dios del agua?)
Croac, croac, croac...
Un croar de cuarenta voces
cuarteto croante de reproches
por la escasez en el hueco bidón
en el bidón de lluvia sin lluvia
¡¡¡Croac, croac, croac!!!

Croac, croac, croac...
El bidón está en vano vacío
Croac, croac, croac...
Aunque croamos pidiendo lluvia
Croac, croac, croac...
Nuestro cuodlibeto de un coro croante
en la cueva vacía en forma de bidón
croamos en un arrullo (o: en confusión): abuelo del agua,
envíanos agua a la cueva del bidón
¡¡¡¡Croac, croac, croac!!!!!

Esto demuestra que cuando llueve
y el bidón está bajo el techo,
las ranas pueden croar en vano,
si no se mueven dando un salto.
¡De modo que no croéis como ranas,
queridos correligionarios!

De acuerdo.

Y ahora la traducción de verdad. Con *groove*.

(Me crujo los dedos).

¿Listos?

Cae lluvia en vez de claro sol,
bajo el techo había un bidón,
y el techo al bidón dejaba seco.
De las ranas arranadas se oía el eco.
Toda rana en el bidón croaba
porque allí la lluvia les faltaba

Croá, croá, croá, croá.
¿Dónde, croá-croá, está el agua?
¿Dónde, croá-croá, la lluvia?
Croá, croá, croá, croá.
Croad y croad al Dios de la lluvia,
para ver si por fin diluvia.
Croá, croá, croá, croá.
Gran crecida de croídos cruentos
de un cuarteto de ranas en tormento.
¿Por qué, croá, tan vacío el bidón?
¿Por qué aún no llega el aluvión?
¡¡¡¡¡Croá, croá, croá, croá!!!!!

Croá, croá, croá, croá.
Bidón, tan ancho como vacío,
croá, croá, croá,
caso omiso al pertinaz croído
Croá, croá, croá
Cuodlibeto de coro croante,
bidón vacío y oído vacante
Croídos croaquí a croallá,
¡Croá, Dios, croá!
¡Danos croacagua pero ya!
¡¡¡Croá, croá, croá!!!

Porque unas ranas sin lluvia,
inertes mientras diluvia,
y gritando: «¡Estamos secas!»
son solo demandas huecas.
¡Bien que nos salta a la vista,
buen amigo esperantista! [113]

¿Es demasiado? ¿He ido demasiado lejos con la traducción? ¿Demasiados «croás»?

De acuerdo.

Pero son ranas.

Hay que pensar como ellas.

Por lo general, las ranas están poco representadas en la poesía de la literatura mundial, con la excepción de un par de fábulas, de un cuento humorístico de Mark Twain y de la famosa pieza teatral de Aristófanes. Pero ¿fuera de eso? No se me ocurre nada.

113. El poeta Jorge Camacho propone esta traducción directa del esperanto: *Bajo un tejado había una tina / en plena lluvia estival. / Pero el tejado desvió la lluvia, / que cayó junto a la tina. / Como la tina no tenía lluvia, / las ranas croaron de sed. / Cro, cro, croá, croá / Tina de agua, hueco acuoso, / croá, croá, croá / Croamos al Ancestro del Agua [o: Abuelo Acuoso] / Croá, croá, croá, croá, croá / Cuatro croantes con cuarenta voces / croan en cuarteto lleno de reproches / por lo escaso de la tina hueca, / en la tina de agua sin lluvia. / ¡Croá, croá, croá! / Cro, cro, croá, croá / La tina hueca está vacía en vano / Croá, croá, croá, croá, croá, croá / Aunque croamos para que llueva / Croá, croá, croá / Popurrí de coro que croa / en la tina hueca vacía. / Croa en arrullo: Ancestro del Agua [o: Abuelo Acuoso], / agua para el hueco de la tina. / ¡Croá, croá, croá! / Lo cual prueba que, si durante la lluvia / la tina está bajo techo, / las ranas pueden croar en vano / si no se animan a dar un salto. / ¡Así que, queridos correligionarios [o: compañeros (esperantistas)], / no croéis como ranas!*

Como figura opuesta a Baghy tenemos a un contemporáneo y coterráneo suyo, Kálmán Kalocsay (1891-1976), un poeta urbano y muchísimo más frío. Baghy era actor de profesión; Kalocsay era jefe médico de una clínica en Budapest.

Se considera que el poema más moderno previo al de William Auld —ese poema al nivel de *The Waste Land* titulado *La Infana Raso* ['La raza infantil']— es otro texto largo de Kalocsay titulado *Vizio sur la ponto* ['Visión sobre el puente']. El poeta se halla de pie en un puente sobre el Danubio, imbuido del todo por una muchedumbre irreal que se mueve como las hormigas y por una eternidad que se manifiesta en todas las cosas. El poema es demasiado largo y patético como para reproducirlo aquí. Por eso os ofrezco otro:

Sunsubiro

Jam iĝis kupro la tagmeza or'.
Ĉe l' horizont' la sun' adiaŭluma,
Okul' gigante granda, plorbruluma,
Rerigardante pasas drone for.

Kaj kvazaŭ sang' fluinta ĵus el kor',
Jen arda ruĝo sur fenestro doma.
Moment' ... kaj estingiĝas ruĝ' fantoma,
Kaj jen la dom', rabite pri l' trezor'.

Malluma domo. Lumon lamp' ne ŝutas.
Ĉu l' mastro dormas, aŭ eterne mutas,
Plu lin ne vekos la maten' radia?

Mallum', mallum' mallum' tra l' domo tuta.
Rigardas nokton la fenestro muta
Kun ros-malseka vitro apatia ...

Ĉu mi revidos vin, ho kara mia?

Y aquí mi traducción:

Puesta de sol

Del mediodía el oro en cobre se torna.
Rescoldo de un adiós allá en el horizonte,
el sol, ojo de llanto hinchado, desaparece.
Se dilata y mira atrás. Pronto fenece.

Cual sangre tal vez manó de corazones,
la roja luz que ahora pende en las ventanas.
Un instante y el rojo se desplaza,
De todo ornamento despojada nuestra casa.

Una casa oscura. La lámpara no calienta habitación alguna.
¿Duerme el dueño? Tal vez calle para siempre.
En esa clara mañana ¿se quedará yacente?

Tan oscuro el frente de casas.
La muda ventana mira al horizonte (en realidad, a la noche, pero tengo grandes problemas para encontrar la rima)
Con cristales rosa y húmedos, empañados. (*Yes!*)
¿Cuándo nos vemos de nuevo, amor mío?[114]

114. Aquí la propuesta de Jorge Camacho para este poema: ***Puesta de sol** // El oro del mediodía ya se ha hecho cobre. / En el horizonte el sol, con luz de despedida, / un gran ojo gigante, inflamado por el llanto, / desaparece hundiéndose y echando la vista atrás. // Y como sangre que acaba de brotar de un corazón, / he aquí el rojo ardiente en la ventana de una casa. / Un instante... y se apaga el rojo fantasmal, / y queda la casa, a la que le han arrebatado su tesoro. // Casa oscura. La lámpara no proyecta luz. / ¿Duerme su dueño, o calla eternamente, / ya no lo despertará la mañana con sus rayos? // Oscuridad, oscuridad, oscuridad en toda la casa. / La ventana muda mira la noche / con el cristal apático húmedo de rocío... // ¿Volveré a verte, amor mío?*

¡Maldita sea! El último verso no rima.

Traducir sonetos es siempre como un sudoku: todo va de maravilla, avanza como por sí solo, como una cremallera sonora-espacial de palabras rimadas, pero de pronto: plaff. Podría cambiarse por: «Oh, amor mío, ¿cuándo me escribirás?». Pero es horrible. No, no funciona. Bueno, el último verso también puede dejarse sin rimar, ya que el propio original se porta algo groseramente, fuera de la forma clásica del soneto.

Si yo fuera el autor, al final pondría algo así como:

> Me asquea. No volveré a escribir.

Con esas palabras concluye por cierto el diario de Cesare Pavese. Una vez escrita la frase, el autor se quitó la vida con una sobredosis de barbitúricos en la habitación de un hotel en Turín.

Pero, en fin, esto nada tiene que ver con Kalocsay.

Traducir es tarea difícil.

A no ser que uno encuentre un verso que rime como es debido. En general, al traducir uno podría empeñarse más y buscar las rimas más selectas en la página web 2rhyme.ch, pero jamás encontrará, creo, una correspondencia en alemán satisfactoria para la perfecta melodía vocal de un giro como *la sun' adiaŭluma* ('el sol que reluce en despedida', 'el sol que arde en un adiós')[115] o para ese ojo gigantesco del sol, calificado de *plorbruluma*, 'inflamado de llanto', 'ardiente de llanto'.

He aquí otro ejemplo de sol en la mirada original de Kalocsay,[116] tomado de otro poema *Diboĉe* ('Trasnochado'):

115. Casi puede oírse la palabra mágica de Edgar Allan Poe, *ulalume*.

116. A modo de breve recordatorio: *Baghy* = hojas de otoño, humanidad, ranas. *Kalocsay* = sensibilidad moderna, ciudad, sol.

facila ebrieto
pendas el mi
kiel la lango
el buŝo de bubo mokanta
kaj eta stulta kanto
tra l' kapo ŝancelpaŝas
la spronojn kunfrapante
dancpetole –
rifuĝas la nokto
mateno ĝin frapis
pugnalnaze
kaj nun ĝia sango
de nazo
ruĝigas la horizonton
la gaslampofloroj velkas
elkŝprucas la domoj
miksas balaaĵon
de homa tumulto
en la riveron oran
kiun tra l' urbo verŝas
la leviĝanta suno
viroj, virinoj, post ili
litoj ĉifitaj, kvarpiede
venas

Yo lo traduciría así:

un resto de embriaguez
pende de mí hacia fuera
como la lengua de la boca
de un insolente chico de la calle
y una estúpida cancioncilla
se me tambalea
en la cabeza
con esporas que se destrozan
bailando como un tonto

la noche se ha disipado
la mañana le pega
un puñetazo en la nariz
y ahora la sangre
tiñe de rojo
el horizonte
las farolas de gas se marchitan
de las casas mana
en montones la retornada
agitación humana
que sale al torrente dorado
que fluye por la ciudad
el sol naciente
hombres y mujeres a los que siguen
camas revueltas, en cuatro patas.[117]

Algunos de los mejores poemas en esperanto son obra de la inglesa Marjorie Boulton. Nació en 1924, aprendió el idioma relativamente tarde, cuando tenía veinticinco años, y poco después escribió un libro de poemas innovador, *Kontralte* ['Contralto'], publicado en 1955. Cuatro años después apareció su segundo volumen de poemas, que cambió del todo la historia de la literatura en esperanto: *Eroj kaj aliaj poemoj* ['Pequeños fragmentos y otros poemas'].

El poeta Baldur Ragnarsson menciona dos citas de la breve pero rica obra de Boulton como ejemplos de la contribución

117. En traducción de Jorge Camacho, el título propuesto es «De manera disoluta»: *una leve chispa de ebriedad / pende de mí / como la lengua / de la boca de un pillo burlón / y una cancioncilla tonta / se tambalea en la cabeza / entrechocando las espuelas / en un baile travieso - / la noche se refugia / la mañana le dio un puñetazo / en las narices / y ahora su sangre nasal / tiñe de rojo / el horizonte / las flores de las farolas de gas se marchitan / las casas brotan / mezclan los desperdicios / de la muchedumbre / con el río de oro / que en la ciudad vierte / el sol que amanece / hombres, mujeres, tras ellos / camas deshechas, a cuatro patas vienen.*

hasta entonces más elevada en la poesía en ese idioma. La primera corresponde a un ciclo titulado *Imagoj de potencoj* ['Imágenes de fuerza']:

Brunaj folioj en aŭtuna vento
Flugas, saltas, rampas, dancas ...
Kaj ili estas mortaj.
La vento ne rekonas morton.
Ĉiu kadavro kaj fragmento
Gaje kuras, sin balancas,
Sentante novan viv-aserton.
Kiel la ventoj estas fortaj!

Esta es la traducción que propone el poeta Jorge Camacho:

Hojas pardas en el viento otoñal
vuelan, salta, reptan, bailan...
Y están muertas.
El viento no reconoce la muerte.
Todo cadáver y fragmento
Corre alegre, se columpia,
sintiendo una nueva afirmación de la vida.
¡Los vientos tienen tal fuerza!

De nuevo el follaje de otoño. No nos libraremos de él. La verdadera naturaleza y el verdadero mundo en la poesía en esperanto reside en el follaje otoñal.

Los poemas de Boulton son delicados, dignos e inequívocamente personales. Por eso le colgaron el sambenito de *femeninos* cada vez que pudieron. En ocasiones, incluso, muy femeninos. El epíteto no es erróneo, pero sitúa a la poeta, sin necesidad de ello, a cierta distancia, bien lejos de los chicos. «*Poemo: la animo konvulsias / kaj ion novan la homaro scias*». 'Un poema: el alma se crispa / y la humanidad aprende algo nuevo'.

La humanidad: el sucedáneo de los esperantistas para el follaje de otoño.

El otro ejemplo mencionado por Ragnarsson, dado por *as good as it ever gets*, se titula *Vintra aŭroro* ['Aurora de invierno']:

Aŭroro
De ruĝa vato
Kvazaŭ pro diktatoro
Kosma vundo per skarlato
Sangis sur ĉielo
Kaj vastaj pansaj nuboj
Ĝin sorbis ĝistempe.

Samtempe
La kamentuboj
Fumas, pafintaj revolveroj sen celo.

Traducir este poema fue un placer:

Aurora de invierno

Aurora
de fino algodón
cual si un rey hubiera muerto
la herida escarlata había
velado el cielo
con demasiada sangre
y las nubes, como vendas,
pasan tan blancas y distantes.
Y aquí, a la misma hora,
brota el humo de cada chimenea,
como revólver recién disparado
que a nadie apunta.[118]

118. En traducción de Jorge Camacho: *Aurora / de algodón rojo / como si a causa de un dictador / una herida cósmica hubiese / sangrado escarlata en el*

5
Ĉie amikoj, amigos por doquier

En Varsovia, nuestro pobre amigo Vasili Eroshenko estuvo muchísimo tiempo en el andén. Una vez más, la rumorosa humanidad con capacidad para orientarse le pasaba por el lado sin tocarlo. Se había puesto de antemano de acuerdo, por carta, con los esperantistas de Varsovia, para que lo recibieran en la estación y, como escribiría luego en su relato sobre su primer viaje a Occidente, «lo ayudaran durante el trasbordo y le insuflaran valor». Pero nadie acudió. Pasaron las horas. A Eroshenko le entró hambre. Rodeado de gente desconocida, confundido por el inesperado calor impertinente de ese día de febrero, estaba en el andén. Llevaba en su ropa la estrella verde, el distintivo de esa nación que vivía subalquilada en otros muchos países de la tierra (y muy pronto en todos) llamada Esperantujo. En sus recuerdos, aquel fue un momento en el que solo su férreo rigor y su autoexamen consiguieron evitarle caer en la desesperación. «¡Analiza esos sentimientos!», se dijo. «Sacúdete el miedo, porque este no te ayudará. Con dinero y buen juicio, todo saldrá bien». Todas esas cosas se dijo, hora tras hora.

Poco después estaba sentado en un tren rumbo a Berlín.

Los apuntes de viaje no dicen qué hizo para subir al tren correcto. Un pequeño salto en el tiempo. De algún modo, lo consiguió. Toda su vida está llena de esos saltos. Y al cabo de un tiempo, también se llena de saltos similares la vida de quienes siguen con empeño el rastro de su biografía en viejos documentos, escritos reunidos y recuerdos...

---

cielo / y extensas nubes curativas / la hubiesen sorbido a tiempo. / Al mismo tiempo / las chimeneas / humean, revólveres que disparan sin diana.

Cuando el tren llegó a Berlín, hacía en la ciudad un frío que pelaba. Lo rodeaban personas que hablaban una lengua sabrosa, con cuerpo y no del todo incomprensible. Sus frases sonaban como si tuvieran la boca llena de guijarros. De vez en cuando entendía alguna palabra aislada. El alemán estaba tan solo a uno o dos pasos de los idiomas aprendidos por él hasta entonces. Por suerte, en esa ocasión acudieron a recibirlo unos amigos.

Amigos, *amikoj*. Eroshenko emplea esa palabra sin cesar, a veces la usa incluso para referirse a un término antes habitual en los círculos esperantistas, *samideanoj*, que viene siendo algo así como 'correligionario'. Eroshenko alude casi siempre con él a los esperantistas, en ocasiones también a los fundadores de escuelas para ciegos. Se trata de las dos *redes* internacionales que le hacen más fáciles sus desplazamientos por la superficie terrestre en esos primeros días de su viaje. En un gesto de estima, mezcla a menudo ambos términos. Sin embargo, en Berlín había pretendido renunciar por segunda vez, ya que también allí tuvo que esperar bastante. Transcurrieron horas hasta que lo encontraron. Quizá las estaciones de trenes fueran lugares en los que uno podía perderse, pensó.

«En vano iluminas, verde estrella. Mejor baja, sería preferible. Nadie necesita luz de estrellas al amanecer, nadie salvo un ciego solitario».

El silencio era cada vez mayor en el andén. Un hombre de voz áspera gritó algo. Entonces le llegó el olor de las salchichas asadas, del pan grasiento. Y un ruido como el de dos regaderas chocando detrás de una casa.

Eroshenko caminó unos pasos de un lado a otro. Debía, sencillamente, olvidar aquello, renunciar. Arrancarse la estrella de la ropa, fuera.

Pero entonces una voz preguntó: «¿Vasilo?».

Desayunó con los amigos, dictó algunas cartas y, más tarde, hicieron una breve visita al Instituto para Ciegos de Steglitz. El esperanto de esos amigos era ágil, algo limado en los bordes, muy alegre. Eroshenko notó que hablaba muy diferente a ellos, pero al cabo de pocas horas pudo hablar sin problemas con su melodía. Solo era preciso, como siempre, reajustar, como en un violín, el alma de su voz.

Según sus apuntes, siguió entonces viaje a Colonia, donde lo esperaban otros amigos. ¡Bum! Tenía amigos por doquier. Me resulta difícil imaginar una situación semejante: estar rodeado de amigos en cualquier lugar al que llegas. Aunque Esperantujo, con todos sus hilos de conexión invisibles, extendidos por todos los países, fuera una estructura artificial e incluso no siempre ventajosa, parece que, al menos en tiempos de Vasili Eroshenko, no había entonces nada comparable. La estancia en Colonia no dura más de tres horas, pero Eroshenko tiene tiempo para comer, beber y calentarse un poco antes de seguir viaje. El té que pide en la estación no había alcanzado siquiera a enfriarse un poco cuando le llega el momento de subir al tren. «*Feliĉa estu via vojaĝo!*», le gritan. Que tengas un feliz viaje.

Y también: «*Ni esperas vin revidi!*» ['Esperamos verte de nuevo'].

«*Dankon, karaj amikoj!*», les responde Eroshenko. ['Gracias, queridos amigos'].

Entonces el tren parte en dirección a Bruselas.

Más tarde, en sus notas de viaje, añadirá: «Yo, en cambio, no tengo esperanzas de volver a veros alguna vez: no es posible soñar dos veces seguidas el mismo sueño feliz».[119]

119. «*La unua eksterlanda vojaĝo*»; en *La kruĉo da saĝeco.*

Creo que son esos los pasajes de su obra que más me impresionan. Eroshenko se mueve por el mundo dentro de una estructura mágica, una red catalizadora de encuentros e intercambios. Pero desconfía de esa estructura. Nunca sucumbe del todo a su encanto ni se diluye en esa utopía que une a los pueblos y dentro de la cual prospera ese extraño país llamado Esperantujo, a pesar de que en ocasiones, en conferencias y discursos, aborda el tema y enumera las posibles ventajas. Pero nunca parece estar del todo convencido. Y es precisamente esa desconfianza en medio del privilegio, esa pausa irreconciliable previa al entusiasmo lo que me parece realmente imitable y digno de esfuerzo.

Además, tal parece que la desconfianza de Eroshenko, a pesar de todo encantamiento y ligereza, fue siempre pertinente. Arriba a Bruselas a las cuatro de la madrugada, muy cansado y desilusionado. Debe hacer escala allí y tomar el tren hacia Calais. Espera tres horas en el andén, se quita y se pone su estrella verde, pero nadie aparece. Poco tiempo después, sin embargo, los esperantistas de Bruselas le envían una carta de disculpa. Se habían equivocado de fecha. Por esa vez Eroshenko se muestra tranquilo y comedido. Escribe: «Ninguno de los correligionarios belgas vino a mi encuentro, pero espero de todo corazón que estén en casa, en sus camas, sin preocupación, queriendo soñar con el feliz viajero que esperaba su tren de conexión al amanecer».

Como ya había ocurrido con su experiencia del príncipe asesinado más tarde por un anarquista, de esa serie de esperas en andenes europeos sacó una conclusión: la poca fiabilidad del mundo. Lo fluido, el vacío, el carácter inaccesible de sus congéneres, lo que probablemente constituya su verdadera esencia, para lo que la anarquía —no la paz mundial ni el entendimiento entre los pueblos— es la respuesta correcta y sincera.

El marcador estaba ahora dos a dos. En Varsovia y en Bruselas no apareció ni un alma, en Colonia y Berlín hubo, en cambio, amigos entusiastas que lo rodearon de afecto y ánimo.

En Calais tampoco acudió nadie. Solo dos maleteros se declararon dispuestos a mostrarle el camino. Vasili se había bajado del tren de forma anticipada, en la ciudad de Calais, no en el puerto. Aun así, llegó a tiempo para coger el trasbordador, donde el señor Perrin, de la delegación esperantista local, lo llevó al lugar correcto. Del resto de ese viaje apenas guardó recuerdo alguno, escribe Vasili. El cansancio borró casi todo. Solo recuerda una taza de té con el señor Finez en Dover, su cordial apretón de manos. En Londres recuerda al matrimonio Blaise, en cuya casa le dejaron alojarse. Pasaron todavía tres meses para que por fin lo aceptaran como estudiante en el Royal Normal College and Academy for the Blind. Supongo que Eroshenko aprovechó esos tres meses de espera para aprender el inglés a la perfección. Más tarde daría clases y conferencias en esa lengua en cualquier lugar apartado del mundo al que lo llevaron los vientos.

¿Cómo se percibe el mundo cuando en todas las ciudades hay amigos designados para esperarte? ¿Cuando, por definición, uno tiene amigos? ¿O incluso cuando, como en este caso, uno nace dentro de la familia del esperanto y esos amigos se tienen *por nacimiento*? ¿Me parece paradisíaca la situación? No, en absoluto. ¿Parece difícil de creer, utópica? No, eso tampoco. ¿Me da miedo? Quizá. En todo caso, en la premisa de que un hombre, sin hacer nada para ello, pueda poseer de repente un gran número de amigos en cada ciudad del mundo, amigos que lo quieren, *sencillamente, por lo que es*, se esconde una buena trama de novela a lo Stephen King. Brrr..., escalofriante. Esos amigos aún no lo conocen, pero basta lo que creen saber sobre él para aceptarlo sin cortapisas. Él es nuestro amigo, *nia amiko*. Me recuerda uno de los mágicos poemas del gran Konstantinos Kavafis, el de la ciudad que, a donde quiera que viajes, te seguirá siempre. Te subes a un barco y llegas a un puerto desconocido, pero en torno a ti empiezan a dibujarse de nuevo los mismos barrios y los mismos edificios: «La ciudad irá en ti siempre. Volverás a las mismas calles. Y en los mismos suburbios llegará tu vejez; en la misma casa encanecerás. Pues la ciudad es siempre la misma. Otra no busques —no la hay— ni caminos ni barco para ti». De modo que el héroe de esta novela de Stephen King aún no escrita, cuyo título es *The Friends*, vagará de Roma a San Petersburgo, más tarde de Speyer a Worms, o viajará incluso a Lawrence, en Kansas, o a Hay-on-Wye, en Gales, tiempo después a Anchorage, a Wellington y a Mürzzuschlag: en todas partes, como en un acuerdo tácito, lo esperan personas que lo aprecian, que le sonríen y le dan una bienvenida cordial. «Hermano, qué bueno que hayas venido». Y él se entregará a ellos durante un tiempo. En Tampere va incluso al cine con una *amiga* llamada Sadasa Ulna, que se muestra afectuosa con él, se alegra de su presencia y lo presenta a otros amigos que lo acogen con cariño. Con coraje, él se presta al juego mientras los nervios se lo permiten. Pero entonces le entra el pánico. Le aseguran que está en lugar seguro. Todos son sus amigos. Pero él comprende que está perdido, que no hay quien pueda salvarlo, que no tiene salida. Empieza a enloquecer. Por las noches se muerde por dentro las mejillas. Se compra un helado de vainilla y una navaja de afeitar. También una cámara y un paquete de grandes lonas de plástico transparente. Su nombre es ahora Fred Myers. No está sino al comienzo. Aún le quedan por delante 433 páginas.

Para averiguar más sobre la trama de esa novela imaginaria y, en general, sobre la estructura de vida social en el actual mundo del esperanto, viajo en el otoño de 2016 hasta Budapest para reunirme allí con la joven Klára Ertl. Klára es la hija de un prestigioso y meritorio traductor del esperanto, István Ertl. Normalmente reside en Maastricht. La he visto por casualidad en un vídeo de YouTube en el que presentan a personas que crecieron con el esperanto como lengua materna. Son bastantes.

Klára Ertl trae al encuentro a toda su familia, a sus padres y a su hermano. Temía tener que formular mis preguntas en un esperanto bastante deficiente o en francés, pero el alemán de Klara resultó ser impecable.

Un prejuicio bastante extendido, dice, es que quienes hablan el esperanto como lengua materna son los que *mejor* dominan el idioma. Eso no era así, al contrario, casi todos los hablantes maternos cometían muchas faltas y simplificaban ciertas expresiones.

Según Klara, existen, por lo visto, dos grupos que encarnan las distintas variantes de *dominar a la perfección* una lengua: los entusiastas y sus hijos. Casi todo hablante nativo del esperanto se halla en la situación de un niño que, por ejemplo, crece en el norte de Noruega con unos padres que hablan el lingala. Tal vez alguien pueda encontrar en internet a gente que hable ese idioma, pero este apenas desempeñará papel alguno fuera del entorno familiar cotidiano. Un joven ha de tener algún motivo para querer preservar una lengua. Los entusiastas y sus hijos. De los empollones raras veces se hereda la pasión, pero sí, tal vez, el entorno generado por esa pasión, el ambiente, los parámetros. Eso podría ser también el motivo para que, hasta donde sabe István Ertl, no haya poetas del esperanto que sean *native speakers* de la lengua.

Vaya. De acuerdo.

Eso me asombra. ¿Por qué pasa eso?

Habría toda suerte de matices, explica Klára. Algunos padres imponen a sus hijos el aprendizaje de tres o cuatro idiomas a la vez, otros hablan en casa un poco de esperanto, que los niños pescan al vuelo de manera imperfecta. Muchos, a partir de los quince o los dieciséis años, no tienen ganas de hablar el idioma.

En su casa, ¿jugaba algún papel la literatura?, le pregunto.

Sí, la literatura siempre estuvo presente de manera pasiva, pero para ella, en lo personal, no tuvo una gran relevancia.

¿No había entonces cuentos en esperanto a la hora de dormir?

—Oh sí, eso sí. Había historias de buenas noches en todos los idiomas. Mi padre, por ejemplo, cogía un libro en finés o en papiamento y me lo leía en voz alta, hasta donde él mismo podía entender.

Cuando era niña, Klára tenía algunos libros en esperanto.

En Europa habría tal vez mil o dos mil personas para las que el esperanto era la lengua materna, pero eran invisibles o, con el tiempo, habían perdido la capacidad de hablarlo.

¿Sentía ella la necesidad de contactar con otros hablantes maternos de la lengua?

No los buscaba de forma activa, se encontraban en congresos. A muchos los conocía desde la infancia. Entonces añade:

—Pero cuando oigo hablar de alguien a quien aún no conozco, siento curiosidad.

El propio esperanto parece crear una especie de sentimiento familiar ampliado.

El esperanto de los hablantes nativos se diferencia del de los entusiastas.

—Algunas cosas las decimos de forma diferente.

Siento la necesidad de insistir un poco más en ese dato asombroso y le pregunto en qué consiste exactamente la diferencia.

—Los hablantes maternos tenemos, por lo general, un fuerte acento, nos da igual cometer faltas, nunca hemos pretendido dominar el idioma de forma ejemplar, no es nuestro proyecto de vida. En cambio los esperantistas apasionados quieren ser perfectos, se corrigen y aprenden de cada error, perfeccionan su vocabulario y, cuando son competentes y famosos —como el padre de Klara, por ejemplo—, tienen que seguir hablándolo de forma perfecta.

Entonces hago una pregunta estúpida:

—Sí, pero ¿quién de vosotros dos habla el esperanto correcto?

Como si hubiera una respuesta para esa cuestión.

Los hablantes maternos del idioma mezclan a menudo varias expresiones, dice Klara. Porque no hay una ciudad a tu alrededor que te corrija y estimule a quedarte con una lengua. Ocurre más bien que el escenario de una ciudad como Budapest, por ejemplo, te estimula a mezclar palabras de ese entorno lingüístico. Una amiga suya alemana, cuando habla con ella de temas complicados o demasiado emocionales, salta de inmediato al alemán.

¿También notaba en ella esos cambios de registro?

Bueno, notaba en sí misma, en todo caso, que en los últimos tiempos hablaba cada vez más esperanto.

—Pero hay muchas palabras que no conozco, más bien estoy acostumbrada al lenguaje que es relevante en los congresos. Existe, por ejemplo, un juego de palabras: *veni – vidi – vici*, que en esperanto significa «llegar, ver y ponerse en la fila». En los congresos uno pasa todo el tiempo en colas de espera.

Klára me dice que no conoce tan bien ciertas palabras de la vida cotidiana, pero que había un par de personas que las conocían todas, los distintos aparatos de cocina y esas cosas. Ella, en realidad, no quería conocerlas, prefería inventar palabras nuevas para cada cosa.

¿Cómo identificar cuál es la lengua principal?

Por ejemplo, cuando te haces daño, responde Klára. Ella siempre decía «*Putain!*», por lo que el francés parece estar en una relación más próxima con sus sensaciones físicas. Cuando contaba, también recurría de forma automática al francés: «*Un, deux, trois*». Ese es el modo para averiguarlo. Hablar con un bebé o con un animal. Esas cosas.

No puedo sino recordar que se puede determinar si un oso polar es diestro o zurdo arrojándoles algo. Estoy a punto casi de comentarlo en voz alta, pero entonces todo me parece bastante irreal... ¿Quién le tira objetos a un oso polar para saber si es diestro o zurdo?

6
Sobre amor y fronteras nacionales

La idea de que ciertas cosas no pueden hacerse o decirse en esperanto ha acompañado la vida de ese idioma desde su invención.

Cuando murieron William Auld y la otra gran voz conocida de la poesía en esperanto, Marjorie Boulton, los obituarios mencionaban, casi siempre con expresiones de leve asombro, que ambos hubiesen sido propuestos varias veces para el Premio Nobel de Literatura. ¿Una lengua inventada para escribir en ella la literatura mundial? ¿Cómo es posible?

Yo mismo me vi reaccionando con asombro y emoción cuando, hace poco, en la presentación de la primera traducción al alemán de la novela *Turmstraße 4*, escrita originalmente en esperanto por el antifascista y socialista Hans Weinhengst (1904-1945), observé cómo una pareja de señores mayores ocupaba los asientos situados frente a mí y empezaba a intercambiar palabras de cariño en esperanto. La mujer incluso le arrancó al hombre una pestaña de la mejilla y le recitó algún juego de palabras que el hombre correspondió con zalamero y gatuno gesto de la cabeza.

En 1993, el padre de Klára, István Ertl, entrevistó al erudito Umberto Eco junto con el esperantista François Lo Jacomo. Eco cuenta allí la siguiente anécdota:

> Una vez, en una conferencia, dije lo siguiente: «Una interlingua siempre será de uso público, nunca podrá convertirse en lengua materna», y añadí a modo de broma: «No se puede hacer el amor en una interlingua». Entonces una estudiante me pasó una notita en la que me decía: «Profesor, se equivoca. Es perfectamente posible hacer el amor en esperanto. Yo lo hago». Nunca supe si aquello también implicaba una oferta...[120]

Aun así, me preocupa que no haya poetas nativos del esperanto. Nadie escribe exactamente en la lengua de su infancia...

Y sí, siempre ha habido grandes escritores en segundas lenguas, como Nabokov o Beckett, Joseph Conrad o Karen Blixen, o incluso Elias Canetti, que escribió solo en su cuarta (¡!) lengua.[121]

120. https://era.ong/quando-disvastigo-intervisto-umberto-eco/

121. Según la autobiografía de Canetti, *La lengua absuelta*, los idiomas en los que habitaba, aparte del búlgaro —aprendido a una edad muy temprana y luego olvidado—, eran, por orden cronológico: el judeo-español, el inglés, el francés y, en último lugar, el alemán.

Klára me había dicho que por fin tenía deseos de traducir un poema al esperanto: «*Passport*», del poeta maltés Antoine Cassar.

No lo conocía.

(En la página web del proyecto donde más tarde encargué el librito había incluso una selección de colores: *ocean blue, dried blood red, coal black ready for burning.*[122] Madre de Dios. Uno se siente culpable con tan solo elegir los colores del libro).

Ausencia de fronteras, una comunidad internacional, un poema contra las fronteras: la obra de Cassar parece salida del espíritu del esperanto, se opone a la idea de que existan fronteras nacionales. Es el poema de un ciudadano del mundo que trata especialmente de los refugiados. El deseo de traducirlo no surge del deseo de escribir en esperanto, sino que el poema mismo conmovió a Klára.

Un segundo deseo de traducción es el tratado *The Moneyless Man*. Son dos cosas que desea compartir: una vida sin dinero y la ausencia de fronteras nacionales, dos ideales muy próximos a los de los esperantistas, pero que no se han desarrollado a partir de ellos.

Superar fronteras es algo que se dice fácil. En 2016 tuve un encuentro con Bertalan Farkas, astronauta húngaro y primer esperantista en el espacio. Lo conocí en una conferencia espacial en Viena y lo abordé directamente en esperanto, pero él me dijo que lo había olvidado todo. Además, creo que ese día estaba bastante borracho, o quién sabe. Lo cierto es que se mostró muy amable, me agarró torpemente por el codo y dijo: «El lenguaje es un músculo, basta un mes, pero hay que entrenarlo, y ha pasado mucho tiempo desde eso». Mi mirada se clavó en su bigote y yo pensé en el espacio interplanetario.

122. 'Azul océano, rojo sangre seca, negro carbón listo para arder'.

El maestro William Auld escribió algunos poemas sobre el espacio, por ejemplo, en mi pasaje favorito de su epopeya *La Infana Raso*: el canto de la humanidad en una nave espacial. El destino de los navegantes espaciales, que han puesto rumbo hacia algún lugar y confían en que sea el correcto, se combina y contrasta con un niño que juega en lo profundo del verano de su infancia. Ambos, según Auld, son ejemplos de una «acción a partir de principios apenas investigados».

Ni, pioniraj homoj de l' spacovojoj,
Trovas neniun ŝlosilon. Nia atome
Pelita ŝipo sagas lumorapide
Tra l' kosmovastoj, cele alian sunon.
Por ni tagon ne sekvas nokto, nokton
Ne sekvas tago, ekstere nokto eternas,
Interne elektrolumo ŝajnigas tagon
Senfinan kaj senkomencan. Kalendaroj,
Horloĝoj kaj dormo perdis sian principon.
Ni ne vidos la celon; ni estos mortaj,
Kiam gefiloj niaj en novan orbiton
Gvidos la ŝipon kiu fariĝis mondo
Por ni, orfuloj de l' tera sunsistemo.
Frenezo? Jes. Sed pelas nin la turmento
De senrespondaj demandoj, por kiuj respondo
Devas ekzisti, pelas nin la bezono
De vastiĝanta, malsata, tumulta homaro,
Kiu formanĝis akridosimile planedojn.
Ni fuĝas kaj ĉasas, ni pelas kaj estas pelataj.
Ni serĉis unue ĉielon, nun la ĉielon
Ni trovas malplena, malplena kaj tamen plena.
Per nia morto vivos niaj gefiloj:
Ni ne vidos la celon, ni ĝin plenumas.

Estis marbordo, mallaŭta susuro de ondoj,
Kvazaŭ de malproksimo. Blankaj sableroj

Sin kroĉis al miaj piedoj, etaj piedoj.
Salo krustiĝis ĉirkaŭ miaj kruretoj.
Spuron de miaj paŝoj akvo plenigis,
Neniu dividis mian izolan imunon.
Silento tegis mantele tiun golfeton,
Sola mi ludis en memsufiĉo tenera.

Rokoj leviĝis altaj apud la strando,
La blanka sablo brilis ĝis horizonto
Pale nebula, kie la maro grizas:
Pretere estas Kanado, oni sciigis
Iam? Kiam? Antaŭ aŭ post la momento?
(Pretere troviĝas Ithaka). Mildaj someroj
De ĉies infanaĝo, eterna ciruso!
Kaj tamen neniam mankas momentoj hontigaj:
Kiel, demandis iu molvoĉa gaelo,
En la butiko dum posttagmezo senmova,
Nomiĝas angle kion virino havas
Ci tie? Feliĉe tiam venis la onklo.
Kaj, mi memoras, dum tiu ferio mi fumis
La cigaredon unuan. Kia impulso?
Sed plej la maro susuras, la knabo sola
Ludas en memsufiĉo apud la akvo.

Ekstere ŝvebas la astroj. Lumorapide
Traarkas ni la vakuon, tamen ni ŝajnas
Senmovaj sur mondo malgranda kiel polvero,
Kie la tempo, homa kreaĵo, mortis.

Y aquí mi traducción, realizada con la amable ayuda de István Ertl:

Nosotros, pioneros, vagabundos del espacio,
somos ignorantes. Y nuestras atómicas
naves vuelan por el universo
a la velocidad de la luz, hacia otros soles.

Para nosotros el día no sigue a la noche, los bordes
de los días desaparecen, la noche domina la eterna vastedad,
las lámparas eléctricas imitan el día,
que no tiene comienzo ni final.
Y los relojes, todos, nuestros almanaques,
aun el sueño, todo pierde su sentido.
No vemos la meta, morimos mucho tiempo
antes de que, en una órbita ignota,
los hijos de los hijos comanden esta nave,
que para nosotros, huérfanos, fue el mundo, gravedad.
¿Locura? Sí. Pero el tormento de tales
preguntas con respuesta nos empuja al vacío
—porque en alguna parte ha de haber una respuesta—,
y esas ansias nos invaden, raza estridente de hambre,
como enjambres de langostas, de un espacio al otro.
Huimos, corremos, perseguimos y nos corrompemos.
Buscábamos un cielo y vemos ahora que
el cielo está vacío, vacío y densamente poblado.
Y nuestros vecinos, cuando morimos,
encuentran una vida a la que dotamos de medios.
No vemos la meta, la llenamos.
Aquí una costa, el espumoso rumor de las olas
a lo lejos. La arena blanca del mar se ocupa
de los pequeños pies de los niños.
Costras salobres se forman mientras fluyen.
La huella del pie se cubre de agua, ninguna
voluntad deshace el resistente tiempo insular.
La bahía llevaba la calma como un manto,
y yo jugaba leve en mi autocomplacencia.

Las rocas en lo alto sobre la playa,
la arena blanca centelleando hacia el horizonte,
una lívida niebla donde el mar envejece;
al otro lado está Canadá, se dice.
¿Una vez? Sí, ¿cuándo? ¿Fue antes o después?
(Lejana, Ítaca...) En los veranos de la infancia

los cirros arriba se apresuran bajo la tenue luz.
Pero uno se avergüenza y aflige de vez en vez:
«¿Cómo...», pregunta un hombre que susurra el galés,
en la tienda durante la tarde en calma,
«... se dice en inglés lo que una mujer tiene ahí?».
Por suerte mi tío se interpuso.
Durante esas vacaciones, aún lo sé muy bien,
fumé por primera vez. ¿Por qué?
Pero el mar aún susurra, y el niño pequeño
juega feliz frente al mar.

Y fuera flotan las estrellas. A la velocidad
de la luz medimos el vacío, pero estamos
inmóviles en un mundo cual grano de arena
en el que el tiempo, obra del hombre, se deshace.[123]

123. El poeta Jorge Camacho propone la siguiente traducción: *Nosotros, pioneros de las rutas espaciales, / no encontramos ninguna clave. Nuestra nave / de propulsión atómica atraviesa como una flecha a la velocidad de la luz / las extensiones cósmicas, en dirección a otro sol. / Para nosotros al día no sigue la noche, a la noche / no sigue el día, fuera la noche es eterna. / Dentro la luz eléctrica simula un día / sin fin y sin principio. Los calendarios, / los relojes y el sueño han perdido su razón de ser. / No veremos la meta: estaremos muertos / cuando nuestros hijos dirijan hacia una nueva órbita / la nave que se hizo mundo / para nosotros, huérfanos del sistema solar de la Tierra. / ¿Locura? Sí. Pero nos acucia el tormento / de preguntas sin respuesta para las cuales debe existir / una respuesta, nos acucia la necesidad / de una humanidad creciente, hambrienta, tumultuosa, / que devoró planetas como la langosta. / Huimos y cazamos, acuciamos y se nos acucia. / Primero buscamos el cielo, ahora el cielo / lo encontramos vacío, vacío y sin embargo lleno. / Por nuestra muerte vivirán nuestros hijos: / no veremos la meta, nosotros la consumamos. / Había una orilla, el murmullo inaudible de las olas, / como en la lejanía. Granos de arena blancos / se adhirieron a mis pies, pies pequeños. / La sal formó una costra en mis piernecitas. / El agua llenó las huellas de mis pisadas, / nadie compartía mi inmunidad aislada. / El silencio cubría como un manto aquella bahía, / yo jugaba solo en una autosuficiencia tierna. //*

Todo eso suena muy bien. Superar fronteras, mundos, espacios. Pero ¿cómo se presentaba y se presenta concretamente el asunto en la tierra, en la realidad? ¿Cómo entendían los esperantistas su misión? ¿Acaso poseían alguna misión definida? ¿Se produjeron cismas entre ellos, como entre los volapukistas? Cuando profundizamos con seriedad en todas las nociones presentes e históricas de los esperantistas en torno a la superación de las fronteras, perdemos muy pronto la mirada de conjunto y hasta nuestro equilibrio interior. Enseguida explicaré por qué.

En 1980, durante el Congreso Juvenil de Esperanto en Rauma, Finlandia, se leyó un manifiesto redactado por Giorgio Silfer, Amri Wandel y Jouko Lindstedt que desde entonces sirve de fundamento al *raŭmismo* ['raumismo'], una corriente dentro del esperanto, opuesta a algunas de las exigencias más antiguas de los esperantistas. En su origen, según los autores del manifiesto, solo se defendía el finvenkismo, derivado de *finvenko* o, más exactamente, de *fina venko*, lo que, en una selección de palabras bastante torpe, significa 'victoria final'.

Las rocas se alzaban altas junto a la playa. / La arena blanca brillaba hasta el horizonte / pálidamente neblinosa, donde el mar es gris: / más allá está Canadá, hicieron saber / ¿Alguna vez? ¿Cuándo? ¿Antes o después del momento? / (Más allá se encuentra Ítaca). Veranos suaves / de todas las infancias, ¡un cirro eterno! / Y sin embargo nunca faltan momentos vergonzosos: / ¿Cómo se llama en inglés, preguntó / un gaélico de voz blanda / en la tienda en una tarde inmóvil, / lo que la mujer tiene / aquí? Por suerte llegó entonces el tío. / Y, recuerdo, en esas vacaciones fumé / el primer cigarrillo. ¿Qué tipo de impulso? / Pero el mar murmura aun más, el muchacho juega / solo y autosuficiente junto al agua. // Fuera se ciernen los astros. A la velocidad de la luz / atravesamos en arco el vacío, y sin embargo parecemos / inmóviles en un mundo pequeño como una mota de polvo / en el que el tiempo, creación humana, ha muerto.

Los primeros esperantistas eran ya finvenkistas. Querían afianzar la nueva lengua en todo el mundo como un *idioma neutral*, a la par de todas las demás lenguas, una lengua útil para la comunicación internacional gracias a que no pertenecía a nadie ni se adueñaba de nadie. Para ello, el esperanto debía propagarse por todo el mundo y emprender una labor misionera, por así decir. En Rauma se acordó un programa opuesto: de manera simplificada, ya no era necesaria labor misionera alguna, sino una comprensión y celebración de la propia identidad como una especie de preciosa y variada diáspora. Nada de labor persuasoria, sino sentirse uno mismo como el fragmento de una deflagración.

A primera vista, parece comprensible.

Una idea muy antigua que reaparece readaptada y ajustada a los tiempos. Con ella se renuncia a la idea de pretender enseñar el esperanto *en todas partes*. Existe orgullo por lo alcanzado hasta ahora por la lengua y se consolidan esos logros.

¿No es así?

Pues no. Porque algunos *raumistas* entendían su raumismo de otro modo: habían llegado a la conclusión de que, como miembros dispersos de una cultura sin estado por definición, tenían cierto derecho a poseer aquello de lo que carecían.

Se habían sacado de la manga un dolor fantasma.

La estructura estatal desarrollada para aliviar ese dolor fantasmal se llama *Esperanta Civito*. Su presidente vitalicio era coautor del manifiesto de Rauma, Giorgio Silfer, quien, por cierto, parece ser también un prestigioso autor teatral. En la página web de Esperanta Civito, él —si es que lo he entendido bien— se autodenomina candidato al Premio Nobel de Literatura. A mí el tipo me parece algo sospechoso, pero nunca lo he visto en persona, tampoco ha respondido nunca a mis correos electrónicos, de modo que no tengo ni idea.

A menudo los raumistas parecen odiarse entre ellos. Lindstedt, por ejemplo, se distanció del movimiento en 2006, tras haberse enemistado con Silfer.

Por lo visto, se han dedicado a desautorizarse mutuamente.

En fin: Monty *fucking* Python.

Y a continuación hicieron uso de la palabra los finvenkistas, que se sentían totalmente mal representados por el raumismo. En el llamado Manifiesto de Praga (1996) afirmaban que pensaban seguir aferrándose a la idea de divulgar el gusto por el esperanto como segunda lengua y esbozaban algunos conceptos bastante plausibles sin asomo de ese espíritu de *victoria final*: «Un sistema de comunicación que favorece a algunas personas de por vida, mientras exige que otras inviertan años de esfuerzos para alcanzar un nivel inferior de capacidad comunicativa, es fundamentalmente antidemocrático. Aunque, como toda lengua, el esperanto no es perfecto, es indudable que supera ampliamente a todos sus competidores en el campo de la comunicación internacional en pie de igualdad». Ese último punto no es cierto del todo, ya que son los europeos occidentales quienes están en condiciones de aprender el esperanto con mayor facilidad y rapidez. Pero ¿por qué no propagar la idea de una lengua neutral no perteneciente a ningún Estado? Claro que existen miles de esas lenguas sin Estado: el mati ke, por ejemplo, el kuuk thaayorre, el vasco o el yídish. Pero ¿por qué no intentarlo con un idioma inventado? Una lengua inventada no solo no pertenece a ninguna nación, sino tampoco a ninguna... Iba a escribir *ideología cultural*. Pero, un momento.

Eso solo fue cierto en los años iniciales. ¿Cuál es la situación actual? Si unos esperantistas pretenden propagar su idioma porque este no pertenece a ningún Estado y porque los otros tienen intenciones de fundar para sí su propio Estado secreto y otorgarse mutuamente la *nacionalidad*, ¿qué significa eso? ¿Forma parte el esperanto de una ideología o no?

¿Es del todo absurdo el planteamiento?

El Manifiesto de Praga dice: «La comunidad esperantista es uno de los pocos colectivos de ámbito mundial cuyos integrantes hablan sin excepción dos o más lenguas». Bueno, bueno. Eso tampoco es del todo cierto. A ver quién encuentra hoy a un hablante monolingüe del irlandés. Tal vez todavía viva alguno en una aldea de pescadores.

¿Puede hablarse de una lengua culturalmente neutral, cuando un grupo de personas en absoluto neutrales construye a partir de ella, desde hace décadas, una especie de cultura? O preguntando con cierta suspicacia: ¿Puede calificarse de neutral a una comunidad en la que llama la atención cualquier persona que, de repente, ya no quiera trabajar en su favor?

Por otro lado, está la extravagante idea de la diáspora: ¿qué efecto tiene esta en las mentes de quienes se definen a sí mismos de ese modo? Hasta hace un momento estaban en casa, del modo más normal, y de repente, ¡bum!, se ven *dispersos*, como si de verdad se hubiese ejercido violencia sobre ellos, contra su pueblo originalmente concentrado en un lugar concreto.

La verdad es que todo eso me confundió.

Pero, para mi tranquilidad, resulta sumamente difícil encontrar por ahí a auténticos finvenkistas o raumistas. La mayoría de las personas no dispone de una orientación tan inequívoca como la de la aguja de una brújula.

La Organización Mundial de Jóvenes Esperantistas (TEJO) se entiende incluso como representante de una forma sintetizada de ambos movimientos, una especie de *raumisma finvenkismo*.

Mind Blown.

Por muchas vueltas que se le dé, es cierto que el deseo de que otros quieran aprender la lengua inventada por uno, reavivarla y llevarla a un futuro lejano tiene algo de narcisista y, por lo tanto, digno de ser defendido. Tal vez se necesite algún concepto. De ahí surgen tal vez todos esos manifiestos y esfuerzos por hallar una identidad.

En su libro *Nostalgia*, un «estudio psicoanalítico de Marcel Proust», Milton L. Miller dice que el autor se levantaba a menudo a las dos de la madrugada para ir hasta el Ritz y ver si la fiesta organizada por él continuaba y qué invitado se había quedado más tiempo. He de admitir que, como muchos otros comportamientos narcisistas, esa actitud me conmueve de un modo poco habitual. Porque, eso que hacía Proust, ¿no es acaso una mirada a la posteridad, algo que, en su variante postrera, representa una mirada al propio entierro? ¿No es una exploración de la pregunta sobre el alcance del espíritu propio a la hora de unir a la gente? ¿Qué valor tiene mi nombre, cuán útil soy como meme, como idea, como poder de convocatoria social? O, dicho de otro modo: ¿cuán superfluo soy en sentido físico? ¿Cuán poco se necesita de mi presencia física para, no obstante —como el peral de Ribbeck en la balada de Theodor Fontane[124]—, seguir proporcionando dicha y prosperidad? La aritmética de la lealtad: «Fulano aún está y ya son las dos y media, pero faltan Mengano y Zutano. ¿Por qué no está C.? ¿Y por qué precisamente C.?». Y así sucesivamente. ¡Sí, a veces uno quisiera tener un *livestream* de la vida de sus amigos, solo para contemplar el reflejo de uno mismo en sus rostros y poder ver el entramado de sus actividades diarias! O mejor que un *livestream* sería inventar una lengua en

124. En resumen, es la historia de un peral cuyo retoño sigue dando peras aun después de muerto su generoso dueño.

la que se programen los modos de comportamiento y de pensar propios para implantarlos luego en otros cerebros. La fiesta en el Ritz se convierte de ese modo en un más allá potencial y eterno. Con ello no es necesario ya levantarse para ir a ver. Uno vive cientos, miles de vidas y puede, por así decir, morir en consuelo.

Pregunta de examen: ¿cuál de las dos supuestas corrientes del esperanto respira el espíritu de un Marcel Proust que espía de madrugada en el Ritz, los finvenkistas o los raumistas?

La mejor respuesta a la dicotomía raumismo-finvenkismo la ha escrito, creo, el poeta Jorge Camacho en un breve poema del año 2016 publicado en su libro *Strangaj spikoj* ['Espigas extrañas']:

> ***Helpopeto***
>
> *Botelmesaĝon*
> *el dezerta insulo*
> *por savo sendas*
> *sole en Esperanto*
> *fanatika stultulo*
>
> **Petición de socorro**
>
> El mensaje en la botella
> desde el islote desértico
> para que lo rescaten lo envía
> solo en esperanto
> un cretino fanático.[125]

125. Traducción del propio Jorge Camacho.

7
Cuentista y anarquista

En Inglaterra, Vasili Eroshenko se pone de inmediato en contacto con personas que lo ayudan y traducen lo que necesita al sistema braille. Luego, las biografías mencionan en cada ocasión —como cosa obvia, de pasada— algo que, tras una nueva ojeada, nos parece cada vez más extraño: el joven Vasili Eroshenko visita en Londres al teórico ruso del anarquismo Pjotr Kropotkin. En un primer momento, al leer esa línea, uno asiente con un gesto de interés: «Vaya, fue a verlo, qué bien». Pero, un momento. ¿Cómo se estableció el contacto? ¿Era posible aparecerse sin más en casa de Kropotkin? El anciano estaba entonces bastante enfermo, así que es posible que le gustara distraerse recibiendo visitas de todo el mundo. ¿Existían relaciones estrechas entre los esperantistas de Londres y los grupos anarquistas radicales, como ocurría, por ejemplo, en China? «Tenemos aquí a un joven ciego llegado de Rusia que desea verle, Pjotr Alexéyevich». ¿Cómo diablos se produjo ese encuentro? Se trata de un salto similar, un *glitch*. El universo avanza en cámara rápida y, ¡bum!, el joven Vasili Eroshenko, que aún no ha alcanzado la edad adulta, está sentado frente a Kropotkin hablando de anarquismo. Es posible que Vasili le hablara de la visita del príncipe a la escuela para ciegos y le revelara su temprana simpatía por la imagen del mundo de los anarquistas.

También por esa fecha, Eroshenko se entera de que en Japón existe un antiguo sistema de enseñanza para ciegos que les permitiría incluso llegar a ser médicos. Después de regresar a Moscú desde Londres, comienza a aprender un poco de japonés. *Un poco* solía ser suficiente para él. Sin embargo, no fue hasta 1914 que tuvo oportunidad de hacer un viaje a Japón. Debió parecerle un tiempo de espera insoportable. El viaje a

Inglaterra le había ensanchado los hombros. Se había convertido en un viajero, un cosmonauta.

El 27 de abril de 1914, después de un largo viaje por Siberia, llegó a Tokio. Otra vez viajó solo. El dinero no resultó ser un problema, ya que los esperantistas moscovitas habían asumido los gastos y le habían entregado una carta de recomendación dirigida a Nakamura Kiyō, director del observatorio meteorológico y vicepresidente de la Asociación Japonesa de Esperanto. Gracias a la mediación de Nakamura, Eroshenko inició en Tokio un curso de masajista, pero nunca tuvo oportunidad de hacerse médico.

Muchos capítulos de la historia universal han sido creados por personas a las que fue negada la profesión de médico. La fama de Eroshenko como autor de sombrías fábulas paradójicas y activo anarquista comenzó posiblemente en 1916 con la visita del poeta indio Rabindranath Tagore. Veinticinco mil curiosos se reunieron en la estación de Tokio a la llegada del poeta. Eroshenko era uno de ellos. Asistió a todas las conferencias de Tagore en compañía de sus compañeros esperantistas. Tagore visitó la comunidad de los bahá'í, estrechamente vinculada al esperanto, y el nuevo hogar de Eroshenko: la panadería Nakamuraya. Nakamuraya era el salón principal de muchos anarquistas. Lo dirigían Sōma Kokkō (1876-1955) y su marido Sōma Aizō (1870-1954). Cuatro años permaneció Eroshenko allí, donde debatió con el independentista coreano Lim Gyuwan o con el activista de la independencia india Rash Bihari Bose (1886-1945), que estaba casado con Toshiko, la hija mayor del matrimonio Sōma.[126]

126. Hsiao-yen Peng, *Dandyism and transcultural Modernity. The Dandy, The Flaneur, and the Translator in 1930 Shanghai, Tokyo, and Paris*, Taylor &

En la primavera de 1916 Eroshenko visita a Hokkaido y a Yokohama; en julio de 1916, dos meses después de la visita de Tagore, viaja a Bangkok. Sí, a Bangkok. En una carta a Torii Tokujiro habla de sus intenciones de fundar allí una escuela para ciegos, pero añade que carece de dinero para ello. De modo que viaja por Tailandia. ¿Cómo? Viaja por toda Tailandia, solo. Sigue luego viaje hacia Birmania, que era entonces todavía una colonia británica. Le ofrecen dirigir una escuela para ciegos, pero él prefiere seguir viajando y coleccionando leyendas birmanas y cuentos populares. Lo que faltaba. ¿Cómo coleccionar cuentos populares birmanos si uno no domina el idioma? Pero bien, sigamos.

En 1917, Eroshenko recibe la noticia de la Revolución rusa. Su reacción es vehemente, pasa mucho tiempo en un estado de permanente inquietud, muy preocupado por sus padres, así que decide volver a casa.

Septiembre de 1917. Primer intento de entrar al territorio de la India. A Eroshenko lo detienen en la frontera y lo encierran. Consigue escapar. El 17 de noviembre de 1917 lo encontramos en Calcuta. Allí, en un cine, canta a voz en cuello *La internacional*, al tiempo que traduce el texto espontáneamente, *on the spot*, al bengalí. Lo detienen por un tiempo y se inician los trámites para su deportación. En marzo de 1918 lo hallamos en Moulmein y, poco después, está de nuevo en la India. Mientras la Policía de Extranjería lo busca, huye del hotel y escapa a la persecución. Continúa viajando a dedo por toda la India.

Francis, 2010. Cuatro años antes de la visita de Tagore, Bose había intentado asesinar a Lord Hardinge, el virrey de la India. A raíz de eso huyó a Japón, se hacía llamar P. S. Thakore y se presentaba como un pariente de Tagore, recién galardonado con el Premio Nobel.

No fucking way.

¿Viaja a dedo, solo, por la India?

Las biografía suelen estampar esos hechos sin más. Solo, por países desconocidos. Yo no me atrevería. No tenemos más remedio que especular sobre cómo logró hacer algo semejante. Él mismo habla poco de ello, cuando lo hace, esos viajes se mencionan como si fuesen algo obvio. Tal vez lo fueran. Tal vez yo padezca algún retraso y no pueda imaginármelo.

Pero ¿en Birmania? Vamos... No conocía la lengua del país, no en todas partes habría personas abiertas y dispuestas a ayudar a un ciego. Uno tiene casi la sensación de que basta con perder el miedo para que se libere una especie de *cheat-modus* indestructible. Pero eso, como te enseñan de forma inequívoca varias décadas viviendo en el planeta Tierra, es también un error. Por lo general, incluso sin tener miedo nos destruyen y deforman.

«Allí sale al encuentro de la rica cultura del país», termina diciendo, sin transición, un ensayo biográfico. Lo que me gustan a mí esos saltos, esas islas de obviedad en medio de situaciones absolutamente imposibles. Son el producto, por supuesto, de adaptaciones biográficas tardías, no reflejan de forma directa el curso de su vida real, pero encierran a menudo el encanto de los cuentos antiguos, últimas y precarias pruebas para el mago que hay en cada ser humano. El encuentro con las culturas de la India será la base de la posterior colección de cuentos de Eroshenko, *Un cántaro lleno de saber*. Un buen día, en Madrás (hoy Chennai), lo arrestan en una escuela para ciegos de la ciudad y lo trasladan a Calcuta. En el verano de 1919 lo deportan de la India y lo envían de regreso a Japón. La literatura proletaria está allí de moda, de manera que Eroshenko, cuyo origen ruso hace verosímil para los japoneses su familiaridad con la vida del proletariado, toma parte activa en esa nueva corriente y en la Liga Socialista. Junto con el esperantista y activista social Akita Ujaku funda el grupo literario La Semanto.

En 1920, en el salón Nakamuraya, se pintan dos retratos suyos, uno de los cuales, el del pintor Nakamura Tsune, se hace famoso. El otro retrato es de Tsuruta Gorō. Ambos óleos son representativos del estilo europeo.

En Tokio, Eroshenko se gana el sustento impartiendo clases de esperanto a niños ciegos. También empieza a inventar cuentos y fábulas.

8
Oscuros rizos rubios

De mi diario:

13. 11. 2018, Tokio
He hablado un poco sobre esperanto con el profesor Goro Christoph Kimura, un genio políglota. Me transmite saludos de István y Klára Ertl. Por lo común, la moneda de cambio con la que se valora un idioma es la pregunta: «¿Hay hablantes maternos de ese idioma?». En esperanto eso se dice a menudo como para tranquilizarte, pero precisamente esos hablantes nativos no tienen el papel presumido ni la privilegiada posición de administradores de una lengua que sí tienen en otros idiomas. En este caso ellos son, en cierto modo, la verdadera diáspora.

Me regalan un extraño CD con grabaciones de audio de *La Infana Raso*, de William Auld.

14. 11. 2018, Tokio
Un joven sale a la calle con los índices metidos en las orejas. Lo sigo durante un rato. No cambia la postura en ningún momento. Tal vez ese día olvidó en casa los auriculares que lo protegen del ruido de la ciudad.

Tomo un breve descanso en un parque diminuto. Estaba sentado junto a la estatua de un chico afligido. Los caracteres decían algo relacionado con *ver*, pero no los entendía del todo. ¿Tal vez un chico ciego? Las manos le cubrían los ojos a medias. Hacía mucho frío. En un pequeño terreno de fútbol cercado, unos adolescentes practicaban un juego de pelota para mí desconocido que parecía acompañarse de una melodía *cantabile* entonada una y otra vez con entusiasmo. Desde un balcón, un hombre fumaba y miraba hacia donde yo estaba. A su lado, la ropa puesta a secar y, debajo, un gallo de goma desinflado. Alcé la mano para saludarlo.

Al mediodía fui al Museo Nacional de Arte Contemporáneo en busca del retrato de Vasili Eroshenko. Lo encontré sin esfuerzo porque lo exhiben en un salón aparte, como uno de los *highlights* permanentes del museo. Colgaba junto a un cuadro de brillo inusitado con el título de *Road Cut through a Hill*, de Kishida Ryūsei, el cual podría adjudicarse a la *pittura metafisica*. Me siento a tomar unos apuntes. Entonces, a mi lado se planta un empleado del museo y me quita el bolígrafo. Lo hace con suma cautela, como se tira de la ramita en un nido para no molestar a la pareja de aves en celo. A cambio me ofrece un lápiz y explica: «*A pen is not allowed inside the gallery*» ['No se permite el uso de bolígrafos dentro de la galería']. Encantador. En el lápiz podía leerse: «*General Writing*» ['Escritura general']. Le di las gracias. ¡La suntuosa maraña de pelo rizado de Eroshenko! El pintor Nakamura la captó a la perfección. También su expresión ensimismada y espiritual, el azogue transformativo de ese maravilloso ser humano y también su aspecto terco e inamovible. Tiene que haber sido una figura hipnótica. Algo más a su derecha puede verse un arreglo floral de Cézanne que, en contraste con los moldeables rizos de Eroshenko, parece lívido y sin esencia. Estuve largo tiempo sentado allí, tomando apuntes con el inocuo lápiz, preguntándome si, una vez terminado mi estado de concentración, volverían a quitármelo. Pero no, dejaron que me lo llevara y, además, me devolvieron el bolígrafo.

Durante el camino de vuelta del museo, pude admirar unas telarañas tridimensionales impresionantes, construidas, por así decir, en unas galaxias en espiral que se cortaban entre sí, de las cuales colgaban sus propietarias, gordas y listas para la caza. Tenía en ese momento demasiadas monedas en el bolsillo y sonaban cuando caminaba. Durante un buen rato seguí viendo en mi mente la melena revuelta de Eroshenko como si se tratase de un enjambre de mosquitos. Más tarde, en Yotsuya, vi a un solitario jugador de béisbol en un terreno de juego. Saltaba en pos de una pelota imaginaria y practicaba ángulos de captura y maniobras para amortiguar el retroceso de la mano. Contemplé por un tiempo su danza mientras oía en el iPod la «Danse Macabre», de Camille Saint-Saëns.

15. 11. 2018, día de mi cumpleaños
A mediodía partí en busca de la legendaria panadería Nakamuraya, en la que, hace cien años, se reunían los anarquistas

japoneses y los independentistas indios. A ellos se les unió un buen día Eroshenko.

Estuve un rato dando vueltas sin encontrar el establecimiento. En el sitio que ocupaba parecía haber ahora una pequeña tienda de electrónica. Era una pequeña calle lateral. Un penetrante olor a diarrea. Y, por si fuera poco, un sol abrasador y el estruendo de cascada de las salas de *pachinko* al doblar de la esquina. Entonces encontré el nombre Nakamuraya en otro edificio. Debajo, en letra diminuta, podía leerse: ART MUSEUM.

Tomé el ascensor hasta la quinta planta del edificio y, en efecto, había allí una galería del tamaño de una caja de juguetes con algunas obras del grupo anarquista activo por entonces. Por desgracia estaba todo en japonés y tuve que ponerme a adivinar, pero solo conseguí descifrar muy poco. En un espacio: Eroshenko. Otro cuadro, en otra postura. El rostro más de perfil, más sombrío y quieto.

Cuando me disponía a tomar unas fotos, una empleada estuvo a punto de arrancarme el teléfono móvil de la mano. Mostraba un aspecto inusualmente agresivo y beligerante. Aquí raras veces se produce un contacto físico poco amable. Me apresuré a guardar el teléfono y murmuré: «*Gomennasai*» ['Lo siento']. A continuación, me mostré suave y enfáticamente humilde en todos mis desplazamientos por las salas de la galería, pero cuando pasé junto a la vigilante en dirección a la salida, tuve ganas de morderla. A fin de cuentas era el día de mi cumpleaños.

Elegí una postal con el segundo retrato. Es mucho más serio que el que vemos en el Museo Nacional, menos inundado por la dorada luz otoñal.

Más tarde, entré a una sala de juego de realidad virtual en Shinjuku, donde tuve que salvar de una gran altura a un gato de cómic y casi me vuelvo loco.

9
Baldur Ragnarsson: meditación en el universo

He aquí una breve selección:

Aceras

Las aceras son prácticas, llanas,
duras, firmes bajo los pies,
libres de obstáculos, uniformes, artificiales,
por eso tiendo a transformarlas mentalmente
en los ingredientes de que constan: arena,
cemento, agua, para así acercar
su carácter natural a la naturaleza misma.
Senderos zigzagueantes en las pendientes de los valles
pisoteados por ovejas y caballos
durante mucho tiempo son también aceras,
blandas, estrechas, conformes al nivel
del terreno, con el aroma persistente
de los cuadrúpedos que los transitan. Esos
caminos de tierra los amo, con su carácter de naturaleza.
E incluso a finales de noviembre, en el parque
experimento ese carácter natural

al caminar sobre la hierba helada
que cruje seca bajo mis pies
y las hojas que chirrían como leños
que arden en la hoguera de los *scouts*, mientras la luna
luce llena, suspendida sobre la montaña
más allá del fiordo, cubierta de nieve hasta el nivel del mar.

Huellas

A veces ciertas huellas de pies humanos
ocupan mi mente.

Las huellas de los pies desnudos
que Robinsón
encontró en la arena de su isla.

Las huellas petrificadas de hombres primitivos
marcadas en un desierto de Etiopía
hace dos millones de años.

La huella de Neil Armstrong
en la superficie de la luna.

Pero me obsesionan sobre todo
mis propias huellas
marcadas hace décadas
en un monte desértico
al este de Islandia,
borradas
hace ya otras tantas décadas
por la lluvia y la tormenta.

Aunque esas huellas
no tengan un lugar garantizado
en la literatura del mundo
ni un significado transcendental

en la historia del hombre,
sin embargo se mantienen firmes
en mi memoria
como símbolos de una agilidad pasada
y de un brío juvenil
de aquellas tardes cuando, después del trabajo,
me animaba a explorar
las tierras altas, deshabitadas, en torno a nuestras tiendas
mientras mis cansados camaradas
reposaban ya, distendidos,
sin poder entender
mi inútil afán de vagar
mi extraña obsesión por dejar mis huellas
en la hierba baja
la arcilla pegajosa
y la arena áspera
y sobre cimas desérticas sin vegetación alguna
sin vida alguna
salvo la de aves esporádicas
en vuelo camino de mejores sitios donde alimentarse.

A menudo busco en mis pensamientos
esas huellas borradas
porque para mí todavía tienen valor
como testimonios del deseo
de seguir mi propio camino
y, al final, de marcar otras huellas
no tan fácilmente borrables,
huellas que puedan ser consideradas como de algún valor
por los desconocidos
que sigan mis pasos.

Metamorfosis floral

Veo a un muchacho que corre desde la montaña
con una flor en la mano, inconsciente de las implicaciones,

para alimentarla en una fuente fresca,
en vano: le falta la raíz.

Sin embargo, marchita será motivo
suficiente para inducir un poema.
Atrapará un lugar en la deriva del pensamiento
y, pese a lo marchito, se convertirá en una semilla nueva.

Pausa

Los portaestandartes
solos de pronto

sordas
las pisadas
de aparentes fugitivos

caídos imaginarios
extienden despreocupados
los brazos
en el sol de la tarde

molinos de viento
en el horizonte

Los cerezos de Lúculo

A veces, lamentando ambiciones abandonadas,
para distraerme me vuelvo a pensar de buena gana
en Lucio Licinio Lúculo, que durante ocho años
condujo sus ejércitos pobremente equipados
contra Mitrídates el Grande.
Pero justo antes de la victoria
sus soldados exhaustos se rebelaron

y él tuvo que conducirlos de vuelta
desde Armenia hasta Jonia
a través de peligros no menores
que los que superó el griego Jenofonte.

Después en Roma pasó su vida
en calma, en abundancia con banquetes y libros,
bromas frívolas y gustos esotéricos,
cultivando amistades y las artes
y cerezos.

Pez

¿Cómo hacerse poeta? ¿Comer un pescado?
¿Algún tipo de pez? Hay un cuento
sobre Sigvatur, poeta en la corte de Olaf el Santo
de Noruega. Creció en una hacienda
junto a un lago en el suroeste de Islandia
como muchacho con retraso mental, según dicen.
Una vez pescó un pez grande y extraño
y siguió el consejo el de un camarada/compadre
de comérselo entero, y empezar
por la cabeza, donde se encuentra la sabiduría
de toda criatura. Después se hizo
un gran poeta y renovador del arte.

He aquí un método, al menos en teoría,
para quienes aspiran a hacerse poetas.
Sin embargo hoy en día solo truchas normales
viven en ese lago, por suerte, porque de otro modo
seguramente abundaría en exceso la extraña gente
de los poetas, con el posible riesgo de tendencias
egoístas. Pero la leyenda antigua
la quiero confirmar, porque de ese poeta
sigo intentando aprender cómo basar

mi arte en la cabeza con gobierno
moderador del corazón, cómo explorar en busca
del equilibrio entre pensamiento y sensibilidad,
sí, cómo comerse el pez entero, continuamente
renovado, pero comenzar por la cabeza.[127]

10
Deportación y persecución

En 1921 nuestro amigo Eroshenko participa en el desfile del 1 de mayo. El día 9 de ese mes visita la Liga Socialista de Japón. El 28 lo arrestan durante la noche. Por un tiempo los agentes no consiguen decidir qué hacer con el joven políglota. Les resulta sospechoso, sobre todo, ese esperanto. Y para colmo, era ciego. Lo interrogan, pero parece que los policías jamás han tenido tratos con ciegos. Piden que les explique por qué no puede ver. Al final, las autoridades japonesas deciden librarse de aquella figura tan imposible. Inician los trámites para su deportación. Tres días permanece Vasili en custodia policial, en una celda diminuta en Yodobashi. Los agentes lo torturan, le hurgan los ojos para ver si de verdad es ciego o solo lo finge. En el *Yomiuri Shinbun* aparece un artículo acusatorio sobre el comportamiento de la policía: «Si esos agentes fueran hombres, tendrían que suicidarse de vergüenza por su comportamiento». Sōma Kokkō acude a visitarlo y anota una fábula que Eroshenko le dicta desde su cautiverio: *Una estrecha jaula*. Ya había concebido previamente en su mente los rudimentos de la historia. Es un texto sombrío, melancólico y

127. Todos los poemas de Ragnarsson han sido traducidos directamente del esperanto por Jorge Camacho.

repetitivo sobre un tigre que vive enjaulado. Al animal le parece que la cola de visitantes en espera, gente de mirada estúpida, se extiende más allá de las instalaciones del zoológico, «hasta el final del universo». Pero eso no es más que un sueño, y el tigre despierta y sale a la caza de aventuras. Intenta liberar unas ovejas, pero estas no quieren ser liberadas. Todo se hace muy difícil en este mundo. Él libera animales y seres humanos, pero son todos demasiado estúpidos como para disfrutar de su libertad. Al final se ve que el despertar es el verdadero sueño. El tigre se halla todavía en su jaula. Y no hay salvación para nada ni para nadie.

Bajo el texto, una línea: «*En la policejo Yodobasi, 31-a de majo, 1921*».

Más tarde, cuando el texto se publica, se convertirá de inmediato en una sensación literaria. Los intelectuales se entusiasman con esa historia desesperanzada. Y el poeta ciego Eroshenko se convertirá en una especie de estrella pop. Pero no en Japón.

El 1 de junio de 1921, la policía japonesa traslada a Eroshenko a la ciudad de Kōbe. A pesar de ser verano, hace un tiempo lluvioso y frío, de modo que una vez más tiene que esperar. Lo dejan detenido. Todo tarda una eternidad. Eroshenko se impacienta, está desesperado. El 4 de junio, aún escoltado por la policía, sube por fin al buque Hozan-Maru. Alojan al prisionero, completamente debilitado, en un recinto diminuto. Dos días después llega a Vladivostok, donde lo entregan a la guardia de frontera rusa. Ahora que ya está en Rusia, Vasili decide intentar de nuevo hacer aquel viaje frustrado a su pueblo natal, pero la policía fronteriza le niega la entrada. El hecho de que lo hayan detenido y expulsado de Tokio por presuntas actividades bolcheviques no prueba nada, le dicen, nadie conoce sus verdaderos motivos. Eroshenko trata de demostrar que, en efecto, es bolchevique y esperantista, pero no le creen ni una palabra. ¡Un ciego podía afirmar lo que se le antojase, pero no había forma de averiguar lo que realmente pasaba por su cabeza! Para colmo, esperantista: era mejor que eso último no lo dijera demasiado alto. Pero como no pueden arrojar al joven ciego al mar, lo envían sin más preámbulos a China. Que allí se las arreglen con esa persona tan peculiar y díscola.

Por esa época, a principios de la década de 1920, la paranoia contra los esperantistas crecía de forma macabra y rabiosa. Sobre todo en la recién fundada Unión Soviética, pero también en la República de Weimar y, un poco más tarde, lo que es peor, en la Alemania nazi. En los países con gobiernos anticomunistas, se les confundía simplemente con los comunistas sin pensarlo demasiado. Todo lo relacionado con una lengua universal y con la paz mundial les sonaba parecido. Algunos esperantistas estaban realmente comprometidos con los derechos de los trabajadores y con la socialdemocracia, lo que a menudo llevó a la policía hasta la casa de otros *samideanoj* resueltamente neutrales. Como puede leerse en un excelente libro de Ulrich Lins, *La lengua peligrosa*, en un principio, el poder ejecutivo se esforzó en diferenciar: en Klausenburg (hoy Cluj-Napoca, en Rumanía), la policía había interpretado la estrella verde como un distintivo comunista. «El presidente del tribunal militar, antes de absolver a los acusados, declaró que el esperanto era un "bello movimiento cultural" y que solo era punible el uso de la lengua "para fines prohibidos"».

Pero poco a poco el esperanto se fue volviendo sospechoso también para los órganos de poder de los países democráticos. El romanista alemán Karl Vossler, nos cuenta Lins, planteaba en 1925 que el esperanto, como elemento preprogramado en la estructura de su gramática, por así decir, contenía las ideas del bolchevismo, del socialismo y del comunismo. Estas, según Vossler, se habían *instalado* directamente en las palabras y formas de ese idioma. Quien aprendía la gramática, se volvía más susceptible para los «tonos anímicos y los acentos semánticos» de las voces proletarias, en el fondo, incluso, transformaba el lenguaje y a todos sus hablantes en propaganda ambulante, ya que el comunismo y la gramática del esperanto estaban «lingüísticamente emparentadas por su origen». En 1928, en Bulgaria, fueron prohibidos todos los clubes de alumnos de esperanto con el curioso argumento de que la lengua era tan fácil de aprender, que volvía al instante perezosos a sus hablantes, despojándolos de la capacidad para aprender en el futuro asignaturas más complejas. Además, solo los bolcheviques y los anarquistas se interesaban por ese idioma. En los años 1925 y 1926 apareció *Mi lucha*, de Adolf Hitler, en el cual también el autor echa pestes del esperanto: un instrumento de poder de los judíos a fin de dominar a los pueblos sometidos por ellos a través también de una lengua universal. En el Tercer Reich, constituido poco tiempo después, los grupos de esperantistas fueron siendo prohibidos poco a poco y sus activistas desterrados.

También durante el austrofascismo el esperanto dejó de ser un asunto neutral. Quien fuera tal vez el único novelista en esperanto austriaco, Hans Weinhengst, fue un activo socialdemócrata y un antifascista. Su novela *Turmstraße 4* no fue traducida al alemán hasta el 2017 por el esperantista vienés Christian Cimpa. La novela es una historia de amor rica en elementos del reportaje social y tiene lugar en un típico edificio de viviendas sociales vienés, esa entretanto mítica estructura habitacional con sus numerosos detalles arquitectónicos que, en opinión de Weinhengst, estaban hechos para una explotación amable:

> El interior del edificio muestra a primera vista, sin disimulo, que toda la estructura responde únicamente al empeño de la explota-

ción: la escalera y los pasillos son estrechos, el patio angosto y agobiante —llamado *patio de luces*— es, según las normativas arquitectónicas, el único espacio al aire libre, los apartamentos son diminutos, pero numerosos.[128]

Durante mucho tiempo me resultaron inquietantes esos grandes edificios de viviendas sociales vieneses con sus nombres de toda una gama de señores y señoras del pasado. Hoy yo mismo vivo en uno de ellos. Como hijo de la burguesía de Graz que creció en pisos grandes, carecía de las enzimas espirituales para ellos. Hoy sus instalaciones me parecen inagotables. Puedo pasar horas recorriendo con Sarah esos complejos arquitectónicos y descubrir siempre nuevos detalles, antiguos mosaicos que representan a obreros abnegados partidos en cientos de fragmentos, o las minimalistas obras de arte en piedra expuestas por timidez o compasión en los patios interiores, las exuberantes plantas de balcón extraterrestres, las escaleras y áreas de juegos de serie policiaca, las colinas en medio del perímetro, tan parecidas a monumentos funerarios. En Viena esas viviendas sociales están mucho más impregnadas de historia que en otras ciudades de Europa, porque fue en esos complejos arquitectónicos donde tuvo lugar la más inquietante guerra civil austriaca —inquietante por ser la más invisible hasta el día de hoy—, la de febrero de 1934, en la que fueron asesinadas centenares de personas, algunas de ellas atrincheradas en esos edificios, y de la que en varios escritos —también en la autobiografía de Stefan Zweig—, se dice que ni un solo sonido, ni el eco de los cañones y ni una sola noticia transmitida por vía oral llegó a los distritos más céntricos de la capital. La novela de Hans

128. Hans Weinhengst, *Turmstraße 4*, Viena, edition atelier, 2017.

Weinhengst, la única que escribió, fue publicada en Budapest en 1934. El Estado austriaco terminaba por darse a conocer ante sus vecinos europeos como un régimen dictatorial asesino. Profundamente desilusionado, Weinhengst anunció en una carta fechada en 1936 que no deseaba ocuparse más del esperanto. La población del país se le había vuelto repulsiva. En 1945 perdió la vida en Berlín en circunstancias misteriosas y nunca aclaradas. Su tumba fue redescubierta hace poco en aquella ciudad.

Que el movimiento esperantista, tan próximo al proletariado, fuera víctima de crueles persecuciones también en la Unión Soviética sorprende solo a primera vista. De hecho, la historia de las relaciones entre los pensadores y políticos comunistas y el movimiento esperantista es sumamente compleja y rica en fases contradictorias. Esos vaivenes, la alternancia entre reconocimiento y rechazo ideológico, tuvo su fin con Stalin, que declaró las actividades del esperanto como antisoviéticas y merecedoras de castigo. Esa decisión se justificó en 1937 en un comunicado interno de la policía secreta, sobre todo debido a los contactos con el extranjero de los esperantistas, o para ser más exactos, los contactos con el extranjero de «filatélicos y esperantistas».

> Rytikov y otros retomaron de inmediato su actividad en favor del esperanto [después de años de destierro en los campos de Kolymá]. Entre ellos estaba también el ucraniano Alexandr Logwin, en cuyos poemas los expertos habían notado antes de 1934 un talento muy prometedor; después de veinticinco años, Logwin volvió a la literatura en esperanto y sacó sus antiguos manuscritos del escondrijo en el que su padre los había conservado: un panal de abejas.

Rodeados por el zumbido de unas pequeñas abejas que generaban calor, sus versos hibernaron durante el tiempo de la persecución. Una bella imagen. Otros tuvieron menos suerte, desaparecieron en los campos de Kolymá o se suicidaron a resultas del acoso sufrido.

Me parece notable el modo en que me conmueven esos versos ocultos entre las abejas. Como se sabe, existe un parentesco muy antiguo entre la escritura y la producción de miel. Ralph Dutli ha escrito un libro acerca de eso. No me extraña, por lo tanto, que un poeta como Mustafá Ahmed Jama, como recordaremos, haya asumido esa misión. El 13 de noviembre de 1925, Rainer Maria Rilke escribió a su traductor polaco, Witold Hulewicz: «Somos las abejas de lo invisible». ¿No es esa la mejor definición de quienes escriben en lenguas inventadas? Sacan sus beneficios y nutrientes de una fuente que apenas nadie más puede ver. Quien habla una lengua inventada en una época relativamente reciente se hará invisible, en cierto modo, para la historia universal. La historia del mundo detesta esas cosas. Empieza a refunfuñar, a sancionar, a señalar con el dedo. Todas las lenguas naturales se formaron y pulieron a lo largo de siglos, algunas palabras se remontan a través de un túnel hasta un pasado tan remoto, que ante sus vertiginosos cambios de significado nos vemos como ante una especie de deidad. Pero los antiguos dioses no podrán reconocerte en una lengua nueva y sin rostro. Eres libre, activo. Eres peligroso.

No tiene nada que ver con este tema, pero uno de mis bisabuelos por parte de madre fue apicultor, aunque padecía una alergia letal a las picaduras de abeja. Desafortunadamente, su corazón se había quedado prendado de esos animalitos. El suyo debe de haber sido un corazón bastante complicado. Resolvió el problema usando un grueso abrigo de piel para acercarse a las colmenas lo mismo en invierno que en verano. Solo existe una fotografía suya en la que se le ve muy satisfecho. Solía revisar su abrigo con regularidad en busca de abejas muertas y, según se cuenta en nuestra familia, siempre se alegraba cada vez que encontraba más abejas que en las rejillas colocadas bajo la colmena, destinadas a acoger a las obreras muertas. Según su conclusión, eso significaba que, para las abejas, él era una especie de supramundo material en el que los animalitos entregaban su espíritu de un modo más solícito y seguro, una especie de planeta vivo que pasaba días enteros cerca de ellas y las asistía mientras crecían, trabajaban y morían. Y es entonces cuando uno piensa en los pocos rasgos de carácter que heredamos de nuestros antepasados.

He aquí unos de esos poemas de Alexandr Logwin que sobrevivió a aquella época siniestra en una colmena:

Birdoj kaj kverkoj

Senmove dum jarcentoj
ĉe l' sama lok' starantaj,
envias oldaj kverkoj
al birdoj formigrantaj ...

En traducción:

Aves y abedules

Inmóviles durante siglos
siempre en el mismo lugar
los viejos abedules envidian
a las aves que migran...[129]

129. Jorge Camacho propone la siguiente traducción: *Inmóviles durante siglos, / de pie en el mismo sitio, / los viejos robles envidian / a los pájaros que emigran...*

II
La tragedia de los polluelos y otros animales: los años de Eroshenko en China

En Harbin, aún sin saber mucho acerca de la incipiente fama que empezaba a alcanzar en otros lugares, Vasili había tenido que trabajar tres meses como masajista. Necesitaba sobrevivir de algún modo, ganar dinero. Había llegado a China sin recursos y ya no contaba con el apoyo financiero de sus amigos esperantistas europeos. De Japón le llegaba de vez en cuando un poco de dinero por la publicación de sus relatos y, en ocasiones, hasta alguna noticia sobre la publicación *in absentia* de sus obras completas bajo el título de *Canto previo al amanecer*.

En un principio, fue Hu Yuzhi, esperantista y comunista chino, el encargado de cuidar del joven en Shanghái. Se organizó un concierto en el que Eroshenko cantó en ruso y esperanto. Sus fábulas, sin que él hiciera nada, eran cada vez más conocidas en los círculos esperantistas próximos al anarquismo.

Fue justo por esa época cuando hizo su aparición otro de sus textos más peculiares y famosos, *Kawari neko* ['Un extraño gato'], escrito directamente en japonés sin ayuda de nadie y publicado en el país nipón en la revista progresista y liberal *Warera* ['Nosotros'], fundada por el reformador social Hasegawa Nyozekan en respuesta al fortalecimiento de lo que él mismo más tarde denominó «fascismo japonés». Muchos de los anarquistas más influyentes publicaron en *Warera*.

El artículo sobre las torturas de la policía de frontera es leído por un hombre que se siente espantado ante el comportamiento de los agentes del orden y traduce el texto al chino de inmediato. El texto llega a un gran público lector y es objeto de infinidad de debates. Poco después, ese mismo hombre traduce otros dos relatos de Eroshenko. De un día para otro, los intelectuales de todo el país se sienten entusiasmados. ¿Quién es el tal *Ai-luo-xian-ke*? ¿Un poeta ruso ciego? ¿De dónde ha salido?

El traductor del artículo fue Lu Xun, el más grande autor chino de principios del siglo xx, renovador de la lengua literaria y de la prosa narrativa chinas.

Probablemente yo no debería estar haciendo aquí como si supiera con exactitud lo que eso significa. Su obra está en las estanterías de libros de Sarah, cuatro volúmenes.

¿Qué historia suya conozco?

En todo caso, he leído *La verdadera historia de Ah Q*, ese increíble relato de horror sobre gente absolutamente normal en un pequeño pueblo. Y de un hombre que escribe soflamas sobre cosas espantosas. Lo mismo que yo hago todo el tiempo.

Y también *Diario de un loco*, cuyo personaje está convencido de estar rodeado de caníbales. Y luego, ese breve relato sobre el accidente de un *rickshaw*... Pero ¿cómo continuaba el relato?

En todo caso, se trata de Lu Xun. Nacido en 1881 y muerto en 1936. Junto a su hermano Zhou Zuoren, fue alguien activo en el movimiento por una nueva cultura, empeñado en la modernización de China, y también en el popular Movimiento del 4 de Mayo, en contra del Tratado de Versalles.

Lu Xun y Zhou Zuoren eran personas muy cultas y comprometidas que pensaban en la educación del pueblo. ¿Por dónde empezar esa educación? Pues, por los niños.

Y fue entonces cuando apareció en Shanghái un hombre que irradiaba cierta inocencia infantil, que escribía fábulas e historias para niños y, además, era esperantista, como el propio Zhou Zuoren y otros integrantes del movimiento.

La persona perfecta.

En el seno del movimiento por una Nueva Cultura, Eroshenko se convirtió en una especie de estrella del pop. Su origen exótico, su supuesta inocencia, su aspecto... En sucesivos artículos, Zhou Zuoren, Lu Xun y el esperantista Hu Yuzhi describen su carácter, sus manierismos y las estaciones de su vida. Habían encontrado un personaje al que podían transformar en aquello que el pueblo necesitaba con mayor urgencia: cuentos de hadas.

Sus textos fueron celebrados y divulgados.

Por su forma externa, son textos bien sencillos. Cuentan el destino de un árbol, de un gato, de un polluelo, etcétera. Pero tienen, sobre todo, un denominador común: son sombríos. Su contenido pedagógico no queda nunca claro del todo. Solo en ocasiones aparece algo así como un destello de esperanza, cuyo derecho a existir ha de extraerse de forma indirecta, hasta donde eso es posible, de los elementos de la narración.

El relato sobre la *estrecha jaula* ya lo conocemos. Con él tal vez se pueda realizar un poco de labor educativa. Pero, al mismo tiempo, los lectores quedarán muy deprimidos. No hay esperanza para nadie, nunca.

¿Y los demás textos?

Lo mismo.

Canciones punk en prosa, oscuras, melancólicas.

El relato largo «Un gato extraño» tiene forma de fábula cautivadora, pero sus detalles encierran una visión desconsoladora de la vida. Un joven está sentado delante de la chimenea. Su gato, Tora-chan ['Tigrecito'], se le acerca y le dice que tiene un problema. Alguien lo persigue. Sí, el padre del joven quiere matarlo a palos o ahorcarlo, cree que el gato tiene rabia. El gato salta sobre la rodilla de su dueño, lo acaricia nerviosamente con la pata y deja la huellas de sus uñas en la piel del muchacho. «Ay», se lamenta Tora-chan. Está sufriendo tanto, se siente tan desencantado.

Qué ha ocurrido, quiere saber el joven. Todos nos sentimos desencantados, le dice. El mundo era un valle de lágrimas. Que el gato se tranquilizara y le contara todo desde el principio.

Bueno, le dice el gato, avergonzado. Era cierto que había contraído algo, una especie de virus. ¡Pero no era rabia! De eso nada. Era algo distinto, algo fatal. Desde hacía poco se veía como... hermano de los ratones.

¿Cómo?

Los había visto pelearse, hambrientos, por un trozo de pan, y ahora ya no se sentía con ánimos de cazarlos. Los ratones, simplemente, tenían hambre, toda criatura estaba hambrienta, devoraban incluso ese libro favorito del joven, *La conquista del pan*, de Kropotkin. Y todo por pura hambre.

Tora-chan le pide al joven que lo ayude a morir. Porque, ahora que tampoco podía devorar a los ratones y tenía el estómago vacío, también él sentía un hambre atroz. Ya no lo soportaba, no podía matar, pero el dueño de la casa tampoco le daba nada de comer, porque solo el que mataba recibía comida gratis. Tora-chan le pide una dosis de morfina, tal vez de ese modo, anestesiado por el delicioso veneno,[130] podría dormirse apaciblemente sobre las rodillas del joven y morir.

Entonces el padre del joven irrumpe ruidosamente en la recámara. Estaba enfurecido. ¿Dónde estaba el gato? ¡Era preciso matarlo a palos y colgarlo! Presas de un delirio asesino, el viejo pasa por el lado del joven.

130. Resulta interesante que, en esperanto, *morfino* suene como *mor fino*, 'fin de las costumbres, de la moral'.

Este le suplica e intenta negociar. Era preferible dar morfina al animal que había perdido toda su utilidad, así no era necesario ningún acto brutal como colgarlo o molerlo a palos. Se lo ruega a su padre de rodillas, pero a cambio solo recibe una fuerte bofetada.

—¡Por favor, yo tengo morfina, tengo morfina! —suplica el joven.

—¡Ah, muy bien! —grita el padre—. ¡Entonces ese gato te ha mordido! ¡Tú también tienes la rabia!

—No, claro que no...

—¡Malditos internacionalistas! —impreca el padre y maldice a todos las criaturas mordidas por Tora-chan.

Santo cielo. Vaya historias para niños. Pero sigamos leyendo.

Cuando se llevan al gato, el joven, brutalmente golpeado, oye un coro de millones de ratones desesperados y enloquecidos a causa del hambre. Se tapa los oídos con los dedos, pero el coro no cesa. Oye a los ratones mendigar: «¡Danos pan, ayúdanos!». Una empleada de la casa, tal vez una especie de mucama, presta atención y le pregunta qué ocurre.

El joven le pide morfina a la mujer, la necesita con urgencia. «¡Morfina, dame morfina, por favor! ¡Los ratones están gritando!». No, quienes cantaban eran los trabajadores de las cercanas fábricas, le dice la mucama.

«¡Morfina, por favor!».

La historia contiene todos los elementos clásicos de una fábula pedagógica socialista, pero el aspecto desesperado, ese elemento suicida que nunca se acalla, sorprende un poco. Es como si una persona desconsolada, dura y esclarecida lograra controlarse para escribir algo supuestamente apto para niños. ¡Morfina! ¡Morfina!

Yo también conozco el coro de los ratones. Tengo amistad con esos animales y a lo largo de mi vida he conocido a muchos.

Por lo general, no tenemos ni idea de cuántos ratones existen. En mis libros, los ratones desempeñan casi siempre papeles secretos, sobre todo en las novelas *Indigo* y *Die Stunde zwischen Frau und Gitarre* ['La hora entre mujer y guitarra']. Creo que todo empezó cuando vi en casa de un amigo unos ratones de laboratorio cuya libertad había comprado mi amigo, criaturas blancuzcas y medio peladas que se movían en la jaula con agitación y diligencia, casi como si no tuvieran alma. Los había adquirido por compasión, y ahora nosotros los teníamos delante e imaginábamos —a una edad que no superaba los veintiuno o veintidós años, con el típico detallismo torturante de esa edad— lo que tendrían que haber pasado esos animales tan particularmente insustanciales y de aspecto casi transparente. Los ratones de laboratorio viven en el futuro. Torturados y ensalzados, baterías desechables en la condición de mártires, santos de un solo uso. Experimentan sin cesar auténticos milagros, a la vista de los cuales cualquiera de nosotros encontraría la fe en Dios. De repente, ¡bum!, se curan de un cáncer, dejan de envejecer, son liberados de las consecuencias del Alzheimer —como ocurrió no hace mucho gracias a un tratamiento con luz parpadeante en combinación con una terapia acústica—, experimentan cada día, en carne propia, cosas que ya nos gustaría conseguir para nosotros: el mundo real de la ciencia ficción, con perfecta tecnología de recambio, regeneración celular, manipulación genética. Pero vivimos también con el trágico conjuro que nos dice que eso *solo funciona en ratones*. En nuestro caso no surten efecto la nueva terapia contra el cáncer, el tratamiento experimental contra el Alzheimer ni la revolucionaria idea con células madre. En 2012, un estudio a gran escala determinó que la «tasa de intransferibilidad» entre ratones y seres humanos para procedimientos médicos es del 99,6 por ciento. Si algo funciona bien en ratones, contamos con una oportunidad del 0,4 por ciento para que funcione también en nosotros. Si a un ratón se le da una aspirina, se desangra. Existen motivos para que esas criaturas no tengan nada que ver con nosotros, pero aun así influimos en ellos desde todas partes como una superevolución enloquecida.

Quien no oye el coro de los ratones, no necesita ser amigo mío. Pero ¿puedo identificarme con Botchan? Yo fui adicto a las benzodiazepinas, lograba consumir hasta tres milígramos de Xanor al día, e incluso hoy, a pesar de llevar años *clean*, puede que, sobre todo en noches de insomnio, rebrote con fuerza el antiguo apremio de la adicción: «Toma una pastilla, una sola, morfina, por favor, morfina».

En el cuento *Junto al estanque* se habla de dos mariposas que han eclosionado durante el crepúsculo. Actuando en contra de las advertencias de las mariposas más viejas, deciden salir en una absurda misión y volar a través del mar hasta los confines del mundo para traer de vuelta al sol. Sin el sol, al fin y al cabo, no hay vida. Un grupo de escolares las descubre en horas de la mañana del día siguiente, heridas y muertas. En ese relato se puede inferir al menos que las mariposas tuvieron éxito con su misión, pero a costa de su propia vida. A fin de cuentas, el sol está de nuevo donde tiene que estar.

El duelo de un pez se ocupa del destino de una pequeña carpa. Al comienzo de la historia, nos encontramos bajo el hielo del invierno. Hay hambre. A través de sus padres, la pequeña carpa se entera de la existencia del «País Aquel», un paraíso al que se llega después de ser atrapada en una red de pesca. La pequeña carpa no lo entiende. En primavera les habla a los demás animales del País Aquel. Ellos tampoco entienden. Entonces, a medida que los días empiezan a ser más cálidos, las carpas empiezan a desparecer una tras otra. Con el fin de averiguar algo sobre el bienestar de sus amigos, la pequeña carpa se deja atrapar en la red de un niño que pesca a orillas del estanque. A la pequeña carpa la sacan del agua y la llevan realmente al País Aquel.

Se trata de un recinto pequeño.

De la pared cuelgan el traje de plumas del señor Oriol y, al otro lado, la piel del monje Liebre. Hay huesos encima de todas las mesas. Y sus amigas, las siempre bien informadas mariposas, yacen clavadas en una vitrina. En la mesa del quirófano desmenuzan en vida, con un bisturí, al poeta Rana, que una noche antes todavía disfrutaba de la luz de la luna cuando, de repente, lo sacaron del estanque. Su corazón late todavía.

La pequeña carpa quiere decir algo, pero nada sale de su boca, el elemento ajeno del aire ya no transmite sus señales. En lugar de ello, la cola golpetea contra el tablero de la mesa.

«Un instante después, empezó a diseccionarla, pero al llegar al corazón de la carpa, se vio que el órgano ya estaba roto en pedazos».

Eroshenko nos hace saber todavía que el niño, príncipe del País Aquel, llegaría a convertirse más tarde en un destacado anatomista, mientras la vida en el estanque se fue apagando poco a poco, hasta no quedar nadie, ni aves ni peces ni ranas. Al atardecer solo se escuchaba el tañido de unas campanas.

En la kafkiana parábola *Por el bien de la humanidad* asistimos a la narración del hijo de un científico que habla de un colega de su padre, un tal K., que pasa el día sin hacer otra cosa que diseccionar animales. El grito de las criaturas se ha convertido en una invariable y constante *nube sonora*. El propio hijo de K. casi pierde la razón por su causa. Para enseñarle maneras al joven, K. encierra al perro de la familia en el laboratorio y emprende una serie de experimentos con el animal. La madre y el hijo salvan al perro.

Entonces K. decide viviseccionar a su mujer y a su hijo. Espera obtener con ello grandes provechos para la humanidad. Nos enteramos entonces de que el hijo, en secreto, ha cambiado su piel con la del perro y está oculto en una perrera. Más tarde, el muchacho con piel de perro muerde a su padre cuando este se le acerca al concluir la vivisección. Más adelante vemos a K. haciéndole carantoñas al perro.

El narrador nos habla entonces de una visita a otro famoso anatomista que considera que el modo de actuar de K. es perfectamente justificable. En ocasiones era preciso sacrificar a algún idiota degenerado por el bien de la humanidad. El narrador se deja convencer de ello. Da un paso al frente y se ofrece él mismo como víctima. (*What the fuck?*). El célebre anatomista puede diseccionarlo en vida, por el bien de la humanidad.

Pero eso no había sido más que una broma, dice el anatomista.

Sin embargo, aún veremos otro giro de la trama: el narrador regresa a casa y se entera de que su padre no es su verdadero progenitor. Es muy probable que sea hijo de K., es decir, aquel niño que ahora ha crecido, el mismo que hubo de meterse en la piel del perro para sobrevivir. No guarda recuerdo alguno de ese hecho. Pero su cuerpo, en una especie de determinación preprogramada, siempre se ofrecerá como objeto de disección. A través de él, K., por así decir, quedará absuelto.

En el relato «El abuelito Tiempo», el protagonista anónimo dice:

> Puede que Pekín sea una ciudad grande y ruidosa, pero mi Pekín es pequeña y tranquila. Puede que la gente que habita en Pekín sea importante y distinguida, pero en mi Pekín solo viven personas

> modestas, sinceras y amantes de la paz. En realidad, en medio de esta enorme calma, mi corazón debería tranquilizarse, pero no se tranquiliza y tampoco lo hará nunca. Por las noches me siento especialmente solo. [...]
>
> La tristeza me estremece cuando pienso en mis amigos de Moscú o Tokio, con los que solía ir al teatro, a conciertos o a encuentros de los socialistas, y que, por las noches, hacían mucho ruido. Lloro cuando pienso en los tres o cuatro amigos con los que, con el brazo por encima de su hombro, discutía sobre el modo de salvar a la sociedad, al Estado o a la humanidad entera [...]. Cuando la soledad me atormenta demasiado, pongo a mi lado el reloj e intento oír en su tictac las nostálgicas voces de mis amigos. Al fin y al cabo soy poeta y creo poder escucharlas.[131]

El poeta oye el tictac del reloj, pero la única voz que se presenta es la del abuelito Tiempo, que pronuncia un triste sermón sobre una juventud incorregible. La culpa de todo la tienen los viejos dioses. ¿Y la humanidad? Un montón de idiotas.

Todos son estúpidos, la gente, las universidades, las ciudades.

Estúpidos incorregibles.

Todo es en vano.

Lo mejor, sencillamente, es dejar de respirar.

Al final, el protagonista del relato yace en su cama, confuso y desilusionado. La noche de noviembre en Pekín es fría y tranquila. Ah —suspira—, si su corazón estuviera tan frío y tranquilo como esa noche de noviembre.

Eroshenko, famoso en contra de su voluntad, se trasladó a Pekín en 1922, ya que en Shanghái había estado a punto de perder la razón a causa del abatimiento. No sé muy bien por qué.

131. Vasili Eroshenko: «Aveto de l' Tempo», en *Cikatro de Amo* (traducido del chino por Gouzhu).

Por esa época, Lu Xun vivía en Pekín. Acogió a Eroshenko con gusto en la casa que compartía con su hermano Zhou Zuoren y la mujer de este.[132]

A partir de febrero de 1922, Eroshenko empezó a dar clases en la universidad de Pekín. Ofrecía cursos de esperanto e impartía conferencias en inglés sobre literatura rusa y esperanto. Hacía las delicias de los estudiantes criticando al imperialismo japonés. Pero también criticaba a ciertos intelectuales chinos que, a su juicio, se negaban a hacer sacrificios, pero se mostraban muy dispuestos a sacrificar a otros. Eroshenko se veía a sí mismo como pacifista y humanista.

Pero Pekín tampoco le sentó bien.

> Poco después de que el poeta ciego ruso Vasili Eroshenko llegara a Pekín con su guitarra, me cantó en tono de queja su canción: «Estoy solo, muy solo, tan solo como en el desierto».
>
> Y, en efecto, así debió ser, aunque yo nunca lo percibí de ese modo. Llevo mucho tiempo viviendo aquí, pero «cuando uno entra a una habitación llena de fragantes orquídeas, al cabo de un tiempo deja de oler su fragancia». Yo, por el contrario, sentía que en la ciudad reinaba un gran barullo. Pero tal vez él calificara de soledad lo que para mí era vorágine.

Así empieza un texto memorístico de Lu Xun escrito en octubre de 1922 y titulado *Una comedia de patos*. Resulta notable el paralelismo con la introducción de Eroshenko a su relato sobre el abuelito el tiempo.

El bullicio aísla a las personas ciegas. No es un fenómeno relacionado con el estado de ánimo, sino un problema de orientación. Cuando uno ya no oye nada de lo que ocurre a su

132. Hacia 1923 se produjo una ruptura entre ambos hermanos, probablemente debido a una historia de celos en torno a la mujer de Zouren.

alrededor, ya sea por exceso de silencio o por exceso de ruido, ¿cómo no verse aislado y solo?

El narrador, al que en cierto modo podemos identificar con el propio Lu Xun, va a visitar a un Eroshenko inconsolable. Lo peor de Pekín era la escasez de ranas. Pero había algunas, replica Lu. Oh, no, no se oye ninguna.

Poco después, el pobre poeta ciego se compra una gran cantidad de renacuajos y los cría en el estanque de su anfitrión. Tal vez cuando se convirtieran en ranas adultas podrían proporcionarle un poco de alivio.

Mientras tanto, Eroshenko da lecciones sobre todos los temas imaginables a la familia con la que vive. Le ha aconsejado a la mujer hacerse con una serie de gallinas y patos. ¡Una mujer tiene que criar animales! ¡Un hombre debe cultivar coles en la huerta! Cosas por el estilo.

Según cuenta Lu Xun, los polluelos le sirvieron de inspiración a Eroshenko para escribir su *comedia*. Y mientras tanto, los patitos... se zampaban sus renacuajos.

Profundamente decepcionado, el poeta ciego abandona Pekín para siempre. Lu lamenta no haber oído desde entonces nada acerca de su paradero. Solo quedaban los patos, que graznaban incansables en medio del desierto.

En esta historia hay un detalle curioso. Eroshenko, en efecto, había tenido en Pekín una vivencia traumática con un polluelo y convirtió ese trauma en una historia a la que llamó «La tragedia de los polluelos». Lu Xun, por su parte, la transformaba ahora, quizá por error, en una comedia.

La tragedia de los polluelos de Eroshenko es, cosa que no nos sorprende, un texto absolutamente desconsolador.

¿Es preciso que la contemos? Podemos resumirla: un polluelo empieza de pronto a pensar, lo cual se convierte en su desgracia y en su fin. Pierde peso rápidamente, tiene la cabeza y las alas decaídas. La mujer que lo alimenta contempla esos cambios con preocupación. El inquieto polluelo empieza a acosar a un pato con preguntas. «¿En qué piensas mientras nadas?». «En comer, por supuesto». «¿Y qué prefieres comer?». «Pescado, naturalmente». «¿Sueñas a veces con polluelos de gallina?». «Claro que no, solo con peces, grandes peces». «¿En serio? ¿Nunca con gallinas?». «Nunca».

Al final, por supuesto, vemos al pollo flotando muerto en el estanque. Y la última frase: «El sol iba alzándose poco a poco en el cielo».

Y he aquí otro detalle interesante: Lu Xun había traducido esa historia del japonés al chino y modificó solo esa última frase: «El sol se ponía poco a poco».

Ah, los escritores y sus decisiones.

Eroshenko aguantó un tiempo más en Pekín. Pero desde que desaparecieron sus renacuajos, encontraba pocas cosas en las que ampararse. Por esa época debe de haber mostrado un aspecto bastante inquietante, un *irritans*, un motivo de irritación dondequiera que aparecía. Boicoteaban sus conferencias. Permanecía sentado en su jardín, decepcionado, y tocaba la guitarra. Lo ayudaba en cierta medida buscar la compañía de los anarquistas. Ellos lo entendían. Pero el *gig* en la universidad había terminado. ¿Qué otra cosa le quedaba por hacer allí, junto a gente que lo consideraba famoso? ¿Fundar una escuela propia? También eso quedó en agua de borrajas.

De manera que partió. Lo hizo en el verano de 1922. Lejos de la fama literaria, de la calma de desierto en un Pekín sin ranas, se marchó a Helsinki para participar en un congreso internacional.

Necesitaba un permiso para viajar a través de Manchuria, región administrada por los japoneses, y luego, por supuesto, necesitaba otra autorización para viajar a través de la Unión Soviética, que lo consideraba un enemigo de los bolcheviques. Sin embargo, a pesar de todo, lo consiguió. Un total *badass*, con la misma mala leche de siempre, uno que se cagaba en todo, pero que lograba siempre llegar a todas partes, con su anticuada máquina de escribir en braille en el equipaje y su espíritu abierto, lúcido y ágil como un florete, una mente en la que cada nuevo idioma, al cabo de muy poco tiempo de estudio y descarga, quedaba listo para ser instalado.

Pregunta de examen: ¿por qué es tan elevada la densidad poblacional de genios en el mundo del esperanto?

12
El genio: Jorge Camacho

El español Jorge Camacho aún no es tan viejo. Según internet, trabaja como intérprete de finés, portugués e inglés para la Unión Europea. De los poetas en esperanto más jóvenes es probablemente, después de la muerte de Baldur Ragnarsson, el más conocido. Posee un talento genial para los juegos de palabras, género en el que es un artista. Una habilidad, además, que en la literatura alemana, por lo general, inmuniza contra la fama. Bueno, quizá Erich Fried sea una excepción. Pero sus textos aparecen casi únicamente ensartados con chinchetas en los paneles de alguna oficina.

La obra de Camacho, por suerte, es bastante abarcadora. A partir de cierto momento dejó de publicar prosa y empezó a manar de él toda una serie de poemarios inusualmente experimentales en los que cabe todo, de la polémica crítica con Israel o la poesía concreta, pasando por la meditación filosófica y la poesía gráfica, hasta magníficas vilezas inclasificables. Sus descubrimientos en el idioma esperanto parecen haberse afianzado en los hablantes de esa lengua, como los estribillos de las canciones pop. En una ocasión en que me autocalifiqué delante de István Ertl como *ekstermovadulo*,[133] el vocablo habitual para definir a una persona ajena al movimiento del esperanto, István me remitió de inmediato a la activa interpretación que hace Camacho de esa palabra, *ekstermo-vadulo*. Es decir, «extinción», como en el vocablo *exterminate*, más *vadulo*, alguien que vadea, un habitante de la marisma, o quizá también una persona de la costa. En fin, alguien que recorre una duna en extinción o algo por el estilo.

Aunque su inventor trató de evitarlo, el esperanto está, de algún modo, a reventar de significados ambivalentes. El esperantista y traductor vienés Christian Cimpa me llamó la atención sobre un simple ejemplo, el de *informo*, que por un lado significa «información», pero también *in-formo*, 'forma femenina'. Ello viene dado por el uso de una partícula femenina como *in*. Una palabra como *índigo* podría traducirse en esperanto como 'dique femenino o de mujeres'.

Cuanto más detalladamente se observe con lupa el esperanto —y lo mismo ocurre tal vez con cualquier otro idioma—, tanto más grotesco e insolente se volverá su aspecto superficial. También en alemán existen palabras con doble cara, con esa condición de Jano. La posibilidad de crear palabras compuestas da pie a un sinfín de ambivalencias.

133. *ekster* = 'fuera', *movado* = 'movimiento', *-ulo* = sufijo que califica a un miembro o representante de un grupo.

Jorge Camacho es un maestro del aforismo:

Ekvilibro

Konvenas, frumatene, eksenti june febron
kaj en la posttagmezoj frekventi funebrejon.

Una rima con metátesis fácil de reconocer incluso para el *ekstermovadulo*. El significado de ese pareado puede reproducirse también rápidamente:

Equilibrio

Conviene, de madrugada, sentir juvenil fiebre
y en las tardes visitar con frecuencia el tanatorio.

En traducción al castellano puede parecer una afirmación banal. La verdadera historia narrada reside justamente en la rima del original, que se extiende a lo largo de siete sílabas. Esas dos formas opuestas de ser, regodearse en un estado febril, a la manera de los adolescentes, y acudir regularmente a los entierros se asemejan tanto en su forma idiomática, que al leer el aforismo uno se ve presa de una especie de vértigo. Porque ¿en qué medida puede ser agradable visitar un entierro en un estado de fiebre juvenil? ¿Cómo se conduce allí el hablante de esos versos, de forma violenta quizá? ¿O la visita resulta agradable como compensación, como la piscina de agua fría tras la estancia en la sauna? También en ello se oculta una naturaleza algo siniestra.

Parecida insolencia de acertijo gráfico encontramos en algunos poemas en prosa de Jorge Camacho, como en la siguiente variación sobre un tema de Cocteau, del libro de poemas *KopIoj kaj filandroj* ['Coplas e hilarañas']:

La luna

La lune est le soleil des statues
JEAN COCTEAU

«La luna es el sol de las estatuas». He aquí un poema. La luna es sol.[134] Pero no un sol de luz y calor, una estrella cercana de gases y plasma, sino un sol pétreo, rocoso, marmóreo. Y, obviamente, en ese cosmos las estatuas son hombres. No de carne y sangre sino de roca y mármol. La mirada de estos hombres de piedra da vida a la luna. Se podría decir también, desde el punto de vista de las estatuas, que el sol es la luna de los hombres; que el sol es luna. Ahora bien, si hemos de conservar el valor de las palabras tal y como se sienten en un mundo de estatuas, estas últimas sin duda llamarían a la luna «sol»; a sí mismas, «hombres»; y a los hombres, «estatuas». Con lo que volvemos al primer verso del poema: la luna es el sol de las estatuas.

Tal vez se deba a mi comprensión aún pobre de la lengua el hecho de que la poesía de Camacho me conmueva sobre todo en los momentos en que menos juega con las palabras, en los momentos en que traza sus mágicas y breves parábolas sobre algo. En el volumen *En la profundo* ['En lo profundo'] encontramos el siguiente poema:

la bomba

en una caja de caoba
con incrustaciones de nácar
guardo un delicado detonador

134. Resulta un poco difícil reproducir el verso original: «*La luno sunas*», ya que no existe correspondencia exacta para el uso de ese verbo. *La luno sunas*: 'La luna es sol', la luna se comporta como un sol, la luna juega el papel del sol, la luna *solea*.

si presiono el botón izquierdo
parpadea una lucecita roja
y se activa la cuenta atrás del reloj
que dirige el mecanismo destructivo

si presiono la derecha
la lucecita se enciende verde,
el reloj se detiene y enmudece,
y la bomba misma se convierte en un conjunto
inerte de elementos y piezas metálicas

pero me encanta escuchar el tictac

En otro de los poemas de Camacho he cometido un divertido error de traducción, que, según creo, proviene del todo de su espíritu. Yo había leído consecutivamente cuatro libros de poemas suyos, por lo que tuve que consultar miles de palabras desconocidas, y es probable que me haya contagiado de algún modo con la labor de cincelado y de magia de ese idioma artificial que parece del todo líquido entre sus dedos.

He aquí el poema en original:

Memorfragmentoj

Mi apenaŭ konservas rememorojn
de la plej frua infan-aĝo.
Eble jam 5-jara,
duonhelan bildon de lerneja korto, kun fratinaj jupoj, radsketiloj,
la pendan silueton de fera kajutponto ĉe la enmariĝo de river',
en la nebulo.

Sekvajare, somere, donacita kokido provnaĝetis en plasta ludsitelo,
subite jen ĝi flosas flave morta,
mi enterigis ĝin en floroza kampo, solene kaj subsune.

Poste, en nova urbo mi eklogîs
4 aŭ 5 tutajn jarojn
svage plenajn je memoroj, spertoj kaj viveroj,
la komenc' de preskaŭ ĉio.

Y aquí mi traducción:

Fragmentos de memoria

Apenas guardo recuerdos
de mis primeros años de infancia.
Tal vez ya a los cinco,
la vaga imagen del patio de la escuela, con las pesadas faldas
de mis hermanas, patines
la silueta colgante de un pontón en la niebla,
allí donde el río desemboca en el mar.

Más tarde, un verano, el polluelo regalado que
probó a nadar
en un cubo de juguete de plástico,
y quedó allí flotando, amarillo y ahogado,
lo enterré en un campo florido, solemne, bajo el sol.

Luego me mudé a una nueva ciudad, en la que
pasé cuatro o cinco años enteros,
en los que se formaron recuerdos, vivencias y
vivérridos,
el comienzo de casi todo.[135]

135. Aquí una versión en castellano del poema, traducido por el propio Jorge Camacho: *Fragmentos de memoria // Apenas conservo recuerdos / de la infancia más temprana. // Quizá ya con 5 años / la imagen blanquecina del patio de una escuela, con las faldas de las hermanas, patines, / la silueta colgante de un puente transbordador con barquilla de hierro en la desembocadura del río, / en la niebla. // El año siguiente, en verano, un pollito que me habían regalado intentaba nadar en un cubo de plástico de juguete, / de pronto*

Un momento.

¿Vivérridos?

Vivero, del latín *viverra*. También se los conoce como gatos civeta. Un pequeño depredador de piel puntuada y ojos de mirada intensa.

Un clásico error de principiante. Uno no identifica a la primera una palabra y consulta el diccionario sin pensarlo dos veces. Y allí aparece: *vivero* = 'vivérrido', 'gato civeta'. Pero el sufijo *-ero* designa una partícula del conjunto, de modo que *sablo* = 'arena' y *sablero* = 'grano de arena'. En fin, que *vivo* = 'vida' y *vivero* = 'fragmento' o 'componente' de la vida, sea lo que fuere eso. ¿Tal vez un instante?

Un gato civeta es también, a fin de cuentas, un componente, un elemento individual de la vida.

Le pregunté al traductor del esperanto Christian Cimpa qué podría ser un *vivero*. He aquí su respuesta:

> en mi vida, sería algo así: durante un partido de fútbol cuando yo todavía iba a la escuela, conseguí, a pesar de no tener experiencia alguna con el balón, meter un gol extraño. había golpeado tan mal el balón, que este sorprendió a los rivales y fue avanzando poco a poco, de algún modo, hacia el sitio al que yo ni siquiera pretendí dirigirlo. a continuación, una chica, de puro entusiasmo, me regaló una moneda de diez chelines. cuando, lleno de orgullo, le mostré a mi madre el pequeño trofeo, tuve una noche horrible, con palizas, gritos y toda suerte de medidas educativas, «porque nosotros no éramos ningunos mendigos que aceptan dinero de otras personas». yo veo eso como un *vivero*.

---

flota ya amarillo y muerto, / lo enterré en un campo florido, con solemnidad, bajo el sol. // Después, empecé a vivir en una nueva ciudad / 4 ó 5 años enteros / vagamente llenos de recuerdos, experiencias y vivencias, / el principio de casi todo.

Vaya.

¿Existe una palabra para eso en otro idioma? ¿Momento en la vida? James Joyce habría hablado de epifanía. Christian Cimpa se inclina más por la expresión «imágenes de vida». En español existe la palabra vivencia.

Mientras escribo esto, viajo en un tren de Graz a Viena. Un par de asientos más allá una mujer se ha quedado dormida. Fuera resplandece la región montañosa de Semmering, con sus profundas gargantas, luego viene un túnel y veo pasar a mi lado el parpadeo de una central transformadora. El rojo martillo de emergencia pegado al cristal de la ventanilla encima de mí se vuelve moldeable y palpable, y unas cornamentas de luz solar vagan sobre el cuerpo de la mujer dormida.

¿También eso ha sido un *vivero*?

En todo caso, la última estrofa suena ahora de este modo:

> Luego me mudé a una nueva ciudad, en la que
> pasé cuatro o cinco años enteros,
> en los que se formaron recuerdos, experiencias e imágenes de vida,
> el comienzo de casi todo.

Hum. En realidad, ahora me parece mejor la estrofa en mi versión mal interpretada. Porque de aquel modo se cuela al final del poema, sin haber sido invitado, un elemento inexplicable, lo cual casi siempre es una buena idea. Sé que el método es poco fiable, pero...

Vivérrido en alemán es *Schleichkatz*, un gato que se cuela a hurtadillas.

«But this was in the twelfth century, and it was a dream...».

En una ocasión le preguntaron a Jorge Camacho cómo se explicaba que aún no le hubieran otorgado el Premio Nobel. Su respuesta: «La sabiduría de la Academia Sueca».

13
Eroshenko desaparece

De Helsinki el viaje continuó hasta China, pero no al Pekín abandonado por todas las ranas, no, Eroshenko viajó espontáneamente a Tianjin, acompañado de un amigo japonés y del poeta chino Xu Yunuo (1893-1958). De Tianjin continuó en barco hasta Dalian, que desde la guerra ruso-japonesa de 1905 era una colonia de Japón. Allí nuestro héroe volvió a caer en manos de la policía nipona. Lo interrogaron duramente durante dos días, luego lo dejaron en libertad. Eroshenko viajó de inmediato en tren hasta Harbin, todo el tiempo vigilado por la policía secreta japonesa, a la que reconocía por el claro sonido de su acento. En octubre, aunque su regreso estaba planeado para septiembre, aún no había llegado a Pekín.

Allí ya lo echaban de menos. Zhou Zuoren escribió en su diario: «Ya es octubre y Eroshenko aún no ha regresado. Vivió cuatro meses en Pekín, pero se sentía tan solo como si estuviera en el desierto». Zhou cuenta también que Eroshenko, debilitado por la nostalgia, poco antes del viaje solo se vestía con típicas camisas ucranianas, las cuales le recordaban, por el olor y la textura, a la lejana patria. Esas camisas se las robaron en el barco rumbo a Dalian.

Solo regresó a Pekín por poco tiempo y anunció que pronto partiría definitivamente.

Las drogas que consumía para evitar la sensación de soledad dejaban poco a poco de surtir su efecto. A mediados de marzo de 1923 dio su última conferencia en China. En ella puede notarse su enorme desesperación. Habló de la exclusión de las mujeres del teatro chino, algo que Eroshenko criticaba con dureza. Los hombres jóvenes en China veían a las mujeres solo como objeto sexual, planteaba. Los oyentes lo abuchearon. Él los odió con toda su alma. Él y su público se separaron como enemigos.

A fin de levantar el ánimo comía uvas pasas, xilitol o azúcar de abedul y tarta de plátanos, o se sentaba en el jardín Sanbeizi a escuchar el rugido de los tigres.

El 16 de abril de 1923 viajó a Núremberg para asistir al XV Congreso Mundial. También ese acontecimiento está recogido en el expediente de la policía secreta japonesa. Nunca más regresó a China. Dejó allí, como en todos los rincones del planeta, a un par de personas que lo recordaban con asombro o satisfacción y algunas obras de arte. En Japón, pintura; en China, literatura.

En 1924 Eroshenko visita Viena para asistir al congreso mundial, y es aquí donde me lo encuentro, en la diminuta sala de lectura de la colección de idiomas artificiales de la Biblioteca Nacional. A petición propia, me entregan varios documentos y libros, entre los cuales hay una foto muy bonita de Eroshenko con su melena de rizos, rodeado de otros correligionarios que proclamaron entonces, en Viena, la fundación de la Universala Asocio de Blindaj Esperantistoj.

El recibimiento tarda demasiado y yo no quiero soltar la fotografía.

Poco después, la busco de nuevo y no la encuentro. ¿Mostraba en realidad a Eroshenko en Viena? ¿No aparecía rodeado de chinos? Sencillamente, no consigo encontrar la foto.

En los archivos de la colección de lenguas artificiales se conservan algunas fotos suyas. Se trata siempre de la peculiar cabeza flameante de ese testarudo y romántico, brillando en medio de otros camaradas de tez lívida y aspecto siempre un poco más debilucho.

Mientras tanto, Hu Yuzhi, Lu Xun y Zhou Zuoren echan cada vez más de menos a su amigo. A sus oídos llegan distintos rumores. Por ejemplo, que Eroshenko aún vive. Ellos celebran la información. El esperantista Ye Laishi (1911-1994) hace incluso un llamamiento en su periódico para que envíen noticias de Eroshenko. Y pasados dos meses reciben, en efecto, la carta de un tal N. V. Nekrásov que asegura que el poeta ucraniano Eroshenko ha partido con un rompehielos ruso en dirección al mar Ártico. Está viviendo allí, entre los hielos eternos.

Esperan. Los años pasan.

Pero el recuerdo de nuestro buen amigo se niega a desvanecerse.

A mediados de la década de 1930 se inician las grandes purgas de la época estalinista. En la Unión Soviética se persigue a los esperantistas.

Se prepara la Segunda Guerra Mundial.

Eroshenko sigue desaparecido para sus amigos.

¿Qué pudo haber sido de él? Por el amor de Dios, ¿no lo habrán...? No. ¿Puede, en realidad...? *Ĉu li kabeis?* ¿Se habrá *kabeiado*?

14
El arte del *kabei*

En el año 2016, Klára Ertl me cuenta que durante el congreso mundial de ese año, celebrado en Nitra, Eslovaquia, llamaban la atención, en la lista de inscripción, cinco nombres junto a los cuales podía leerse la palabra *forpasintoj*, es decir 'fallecidos' (literalmente: los 'finados', 'partidos', 'los que se han ido').

István Ertl hace un juego de palabras: *forpasintoj*, *forpisantoj*. Los 'difuntos' y los 'meantes' (algo así como 'los que mean fuera' o los que 'mean en otro sitio').

Klára hace un gesto negativo con la cabeza: sí, su padre, como mínimo, crea un juego de palabras por hora.

¿Quiere eso decir que la comunidad de esperantistas se entera enseguida cuando alguien falta? ¿Cómo se reaccionó a esa noticia?

Klára me explica: una mujer del grupo juvenil, una que se hace llamar Madre Inge, conocía a una de las esperantistas fallecidas, una mujer a la que le gustaba calificarse como la *cocodrila del esperanto* y andaba siempre por ahí con una máscara de cocodrilo. Durante el llamado *torneo urbano* que se organiza en todo congreso de esperantistas —una especie de juego en el que se dejan papelitos con instrucciones en distintos rincones ocultos de la ciudad, con una serie de tareas creativas—, una de las estaciones fue el cementerio de Nitra, donde los participantes debían escribir un poema. Alguien presentó un texto sobre los cinco *forpasintoj*, un poema que hablaba de la breve existencia del hombre, «ahora somos plantas que florecen, pero pronto feneceremos».

¿La red del esperanto es, por lo tanto, muy tupida? ¿La gente se siente a resguardo en ella?

Bueno, ocurre lo mismo que en cualquier otra *community*, motivada lo mismo por la religión que por el deporte o cualquier otra pasión compartida. Pero había algunos que se identificaban en exceso con ella.

István Ertl me habla de su novela satírica en clave titulada *La postdomo*. La escribió a raíz de que un amigo suyo homosexual, miembro de la UEA (Universala Esperanto-Asocio), fuera acusado de varias violaciones. Se trataba de inculpaciones absurdas y del todo insostenibles, provocadas tal vez, sencillamente, por pura homofobia. Él empleó todo ese material para su novela, pero más tarde varias personas se quejaron por no haber sido mencionadas en la sátira.

Dentro de esa *community*, la gente se tiene mucho en cuenta mutuamente. Existe, por ejemplo, la KKPS, el *Klaĉ*-Kunveno Post-Somera, un encuentro de cotilleos organizado a finales del verano. Un grupo de jóvenes se reúne en un lugar determinado para intercambiar chismes sobre la *community*. La madre de Klára me lo confirma: el esperanto es como un pueblo, siempre hay algo que comentar sobre unos y otros.

Alguna gente que, como yo, solo conoce el mundo del esperanto desde fuera, expresa su escepticismo sobre lo que consideran un prolongado universo de juegos infantiles, congresos, juegos en grupo, una estructura de cotilleos provinciana en las *convenciones de chismes* (por traducir el fenómeno de un modo inexacto). Yo no estoy tan seguro. La comunidad del esperanto parece promover todo menos la uniformidad y la unidad cerrada. Dispone, además, de algunas viejas tradiciones que se desarrollaron a partir de las posibilidades de su integración internacional en una gran red. El resto del mundo encontró el acceso a esas técnicas mucho más tarde, gracias a la conectividad que trajo internet a su vida cotidiana. Un ejemplo perfecto de ello es el

Pasporta Servo, una especie de red de *couchsurfing avant la lettre* que les posibilita a esperantistas de todo el mundo pasar la noche gratuitamente en la casa de algún *samideanoj*. Hay registrados algo más de mil anfitriones. En una de esas ocasiones Klára conoció a un negacionista del Holocausto que vivía en Alemania. Esperantista y negacionista del Holocausto: una combinación no del todo imposible, pero sumamente absurda.

«La mayoría de las personas activas en el mundo del esperanto es más bien gente abierta y amante de la paz. Pero siempre hay algún desquiciado, aunque son menos que en otras partes del mundo. Hay mucha gente *queer* y *weird*, pero yo misma solo conozco a muy pocos trans. Sin embargo, los que conozco, son esperantistas».

Gracias a la estructura abierta del esperanto no resultó tan difícil introducir ciertas innovaciones, como, por ejemplo, el pronombre neutro *ri*, que se usa de forma parecida al inglés *they*. Aunque parece haber varias propuestas paralelas (*gi, hi, ri*) o la simple fusión de los clásicos pronombres masculino y femenino: *ŝli*.

El esperanto es una red que ha alcanzado una densidad impresionante no solo ciento treinta años después de su surgimiento, sino que la alcanzó ya poco antes de ser inventado. Uno de los primeros y más importantes promotores del idioma, por no decir el más importante, fue el polaco Kazimierz Bein. Como el doctor Zamenhof, era oftalmólogo de profesión. Trabajó de forma comprometida, durante años, para difundir el esperanto y editó un gran libro de lecturas internacional con diferentes textos traducidos de autores por entonces muy conocidos. En los primeros años del siglo xx llegó a ser el traductor más famoso del esperanto. El estilo claro y luminoso de su prosa en las traducciones fue modélico para toda una generación de poetas. Aquellos textos debían leerse en la nueva lengua con sencillez lúdica, no como algo artificial y abstracto, algo concebido precisamente para una auténtica comunidad internacional, de modo que Bein renunció a formas verbales complejas y a un estilo hipotáctico complicado y, según nos aseguran algunos expertos, sustituyó ambos por una gracia sencilla y una naturalidad casi mágica. En 1910 Bein fue el editor del primer diccionario del esperanto, precursor de todos los diccionarios oficiales posteriores.

Sin embargo, en 1911, un año después de la publicación del diccionario, Bein despareció de repente, sin explicación. Por lo visto, de un día para otro se sintió hastiado de toda la empresa. Dejó de escribir y de traducir, se volvió inaccesible para sus antiguos *samideanoj*. Solo se ocupó de temas oftalmológicos y de dirigir el Instituto de Oftalmología de Varsovia, del que fuera fundador.

La ausencia de explicación para su repentina desaparición irritó tanto a la comunidad de esperantistas que esta transformó en un verbo la abreviatura KABE, acrónimo de su nombre, con el cual Kazimierz Bein solía firmar sus influyentes trabajos. En esperanto es muy fácil hacer una cosa así. Si uno no pone atención, se convierte en un verbo.

Kabei vendría a ser algo así como «retirarse después de una larga y comprometida labor en el movimiento esperantista».

Mi kabeis, li kabeas, ŝi kabeos. En traducción podría decirse: yo me *kabeo*, él se *kabea*, ellos se *kabean*.

No fue hasta 1931 que los esperantistas consiguieron hallar el rastro de Bein y entrevistarlo. Sus respuestas fueron generales y desapasionadas. Había perdido toda confianza en la lengua.

¿Sabía acaso que lo habían encerrado en el amuleto de un verbo, como solía ocurrir con los enemigos acérrimos en la época de los antiguos cuentos de hadas?

Desde que Klára Ertl me habló del tal Kazimierz Bein, tengo su nombre metido en la cabeza. Por lo visto, había estado tocando las teclas del esperanto hasta el final y había *agotado* todas sus posibilidades. Ese hecho me lo hace simpático. Raras veces encontramos a personas que abandonan —para no regresar jamás— determinado campo de la actividad artística en el punto culminante de su fama o justo en el instante en que han alcanzado la máxima velocidad en el viaje hasta su cima. La poeta inglesa Rosemary Tonks es uno de esos casos fascinantes y, si, como yo, se ama su poesía, es un ejemplo bien doloroso. En sus años de juventud publicó dos excelentes poemarios, *Notes on Cafés and Bedrooms* (1963), y cuatro años más tarde el sensacional *Iliad of Broken Sentences*. Su fama crecía, era reconocida como uno de los grandes talentos de su época, pero desapareció. Nadie sabía dónde estaba ni cómo localizarla, por lo visto, no deseaba interacción alguna con ese mundillo de la literatura recién enamorado de ella. Ciertos detalles sobre su retirada solo salieron a la luz tras su muerte en el año 2014. Una persistente enfermedad la había despojado casi por completo del sentido de la vista. Se convirtió en una persona profundamente religiosa que solo buscaba el sentido en la interpretación del Antiguo Testamento. La literatura no había conseguido ayudarla ni siquiera a recuperar la visión. ¿Para qué servía entonces? Sin duda no para curar los ojos. A partir de 1980, Tonks vivió sola en una casa de Bournemouth y cortó todo contacto con su entorno. Quemó el manuscrito de una novela aún inédita (*Fuck!*) y hasta una colección que había heredado con obras de arte del Lejano Oriente de altísimo valor. Renunció incluso al apellido Tonks.

Por lo general, sabemos muy poco de esos *kabeoj* como Juan Rulfo o J. D. Salinger, gente que, de repente, no quiere tener nada más que ver con el oficio en el que han alcanzado un alto grado de maestría. Mientras uno medita sobre ese enigma, casi se siente tentado a celebrar la paradójica figura zen de sus biografías, sobre todo cuando pensamos en lo coherente, invariable y deliberada que nos parece en retrospectiva la vida de muchos artistas (incluida, hasta ahora, la mía). Solo las biografías extremadamente discontinuas de los *kabeoj* poseen aún el antiguo encanto de partícula elemental que tienen esos personajes mitológicos llamados *trickster*, esos embaucadores o pícaros divinos de los que tanto carecemos en nuestra cultura general.

Pero ¿cómo se forma esa fuerte cohesión en una comunidad lingüística?

Klára Ertl me contó que el día de juegos de la organización juvenil de esperantistas holandeses había un equipo compuesto por dos chicos que, para mantener en secreto lo que decían, hablaban en toki pona en lugar de hacerlo en esperanto.

Toki pona es una nueva lengua artificial desarrollada en 2001 por la lingüista Sonja Lang. Funciona de forma algo parecida al aUI, solo que es mucho más sencilla y tres veces más elegante. El toki pona está compuesto por ciento veintitrés palabras. En su origen eran ciento veinte, pero desde entonces se le han añadido otras tres.[136] La palabra *gofre*, por ejemplo, significa: *pan pi sike mama waso*, algo así como: «producto hecho a base de harina y de las cosas redondas que ponen las aves hembras». La palabra *víctima* se compone de los vocablos *persona* + *herida*, *jan pakala*. Lo que, a decir verdad, es un magnífico nombre para algún bloguero berlinés que padece todo el tiempo por algo: Jan Pakala. Un soldado es *hombre* + *combatir*: *jan utala*. 'Hombre-malo', 'hombre-conflicto'. Alcohol es *telo*

136. ¡Según ciertas fuentes han sido incluso cinco!

nasa, agua + rara. Sediento se dice *wile moku e telo*, 'deseos de consumir agua'. Para hablar de un mango se necesita un saco lleno de palabras: *kili pi loje jelo pi ma Tawi* o 'fruta rojo-amarillenta de Tailandia'. Y así sucesivamente.

Aunque el toki pona, dicho sea de paso, no fue concebido para hablar de mangos ni de otros asuntos complejos. En toki pona se habla más bien del sol, tan bonito él. La vida es buena. Yo tengo un árbol. Un libro es una alegría. Me como mi árbol. Soy un pequeño elefante. Mi color es el azul. Tú eres una víctima. Tu nariz vive. Anna tiene una flor. Se llama nube. Y así por el estilo.

La frase *jan li pona* puede significar 'la gente es buena', 'la gente es sencilla' o también 'la gente era amable'. En toki pona todo eso es lo mismo. Lo sencillo es bueno, lo bueno, sencillo.

Existe una pequeña pero floreciente comunidad de ese idioma enemigo de toda complejidad, pero aún hay poca literatura en él. Un poema que encontré en YouTube ilustra muy bien los desplazamientos semánticos a través de variaciones mínimas del orden y la forma de las palabras y también de ese regodeo del toki pona en la simpleza y la *serenitas*. El autor del poema se hace llamar Marcus Scriptor:

A la izquierda pueden ver el poema, escrito con el alfabeto especialmente creado para el toki pona.

En traducción, el poema da cuenta de lo siguiente:

Ella / él / ello da buen saber
la bondad de ella / de él proporciona saber
el buen saber de ella / de él se libera
compartir el saber la / lo cura

La bondad conoce el don de ella / de él
el saber dado por ella / por él es bueno
el don de ella / de él es una bondad sabia
a ella, a él / a ello los cura la sabiduría del dar

La cura de la sabiduría del dar. Resulta difícil decir si se trata de una frase excelente o pésima.

El toki pona parece desarrollarse bien, no tanto como un gran idioma de utilidad internacional, sino más bien como juego social, como una sencilla y satisfecha aplicación para el cerebro, y tal vez llegue a disponer alguna vez de una comunidad otrora tan leal y cordial como la del esperanto.

Sin embargo, aún no sabemos demasiado sobre el éxito del esperanto, la razón por la cual ese idioma, precisamente, ha tenido tanto alcance y ha sabido crear una tribu tan unida. ¿Por qué ciertos idiomas, sencillamente, *funcionan*, mientras que otros, con sonoridad y complejidad comparable, desaparecen de inmediato?

15
De papas, programadores y fronteras imaginarias: el caso del quenya

He de confesar que nunca conseguí entusiasmarme demasiado con *El señor de los anillos*. A mí mismo me asombra. Ni siquiera las versiones cinematográficas de Peter Jackson lograron generar en mí algo interesante. Algunos me aseguran que, gracias a esa extraña inmunidad, me he agenciado un sinfín de alegrías. Pero eso no hace el asunto más sencillo.

No obstante, he puesto mayor atención al caso del quenya, la lengua de los elfos inventada por J. R. R. Tolkien, ya que en ella puede verse bien lo que ha de aportar una lengua artificial y, además, cómo han de entenderse en su fuero interno sus aprendices, por así decir, para que ese idioma pueda hacerse viral por el mundo. En un comentario preliminar a un curso de quenya online, el filólogo noruego Helge Kåre Fauskanger habla de los problemas particulares de esa lengua, probablemente únicos en la historia. Vale la pena citar el texto *in extenso*, ya que nos proporciona una imagen cautivadora e íntegra de ese enredado misterio:

> De todos los idiomas inventados por el autor y filólogo británico J. R. R. Tolkien (1892-1973), el quenya fue siempre el más popular. Es, asimismo, la lengua más desarrollada de todas las concebidas por Tolkien. En realidad, solo dos de ellas —el quenya y el sindarin (o élfico gris)— son tan completas: es posible escribir en ellas con naturalidad auténticos textos, sin necesidad de recurrir a demasiadas invenciones propias. Hasta hace poco apenas nadie entendía el sindarin, su fonética compleja puede amedrentar a los alumnos recién iniciados (sobre todo si no poseen ningún conocimiento previo de lingüística). Mi consejo categórico a aquellos que deseen estudiar las creaciones lingüísticas de Tolkien es que empiecen

> por el quenya. El conocimiento de esa lengua facilitará más tarde el estudio de otras, incluido el sindarin, ya que el quenya solo representa una rama de las lenguas élficas: las cuales no son idiomas *independientes*, sino se desarrollaron a partir de una lengua ancestral, si se quiere, y en muchos sentidos el quenya es la lengua más próxima a ese idioma primigenio.

Mis cejas se enarcaron cuando leí eso de «sin necesidad de recurrir a demasiadas invenciones propias». Precisamente en ello reside, a mi juicio, el gran quid de la cuestión. Por un lado, parece sensato establecer esa diferencia. ¿Es el lenguaje lo suficientemente completo, puede uno entregarse del todo a él, al menos por el momento? Por otro lado, ¿a quién perdería uno por sus propias invenciones? ¿A otros hablantes? ¿Cómo se define el perímetro costero exacto de una lengua? ¿Contra qué estructuras internas o externas atentaría una variedad quenya rica en invenciones propias? ¿Tiene algo que ver en eso el propio personaje de J. R. R. Tolkien? A diferencia de la gran mayoría de los inventores de lenguajes, él es un escritor de fama mundial y un héroe para mucha gente que descubrió sus libros a una edad temprana y se vio arrastrada por ellos al centro de la literatura mundial como por un hilo de pescar. Los fragmentos dejados por una persona así serán probablemente tratados con mayor reverencia que los de un oftalmólogo poco conocido. ¿O todo tiene mucho más que ver con un manual de instrucciones implícito o dado? ¿O con el universo de ficción adherido al idioma?

Sobre esto, el prefacio de Fauskanger nos dice:

> En el mito de Tolkien, el quenya era la lengua de los elfos que habitaban Valinor, en el extremo oeste; hablado en el *Blessed Realm* ['Reino Bendecido'], era el idioma más distinguido del mundo. Más tarde, una de las tribus de los elfos, los noldor, partieron al exilio a

> la Tierra Media, y se llevaron consigo su lengua, el quenya. Muy pronto dejó de hablarse en la vida cotidiana de la Tierra Media, pero el quenya se preservó siempre entre los noldor como lengua solemne y ceremonial. Y como tal era conocida también para los mortales (los humanos) de eras posteriores. De ahí que, en *El señor de los anillos*, oigamos a Frodo pronunciar el célebre saludo quenya *elen síla lúmenn' omentielvo*, 'una estrella brilla sobre esta hora de nuestro encuentro', cuando él y sus amigos se tropiezan con unos elfos (que se muestran maravillados de encontrarse con un «conocedor de la lengua antigua»). Quien estudia el quenya con el propósito de profundizar en la escritura de Tolkien, haría bien en imaginarse a sí mismo como estudiante mortal de la Tierra Media en la Tercera Edad, el periodo en el que se inserta la historia de *El señor de los anillos.* (¡Imaginarse como alguien que habla élfico como lengua materna en Valinor, durante la Primera Edad del Sol, podría ser empresa demasiado ambiciosa!).

Ahí tenemos uno de los problemas. Construye tu idioma de tal modo que los personajes *cosplay* que genere puedan vivir en cualquier parte, no solo en la Tierra Media. No se puede ser un elfo todo el tiempo, no puedes serlo, por ejemplo, delante de un tribunal o cuando estás pasando el servicio militar. Tampoco podrías ser un klingon o un guerrero dothraki. Sin embargo, uno puede ser esperantista en todas esas situaciones. Por lo menos a día de hoy. El perfil de exigencia para esa identidad —o al menos su variante vivida sin fisuras— es más apta que otras para interactuar en el día a día.

Pero eso tampoco explica demasiado.

Recordemos, además, el temor a la conversión asociado al esperanto que desarrollaron algunos gobernantes autoritarios del siglo XX, presas de un miedo real a que cualquiera que aprendiera el esperanto sucumbiera de forma automática a ciertas ideas como el internacionalismo, la paz mundial y otros conceptos peligrosos.

Después de aprobar un curso de klingon que tomé en Duolingo, intenté leer el *Klingon Hamlet* editado por el Klingon Language Institute. Me resultó demasiado difícil. Pero disponía del amplio aparato de notas en el que se reflexionaba sobre pasajes aislados de esta extraña pieza del autor klingón Wil'yam Shex'pir. A menudo se ha intentado, según los editores, hacer del autor un poeta terrestre. Pero ha sido preciso enfrentarse a esa tendencia ridículamente acaparadora. Un ejemplo es la interpretación de un verso del acto primero, escena 2: *HaghtaHvIS wa' mIn, nIjtaHvIS je latlh*, que en la *traducción inglesa* quiere decir '*with an auspicious and a dropping eye*'. 'Un ojo que gotea', según la nota, viene a ser pan carcomido para comentaristas terrestres que intentan ubicar la obra de Shex'pir en su precario planeta original, ya que, como sabemos, los klingones no disponen de nada parecido a un conducto lagrimal. Sin embargo, ese supuesto error no es tal, sino que puede derivarse de ciertas tradiciones teatrales klingonas. Era un elemento de shock con el que los autores teatrales del pasado podían provocar a su público, atribuyendo a un personaje esa cualidad no klingona, ese deshonroso hacer aguas a través del ojo. Pero en la época de Shex'pir esto había perdido su fuerza y pasado a ser una fórmula retórica.

The Klingon Hamlet no es una traducción, sino una novela según el modelo de *Pálido fuego*, de Nabokov o del *Diccionario jázaro*, de Milorad Pavić, aunque mucho más pueril y risueña que esos dos libros.

Pero así es: las lenguas como el quenya y el klingon son voraces. Reclutan y transforman en ficción. Han de cautivar a sus hablantes de un modo más intenso y perfecto para poder funcionar. El esperanto y el volapuk lo intentan solo en parte. No genera ningún prurito adicional imaginarse a Shakespeare como esperantista para leerlo en esperanto.

Fauskanger continúa diciendo:

> La forma especial del quenya que se enseña en este curso es —deliberadamente— justo esa variante del exilio tardío o de la Tercera Edad del Sol. Este tipo de quenya se pone de manifiesto a las claras en algunos ejemplos de *El señor de los anillos*, con el *Lamento de Galadriel* (*Galadriel's Lament*) Namarië como ejemplo más esencial. Numerosos entusiastas han ido creando una limitada pero siempre creciente colección de literatura en quenya, sobre todo desde que con la publicación de *The Lost Road* en 1987, quince años después de la muerte de Tolkien, se dispusiera de una contribución esencial en términos de vocabulario. Gracias a ese y a otros quince libros con material sobre la Tierra Media editados por Christopher Tolkien entre 1977 y 1996, a partir de los manuscritos dejados por su padre, conocemos ahora mucho más sobre las lenguas creadas por Tolkien que en los tiempos en que su autor aún vivía. Por supuesto que no podemos sentarnos a traducir al quenya las obras completas de Shakespeare, pero conocemos unos miles de palabras y podemos inferir los rasgos generales de la gramática que Tolkien tenía en mente. Usted, lector, no podrá todavía hablar en quenya *con fluidez*, por duro que estudie lo que tenemos disponible en la actualidad. Pero sí que es posible en gran medida escribir textos largos en quenya si vadeamos de forma bien pensada las lagunas de nuestros conocimientos, y al menos podemos confiar en que algunas de esas lagunas (sobre todo las relacionadas con las características gramaticales) se vean suprimidas en futuras publicaciones. En el futuro tal vez nos sea posible desarrollar el quenya en gran medida como una lengua *utilizable*. Pero debemos comenzar inequívocamente a interiorizar las informaciones que nos proporciona el propio material de Tolkien, hasta donde disponemos de él.

Un caso muy rico y estimulante el del quenya. Quedémonos con sus elementos más importantes: es posible aprenderlo *ampliamente*, pero los límites de la lengua, por lo visto, se habrán alcanzado muy pronto. Para conocer el vocabulario del idioma fue preciso evaluar el material existente en el momento en que tiene lugar la muerte de J. R. R. Tolkien o confiar en nuevos descubrimientos póstumos.

De modo que el quenya no es, por definición, una *open source*. Pero no porque en su cima reine un mandatario más o menos absolutista, como ocurre en los casos del volapuk, los símbolos bliss, el klingon y el valyrio, sino porque algo distinto rige el corazón de esa lengua: la lealtad de sus fans. Y eso constituye un obstáculo real. El esperanto, por su parte, es lo contrario de ese acceso. *Open source* sin la lealtad de los fans a la genialidad del invento original, sino con lealtad de los fans a la dinámica del invento original.[137]

El volapuk —así puede afirmarse al menos— corrió el riesgo de asfixiarse debido a los límites que la propia lengua se impuso, pero aun así disponía del sistema del cifal con su cargo de pontífice heredado de generación en generación. Experimentó revoluciones y cismas, dos cosas que, como se sabe, son estrategias habituales para mantener vivo un paradigma enfermo.

Pero, por definición, nunca volverá a existir un nuevo Tolkien. Y sus fans se quedaron ahí, con la lengua incompleta. Amaban esa lengua, pero no había tantas palabras. Inventarlas ellos mismos los ponía en una situación pretenciosa: ¿quién pretende medirse con Tolkien?

Cuando los esperantistas inventan nuevas palabras no se meten con ello en un territorio blasfemo, sino al contrario, más bien honran el espíritu de su venerado L. L. Zamenhof.

137. Wikipedia: Tolkien nunca creó vocabulario suficiente para hacer posible una conversación en quenya, aunque los aficionados han estado escribiendo poesía y prosa en esa lengua desde la década de 1970. Esto ha dado lugar a conjeturas y a la necesidad de idear nuevas palabras, desarrollando, en efecto, una especie de neoquenya.

Y es exactamente ahí donde reside el problema fundamental de la poesía en idiomas inventados. La cuestión es: ¿qué es exactamente lo que nos gusta de las lenguas inventadas? ¿Su autor, su espíritu incomparable, su humor, su gracia original? ¿Es la música de sus sílabas? ¿O tal vez la idea filosófica o la ficción viva que se ocultan tras la lengua? ¿Son los personajes inventados, los primeros en hablar esa lengua y a los que empezamos a parecernos gustosamente en el juego o en la forma de ver el mundo?

Creo que ningún otro lenguaje artificial hizo las cosas *tan bien* como el esperanto. Al morir Zamenhof, el idioma *tenía* que quedar incompleto. Lo que fuera. Ese era justamente el sentido. Sin embargo, la lengua perduró *sin heridas*, por así decir, sin agujeros molestos. Era lo contrario de un muñón. Cualquier descubrimiento póstumo tendría ahora solo un valor histórico. El esperanto era un sistema repleto de posibilidades. Como todas las lenguas vivas y aptas para vivir, un infinito sensorial y estructural, pero sin obligaciones inherentes ante instancias irracionales.

A los fans del quenya o del sindarin podrá parecerles inapropiado continuar inventando el idioma. Ya *no sería quenya*. Sería una ficción de los adeptos de Tolkien. El esperanto, por su parte, es, por su estructura, *fan-fiction*.

Los aficionados al quenya sienten constantemente la diferencia entre su propia imaginación y la de Tolkien, con cuya grandeza y fuerza es difícil medirse. El propio inventor, como meme, se interpone siempre de alguna manera en el camino de una invención lingüística más espontánea, intrépida, enérgica y creadora de comunidad. En cuanto se inventa en masa un nuevo vocabulario, se aparta uno de la seguridad de la Tierra Media.

Por otro lado, cuanto más vocabulario nuevo de esperanto inventes, más lejos y más firmemente te adentrarás en Esperantujo.

Qué suerte que el gran Ludwik Lejzer Zamenhof no haya querido ser un gran hombre.

No tenía en mente, al menos por lo que veo, los premios Nobel de la Paz ni el papado. No estaba tan ávido de reconocimiento personal, sino de paz mundial y hermandad de todo el género humano. No sé si podemos llamarlo *modesto* por eso. Pero nadie tiene por qué serlo. En cualquier caso, era humilde, pero a la manera rara de ciertos genios que se funden con su obra a una edad temprana y acaban completamente absorbidos y preservados por ella, es decir, por su filantropía con forma de hábitat. De todos los inventores de idiomas de un pasado remoto, Zamenhof parece ser el único que sigue vivo.

16
La verdadera genio: Spomenka Štimec

La poeta del esperanto viva más grandiosa es sin duda la autora croata Spomenka Štimec, nacida en 1949. Su *Kroata Milita Noktlibro* ['Nocturno de guerra croata'], del año 1993, es una de las pocas obras de la literatura en esperanto actual que han sido traducidas a varios idiomas, incluido el alemán. Se trata de una edición difícil de conseguir hoy en día, pero vale la pena el esfuerzo, ya que conozco pocos libros de prosa surgidos poco antes de la guerra de los Balcanes, o durante la misma, en los que cada página contenga una narración tan sobria, conmovedora y con tal magia de detalles de todo lo atroz que tuvo lugar entonces.

Štimec copió varias partes del libro en un antiguo ordenador para traducciones, mientras se mantenía oculta en su cuarto de baño durante los bombardeos. Y son sobre todo las cosas, los objetos de la vida cotidiana y los fenómenos nuevos los que hablan de la guerra. Una lámpara que no está ya en el sitio que antes ocupaba. Mesillas, ceniceros y alfombras que de pronto aparecen en otro lugar. Ese acoplamiento de objetos inanimados con la realidad humana me recuerda un pasaje inolvidable en la novela *El gran rebaño*, de Jean Giono, en el que un joven soldado, durante un permiso de vacaciones a su lugar de origen, piensa al contemplar la lámpara de su cuarto: «Si yo fuera esta lámpara [...], este árbol, esta mesa, el cerdo, podría quedarme. Si yo fuera el perro, podría quedarme. Si yo fuera el perro...».

Después de una noche de bombardeos pasada en el sótano, los objetos del piso saludan de nuevo a su propietaria, pero ellos también han cambiado: han tenido que experimentar la posibilidad de ser abandonados por ella cuando las cosas se ponen serias. A continuación, el tictac del reloj despertador es diferente, los cuadros de las paredes se muestran más reservados.

Lo primero que llama la atención a los niños es la ropa de un hombre que ha sido llamado a filas y que antes había sido un activo esperantista:

> Era él. El uniforme que lleva lo viste por primera vez. Aún está rígido y no le sienta del todo a su cuerpo. Se desata las botas con rapidez. Sobre el tobillo hay dos correas fijadas con hebillas.

Pero más adelante dice:

> El hijo más joven mete sus pies delgaduchos en las botas. Primero agarró una, pegó el cuero a la nariz y aspiró profundamente el olor del betún.

—Están supernuevas.

Tenía razón. Las botas eran completamente nuevas. Aún no habían matado a nadie.

En la atmósfera de la guerra, tan ajena a toda seguridad, la mayoría de los objetos parece estar a punto de transformarse en algo vivo:

> Bebí el aguardiente del vaso con la cabeza de perro grabada. Mientras lo sostenía en la mano, creía haber conocido personalmente a aquel perro, cuando usaba mis primeras faldas.

De pronto se ha vuelto tan fácil convertir cuerpos animados en objetos, que las puertas en sentido inverso también está ahora dolorosamente abiertas. En la demoledora historia sobre René, un dentista de Vukovar, es un célebre y antiguo objeto de culto en la región lo que experimenta esa mutación del mundo de las cosas condicionada por la guerra:

> Vukovar es el lugar de Croacia situado más al este, en Eslavonia. Detrás, en la otra orilla del Danubio, empieza Serbia. En el año de la guerra 1991 Vukovar se convirtió de repente en un importante punto estratégico. Un pequeño lugar muy conocido gracias a una paloma de arcilla. La paloma era un recipiente de culto hallado en una excavación de Vučedol, cerca de Vukovar, una obra de arte de la época de transición del Neolítico a la Edad de Hierro. Hoy se encuentra en el Museo Arqueológico de Zagreb, sus fragmentos aislados han sido pegados de nuevo. Durante la guerra, el museo almacenó sus mayores tesoros en varios sótanos. Es probable que la paloma de Vukovar siga cuidadosamente empacada en alguna caja. Tuvo en esta guerra mayor protección que los habitantes de la ciudad: después de haberse hecho añicos en otro tiempo, en esta guerra no le ocurrió nada.

Y por último:

> Me mostraron los regalos de boda. Uno de ellos era una copia de arcilla de la paloma de Vukovar. Se había roto durante el transporte de la ciudad de él a la ciudad de la novia.
>
> —Ahora la paloma se parece más a ella misma —bromeó René.

De ese modo, este libro acerca la guerra a un lector hasta ahora no afectado por esa experiencia real, se la presenta como una victoria incontenible de las cosas inanimadas sobre las animadas. El joven Jean-Paul Sartre ofreció una descripción bastante similar de la guerra en sus diarios, surgidos al inicio de la Segunda Guerra Mundial. Lo hace en un apunte de septiembre de 1939, en el que Sartre, entonces destinado al servicio meteorológico en Alsacia, retiene de este modo la metamorfosis de las cosas:

> El sentido de las cosas ha cambiado. Un albergue sigue ahí, siempre preparado y acogedor, pero acoge fríamente, es decir, que esta posibilidad se destruye a sí misma y se convierte en absurda. [...] La habitación encantadora que debía *deleitar* al viajero sirve únicamente de *guarida* a los soldados que la ocupan. Ellos se acuestan ahí, pero sobre la paja. La cama está deshecha o sin tocar. Así, mucho antes de que la bomba destruya el objeto hecho por el hombre, el sentido humano del objeto se halla destruido.[138]

En Arzwiller Sartre descubre esa siniestra metamorfosis también en la naturaleza:

138. Debido a su deficiente capacidad visual, Sartre quedó exento del servicio de guerra activo. Durante la llamada *guerra falsa* o *drôle de guerre* del frente occidental en 1939, apenas fue testigo de ningún combate, pero dispuso del tiempo libre suficiente para escribir una novela entera y varios fragmentos de su obra filosófica.

> [H]abía allí un bosque de robles sobre una peña roja a cincuenta metros de la carretera. Estábamos tumbados en la cuneta, aplastados por nuestros fusiles, nuestros sacos, nuestros capotes, como escarabajos sobre sus espaldas. Me habría gustado no ir a ese bosque, pero pensar que podría ir. Sin embargo, era imposible pensarlo. No entraba dentro de mis posibilidades. Cincuenta metros bastaban para poner un lugar fuera de alcance. Se convierte entonces en puro decorado.

Los objetos y las palabras. Como esperantista probablemente sensibilizada con las palabras y su uso, la narradora del *nocturno de guerra* recuerda una y otra vez los peculiares juegos a las escondidas que han de practicar las palabras cada día en tiempos de confrontación bélica: «En la época en que yo iba a la escuela, *Croacia* era, en primer lugar, el nombre de una fábrica de baterías y el de una compañía de seguros». O: «La abuela hacía mermelada con la mayor parte de las grosellas. Los niños tenían una fila propia con sus ramas de grosella. A esa avenida de las grosellas la llamábamos *Avenida de la hermandad y la unidad.* En broma, porque así se llamaban las grandes autovías entre Zagreb y Belgrado». De pronto la familia, que antes solía viajar de un lado a otro entre Zagreb y Belgrado, parece separada por una barrera infranqueable, la conexión Belgrado-Teherán ofrece vuelos diarios, pero la combinación Belgrado-Zagreb se ha vuelto algo impensable del todo.

En la radio recomiendan evacuar partes de los sótanos. Cuando han sacado todas las cosas a la calle, colchones, sillas con tres patas, botellas vacías, se reconoce de repente, con claridad torturante, el carácter absurdo de esos sótanos desatendidos. ¿Qué eran hasta ahora? ¿Por qué se apilaban allí todas esas cosas? ¿Estaban destinadas a las ratas o a las personas?

Entonces suena la alarma antiaérea y se produce la desbandada repentina. Una última mirada al piso, que de pronto parece «bello en la despedida, tranquilo y acogedor». Como la autora aprende enseguida, la dimensión de los destrozos causados por las bombas puede medirse fácilmente por el grado de buen humor que transmiten las canciones emitidas más tarde por la radio. Si están tocando «*Hrvatine*» es porque las cosas van muy mal.

A mi pregunta sobre la vida de los objetos en sus libros la autora me respondió: «Tiene usted razón. Me gustan esos detalles. En una ocasión, en una reseña, me calificaron como "la mujer que ama las cosas". Eso es cierto. También en mi día a día estoy rodeada por una gran cantidad de objetos que poseen su historia. Para mí, la historia de las cosas tiene más peso. En la mayoría de los casos su existencia es más larga que la de las personas. De modo que no tengo que buscar esas imágenes de objetos animados, están dentro de mí».

Poco a poco se interrumpen todas las posibilidades de una comunicación a distancia: el correo, el teléfono. No es posible localizar a nadie. La búsqueda de los desaparecidos se vuelve imposible. Pero lo asombroso es que las redes de los esperantistas revelan ser más eficientes y útiles que las instituciones oficiales, más incluso que la Cruz Roja. Le pregunté a la señora Štimec si las asociaciones de esperanto funcionaron de verdad de forma más rápida y eficaz. «A veces sí», me escribió. «Piense por ejemplo en lo que hizo Hector Hodler en la Primera Guerra Mundial. Apenas existe institución alguna que alcance la efectividad de los esperantistas individuales».

Hector Hodler. Este es uno de los personajes protagónicos en su fascinante novela histórica *Hodler en Mostar*, una historia narrada desde múltiples perspectivas, compuesta en episodios de carácter cinematográfico, que aborda someramente la vida del pintor Ferdinand Hodler y de su hijo, Hector Hodler, uno de los primeros esperantistas, pero que, en primer término, se centra en la figura de una tal Jeanne.

Después de separarse de Augustine, la madre de su hijo Hector, el pintor Ferdinand Hodler conoce en su atelier a Miss Jeanne Charles, que se convierte para él no solo en su modelo más destacada, sino en la persona más importante para él, su amiga y compañera en el día a día. A veces los estados de ánimo de ambos personajes se interfieren, y un buen día la bella Jeanne desparece sin más de la vida del célebre pintor Hodler. Pronto ella le presentará a su nuevo marido, el músico Andreas Cerani. Sin embargo, poco después regresará como modelo al lado de Hodler. Su rostro quedó perpetuado en el nuevo billete de cincuenta francos.

El hijo, Hector, se convertirá en esperantista profesional, algo completamente ajeno al padre. En el congreso mundial de Cracovia Hector es testigo del momento en que Zamenhof renuncia a todo derecho de autor sobre el idioma universal. El marido de Jeanne muere a principios de la guerra.

He aquí un amplio pasaje en mi traducción:

> Fue hasta la ventana y miró hacia fuera. Le dolió encontrar el paisaje tan intacto ahora que su esposo ya no estaba.
>
> Estuvo mucho tiempo allí de pie, ensimismada, contemplando a un par de gorriones, pues tal vez fuera cierto que las aves podían comunicarse con los muertos. Esperó alguna señal de él. Necesitaba la certeza de que no la había abandonado del todo. Uno de los gorriones que observaba lanzaba constantes miradas de reojo en dirección hacia ella.
>
> —Andreo —dijo tímidamente. Entonces el pájaro, indiferente, se alejó gorjeando hacia el otro lado del paisaje.
>
> Jeanne lloró por tener que buscar a Andreo entre unos pájaros.
>
> Por las noches dejaba la ventana iluminada para que Andreo encontrara el camino de vuelta a casa. Pero esa noche la luz se quedó encendida en vano.

—¿La rama del árbol golpeó esa noche la ventana?

Paseaba por el parque junto a Mimi como una enferma que ha perdido todo interés en el mundo. Un viento fuerte se levantó y creó remolinos de hojas en el aire. Un trozo de hoja seca y afilada se le quedó pegado a los labios. Sin pensarlo, se la quitó de la boca y la arrojó lejos. No llegó a comprenderlo hasta mucho más tarde: aquel había sido un beso de Andreo.

Llena de inquietud, examinó el suelo. Se puso a la escucha, quizá algún guijarro tuviera una mensaje para ella. Y, en efecto, un guijarro la pinchó al pisar, a la altura del tobillo, encima del borde del zapato. Aguzó los oídos, prestando atención a lo que pasaría a continuación. Pero no pasó nada.

Un día, en el parque, vio directamente ante sus zapatos algo de color marrón: el pene de Andreo. Jeanne lo tomó en la mano. Era un trozo de madera seca.

—No puedo dejarlo ahí tirado sin más —le dijo a Mimi—, en el camino de nuestro paseo.

—¿Un trozo de madera? Es bueno para hacer fuego.

—¿Para hacer fuego, Mimi? Pero se parece al miembro de Andreo.

Mimi se acercó para ver mejor el órgano, pero solo vio un trozo de madera.

Las mujeres acordaron arrojarlo en casa en la chimenea.

A Jeanne la idea la hizo llorar.

Camino de casa, vieron a unos obreros sentados junto a una pequeña fogata, en la que los hombres quemaban restos de ramaje. Mimi propuso arrojar allí mismo el trozo de madera encontrado.

Jeanne no dijo ni que sí ni que no. El rostro se le llenó otra vez de lágrimas, ya que Andreo, en ese instante, se quedaría allí solo en medio del frío, y no volvería a experimentar lo que era eso, un fuego.

Resulta maravilloso cómo la autora construye el cliché —el alma del difunto pervive en un gorrión,[139] una hoja que revolotea

139. Se trata de una imagen habitual desde Catulo. En un poema el autor se queja del vuelo de un gorrión que solo tiene lugar en el más allá, un

es un beso del muerto—, para luego hacerlo explotar: su pobre pene yace allí, en la hierba. Al fuego con él. Y una autora con menos talento lo habría dejado en esa agudeza. Pero ¿qué encontramos aquí? El fuego. En medio de todas las demás imágenes exageradas, el fuego pasa a ser de repente una fuente real de asombro sobre la imposibilidad de comunicarse con los muertos. No importa cuántos miembros suyos sean tirados al fuego, ellos ya no sentirán nada. Ya no saben lo que es el fuego.

Jeanne cumple sus obligaciones como voluntaria en el hospital militar dirigido por la Cruz Roja en Ginebra. En una prosa breve y cargada de imágenes que le pone las cosas muy fáciles al traductor, quedan plasmados el exceso de caos, la masiva pérdida del alma del mundo, la desaparición de toda vía de escape.

> Al día siguiente Jeanne se puso sus zapatos más cómodos y una larga falda, se recogió el pelo hacia atrás y entró al hospital militar. Allí le entregan una bata y le ponen el brazalete de la Cruz Roja. Le enseñan cómo lavarse las manos. Todo estaba negro de soldados heridos. Cada día traían un nuevo cargamento. Durante la primera amputación de un brazo, Jeanne se desmaya. Un médico la llevó hasta una habitación contigua. Cuando volvió en sí, seguían llamándola. Tenía que prestar su auxilio. No había manera de escaquearse en ninguna parte.
>
> Los hombres morían en masa a su alrededor.

---

gorrión que perteneció a su amada Lesbia y que ahora yace muerto en la jaula. Precisamente por su compacta y descolorida cotidianidad en nuestras ciudades, y gracias también a sus saltos poco ceremoniosos, los gorriones nos han parecido, a lo largo de los siglos, los animales más adecuados para cumplir con el servicio de mensajeros entre el reino de los muertos y el nuestro (y también a la inversa).

Uno de los heridos en el hospital es el soldado Meho Ćišić, natural de Mostar, y Jeanne se enamora de él.

Hector Hodler muere en 1920. Durante la guerra, había conseguido, a través de las publicaciones de la UEA, documentar el paradero de cientos de miles de personas, reunir centenares de cartas, hacerlas llegar a sus destinatarios y crear una red de representantes locales que, como sabemos, sigue existiendo hoy y ha encontrado un uso en las guerras más recientes que tuvieron lugar en Europa. En 1920 se casan Jeanne y Meho. Ferdinand Hodler solo está presente en sus cuadros.

Jeanne muere en 1955. Hacia el final, la novela da un salto hasta el año 1993. Sarajevo y Mostar son víctimas de bombardeos. El puente viejo, que poco antes hemos podido visitar en la novela, es destruido por las granadas. Pero los cuadros de Hodler en la galería nacional de Sarajevo perduran, como la paloma de Vukovar, totalmente intactos. También aquí se consuma ese amargo triunfo de las cosas.

La novela muestra a personas en el poso de sus años y el peso que con el tiempo van cobrando intimidades anteriores, la culpa, la falta de entendimiento entre los sexos, los letales puntos de encuentro de la historia europea. Pero lo hace con tal ligereza, que, al leerla, nos convierte en fantasmas sin perfil invitados a estudiar las misteriosas líneas de relación entre las biografías individuales de esas personas. El estilo es cristalino, sin ornamentos, elástico, y me recuerda mucho a las breves novelas históricas de mi autora favorita, Alice Munro (por ejemplo, *La vista desde Castle Rock* o el libro de relatos *Algo que quería contarte*). Al final son siempre esas formas de sabiduría y de familiaridad con la vida las que me llevan a las historias.

Le pregunto a la señora Štimec si al escribir tiene en mente algún modelo.

—*Mi ne havis iun* modelo —responde. No, ninguno.

He reflexionado sobre la peculiar posición que tiene esta gran autora europea. Sus libros, gracias a Dios, no son libros secretos, pero ¿reciben el mismo tratamiento que otros escritos en lenguas naturales? Creo que no.

Aparte de que el Premio Nobel no es más que la pose privada de una academia que, por razones diversas, es muy influyente, lo cierto es que Spomenka Štimec debería recibirlo. Con William Auld no se atrevieron en otra época. Pero ahora es posible. Creo que se lo dije a la señora Štimec, además de tantos otros cotorreos de joven fan. Al despedirse, la autora me dijo: «*Estas agrable renkonti homon kiu legas*». Resulta agradable conocer a alguien que lee.

17
Los últimos años de Eroshenko

¿Cómo habría transcurrido la vida de Vasili Eroshenko si no hubiese existido el esperanto? Creo que uno puede imaginárselo. La trayectoria vital de la gente con alguna discapacidad está demasiado marcada de antemano, incluso en la actualidad. Cestero, masajista. Pero un idioma y una comunidad como la del esperanto aún no es la solución mágica, al menos no para todo el mundo. Vasili Eroshenko constituye un caso especial. También otras personas entraron en contacto con el esperanto y, en un primer momento, les pareció tal vez algo así como una posibilidad de teleportación, pero luego, hum...

Baldur Ragnarsson, fallecido en diciembre de 2018, fue uno de los poetas más populares del esperanto. Su fuerza residía en unos poemas imagistas, delicados y claros que, casi siempre con efectos mínimos, revelan lo trágico y lo misterioso. He aquí otro poema suyo, tomado del libro *La fontoj nevideblaj* ['Las fuentes invisibles'], del año 2010. Al leerlo no tuve más remedio que pensar en Eroshenko, en lo bien que le haría al mundo, a cualquier cultura y a cualquier continente estar llenos de discapacitados Eroshenkos:

Orfoj

Du infanoj
en Orienta Kongo
gefratoj 12-jara kaj 16-jara
iliaj gepatroj mortigitaj

ili sendis al mi leteron en Esperanto
kiel ili lernis la lingvon
estas al mi mistero

antau unu monato
ili skribis denove
la knabo havis akcidenton
falis de biciklo
rompis piedon

preĝu por ni
vana peto

post tio nenio

Y aquí la traducción de Camacho:

Huérfanos

Dos niños
en el Congo Oriental
hermanos de 12 y 16 años
asesinados sus padres

me enviaron una carta en esperanto
cómo aprendieron la lengua
es un misterio para mí

hace un mes
escribieron de nuevo
el muchacho tuvo un accidente
cayó de la bicicleta
se rompió un pie

reza por nosotros
ruego vano

después de eso nada

Es precisamente ese *post tio nenio* lo que pende como peligro permanente sobre todas esas edificantes historias en las que una criatura marginada, desfavorecida o, incluso, definitivamente condenada intenta desligarse de las aplastantes trayectorias de su destino por medio de un ingrediente mágico (una nueva identidad, una nueva lengua, una nueva comunidad). *Post tio / nenio.* Esa es la rima que al universo le gusta poner sobre todos nuestros esfuerzos. Para dos hermanos de la República Democrática del Congo el esperanto no sirvió de ninguna ayuda.

Pero, un momento. ¿Por qué acepto esto de tan buena gana? ¿Por qué pienso que su destino es de algún modo comparable al de Eroshenko? ¿Quizá porque escriben: «Ruega por nosotros»? Sin embargo, la reflexión de Ragnarsson sobre el modo en que aprendieron el idioma me parece, vista una segunda vez, algo casi ingenuo y tonto. El esperanto está vivo en muchos países de África. *Vana peto*, vana petición. ¿Por qué vana?

Eroshenko había regresado, pero no a casa, sino a un país completamente nuevo: la Unión Soviética. Allí pronto encontraron una nueva ocupación para aquel hombre tan bien dotado para los idiomas: debía traducir simultáneamente las conversaciones telefónicas intervenidas en los hoteles para diplomáticos. Eroshenko se negó. Como castigo, las autoridades empezaron a abrir toda su correspondencia y llegaron a prender fuego a su biblioteca privada.

En 1929 huye de las represalias y se refugia en la península de Chukotka, donde su hermano trabaja como veterinario. Allí vivió algún tiempo con los chucotos, un pueblo indígena de Siberia. Aprendió su lengua y compiló cuentos y leyendas. También aprendió a navegar con trineos tirados por perros y llegó a salir de caza con ellos. Su único instrumento para orientarse era el oído. En una ocasión casi pierde la vida en una fuerte tormenta de nieve que lo sorprendió en medio de la tundra. Al cabo de un tiempo, un perro descubrió el rastro del hombre medio congelado en un túmulo de nieve y lo guio hasta la casa, a pesar de que Eroshenko apenas podía moverse.

También se interesó, sobre todo, por el destino de dos hombres ciegos. ¿Cómo eran sus vidas en el seno de una cultura organizada de un modo tan tradicional? El relato de Eroshenko sobre esas dos personas es quizá mi texto preferido de su obra tardía.

El primer hombre se llama Filip Onkudimov y tiene veinticuatro años. Eroshenko escribe:

> Empezó a perder la vista desde su infancia, pero todavía hoy puede distinguir algunas cosas, aunque muy poco. No puedo decir con certeza qué enfermedad padece. Según su descripción, cada día un denso velo, cada día más denso y apretado, le cubre ambos ojos, cada nuevo día deja pasar un poco menos la luz que el anterior, se

torna un poco más inconsolable, y la vida entera se hace más sombría y parecida a un castigo. Lo interesante en todo ello es que su familia y sus vecinos no lo ven en absoluto como a un ciego.

Como ocurrió en la infancia de Eroshenko, al ver que nada servía de ayuda, se les pidió consejo a santos y sacerdotes. Filip es uno de los pocos chucotos cuyos ancestros fueron bautizados. El pope que le trajeron le rocía agua bendita en los ojos. Eroshenko escribe: «Esto no sirvió de nada». Prueban con unas esencias consagradas. El mismo resultado. Por último, cargan la artillería. Filip debía besar los iconos de madera de la iglesia, los cuales, como todos saben, «tienen horribles ornamentos de cobre y plomo» completamente teñidos de gris o en parte de negro, tiznados y cubiertos de hollín. «Ni siquiera el pope o los más fervientes creyentes de la comunidad esperaban ya ningún milagro de ellos. Solo Filip confiaba». Porque él no ve el estado en que se encuentran los iconos. El pope cree que los iconos que cuelgan en las iglesias de Moscú, de un *pud* de peso (dieciséis kilos) y alimentados con la luz de miles de cirios, cubiertos de joyas y de oro, tal vez podrían ayudar. También podía recomendar encarecidamente las reliquias incorruptibles de san José en Belgorod. Unos amigos con una forma de vida más tradicional llevan a Filip a ver a un chamán. Los iconos les parecen sospechosos. ¿*Besar* a unos santos costrosos? Normalmente propondrían castigar con la vara a esas diminutas deidades responsables del bienestar de la familia Onkudimov, como se suele hacer de forma habitual en la tundra cuando los dioses desatienden sus obligaciones en la tierra (un hermosa frase: «*por ke ili pli zorgu pri la teraj aferoj de siaj adorantoj*»). Pero al final descartan la propuesta, ya que los iconos muestran un aspecto «demasiado miserable, parecen muy poco versados en magia», como si hubiesen recibido hace tiempo una paliza.

El chamán saca su pandereta sagrada y murmura unas palabras incomprensibles. Habla de los Kelja, una estirpe de gigantes que antes solía habitar los territorios fronterizos con el océano glacial del norte. Se dedicaban a la pesca y a la caza de morsas y leones marinos, y a menudo cazaban también hombres. Pero desde que estos últimos andaban por ahí con fusiles, los Kelja se habían vuelto invisibles. A veces se metían en el cuerpo de una persona y la enfermaban.

Esto, sin embargo, tampoco ayudó al pobre Filip, que decidió ahorrar dinero y hacer un viaje hasta Moscú. Tal vez hubiera allí médicos competentes o, en todo caso, iconos que funcionaran. Filip trabaja como diez o veinte hombres juntos, ayuda en la captura anual del keta, también conocido como salmón chum. Gana muchísimo dinero, pero este se le va como agua entre los dedos, ya que sus parientes siempre necesitan ayuda económica y él está en la mejor disposición para dársela.

Filip está atrapado. Los acontecimientos del mundo hacen cada vez más difícil cualquier tipo de viaje. La Primera Guerra Mundial, la revolución, los bolcheviques, la contrarrevolución y, una vez más, los bolcheviques. Finalmente se corre la voz de que un famoso oculista estará visitando muy pronto la ciudad de Anadir.

El 25 de julio de 1929 Eroshenko viaja también a Anadir en el vapor Astracán. El barco viene de Moscú. En Anadir conoce a Filip.

Este le pregunta si de verdad es también ciego.

Sí.

¿Totalmente ciego?

Por desgracia, sí.

Eso no podía ser cierto, le dice Filip, porque él venía de Moscú. ¿Cómo podía ser ciego? En Moscú estaban los iconos de oro que pesaban quintales, y los muchos santos, y las reliquias mágicas. ¡No, era imposible que el señor viniera de Moscú!

—Escúchame, Filip —le dice Eroshenko—. Los bolcheviques han metido los iconos milagrosos y las figuras de santos en museos públicos, donde ya no tienen poder curativo alguno.

Pero ¿y los famosos médicos? ¿Qué había de los célebres doctores de Moscú?

Esos ya no se interesaban por los ciegos, le asegura Eroshenko. El problema principal no era ya la ceguera, sino los que ven.

—Ni siquiera nos dan la posibilidad de trabajar para ganarnos el sustento.

Filip está perplejo.

—Pero aquí, en nuestra tierra —dice—, ¡los que ven me ofrecen con gusto la posibilidad de trabajar para mi sustento!

«Sí, bueno», pretende responder Eroshenko. «Pero vosotros sois salvajes».

Él también se muestra algo confundido.

Interrogado por Filip, le habla un poco de los oficios que pueden ejercer los ciegos en Moscú. Haciendo pequeñas manualidades en fábricas más o menos grandes.

¿Acaso los ciegos moscovitas no capturan peces?

—Algunos sí —contesta Eroshenko—. Capturan peces por placer, con anzuelos.

¡Por placer! ¡Eso era un sacrilegio! ¡Los peces se debían cazar solo para sobrevivir! Y en estrecha colaboración con los que ven. Filip está indignado.

Lo llaman para trabajar, y, conmocionado, pasa el resto del día haciéndolo todo mal. Se resbala al pisar un pez y cae al río. Se sienta muy pegado al fuego y su pantalón es alcanzado por las llamas. La red se le escapa de las manos. Llora de rabia. Entonces, de pronto, sus compañeros se dan cuenta de que ya no ve nada. Lo dejan solo y no vuelven a llamarlo para trabajar. Permanece sentado junto al fuego. Y entonces ocurrió.

Filip se quedó ciego.

En la década de 1930, Eroshenko recorrió el océano Ártico en un rompehielos y vivió en Kushka, en la República Soviética de Turkmenistán, donde fundó una escuela para ciegos y desarrolló un nuevo sistema de escritura en braille para el idioma turkmeno que sigue usándose allí en la actualidad.

Durante la Segunda Guerra Mundial, el hombre con posturas políticas sospechosas estuvo bajo estricta vigilancia, y en 1945 fue deportado de Turkmenistán. Trabajó entonces de maestro en una escuela rural.

No sabemos mucho acerca de esos últimos años. Al menos no nos consta ninguna proeza clandestina o aventurera. Fue director de escuelas para ciegos, sufrió represalias, enseñó idiomas a la gente.

Cuando en 1951 se vio aquejado de graves problemas de salud, un médico lo examinó y diagnosticó un cáncer de estómago en estado avanzado. Pero el médico no le reveló el diagnóstico, solo lo murmuró en voz baja, como pensando en voz alta, en latín, pues daba por sentado que aquel ciego no entendería ese idioma. Pero Eroshenko entendía el latín sin esfuerzo. El médico le dijo unas palabras de ánimo. Eroshenko le dio las gracias.

No profirió ni una sola queja. La vida le había denegado muy pocas cosas. Le hubiera gustado volar en avión con Arthur Roy Smith, pero el muy granuja había rechazado su petición, sin más, en abril de 1916. ¿Sentía a veces nostalgia de China? Oh, no. ¿Y de Japón? «Demasiado poco espacio y demasiada suerte», fue su dictamen final. Escribió que a veces le hubiera gustado tener una corona para poder arrojársela a los transeúntes por la calle.

Atravesó el globo por última vez, hasta donde pudo, para despedirse de sus amigos. En la región de los yacutos volvió a salir de caza con la ayuda de un guía. Sin embargo, nunca pudo realizar su último gran sueño: atravesar toda Rusia solo, con la única compañía de un perro lazarillo, desde su ciudad natal, Obujovka, hasta Vladivostok.

CODA
¿QUÉ ES LO CONTRARIO DE LIEBRE?

Mi libro ha llegado a su fin. Y se me han quedado por contar muchas aventuras. Como cuando me salió leche de cabra por la nariz en una ocasión en que leí un poema de Matthias Koeppel escrito en el idioma paródico inventado por él, el *Starckdeutsch* ['alemán fuerte'], y no tuve más remedio que reír. O cuando en 2015 acudí a un concierto de la banda francesa Magma, un grupo de *progressive rock* y *free jazz*, que canta sus canciones en una lengua propia, el kobaïano. Es la lengua del planeta Kobaïa, el cual, por lo que creo, fue la antigua patria de los músicos. O mi frenético entusiasmo por la poeta Dagmara Kraus, que escribe a la vez en varios idiomas artificiales, incluido el volapuk, pero también en la *langue bleue* (o lengua Bolak), de Léon Bollack, y en el idioma universal Myrana, de Josef Stempfl, hoy completamente olvidado. Me gusta su librito *kleine grammaturgie*, publicado en la editorial Urs Engeler. A partir de manuales de enseñanza de la *langue bleue*, Dagmara Kraus crea montajes con distintas frases para ejercitar con las cuales hace breves descripciones de la vida tal cual es:

ne seri nif ib gev

dog
kval
virt
div

madr
per di lers
it ag sor A

En traducción:

somos nueve en la tierra

un perro
un caballo
una virtud
un dios
un terruño
un padre de hierro
y este tal señor

Me comuniqué con la señora Kraus por correo electrónico y le hablé de la palabra para *gato*, ausente en el diccionario de volapuk. Su respuesta: «Un hecho inverso se encuentra en Léon Bollack. En la *langue bleue* o lengua Bolak es posible feminizar a un padre, pero aún no he dado con una palabra adecuada para designar en nuestra lengua a esa *padra* o *padrecita*».

A esto cabe añadir que *uper* probablemente no signifique 'madre', porque para ella existe en el Bolak una palabra poco sorprendente: *mer*. La señora Kraus respondió a muchas de mis preguntas, dedicó a mis propósitos tiempo y paciencia.

¿Y yo qué hago?

La denuncio.

Ante el mismísimo papa.

Porque de inmediato le enseño el poema en volapuk de su libro *kleine grammaturgie* al cifal del volapuk Hermann Philipps, que me exhortó a no aprender el idioma a partir de esos versos y corrigió el poema para mí. Es decir, escribió un poema completamente nuevo en correcto volapuk.

La última estrofa dice:

reinaba la calma
un faro un rábano un arbolito
se juntaban

La lectora debe intentar hacer ahora una interpretación por su cuenta, determinar cuál de las dos formas siguientes es la correcta y cuál es la errónea, reunidas deliberadamente por Dagmara Kraus:

ästilos
far e raf e bimil
änilükons odis

O:

pänepükos
far e raf e bimil
lä od

Dagmara Kraus es una de esas raras poetas que entienden los idiomas como las obras de arte insólitas que son. Que el futuro le pertenezca, es lo que deseo. A mí, por lo que creo, no me ha sido dado escribir en lenguas artificiales. Pero si tuviera que hacerlo, lo haría probablemente en uno de los recientes proyectos del *conlang* más originales y exitosos, en el *Ulises* de las lenguas artificiales: el lojban.

Fue desarrollado a finales de los años ochenta. Su creador es un equipo de autores cuyo nombre es The Logical Language Group. El lojban materializa un sueño acariciado siempre en vano desde los tiempos de John Wilkins o de Charles Bliss: el carácter absolutamente inequívoco (o unívoco) de los enunciados. La mejor forma de explicarlo es a través de un ejemplo. En holandés, con muy buen tino, se llama *mierenneuker* a las personas quisquillosas o pedantes, es decir, 'follahormigas'. En lojban jamás podría decirse algo así, porque es una lengua construida para que, al escuchar la palabra, lo que de inmediato veamos ante nuestros ojos sea a alguien que, en efecto, se folla a una hormiga, es decir, literalmente a un hombre que se... En fin. También expresiones como «ola migratoria» o «flujo migratorio» le parecerían de inmediato absurdas y faltas de gusto a un lobajnista, y no después de varios prolongados debates o reprimendas.

En un mundo dominado enteramente por el lojban, también sería imposible una figura como Till Eulenspiegel, que constantemente toma por literales ciertas expresiones idiomáticas y genera de ese modo el caos. A finales de la Edad Media, y también a comienzos de la era moderna, a la gente empezó a llamarle más la atención la peculiar diferencia entre las expresiones idiomáticas y las cosas, con lo cual ello pasó a ser la fuente de un nuevo tipo de humor cuyo punto culminante lo encontramos probablemente en los cuadros de Breughel con los proverbios holandeses. Un panadero maldice con la expresión figurada «¡lechuzas y macacos!» y el estúpido y genial Till Eulenspiegel se pondría de inmediato a hornear figuras semejantes como si se tratase de un pedido bien concreto. Si fuera hablante nativo y monóglota del lojban, ni siquiera se le habría ocurrido esa idea. Yo iría incluso más lejos, a la manera de Sapir-Whorf, y afirmaría que para un hablante del lojban, en efecto, la mera idea de hacer tales jugarretas al estilo de Till Eulenspiegel sería poco menos que imposible. El panadero que fuese un competente y habitual hablante del lojban en el día a día no daría pie a ninguna duda sobre si su enunciado es una orden, la expresión de un deseo, una petición cortés o una imprecación metafórica. Porque ese idioma, de forma parecida a lo que ocurre con el sistema bliss, tiene una convención de marcaje con la cual se anuncia un uso metafórico del lenguaje. Se sabe de antemano que a continuación viene una secuencia de palabras utilizada por otra cultura y se deja todo a la inteligencia del interlocutor. Sin embargo, uno de los lojbanistas más destacados, John Cowan, nos asegura: «*The language was built to attempt to remove some limits on human thought; these limits are not understood, so that the tendency is to try to remove restrictions whenever we find the language structure gets in our way. You definitely can talk nonsense in lojban*».[140]

En el lojban no existen diferencias entre lo dicho y la forma de interpretarlo. En matemática a esto se le llamaría una *correspondencia biúnica* o una *proyección biyectiva*. Si lo reducimos a una fórmula, podríamos plantearlo así: «No sé necesariamente lo que has querido expresar, pero sé siempre con exactitud lo que dices». Si dos hablantes del lojban reciben ambos la misma frase y los dos dominan a la perfección el idioma, tendrían que entenderla del mismo modo. Un término tiene exactamente una palabra, y la palabra solo puede hacer referencia a ese término específico, no existen por casualidad otras palabras iguales con el mismo sonido ni conceptos que se interfieran. Todo está pulcramente delimitado, como

140. 'El lenguaje se construyó en un intento por eliminar algunos límites del pensamiento humano; esos límites no se entienden, por lo que la tendencia es intentar eliminar restricciones cada vez que nos parezca que la estructura del lenguaje se interpone en nuestro camino. Definitivamente es posible decir tonterías en lojban'.

los Estados o las constelaciones. Ese exceso de univocidad del lojban hace que enunciados extremadamente cortos requieran, al ser traducidos, de frases muy largas, como por ejemplo: *ko mo* = '¿Qué es lo que te ordenado que hagas?'.

En su origen, el lojban (que al principio se llamaba *loglan*, abreviatura de *logical language*) fue concebido para la investigación lingüística, pero luego se determinó que podría mejorar la comunicación entre el hombre y la máquina.

No obstante, hay personas que escriben poesía en lojban. No muchas, a decir verdad. Por lo que veo, aún no se han publicado libros, novelas o poemarios. La lengua prospera en foros, en Reddit. Y un buen día, en uno de esos ruedos de debate, alguien preguntó si un *limerick* escrito en lojban debía ser cómico. Porque, según el que preguntó, en inglés los *limericks* eran siempre humorísticos. Eso me hizo pensar por un instante. ¿De verdad lo son siempre? ¿No hay *limericks* de desconsuelo? Y si no los hay, ¿por qué es así? ¿Qué pasa si uno lo intenta? Pues eso: el quinto verso te abofetea. Vaya efecto tan extraño. Pero, aun así, se puede intentar. Algo en el propio gesto rítmico hace que la rima recurrente derogue siempre el todo y lo convierta en algo risible, poco serio e impropio. Los *limericks* en lojban parecen haber experimentado hace unos diez años un breve periodo de apogeo a modo de prueba. He aquí uno:

fe le tolcre cu nandu.i'u
.iunai fa lo nu finti le mu
lo vlali'i co pemci
.i se tordu le temci
.i lo rimni cu sarcu je'u

Su autor, Michael Turniansky, proporcionaba también una traducción:

For the novice, it's hard (don't I know
And hate that?) to write five
Lines of poetry.
Times is short,
And it has to rhyme (Really!)

Para el novato es duro (¿acaso no lo sé
y lo detesto?) escribir cinco
líneas de poesía.
El tiempo es breve,
y han de rimar (¡de verdad!)

Una variante rimada podría ser más o menos esta:

Para el novato —¡qué maldición!—
es el *limerick* una prisión.
Cinco líneas solamente,
pero la prisa es ingente,
¡y la rima una coacción!

Michael Turniansky es programador y lojbanista. En una ocasión en que el preguntaron en Quora —una red cuyo objetivo es responder la mayor cantidad de preguntas— acerca de la existencia de poesía en lojban, contestó con algunos ejemplos propios y con traducciones, entre ellas también un poema de Robert Gernhardt, «*Lied*» ['Canción']:

In dem Grase war ein Tier;
es saß dort, ich stand hier.
Ich ging langsam darauf zu,
fragte es: Wer bist dann du?

Bist du bräunlich
oder rot?
Bist lebendig
oder tot?
Bist ein Teufel
oder Gott?
Oder bist du ein Hase?[141]

El hombre tiene buen gusto. Este es un poema perfecto. Por lo general, las liebres en la poesía son siempre una buena idea. Yo mismo, como he tenido ocasión de repetir, siento que tengo algo de liebre. Desde que vivo en Viena suelo dar de comer incluso a los conejos salvajes que viven a orillas del Danubio. (No es necesario que nadie lo entienda).

El hablante del poema va avanzando, tanteando con gracia lo evidente: la conclusión de que la liebre representa la alternativa a todas las demás categorías consultadas en su interrogatorio. No existe, por cierto, ningún antónimo de *liebre*. Probablemente ni siquiera en lojban.

En todo caso, en ese idioma el poema tiene este aspecto:

zvati le srasu fa le danlu
.i ri zutse lo ve'i canlu
.i mi mo'i zo'i klama
ta'i lo masno to xu jbama
toi.i selrei lu uanai
doi xunre
la'acu'i do ca'a
.ia bunre

141. 'Un animal en la hierba vi; / él allí estaba, yo estaba aquí. / Lento fui, sin que me viere, / y pregunté: ¿y tú quién eres? / ¿Eres pardo / o eres rojo? / ¿Eres ser vivo / o despojo? / ¿Eres demonio / o deidad? / ¿O solo una liebre más?'.

.i doi mivmrocevyrid
doi cun re
clakerlo cu se ponse do

Como es probable que solo tras un largo estudio —un estudio que pone en peligro la salud mental— se llegará a comprender a partir de qué marcadores de señal se componen en detalle las palabras y frases empleadas aquí, típicas de ese barroco frenesí separador inherente al lojban, el traductor ha añadido algo semejante a una versión interlinear en inglés:

Present in the grass, a creature.
It sits in a small area.
I approach
Slowly (Is it a bomb?
). Asking, <confusion>
O, red thing!
Perhaps you are really
<belief> brown.
O, Alive-Dead-God-Devil,
O Random, two
Long ears you possess!«

Y como puede verse, el traductor ha cambiado del todo la última línea, donde reside el quid del poema. Tal vez le molestó que no exista un antónimo de liebre. Y que en el poema se pretenda ridiculizar un poco esa borrachera categorizadora tan típica de los seres humanos, es decir, justo aquello que es parte constitutiva del lojban. A menudo nuestro yo desconocido escoge los poemas que traducimos.

Si bien Ludvik Zamenhof y Johann Martin Schleyer tenían predilección por los sufijos, lo de los lojbanistas con estas partículas es pura borrachera. Están ebrios de ellos o tendrían que estarlo. En el fondo, todo en ese idioma se regula con sufijos. Por ejemplo: que uno cree algo y no se sabe lo que es: para eso hay un sufijo propio.

Pero donde el asunto se torna delicioso es en estos versos:

O, Alive-Dead-God-Devil,
O Random, two
Long ears you possess!

Si escribieran algo así en mi lápida, estaría satisfecho.[142]

Por desgracia no puedo decir si en lojban sonaría igual de bien. Supongo que no. Porque a ese idioma, después de lo que he aprendido sobre él, tales expresiones le parecen lo más normal del mundo. Así se construyen las palabras del lojban. Y eso no implica forzosamente un desvío de la norma. Sin embargo, la esencia de la poesía es eso: desvío de la norma.

Oh, vivo-muerto-dios-demonio
¡Vaya qué azar, dos
largas orejas posees!

Detesto oír a gente quejarse de la literatura actual. Entiendo, por supuesto, que no a todo el mundo le gusta meterse en los archivos, consultar oscuros diccionarios o introducirse en el túnel de ciertas páginas web, pero muchas cosas las tenemos muy cerca, al doblar de la esquina, por así decir. No es necesario leer siempre los mismos libros. Cuando inicié mi proyecto sobre los idiomas artificiales, hará unos seis años, tampoco sospechaba que encontraría tales tesoros, que el mundo, en efecto, está aún por descubrir.

142. Aunque tampoco estaría mal: «¿O solo *eras* una liebre más?». Pero eso pueden decidirlo después.

En ocasiones el paisaje de la literatura en lengua alemana, visto desde arriba, parece un dique de castor construido de mala gana, destinado a contener todo lo demasiado extraño. Pero aún hay cantos detrás de esas barreras. Justo detrás de la esquina te esperan continentes ignotos en los que, desde que entras, te ponen una cabeza nueva y verás bailotear a los corderos-gatos. Es fácil llegar a ellos. Ni siquiera tienes que cambiar tu forma de vida.

AGRADECIMIENTOS

Mustafá Ahmed Jama, Christian Cimpa, Klára Ertl, István Ertl, Goro Christoph Kimura, Hermann Philipps, Spomenka Štimec, Dagmara Kraus-Cavaillès, Stefan Schuhmacher, Adnan Popović. Doris Plöschberger, Jacob Teich, Yoko Hamann. Sarah.

NOTA DEL TRADUCTOR

El traductor desea agradecer la colaboración prestada por el poeta español Jorge Camacho, renombrado esperantista, en la traducción de los poemas escritos en esperanto. Para consultar parte de su obra, el lector puede remitirse a los siguientes enlaces: https://nuevoateneoonline.com/products/quemadura-de-jorge-camacho-2 http://calumnia-edicions.net/product/palestina-estrangulada-jorge-camacho-cordon

De igual manera, cabe agradecer también al Colegio Europeo de Traductores de Straelen, a la Sociedad Austriaca de Literatura y al Ministerio Federal de Arte, Cultura, Servicio Público y Deportes de Austria por su generosa colaboración en la traducción de este complejo libro.

Viena, mayo de 2023

FUENTES DE LAS ILUSTRACIONES

pág. 16 Fotografía de Franz Kafka a la edad de cinco años (de dominio público, fuente: https://commons.wikimedia.org/wiki/File:Kafka5jahre.jpg)

pág. 27 Mustafá Ahmed Jama, *Viljan: dikter: poems* (Göteborg, 1999)

págs. 39, 40 Capturas de pantalla del autor (fuente: https://globalsymbols.com/)

págs. 42, 43 John Wilkins, *An Essay Towards a Real Character, and a Philosophical Language* (Londres, 1668)

págs. 44, 47, 48, 49 Charles K. Bliss, *Semantography (Blissymbolics). A logical Writing for an illogical World* (Sídney, 1965)

pág. 51 Captura de pantalla del autor (fuente: https://web.archive.org/web/20140701062756/http:/www.blissymbolics.us/)

pág. 51 Captura de pantalla del autor (fuente: https://web.archive.org/web/20141003054209/http:/www.blissymbolics.us/2013/06/how-to-compose-nonlinear-bliss-sentence.html)

págs. 53, 54 Charles K. Bliss, *Semantography (Blissymbolics). A logical Writing for an illogical World* (Sídney, 1965)

pág. 55 Captura de pantalla del autor (fuente: https://cdnadmin.artofliving.org/sysimg/1.jpg)

pág. 76 Charles K. Bliss, *Semantography (Blissymbolics). A logical Writing for an illogical World* (Sídney, 1965)

págs. 85, 87, 89 Mustafá Ahmed Jama, *Viljan: dikter: poems* (Göteborg, 1999)

págs. 94, 95, 96, 97, 98 Capturas de pantalla del autor (fuente: https://globalsymbols.com/)

págs. 99, 100 W. John Weilgart, *aUI. The Language of Space. For the First Time Represented and Adapted to the Needs of this Planet* (Nueva Delhi, 1968)

pág. 104 Captura de pantalla del autor (fuente: https://globalsymbols.com/)

págs. 132, 133, 134 Capturas de pantalla de Sarah Wipauer (fuente: https://translate.google.com/)

pág. 145 Johann Martin Schleyer (de dominio público, fuente: https://de.wikipedia.org/wiki/Datei:JM_Schleyer_1888.jpg)

pág. 155 *Neuigkeits-Welt-Blatt.* Anno Historische Zeitungen und Zeitschriften, © Biblioteca Nacional, Viena

pág. 157 *Tram-mļöi hhâsmařpţuktôx* (fuente: https://commons.wikimedia.org/wiki/File:Ithkuil-ex001.jpg)

pág. 166 Captura de pantalla del autor (fuente: https://en.wikibooks.org/wiki/L%C3%A1adan/Lessons/15)

págs. 184, 188 Samuel R. Delany, Marilyn Hacker, *Quark/2* (Nueva York, 1971)

pág. 198 Vuode Palace (fuente: http://wiki.talossa.com/File:VuodePalace.jpg)

pág. 199 Captura de pantalla del autor (fuente: https://www.youtube.com/watch?v=oFAzMNQVZnE)

pág. 220 Webster Hall Motor Hotel (fuente: https://storage.googleapis.com/hippostcard/p/c880ab9b067a1fada18a5f6e090bc5d2.jpg)

pág. 233 Captura de pantalla del autor (fuente: https://www.daserste.de/information/politik-weltgeschehen/weltspiegel/videos/trauerfeier-fuernelson-mandela-teil-1–100.html)

pág. 237 Captura de pantalla del autor (fuente: https://www.urbandictionary.com/define.php?term=tineka)

pág. 245 August Walla, © Art Brut KG

pág. 249 Captura de pantalla del autor (fuente: https://www.google.com/– palabra de búsqueda: «*fälisch*»)

págs. 261, 262, 264 Capturas de pantalla del autor (fuente: https://www.youtube.com/watch?v=h06_Ds36zZY)

pág. 281 Foto del autor

pág. 359 Retrato de Vasili Eroshenko (fuente: https://commons.wikimedia.org/wiki/File:Portrait_of_Vasilii_Yaroschenko_by_Nakamura_Tsune_(National_Museum_of_Modern_Art,_Tokyo).jpg)

pág. 360 Retrato de Vasili Eroshenko (fuente: https://www.nakamuraya.co.jp/pavilion/founder/salon/a_012.htm)

pág. 394 Captura de pantalla del autor (fuente: https://www.chassons.com/chasse-en-france/faits-divers/coronavirus-en-2003-lepidemie-desras-etait-nee-en-chine-lauteur-du-virus-etait-alors-une-civette/323859/)

pág. 404 Captura de pantalla del autor (fuente: https://www.youtube.com/watch?v=ofXsNjqsh34)

Otras fuentes, a través de la editorial Suhrkamp.

FUENTES DE LOS POEMAS CITADOS

pág. 110 y s. H. C. Artmann, «*Versuch einer kleinen Chrestomathie mit Zisternen*»; en H. C. Artmann, *Sämtliche Gedichte* © 2003, Jung und Jung Verlag GmbH, Salzburgo

pág. 127 H. C. Artmann, «*ginevra verrät sich im schlaf und der könig artus antwortet ihr mit einem gedicht*»; en H. C. Artmann, *Sämtliche Gedichte* © 2003, Jung und Jung Verlag GmbH, Salzburgo

pág. 245 y s. August Walla, «Ctabinoh...» © Art Brut KG

pág. 251 Ernst Herbeck, «*Das Empyrum*»; en Ernst Herbeck, Leo Navratil (ed.), *Im Herbst da reiht der Feenwind. Gesammelte Texte 1960-1991* © 1999, Residenz Verlag GmbH, Salzburgo – Viena

pág. 252 y s. Ernst Herbeck, «*Lieber Dart!...*»; en Ernst Herbeck, Leo Navratil (ed.), *Im Herbst da reiht der Feenwind. Gesammelte Texte 1960-1991* © 1999, Residenz Verlag GmbH, Salzburgo – Viena

pág. 255 y s. Ernst Herbeck, «*Blau*»; en Ernst Herbeck, Leo Navratil (ed.), *Im Herbst da reiht der Feenwind. Gesammelte Texte 1960-1991* © 1999, Residenz Verlag GmbH, Salzburgo – Viena

pág. 266 Oskar Pastior, «*Kikakokú – Eros & Callas*» © Oskar Pastior Stiftung

pág. 267 y s. Oskar Pastior, «Ballade *vom defekten Kabel*» © Oskar Pastior Stiftung

pág. 330 Marjorie Boulton, «*Vintra aŭroro*»; en William Auld (ed.), *Esperanta Antologio. Poemoj 1887-1957* © 1958, J. Régulo – Eldonisto, La Laguna

pág. 439 y s. Robert Gernhardt, «*Lied*»; en Robert Gernhardt, *Wörtersee.* Gedichte © 2018, S. Fischer Verlag GmbH, Fráncfort del Meno.

A pesar de los intensos esfuerzos, la editorial Suhrkamp reconoce que ha sido imposible localizar a todos los propietarios de derechos de los textos citados en este libro.

ÍNDICE

Esta primera edición
de *Las abejas y lo invisible*,
trigésimo segundo título de
H&O Editores, consta de 1.250 ejemplares
y fue dada a imprenta en Sant Esteve Sesrovires
el 4 de agosto de 2023.

«... entusiasmo de mi juventud; potente trompeta
de mi despertar; deseado objeto de mis ánimos;
confidente de mis inicios; mi amigo perdido;
mi lector añorado...»

SOREN KIERKEGAARD